Regulations Handbook of Commercial Building and Store Planning

# 商業建築・店づくり
# 法規マニュアル

商業建築法規研究会 編

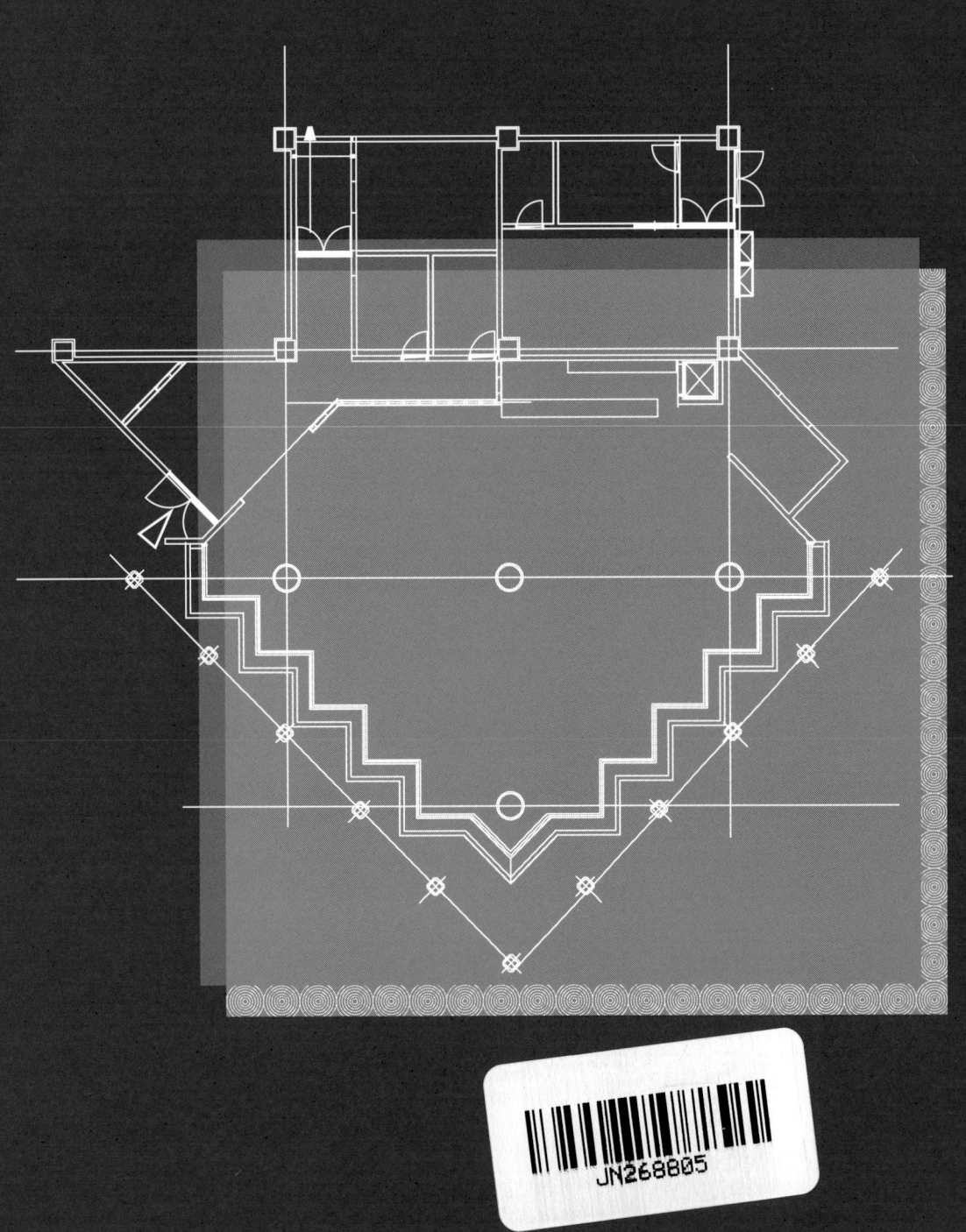

# Contents

|  |  |  |
|---|---|---|
| | まえがき ……………………………………… 004 | |

### 第1章　法規編

| A-1 | 商業建築と法規制のこれから …………… 006 |
| A-2 | 建築基準法の体系と関連法規 …………… 008 |
| A-3 | 事業計画と関連法規の流れ ……………… 010 |
| A-4 | 商業建築関連法規マトリックス ………… 014 |
| B-1 | 消防法 ………………………………………… 016 |
| B-2 | 大店立地法（大規模小売店舗立地法） … 018 |
| B-3 | ハートビル法 ………………………………… 020 |
| B-4 | 駐車場関連法 ………………………………… 025 |
| B-5 | 省エネ法 ……………………………………… 028 |
| B-6 | 建設リサイクル法 …………………………… 030 |
| B-7 | 耐震改修促進法 ……………………………… 032 |
| B-8 | 興行場法 ……………………………………… 034 |
| B-9 | 風営法 ………………………………………… 036 |
| B-10 | 公衆浴場法 …………………………………… 038 |
| B-11 | 製造物責任法 ………………………………… 040 |

### 第2章　建築・防災避難設備編

| C-1-1 | 用途地域地区 ………………………………… 042 |
| C-1-2 | 容積率・建ぺい率 …………………………… 044 |
| C-1-3 | 斜線制限 ……………………………………… 046 |
| C-1-4 | 防火地域・準防火地域 ……………………… 048 |
| C-1-5 | 防火区画 ……………………………………… 050 |
| C-1-6 | シックハウス対策 …………………………… 053 |
| C-1-7 | 内装制限 ……………………………………… 056 |
| C-1-8 | 避難規定 ……………………………………… 058 |
| C-1-9 | 避難安全検証法 ……………………………… 064 |
| C-1-10 | 防災規制 …………………………………… 067 |
| C-1-11 | 厨房 ………………………………………… 068 |
| C-1-12 | 無窓階 ……………………………………… 071 |
| C-1-13 | 仮設建築物 ………………………………… 074 |
| C-1-14 | 用途変更 …………………………………… 077 |
| C-1-15 | リニューアルと法規制／ケーススタディ … 078 |
| C-1-16 | 屋外広告物 ………………………………… 080 |
| C-1-17 | エレベーター ……………………………… 082 |
| C-1-18 | 駐車場／消火設備・換気設備 ………… 085 |
| C-1-19 | 連続式店舗・地下街 ……………………… 086 |
| C-2-1 | 防災避難設備 ………………………………… 088 |
| C-2-2 | 排煙設備 ……………………………………… 090 |
| C-2-3 | 換気設備 ……………………………………… 093 |
| C-2-4 | スプリンクラー設備 ………………………… 095 |
| C-2-5 | 自動火災報知器 ……………………………… 098 |
| C-2-6 | 裸火規制 ……………………………………… 102 |
| C-2-7 | 非常用照明設備 ……………………………… 104 |
| C-2-8 | 避難誘導灯設備 ……………………………… 106 |
| C-2-9 | 非常用放送設備 ……………………………… 111 |
| C-2-10 | 防災センター ……………………………… 114 |

### 第3章　営業許可編

| D-1 | 大型物販店／百貨店・SC・GMG・CVS・アウトレットストア・ディスカウント店など …… 118 |
| D-2 | 食品物販店／ベーカリー・鮮魚精肉店・和洋菓子店・デリカテッセンなど ………… 120 |
| D-3 | 飲食店／一般レストラン・喫茶店ファストフードショップなど ………………… 122 |
| D-4 | 理容・美容・エステティック／理容店・美容店・エステティックサロンなど …………… 124 |
| D-5 | ショールーム／各種ショールームなど …………… 126 |

| | | |
|---|---|---|
| D-6 | 温浴施設／公衆浴場・クアハウス・<br>健康ランド・スパなど | 128 |
| D-7 | 興行施設／劇場・映画館・スポーツ興行施設 | 130 |
| D-8 | 健康施設／フィットネスクラブ・<br>アスレチッククラブ・スポーツクラブなど | 132 |
| D-9 | アミューズメント施設／パチンコ・<br>ゲームセンター・カラオケなど | 134 |
| D-10 | 風俗飲食店／キャバレー・ナイトクラブ・<br>料理店・大衆酒場・炉端焼きなど | 136 |
| D-11 | 薬局・薬品店／薬局・薬店・ドラッグストアなど | 138 |
| D-12 | ホテル・旅館／シティホテル・<br>ビジネスホテル・観光ホテル・旅館など | 140 |
| D-13 | その他の店舗／ランドリー・ペットショップ・<br>レンタルショップ・中古物品店・たばこ販売店 | 142 |

**主な用語解説** 143

### 法規 ミニ知識

| | |
|---|---|
| 動く建築／トレーラーハウスを店舗にする | 027 |
| 駅はたてもの？ | 029 |
| 都市公園内に商業建築は可能か | 045 |
| 大深度って何 | 052 |
| 法善寺横丁再生の手法 | 063 |
| 路地条敷地と位置指定道路 | 073 |
| 性能規定化はオトナの法規 | 077 |
| 非常階段って何だ？ | 094 |
| プロパン庫が粗末なつくりのわけ | 103 |
| 小便器の高さにご注意 | 119 |
| 船を商業施設として利用する | 127 |
| バリアフリーデザインとユニバーサルデザイン | 133 |
| アドバルーンについての規制 | 137 |

**商業建築法規研究会メンバー**

代表・奥平与人（おくだいらともひと）Ok
　　KAJIMA DESIGN 建築設計グループリーダー
　　(社)日本商環境設計家協会・副理事長

委員・恩田耕爾（おんだこうじ）On
　　おんだ建築事務所

委員・井田卓造（いだたくぞう）Id
　　KAJIMA DESIGN 建築設計グループリーダー
　　性能設計コンサルグループリーダー

委員・渡部耕次（わたべこうじ）Wa
　　KAJIMA DESIGN 設備設計チーフエンジニア

委員・大野太郎（おおのたろう）Oh
　　KAJIMA DESIGN 設備設計チーフエンジニア

委員・横山淳一（よこやまじゅんいち）Yo
　　KAJIMA DESIGN 設備設計エンジニア

委員・鈴木俊道（すずきとしみち）Su
　　乃村工藝社　商環境カンパニー事業戦略部担当部長

委員・片貝敦男（かたかいあつお）Ka
　　乃村工藝社　商環境カンパニー開発プロデュース部
　　チーフデザイナー

# まえがき

今やインターネットを通してすべての知識が解かる時代である。本を持たずとも自宅もしくは仕事場でのキーボードをたたけば欲しい情報が得られる。しかし実務中に短時間で欲しい情報を得るためには多くの方が経験されているとおり，それは不可能に近い。すなわちインターネットを介しての情報はキーワード検索から調べねばならず，ほしい情報の周辺を探しまわらなければならないからである。IT時代といわれる昨今，商業界も電子決済，電子トレーディングがさかんとなっている。しかし実際には「クイックアンドモルタル」という言葉で表されるように，「店舗を持つ電子ショッピング」という新たな業態がめばえつつある。このようにITからの情報（バーチャル）と書籍からの情報（リアル）を使いこなすことが有効であろう。この本はあくまでも実務中で調べたい内容およびその法規の意図に対して図示を通して短時間に理解しできるよう編集してある。さらに詳しい情報については文中の出典からインターネットで検索いただくことでより正確な知見を得られるよう配慮してある。本書は概論から具体的事例まで以下の構成でなりたっている。

**第1章　法規編**
商業建築の生活空間の中での原理からその生活を守るための規則としての法令の意図をときあかしている。また建築基準法を補う法律および都市・商業建築にかかわる法律，規制について何がどんなことを規制しているかを解説している。

**第2章　建築・防災避難設備編**
建築基準法の中にでてくる語彙の解説を共通編と特に近年法律改正がおこなわれている防災避難設備編について図解をしつつ解説している。

**第3章　営業許可編**
商業建築の各種業種，業態の営業許可を得るための解説を近年の改正点を中心に述べられている。また，素朴な疑問点など近年の商業建築の営業背景として知りたい情報について「建築関連法規ミニ知識」としてコラム記事として関連する部分の近くに挟み込んでいる。

この本は建築の設計者，商業者，インテリアデザイナー，施工者，などさまざまな方を対象に編集している。小型商業建築の設計者にとっては商業建築の法令について全般的に知識を得ることができる。大型商業建築の設計者にとっては第3章 営業許可編によって複合業種の営業許可を知ることができよう。リニューアルをしようとする施工者にとっては第1章法規編が基礎知識として参考に，またインテリアデザイナーにとっては内装材の選択などにおいて第1章法規編や第2章 建築・防災避難設備編に述べられているシックハウス法の知識が役立つであろう。

この本の前版『店づくり法規クロスチェック』（畠 克政著・商店建築社刊）は店舗を対象に書かれていたが今回，対象を大型商業施設また近年増大しているリニューアル事例まで拡大している。以上のようにさまざまな読者層を想定して編集しているが，そもそも法令とは人間が集団生活をしていく上で，最低限度の効率を維持するための規則である。その意味でどんな建築空間でもその性能，機能の原理を考えて設計，施工にあたることが大切であろう。
しかし商業建築は人々の生活空間に刺激，付加価値，夢，機能拡大をあたえる原理をもっている。不特定多数の人々がそれぞれの目的にかなう時間を共有するために法令に対して，常識を踏まえつつ，新たなしかしはっきりした見解をもっていることが求められる。
この本を利用することによって法令に対する知見が拡がり新たな規則のあり方の提案が生まれる事を期待したい。〈Ok〉

# Chapter 1 法規編

A-1 商業建築と法規制のこれから……006
A-2 建築基準法の体系と関連法規……008
A-3 事業計画と関連法規の流れ……010
A-4 商業建築関連法規マトリックス……014

B-1 消防法……016
B-2 大店立地法(大規模小売店舗立地法)……018
B-3 ハートビル法……020
B-4 駐車場関連法……025
B-5 省エネ法……028
B-6 建設リサイクル法……030
B-7 耐震改修促進法……032
B-8 興行場法……034
B-9 風営法……036
B-10 公衆浴場法……038
B-11 製造物責任法……040

# 商業建築と法規制のこれから

## ■多様な形態のある商業建築

商業建築と一言にいっても，規模，サービス内容によってさまざまな違いがある。法的にも大規模小売店，店舗，飲食店，連続式店舗，地下街，複合店舗等がある。また業態別に見ても，百貨店，量販店，コンビニエンスストア，専門大店，ディスカウントストア，スーパーマーケット，専門店，サービス店などさまざまある。また時間の違いでも通常営業店，24時間営業店，夜間営業店，早朝営業店など，近来生活者のニーズの多様化に基づいてさまざまな形態の建築が出現している。大規模複合施設から狭小店舗など特定の施設タイプに分類しにくい。さらにエネルギー使用量もバラバラであり，立地の違いなどによって車，自転車，徒歩など来店手段による付帯施設の充実も求められる。また，時代の変化に伴って新築ばかりではなく増改築，リニューアルを前提とすることも必要になる。

このような多様な形態を持つ商業建築もその語源である「あきなう」を調べてみると，「物事明ニシテ，コレ商量スルヲ得ル也」とある。これを平易に解説すると，「商品，サービス等の価値を明確にして（値をつけて）求める人々に，販売，提供することによってその対価を得る事」といえよう。すなわち「どんな商業建築であっても，顧客に対して商品（もしくはサービス）をある一定の目的に添って商業者が提供できる空間こそ共通した原理を持つ」といえる。換言すれば，商業建築とは不特定多数への集客装置といえる。ここで重要な視点は不特定多数の人々を対象とした空間である点である。その中には，子供，老人，身障者，弱者も含まれていることを考えておく必要がある。

## ■機能空間の4要素

そのような商業建築に対する法規制とは，他の用途の建築以上に，人々および商品，環境への安全性と快適性が保証されねばならない。しかし，規制を強めればよいというものでもない。人間社会での必要とする空間の基本役割を「すまい」「なりわい」「あきない」「ものづくり」という四つに分類したものが［図1］機能空間の4要素である。この中の「あきない」に所属する商業建築は人々に刺激，欲望，新しい価値，流行，等を提供する役割を担う空間である。また，人々への夢を演出するものでなくてはならないものでもある。そのためにはある程度の自由度が必要でもある。

## ■仕様規定から性能規定へ

1998（平成10）年6月12日に建築基準法が1950（昭和25）年の制定以来，大幅に改正・公布された。

この改正の最大の特徴は，これまでの「仕様規定」中心の基準にかわって「性能規定」が導入されたことである。性能規定とは「物理的な性能値を定めるものであって，その性能を満たすのであればどのような計画，構造でもよい」というものである。そのために，多様な設計が可能となり，また，さまざまな新しい材料や技術への対応がスムーズに行えるという特徴がある。［表1］に「仕様規定」と「性能規定」の主な特徴を記す。

このことは商業建築にとって重要な側面といえる。すなわち人々と商品の安全性を，より詳細に検証することができれば，より自由度の高い建築も認めていこうとする方向である点である。一律に規制されるところからは新しい空間の演出，よりドラマチックな空間も生まれにくい。そのような観点から商業建築の法規制は，確かに厳しい側面もあるが，不自由なものとの認識をもって不自由にとらえるのみである必要はない。安全性を具体的に実証されればより自由な空間も可能である。また，計画段階の初期から関係官庁および商業者，利用する消費者，企画設計者が共有できる情報を公開していける制度を準備していく必要がある。［図2］は公共性／固有性，規制化／自己責任化を軸にして商業建築の基本的性格と各種法規の傾向を分類したものである。

## ■時間概念を原点に

また，もう一つの視点として商業建築はその本質の性格として時間軸への視点が重要である。

商品は売るために展示される。売れた棚

図1　機能空間の4要素

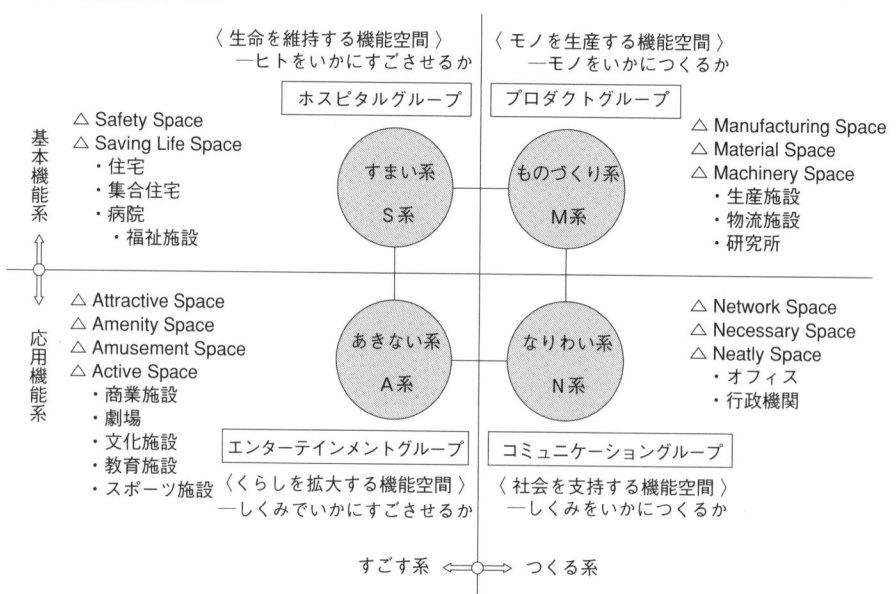

はすぐ補充もしくは違う売り方が必要である。

欧米ではRE論（リテールエンジニアリング論）から常に一定の売り場，売り方が統一される傾向が強いが，日本の場合には顧客に対して目新しさ（流行）から常に変化していく，すなわち取り替えられる建築が求められる傾向が強い。

そこで法規制でもこの変化追従性に対する基本原理がもりこまれていくことが重要である。大吹き抜け，路地状通路，迷路状通路，段差のある床など，ともすると安全上は忌避すべき内容と思われるが，火災時の避難安全検証，万引，防犯対策等の指針，マニュアルによる検証，さらに運営による常時の安全への点検により自由度のある商業建築が可能とされる時代になりつつある。

■実態を踏まえての状況判断の大切さ

以上のように商業建築は規模，機能，風土，時代，感性などにより変化しつづける空間といえる。すなわち絶対的モノを定性的に評価することから相対的コトを流動的に評価することが大切である。これからの商業建築は，企画する側にその目的，機能，効能などを対象とする人々へいかに快適で安全な空間を提供するかを明快にすべきである。そしてその空間の状況変化に対して，「変化のあり様」のプロセスを設計，施工，メンテナンスを通して明示できることが大切である。その視点から関連法規の原則を整理し応用していくことが重要である。そのためには，関連法規を綿密に調査することも大事であるが各法規の原理を把握し法律間の関係性を概要として捉える視点が重要である。　〈Ok〉

表1 「性能規定」と「仕様規定」との主な特徴比較

| | | 性能規定 | 仕様規定 |
|---|---|---|---|
| 概　要 | | ・必要な性能を満たせばどのような計画，構造でもよい。したがって，多様な設計が可能となり，新しい材料や技術への対応に優れている。 | ・建築物の各部位などについて用いる材料や形状などが具体的で誰にでも分かりやすい。・反面，技術の進歩により新たな材質等が設計されても，規定された仕様に合致しないと認められないので，硬直的といえる。 |
| 主な特徴 | 法令 | ・基準の要求する目的が明記されることが多い。 | ・要求される仕様のみである。したがって仕様をすべて列挙することとなり，膨大なものとなる。 |
| | 設計の自由度 | ・原則自由の理念により，設計の自由度は高まる。・性能を満たすための代替・補助的な設備などの選択が行われる。 | ・設計の自由度は小さい。したがって，法規に合致しないものに備え個別審査による特別認定制度が必要となる。 |
| | 検査方法等 | ・判定のための試験・解析および判定方法を確立する必要があるが，方法が多岐にわたり，かつ，認定範囲の裁量が大きくなる。 | ・具体的に示されるので方法は限定される。したがって認定範囲の裁量は小さい。 |
| | 安全工学知識の必要度 | ・設計側，審査側双方に必要性が高まる。 | ・基本的には現在認められている法規の内容の知識で対応は可能である。 |
| | その他 | ・性能規定を用いる環境が整備されていないと機能しないという短所を持つ。 | ― |

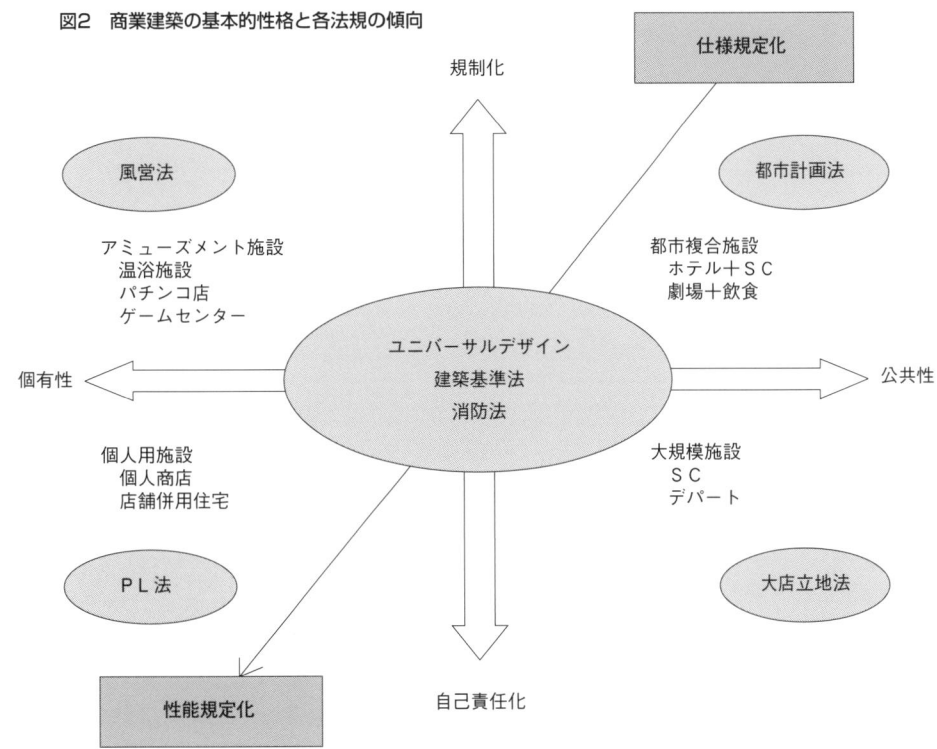

図2　商業建築の基本的性格と各法規の傾向

# 建築基準法の体系と関連法規

■ますます複雑化傾向にある関連法規体系

事業計画に基づいて建築物を計画，設計する上で建築基準法および関連する法規の理解が欠かせない。

建築基準法は，1950（昭和25）年に制定されて以来，1997（平成9）年の建築審議会の建設大臣への「21世紀を展望し，経済社会の変化に対応した新たな建築行政の在り方に関する答申」により，建築関連法規が大きく変わってきている。まず，1998（平成10）年の性能規定化や確認機関の民間委譲など，単体規制関係の大幅改正，また2002（平成14）年の集団規定関連の改正があり，ますます複雑化している。また建築基準法のほかに，「都市計画法」「消防法」「ハートビル法」「耐震改修促進法」「省エネ法」「住宅の品質確保の促進等に関する法律」などよく理解しておくべき法律がある。また，確認申請ほか設計関連，工事関連については建築士法，建設業法も必要になる。多くの建築関連法規があるが，それぞれ法の目的により，なかなか建築基準法の中に一本化できないようだ。

またいわゆる「公法」のほかに民法のような「私法」があり，法律同士で矛盾するような場合もある。たとえば建築基準法では，商業地域で耐火建築物の場合は建ぺい率100％も可能であるが，民法234条では「外壁は隣地境界線から50cm以上離す」と規定されている。

一つの法律にはそれに付随して施行令，施行細則，告示などがあり，加えて自治体ごとにさまざまな条例を定めている。屋外広告物を規制する条例，敷地の緑化あるいは屋上緑化に関する条例，住宅付置義務に関する条例，環境に関する条例，景観に関する条例，駐車場に関する条例，駐輪場に関する条例，福祉，安全に関する条例，騒音の防止に関する条例など，さまざまな規定があるので，計画の初期の段階では関連する法律，条令をよく調査しておく必要がある。

■建築関連法規体系の概要

法律の体系つまり法律・政令・省令，条例・規則について，建築基準法を中心に記しておこう。［表1］

法律：国会の審議を経て法律として制定される法をいう／建築基準法

政令：内閣の制定する命令をいう／建築基準法施行令

省令：各省大臣が発する命令をいう／建築基準法施行規則（国土交通大臣）

条例：地方公共団体がその議会の議決を経て制定する法をいう／東京都建築安全条例，東京都駐車場条例（東京都の例）

規則：地方公共団体の長がその権限に属する事務に関し発する命令をいう／東京都建築基準法施行細則（東京都の例）。たとえば，敷地が所管行政庁をまたがる場合の取り扱いなど事務的なことが決められている。

告示：上記の他，詳細な技術的基準については，政令の委任によって告示（国土交通省告示）に定められ，これら法令等の運用や解釈については通達（国土交通省住宅局建築指導課長通達）によっている。建築基準法の性能規定化により材料等の仕様規定，あるいは排煙免除の緩和規定などが定められ，告示も大変重要となっている。

■建築関連法規

建築物を設計し，工事監理し，また施工する建築技術者が実務に関連し必要となる各法令をさらに詳細に述べると以下のようなものがある。

（1）建築物の敷地・構造・設備に関する法令
①建築基準法・同法施行令・同法施行細則・国土交通省告示
②消防法・同法施行令・同法施行細則，省エネ法
③労働基準法・労働安全法・労働安全衛生規則
④その他・耐震改修促進法，ハートビル法，住宅の品質確保の促進等に関する法律，省エネ法など。

（2）特定の用途の建築物に関する法令

大店立地法（大規模商業施設），学校教育法，医療法，あん摩マッサージ指圧師法，柔道整復師法，歯科医師法，薬事法，児童福祉法，駐車場法，自動車ターミナル法など

（3）営業許可に関する法令

風営法，食品衛生法（飲食店），興行場法（映画館，劇場），公衆浴場法，温泉法，旅館業法，国際観光ホテル整備法，大店立地法，理容師法，美容師法，薬事法，倉庫業法，工場立地法，工場等制限法，博物館法，古物商取締法，質屋営業法，クリーニング業法，動物保護法，プール規制条例，酒税法，タバコ事業法

などがあり，開業しようとする店舗の業種によっては所轄官庁あるいは自治体への許可申請が必要となる。

（4）危険物の取り扱い・貯蔵・処理に関する法令

危険物の規制に関する政令（ガソリンスタンドなど），火薬取締法（祭やイベントなど），高圧ガス保安法，液化石油ガス法，などがある。ガソリンスタンドのセルフ方式が可能となったのも取り扱い規制の緩和があったからである。またDIYショップの塗料や希釈液，アウトドアショップの固形燃料の貯蔵量にも規制があるので注意が必要である。

（5）建築設備に関する法令

建築基準法，電気事業法，液化石油ガス法，ガス事業法，水道法，ビル管理法などがある。

（6）都市計画・土地利用・環境保全・公害対策などに関する法令

都市計画法，都市公園法，都市再開発法，土地区画整理法，宅地造成等規制法，道路法，道路交通法，中心市街地活性化法，密集市街地整備法，港湾法，下水道法，電波法，航空法，農地法，騒音規制法，廃棄物処理法などがある。超高層建築の外壁上方に赤いランプが設置されているが，これは航空法による「航空灯」といわれるもので，高さ60m以上の建築物や工

作物に，その設置が義務づけられている。

(7) 景観に関する法令

環境アセスメント法，国立公園法，文化財保護法，砂防法，河川法，景観条例，歴史的風土に関する特別措置法，屋外の広告物に関する条例などがある。最近各地でバスの車体を広告に利用しているのを見るが，これも屋外広告物法の緩和によるものである。

(8) 環境保全・公害対策に関する法令

下水道法，電波法(高層ビルの場合)騒音規制法，環境影響評価法，省エネ法，地球温暖化対策推進法，容器包装リサイクル法，食品リサイクル法，建設資材リサイクル法，グリーン購入法(国等による環境物品等の調達の推進等に関する法律)，廃棄物処理法，水質汚濁防止法，フロン回収破壊法(冷蔵庫，クーラーなど)，大気汚染防止法，高圧ガス保安法，毒物及び劇物取締法，ダイオキシン類対策特別措置法，PCB廃棄物適正処理特別処理法，土壌汚染対策法，環境確保条例

(9) 資格に関する法令

建築士法(一級建築士，二級建築士，木造建築士)，その他(商業施設士，インテリアプランナー)などがあり，それぞれの資格により設計できる規模範囲が定められている。

(10) 民法その他権利関係の法令：民法，PL法，著作権法などがある。建築物はPL法の対象にはならないが，使用されている材料，設備は対象となる。なお，イベントなどの仮設施設，遊具は対象となる場合もあるので注意が必要である。

(1)〜(9)までの法律は「公法」で，公共の福祉，公益性に立脚されている法令であり，民法は「私法」であり人間の権利関係を調整する法令である。

建築物を設計し，工事管理し，また施工する実務および営業許可等関連法令を〈敷地・用地取得関連〉〈建築の設計・施工関連〉〈営業許可関連〉〈資格・他関連〉について，各法令を店づくりの業務の流れで示すと［図1］のようになる。

以上，建築に関する法令は非常に多い。いくつもの法律で規制しているのは，それぞれの法律の立脚点が一定ではないことによる。建築物は社会的な存在であり，一度できてしまうと長期にわたり近隣にその影響を及ぼすことから，建築関係者は計画の初期の段階で，関連法規に関しての知識と理解が必要となる。〈On.Ok〉

表1　法律の体系図

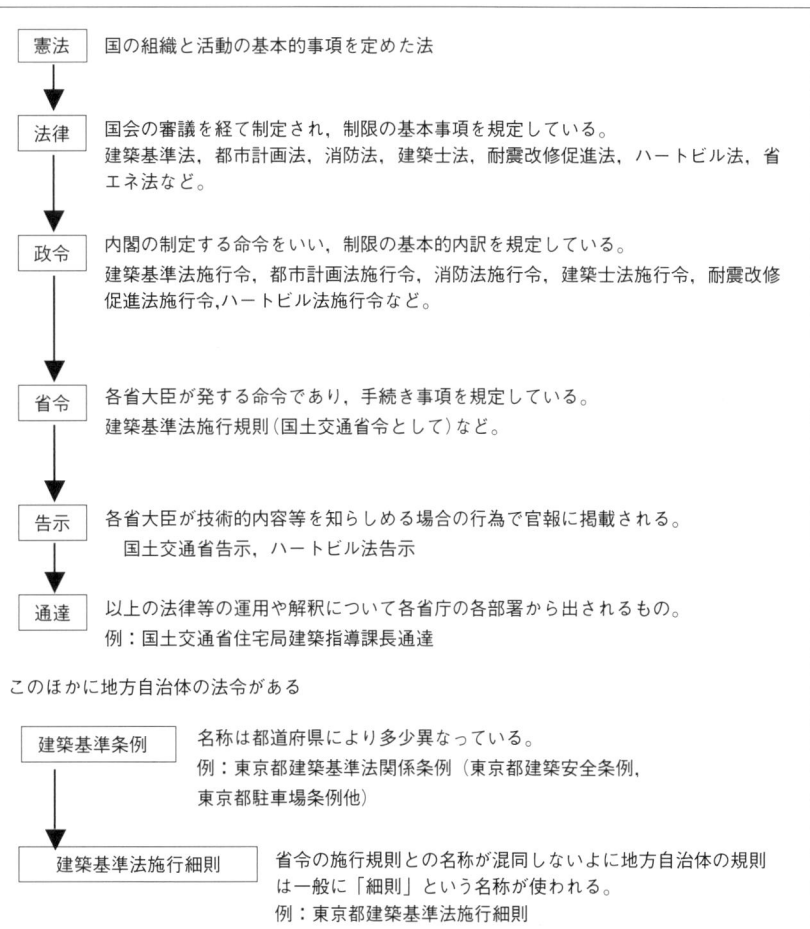

図1　法律と店づくりの業務の流れ

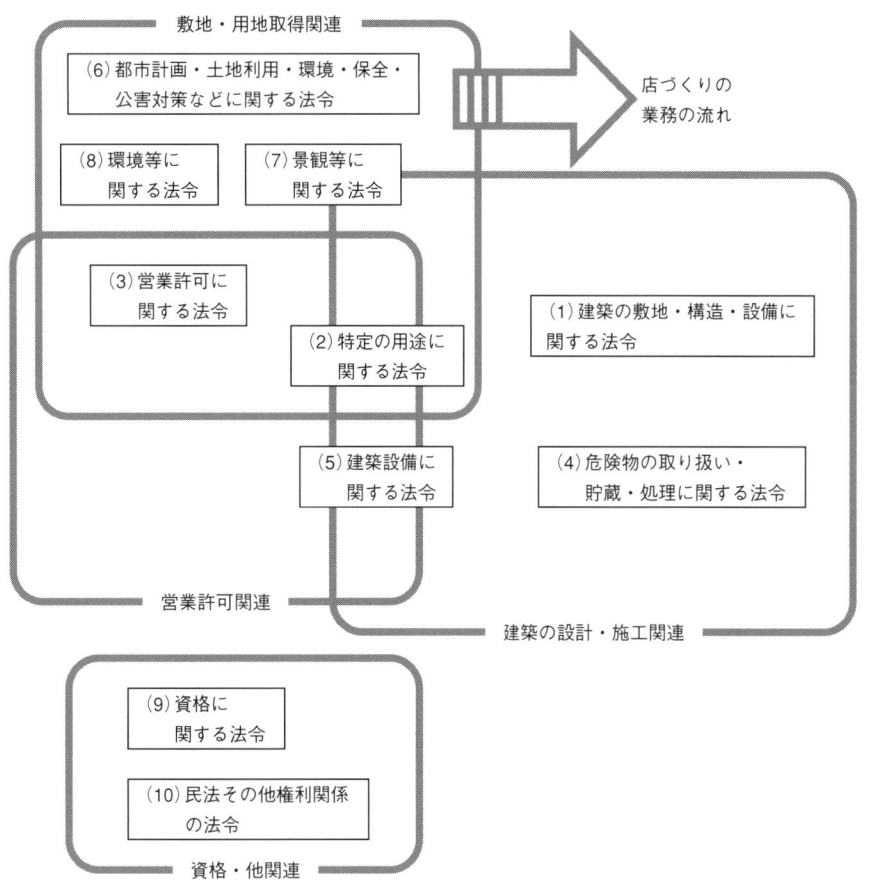

# 事業計画と関連法規の流れ

## ■商業開発のフローと関連法規

法的な側面に重きを置きながら設計フローについてまとめてみた。

商業施設の場合，

・環境に与える負荷が大きい

・施設の内容決定がオープン間際までかかる（変更が多い）

・営業許可を中心にかかる法律の種類が多い

ということがスケジュール上の特徴である。かなり早期に手を打っておかないと極めて深刻な状況になることも考えられるため，全体のスケジュールのコントロールは大変重要である。また変更の多いことと設計や施工の期間が短いことなどは商業施設の宿命である。きちんと背骨を通したうえで臨機応変な対応が重要である。スケジュールの背景のイメージを［図1］に示す。

## ■環境への負荷

交通問題を中心に周辺環境に与える影響（負荷）が大きくスケジュール上かなり早期にカタをつけておかなければならない。

### (1) 大店立地法

大店立地法等では，

・駐車台数の充足　・騒音の発生

・廃棄物

の各項目にわたって、十分な調査と予測そして対応を行わなければならない。

中小規模の商業開発の場合であっても，環境への負荷は大規模の場合に較べて絶対量は少ないが、市街地立地であることが多いことなどから、影響の強さの度合いは決して無視できないことに注意したい。

### (2) 敷地の外側まで影響

駐車場の確保のための隔地駐車場の整備，周辺交通への負荷の緩和のために周辺道路や交差点等の改修など敷地の外にまで開発や工事が及ぶことも多い。

## ■施設の内容決定がオープン間際までかかる

テナント構成がすべて決まってから設計や工事に取り掛かるのでなく，テナント誘致等を行いながら各種工程をこなしていくことになる。またテナントが決まっても、売場計画・売場内の通路やサブテナント等，オープン間際まで決まらないことが多い。

### (1) 内装監理室

テナント内の内装工事や共用部分の内装工事の比重が大きいため，内装監理室を設けてコントロールすることが多い。これらと本体の建築･設備工事との連携はとても重要である。

## ■営業許可を中心に法律の種類が多い

物販のほかに飲食や映画館，ゲームセンターなどの遊戯施設，フィットネスクラブ，理・美容などのサービス施設などは

図2　商業開発の流れ
（中小規模商業開発の例）

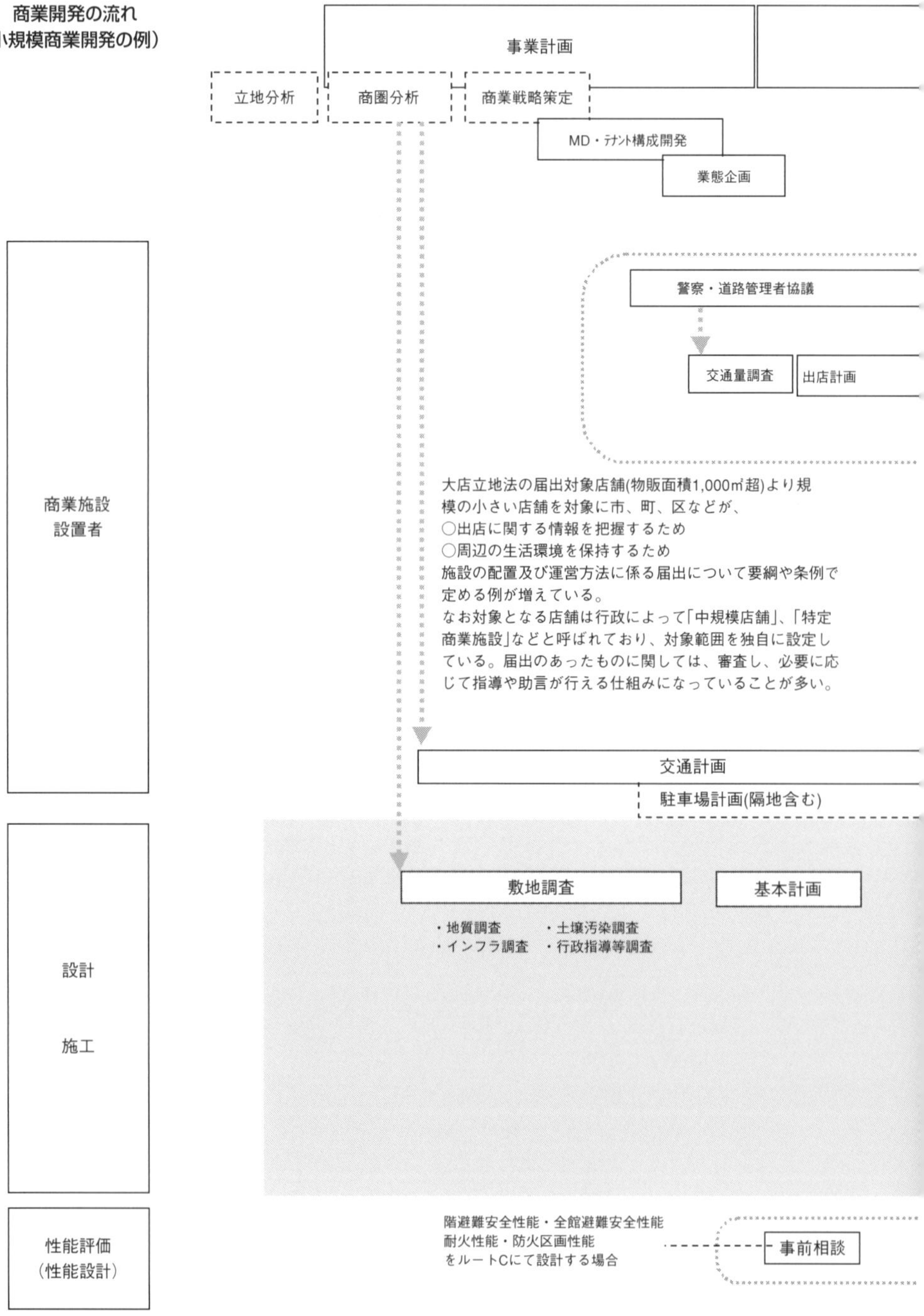
事業計画
立地分析
商圏分析
商業戦略策定
MD・テナント構成開発
業態企画
商業施設
設置者
警察・道路管理者協議
交通量調査
出店計画
大店立地法の届出対象店舗(物販面積1,000㎡超)より規模の小さい店舗を対象に市、町、区などが、
○出店に関する情報を把握するため
○周辺の生活環境を保持するため
施設の配置及び運営方法に係る届出について要綱や条例で定める例が増えている。
なお対象となる店舗は行政によって「中規模店舗」、「特定商業施設」などと呼ばれており、対象範囲を独自に設定している。届出のあったものに関しては、審査し、必要に応じて指導や助言が行える仕組みになっていることが多い。
交通計画
駐車場計画(隔地含む)
設計
施工
敷地調査
・地質調査　・土壌汚染調査
・インフラ調査　・行政指導等調査
基本計画
性能評価
(性能設計)
階避難安全性能・全館避難安全性能
耐火性能・防火区画性能
をルートCにて設計する場合
事前相談

固有の法規によって規制されている。

(1) 設計へのインプット

設計初期段階でこうした営業にかかわる法規の内容を盛り込んだ設計にしておく必要がある。

(2) オープン間際で

建築確認竣工検査のみでは建物はできても実際には営業できない。飲食店の営業のためには食品衛生法、映画館の営業には興行場法など、営業許可が必要である。段取りが悪いと、グランドオープンの日に開店できない店ができてしまうことになる。

■**大規模商業開発の場合の注意点** [図3]

中・小規模商業開発の場合[図2]のものに較べて、以下のポイントに注意したい。総じて、大規模になればなるほど初期段階からの準備や段取がポイントとなろう。

(1) 開発関連

道路整備やインフラ整備から始めるケースも多い。

また敷地面積が一定規模以上になると開発行為ではないが地方自治体が独自に設

図1　スケジュールの基本事項

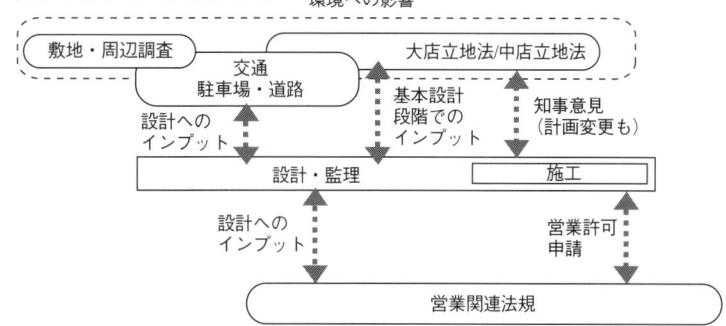

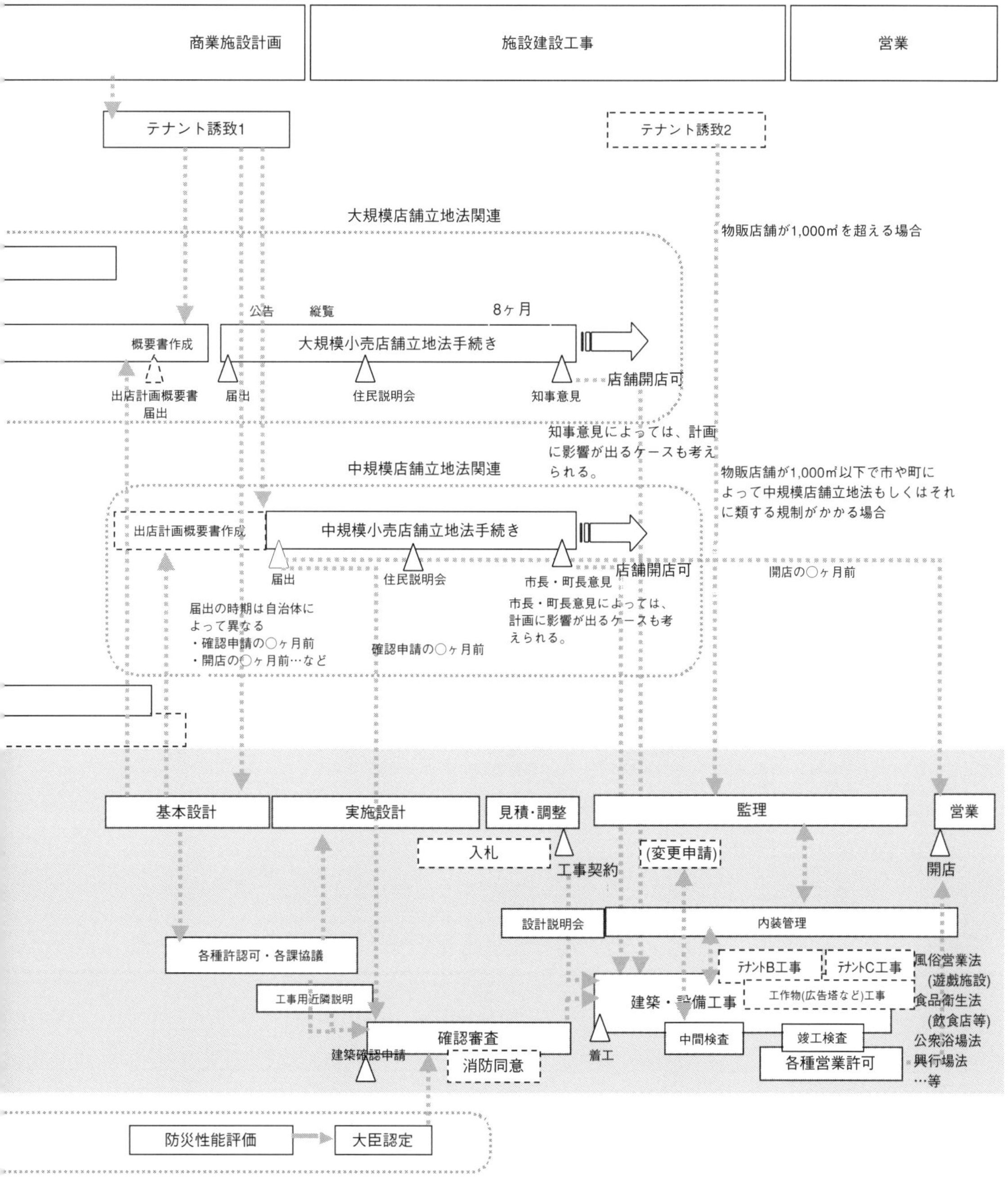

## A・3　事業計画と関連法規の流れ

定している開発指導要綱を守って計画しなければならない。

(2) エネルギーとインフラ

大型施設では使用するエネルギーの消費量も桁違いに多く、エネルギーの選定は事業計画に大きな影響を及ぼす。初期の段階から、熱源のシステムの検討を行い、関係機関(電力会社、ガス会社、地域熱源供給会社等)と折衝しインフラ工事に繋げていかなければならない。

(3) 性能評価、構造評価

避難安全や耐火性能を性能規定を用いて設計(性能設計)を行う際、告示に示された方法(ルートB)による場合と、国土交通大臣の認定が必要な方法(ルートC)による場合とがある。

後者の場合(ルートC)は国土交通大臣指定性能評価機関による防災性能評価が必

図3　商業開発の流れ（大規模商業開発の場合）

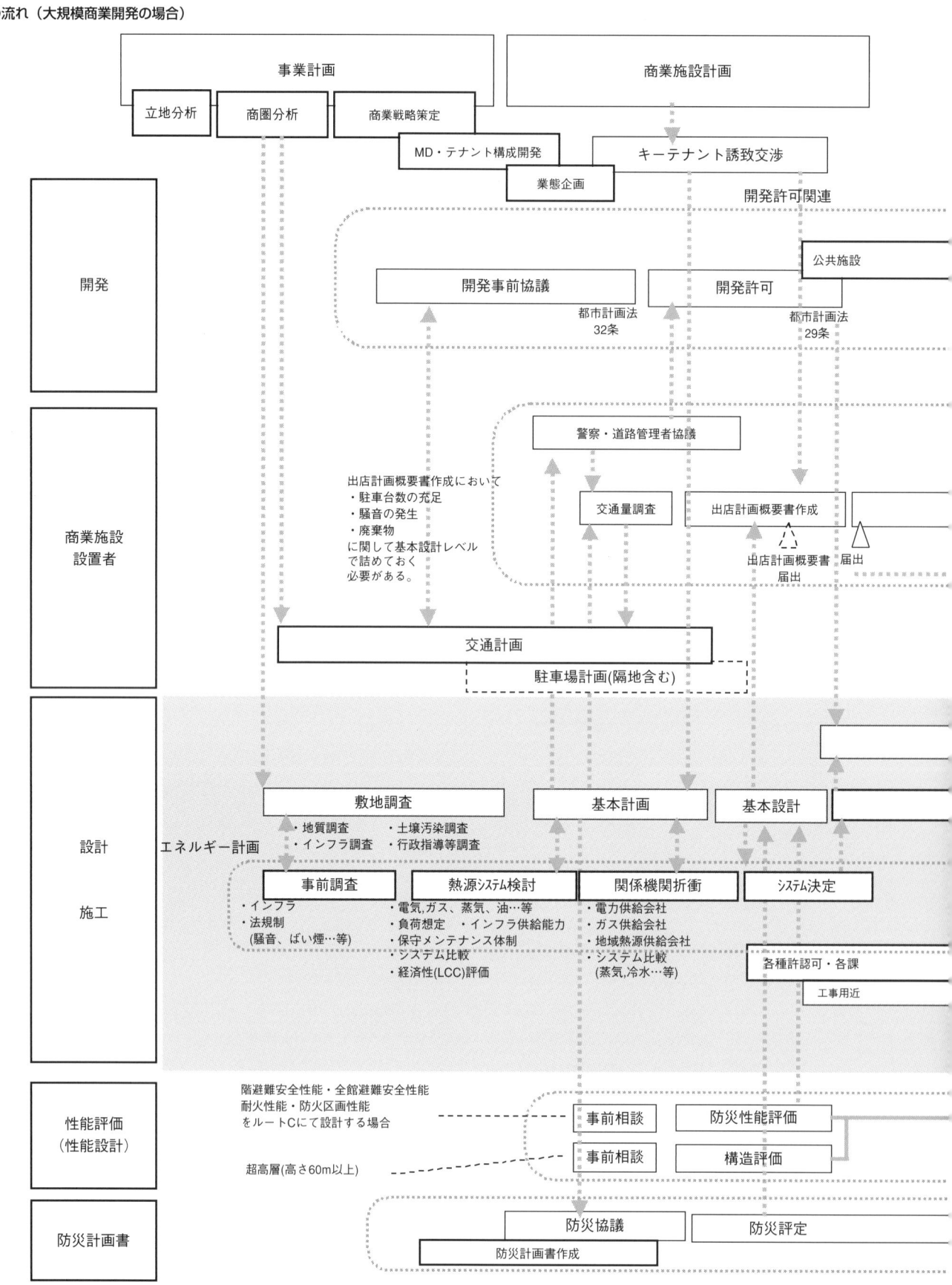

要になる。確認審査が終わるまでに大臣認定を取得しなければならないことに注意したい（C-1-9避難安全検証法 参照）。またホテルやオフィス，マンションなど高さが60mを超える施設と複合する場合なども構造評価が必要になる。

(4) 防災計画書

物販店舗が3階以上にある施設や映画館，ホテル，飲食店等を5階以上もしくは地階に設ける場合は防災計画書の作成・評定を義務付けている自治体は多い。

なお防災計画書の中の避難計算に関しては，階避難安全性能や全館避難安全性能の検証・確認に代えることもできるケースが多いようである。〈Id〉

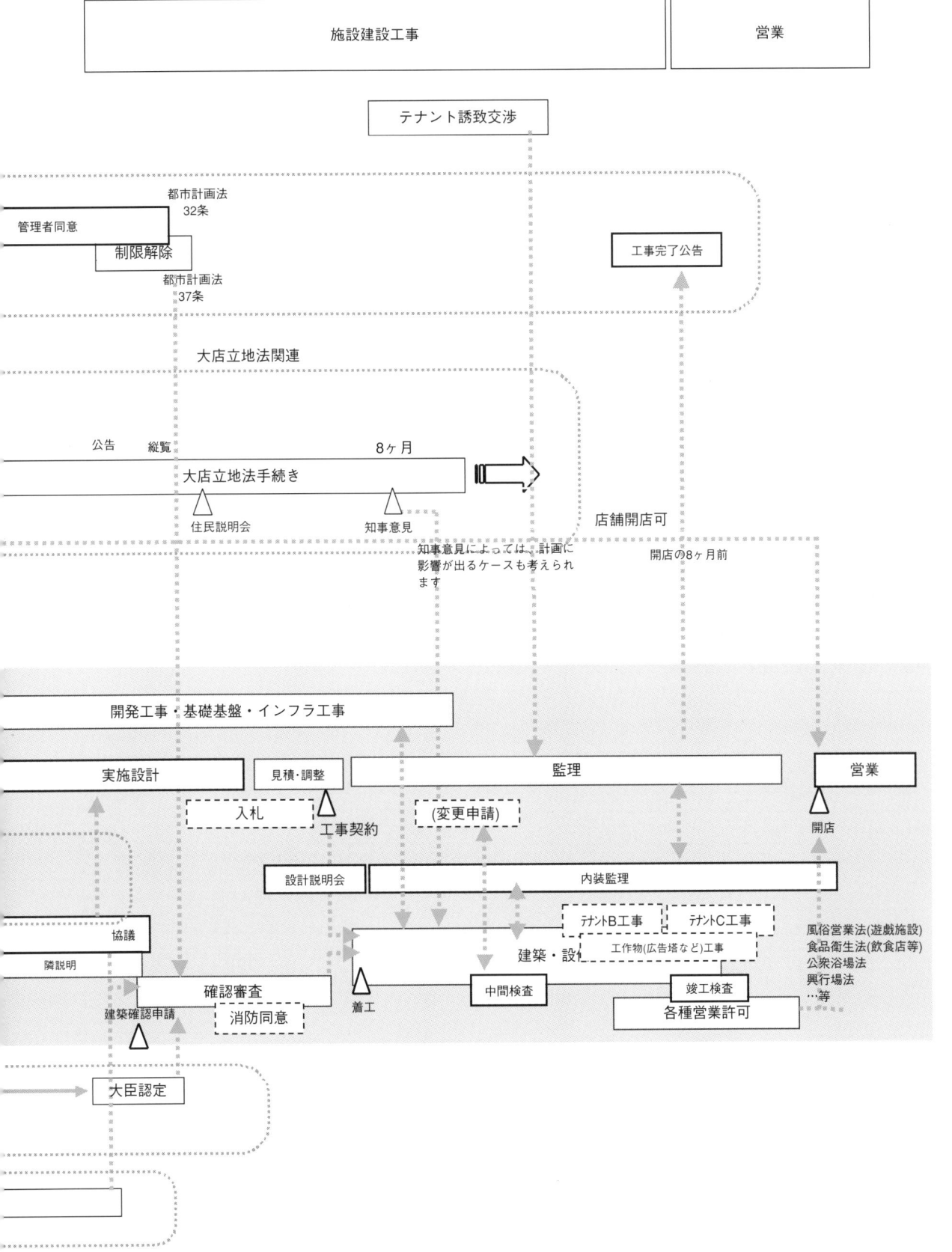

# 商業建築関連法規マトリックス

| 業種・業態 | 建築基準法 | 消防法 | 耐震改修促進法 | ハートビル法 | 省エネ法 | 都市計画法 | 都市公園法 | 都市再開発法 | 土地区画整理法 | 道路法 | 道路交通法 | 港湾法 | 河川法 | 航空法 | 農地法 | 文化財保護法 | 自然公園法 | 環境アセスメント法 | 屋外広告物法 | 騒音規制法 | 水質汚濁防止法 | 下水道法 |
|---|---|---|---|---|---|---|---|---|---|---|---|---|---|---|---|---|---|---|---|---|---|---|
| **業態分類** | | | | | | | | | | | | | | | | | | | | | | |
| デパート | | | | • | • | | | | | ▲ | ▲ | | | • | • | | | • | ▲ | | | |
| スーパーマーケット | | | | • | • | | | | | ▲ | ▲ | | | • | • | | | • | ▲ | | | |
| ショッピングセンター | | | | • | • | | | | | ▲ | ▲ | | | • | • | | | • | ▲ | | | |
| ディスカウントストア | | | | • | • | | | | | ▲ | ▲ | | | • | • | | | • | ▲ | ▲ | | |
| コンヴィニエンスストア | | | | • | • | | | | | ▲ | ▲ | | | • | • | | | • | ▲ | | | |
| ホームセンター・DIY | | | | • | • | | | | | ▲ | ▲ | | | • | • | | | • | ▲ | | | |
| ホテル | | | | • | • | | | | | ▲ | ▲ | | | • | • | | | • | ▲ | | ▲ | |
| 旅館 | | | | • | • | | | | | ▲ | ▲ | | | • | • | | | • | ▲ | | ▲ | |
| カプセルホテル | | | | • | • | | | | | ▲ | ▲ | | | • | • | | | • | ▲ | | | |
| モーテル | | | | • | • | | | | | | | | | • | • | | | • | ▲ | | ▲ | |
| 劇場 | | | | • | • | | | | | ▲ | ▲ | | | • | • | | | • | ▲ | | | |
| スポーツ施設 | | | | • | • | | | | | ▲ | ▲ | | | • | • | | | • | ▲ | | | |
| 医院・診療所 | | | | • | • | | | | | | | | | • | • | | | • | ▲ | | | |
| ショールーム | | | | • | • | | | | | | | | | • | • | | | • | ▲ | | | |
| 博物館・美術館 | | | | • | • | | | | | | | | | • | • | | | • | ▲ | | | |
| イベント・展示場 | | | | • | • | | | | | | | | | • | • | | | • | ▲ | ▲ | | |
| 仮設建築物 | | | | • | • | | | | | ▲ | ▲ | | | • | | | | | | | | |
| 海の家 | | | | • | • | | | | | | | ● | ● | • | | | | | | | ▲ | |
| 屋台営業 | | | | • | • | | | | | ▲ | ▲ | | | • | | | | | | | | |
| トランクルーム | | | | • | • | | | | | ▲ | ▲ | | | • | • | | | • | | | | |
| テーマパーク・遊園地 | | | | • | • | | | | | ▲ | ▲ | | | • | | | | • | | | | |
| 港湾施設内店舗 | | | | • | • | | | | | | | ● | | • | | | | • | ▲ | | | |
| 公園施設内店舗 | | | | • | • | | ● | | | | | | | • | | | ▲ | ● | ▲ | | | |
| 古都・景勝地内店舗 | | | | • | • | | | | | | | | | • | | ● | ● | • | ▲ | | | |
| **業種分類（物販系）** | | | | | | | | | | | | | | | | | | | | | | |
| 食料品店 | | | | • | • | | | | | | | | | • | • | | | | | | | |
| 鮮魚・精肉店 | | | | • | • | | | | | | | | | • | • | | | | | | | |
| 青果・生花店 | | | | • | • | | | | | | | | | • | • | | | | | | | |
| デリカテッセン・弁当屋 | | | | • | • | | | | | | | | | • | • | | | | | | | |
| パン屋 | | | | • | • | | | | | | | | | • | • | | | | | | | |
| ケーキショップ・菓子屋 | | | | • | • | | | | | | | | | • | • | | | | | | | |
| 豆腐店 | | | | • | • | | | | | | | | | • | • | | | | | | | |
| タバコ屋 | | | | • | • | | | | | | | | | • | • | | | | | | | |
| 眼鏡店 | | | | • | • | | | | | | | | | • | • | | | | | | | |
| 薬局・調剤店 | | | | • | • | | | | | | | | | • | • | | | | | | ▲ | |
| ドラッグストア | | | | • | • | | | | | | | | | • | • | | | | | | | |
| ペットショップ | | | | • | • | | | | | | | | | • | • | | | | | | | |
| カメラ・貴金属店 | | | | • | • | | | | | | | | | • | • | | | | | | | |
| 古物商・質屋 | | | | • | • | | | | | | | | | • | • | | | | | | | |
| アダルトショップ | | | | • | • | | | | | | | | | • | • | | | | | | | |
| リサイクルショップ | | | | • | • | | | | | | | | | • | • | | | | | | | |
| **同上（飲食系）** | | | | | | | | | | | | | | | | | | | | | | |
| レストラン・食堂 | | | | • | • | | | | | ▲ | ▲ | | | • | • | | | | | | ▲ | |
| 喫茶店 | | | | • | • | | | | | ▲ | ▲ | | | • | • | | | | | | | |
| バー・パブ・居酒屋 | | | | • | • | | | | | | | | | • | • | | | | | ▲ | | |
| ファーストフード | | | | • | • | | | | | | | | | • | • | | | | | | | |
| 料亭・割烹料理屋 | | | | • | • | | | | | | | | | • | • | | | | | | | |
| **同上（サービス系）** | | | | | | | | | | | | | | | | | | | | | | |
| カラオケボックス | | | | • | • | | | | | | | | | • | • | | | | | ▲ | | |
| キャバレー・ディスコ | | | | • | • | | | | | | | | | • | • | | | | | ▲ | | |
| 理髪店・美容室 | | | | • | • | | | | | | | | | • | • | | | | | | | |
| エステチックサロン | | | | • | • | | | | | | | | | • | • | | | | | | ▲ | |
| クラブ | | | | • | • | | | | | | | | | • | • | | | | | | | |
| アスレチックジム | | | | • | • | | | | | | | | | • | • | | | | | | ▲ | |
| サウナ風呂 | | | | • | • | | | | | | | | | • | • | | | | | | | |
| 公衆浴場 | | | | • | • | | | | | ▲ | ▲ | | | • | • | | | | | | ▲ | |
| プールガーデン | | | | • | • | | | | | | | | | • | • | | | | | | ▲ | |
| ガソリンスタンド | | | | • | • | | | | | | | | | • | • | | | | | | ▲ | |
| ランドリー | | | | • | • | | | | | | | | | • | • | | | | | | ▲ | |
| レンタルショップ | | | | • | • | | | | | | | | | • | • | | | | | | | |
| 風俗飲食店 | | | | • | • | | | | | | | | | • | • | | | | | | | |
| 性風俗店・ソープランド | | | | • | • | | | | | | | | | • | • | | | | | ▲ | ▲ | |
| ゲームセンター | | | | • | • | | | | | | | | | • | • | | | | | ▲ | | |
| パチンコ店 | | | | • | • | | | | | ▲ | ▲ | | | • | • | | | | ▲ | ▲ | | |
| 不動産屋 | | | | • | • | | | | | | | | | • | • | | | | | | | |
| 葬祭場 | | | | • | • | | | | | ▲ | ▲ | | | • | • | | | | | | | |
| 駐車場 | | | • | • | | | | | | ● | ● | | | • | • | | | | | ▲ | | |
| 結婚式場 | | | | • | • | | | | | ▲ | ▲ | | | • | • | | | | ▲ | | | |

- ●= 開業に当たって営業許可申請が必要、または内容によっては届出等がないもの
- ▲= 条例や規模または該当する部分があれば申請あるいは届出が必要なもの
- ―= 物販部分の床面積により対象となるもの
- ▒= 一般的にすべてのものに適応されるもの
- ●= 規模により対象となるもの（指導課に確認が必要）

〈Ok〉

| 大店立地法 | 医療法 | 薬事法 | 駐車場法 | 風営法 | 興行場法場 | 公衆浴場法 | 温泉法 | 旅館業法 | 国際観光ホテル整備法 | 美容師法 | 倉庫業法 | 博物館法 | 古物商法 | 質屋営業法 | クリーニング業法 | タバコ事業法 | プール規制法 | 酒税法 | 動物愛護法 | 業種・業態 | 分類 |
|---|---|---|---|---|---|---|---|---|---|---|---|---|---|---|---|---|---|---|---|---|---|
| ― | | ▲ | ▲ | | | | | | | | | ▲ | | | | ▲ | | ● | | デパート | 業態分類 |
| ― | | ▲ | ▲ | | | | | | | | | | | | | ▲ | | ● | | スーパーマーケット | |
| ― | | | | | | | | | | | | | | | | | | | | ショッピングセンター | |
| ― | | ▲ | ▲ | | | | | | | | | | ▲ | | | | | ▲ | | ディスカウントストア | |
| ― | | ▲ | | | | | | | | | | | | | | ▲ | | ▲ | | コンヴィニエンスストア | |
| ― | | | | | | | | | | | | | | | | | | | | ホームセンター・DIY | |
| | | | ▲ | | | ● | ▲ | ● | ● | ▲ | | | | | | ▲ | ▲ | ● | ▲ | ホテル | |
| | | | ▲ | | | ● | ▲ | ● | ● | | | | | | | ▲ | ▲ | | ▲ | 旅館 | |
| | | | ▲ | | | ● | | ● | | | | | | | | | | | | カプセルホテル | |
| | | | ▲ | ● | | ● | | ● | | | | | | | | | | | | モーテル | |
| | | | ▲ | ● | | | | | | | | | | | | ▲ | | | | 劇場 | |
| | ▲ | | ▲ | ● | | | | | | | | | | | | | ▲ | | | スポーツ施設 | |
| | ● | ● | | | | | | | | | | | | | | | | | | 医院・診療所 | |
| | | | | | | | | | | | | | | | | | | | | ショールーム | |
| | | | | | | | | | | | | ● | | | | | | | | 博物館・美術館 | |
| | | | | | ▲ | | ● | | | | | | | | | | | | | イベント・展示場 | |
| | | | | ▲ | ▲ | | | | | | | | | | | | | | | 仮設建築物 | |
| | | | | | | | | | | | | | | | | | ▲ | | | 海の家 | |
| | | | | | | | | | | | | | | | | | | | | 屋台営業 | |
| | | | | | | | | | | | | | | | | | | | | トランクルーム | |
| | | | | | | | | | | | | | | | | | | | | テーマパーク・遊園地 | |
| ― | | ▲ | | | | | | | | | | | | | | ▲ | | | | 港湾施設内店舗 | |
| ― | | ▲ | | | | | | | | | | | | | | ▲ | | ▲ | | 公園施設内店舗 | |
| ― | | ▲ | | | | | | | | | | | | | | ▲ | | | | 古都・景勝地内店舗 | |
| ― | | | | | | | | | | | | | | | | | | | | 食料品店 | 業種分類（物販系） |
| ― | | | | | | | | | | | | | | | | | | | | 鮮魚・精肉店 | |
| ― | | | | | | | | | | | | | | | | | | | | 青果・生花店 | |
| ― | | | | | | | | | | | | | | | | | | | | デリカテッセン・弁当屋 | |
| ― | | | | | | | | | | | | | | | | | | | | パン屋 | |
| ― | | | | | | | | | | | | | | | | | | | | ケーキショップ・菓子屋 | |
| ― | | | | | | | | | | | | | | | | | | | | 豆腐店 | |
| | | | | | | | | | | | | | | | | ● | | | | タバコ屋 | |
| ― | ● | | | | | | | | | | | | | | | | | | | 眼鏡店 | |
| ― | | ● | | | | | | | | | | | | | | | | | | 薬局・調剤店 | |
| ― | | ● | | | | | | | | | | | | | | | | | | ドラッグストア | |
| ― | | | | | | | | | | | | | | | | | | | | ペットショップ | |
| ― | | | | | | | | | | | | | ▲ | | | | | | | カメラ・貴金属店 | |
| ― | | | | | | | | | | | | | ● | ● | | | | | | 古物商・質屋 | |
| ― | | | | ● | | | | | | | | | | | | | | | | アダルトショップ | |
| ― | | | | | | | | | | | | | | | | | | | | リサイクルショップ | |
| | | ▲ | | | | | | | | | | | | | | | | | | レストラン・食堂 | 同上（飲食系） |
| | | | | | | | | | | | | | | | | | | | | 喫茶店 | |
| | | | | ▲ | | | | | | | | | | | | | | | | バー・パブ・居酒屋 | |
| | | | | | | | | | | | | | | | | | | | | ファーストフード | |
| | | | | | | | | | | | | | | | | | | | | 料亭・割烹料理屋 | |
| | | | | ▲ | | | | | | | | | | | | | | | | カラオケボックス | 同上（サービス系） |
| | | | | ● | ▲ | | | | | | | | | | | | | | | キャバレー・ディスコ | |
| | | | | | | | | ● | | | | | | | | | | | | 理髪店・美容室 | |
| ▲ | | | | | | ▲ | | ▲ | | ● | | | | | | | | | | エステチックサロン | |
| | | | | | | | | | | | | | | | | | | | | クラブ | |
| | | | | | | ▲ | | | | | | | | | | | ▲ | | | アスレチックジム | |
| | | | | | | ● | | | | | | | | | | | | | | サウナ風呂 | |
| | | | | | | ● | ▲ | | | | | | | | | | | | | 公衆浴場 | |
| | | | | | | ▲ | | | | | | | | | | | ● | | | プールガーデン | |
| | | | | | | | | | | | | | | | | | | | | ガソリンスタンド | |
| | | | | | | | | | | | | | | | ● | | | | | ランドリー | |
| | | | | | | | | | | | | | ▲ | | | | | | | レンタルショップ | |
| | | | | ● | | ● | | | | | | | | | | | | | | 風俗飲食店 | |
| | | | | ● | | ● | | | | | | | | | | | | | | 性風俗店・ソープランド | |
| | | ▲ | | ● | | | | | | | | | | | | | | | | ゲームセンター | |
| | | ▲ | | ● | | | | | | | | | | | | | | | | パチンコ店 | |
| | | | | | | | | | | | | | | | | | | | | 不動産屋 | |
| | | | | | | | | | | | | | | | | | | | | 葬祭場 | |
| | | | ● | | | | | | | | | | | | | | | | | 駐車場 | |
| | | | | | | | | | | | | | | | | | | | | 結婚式場 | |

# 消防法

表1　消防関係法令の体系

| 国 | 法律 | 消防法 |
|---|---|---|
| （総務省・消防庁） | 政令 | 消防法施行令 |
| | | 危険物の規制に関する政令 |
| | 省令 | 消防法施行規則 |
| | | 危険物の規制に関する規則 |
| | | 総務省（旧自治省）令 |
| | 告示 | 消防庁告示 |
| | | 総務省（旧自治省）告示 |
| | | 国土交通省（旧建設省）告示 |
| | 通知 | 消防庁通知 |
| | 例規（質疑応答） | 消防庁例規 |
| 各地方自治体 | 火災予防条例 | 例）東京都火災予防条例 |
| （都道府県市町村） | | 例）横浜市火災予防条例 |
| | 基準・通達類 | 例）予防事務審査・検査基準（東京消防庁監修） |
| | | 例）予防関係通達集（東京消防庁監修） |

■消防法の概要

（1）消防法の目的

消防法第1条に記載されているが，火災を「予防」「警戒」「鎮圧」し，火災または地震等の災害による「被害軽減」を目的としている。

（2）消防関係の法令

消防にかかわる法令は「消防法」を筆頭に［表1］に示すようにまとめられる。「法律」「政令」「省令」といった国単位の規制のほかに，各地方自治体による「火災予防条例」や「基準・通達類」が存在す

表2　防火対象物（消防法）と特殊建築物（建築基準法）の対照一覧表

| 防火対象物（消防法施行令別表第一） | | | 特殊建築物（建築基準法別表第一（いノ覧）） | |
|---|---|---|---|---|
| （一） | イ● | 劇場，映画館，演芸場，観覧場 | (1) | 劇場，映画館，演芸場，観覧場，公会堂，集会場 |
| | ロ● | 公会堂，集会場 | | |
| （二） | イ● | キャバレー，カフェ，ナイトクラブの類 | (4) | キャバレー，カフェ，ナイトクラブ，バー |
| | ロ● | 遊技場，ダンスホール | (4) | ダンスホール，遊技場 |
| | ハ● | 性風俗関連店など | | |
| （三） | イ | 待合，料理店の類 | (4) | ［待合，料理店（建築基準法施行令115-3）］ |
| | ロ | 飲食店 | (4) | ［飲食店（建築基準法施行令115-3）］ |
| （四） | | 百貨店，マーケット，その他の物品販売業を営む店舗，展示場 | (4) | 百貨店，マーケット，展示場（物品販売業を営む店舗［床面積が10m² 以内のものを除く。（建築基準法施行令115-3）］ |
| （五） | イ● | 旅館，ホテル，宿泊所，その他類するもの | (2) | ホテル，旅館 |
| | ロ | 寄宿舎，下宿，共同住宅 | (2) | 下宿，共同住宅，寄宿舎 |
| （六） | イ● | 病院，診療所，助産所 | (2) | 病院，診療所（患者の収容施設があるものに限る）［助産所（建築基準法施行令115-2）］ |
| | ロ● | 老人福祉施設，有料老人ホーム，老人保健施設，救護施設，更正施設，児童福祉施設（母子寮および児童厚生施設を除く）身体障害者更正援護施設（身体障害者を収容するものに限る）神経薄弱者援護施設，神経障害者社会復帰施設 | (2) | 児童福祉施設［身体障害者更正援護施設（補装具製作施設，視聴覚障害者情報提供施設を除く）精神障害者社会復帰施設，保護施設（医療保護施設を除く）婦人保護施設，精神薄弱者援護施設，老人福祉施設，有料老人ホームまたは母子保健施設（建築基準法施行令19-1-1）］，隣保館，養老院 |
| | ハ● | 幼稚園，盲学校，ろう学校，養護学校 | | 学校（専修学校および各種学校を含む（建築基準法施行令2-2）） |
| （七） | | 小学校，中学校，高等学校，高等専門学校，大学，専修学校，各種学校の類 | (3) | 学校＝小学校，中学校，高等学校，大学，高等専門学校，盲学校，ろう学校，養護学校および幼稚園（学校教育法第1条） |
| （八） | | 図書館，博物館，美術館の類 | (3) | ［博物館，美術館，図書館（建築基準法施行令115-3）］ |
| （九） | イ● | 公衆浴場のうち蒸気浴場，熱気浴場の類 | | ［公衆浴場（建築基準法施行令115-3）］ |
| | ロ | イに掲げる公衆浴場以外の公衆浴場 | (4) | 個室付き浴場業＝浴場業の施設として個室を設け，当該個室において異性の客に接触する役務を提供する営業（風俗営業取締法4条の4） |
| （十） | | 車両の停車場，船舶，または航空機の発着場（旅客の乗降または待合いの用に供する建築物に限る） | | |
| （十一） | | 神社，寺院，教会の類 | | |
| （十二） | イ | 工場，作業場 | (6) | 自動車修理工場 |
| | ロ | 映画スタジオ，テレビスタジオ | (6) | ［映画スタジオまたはテレビスタジオ（建築基準法施行令115-3）］ |
| （十三） | イ | 自動車車庫，駐車場 | (6) | 自動車車庫 |
| | ロ | 飛行機または回転翼航空機の格納庫 | | |
| （十四） | | 倉庫 | (5) | 倉庫 |
| （十五） | | 前各項に該当しない事業所 | (3) | ［体育館，ボーリング場，スキー場，スケート場，水泳場またはスポーツの練習場（建築基準法施行令115-3）］ |
| | | | | 前各項に該当しない建築物 |
| （十六） | イ● | 特定防火対象物が存在する複合用途防火対象物 | | |
| | ロ | 上記以外の複合用途防火対象物 | | |
| （十六の二） | | 地下街 | | 地下街（建築基準法施行令128-3） |

備考：●印　特定防火対象物

ることを認識してもらいたい。予防事務審査・検査基準（東京消防庁監修）を例に挙げると，消防法，消防法施行令，消防法施行規則等では記載されていない細かな基準を規定している。また，最終的には所轄消防署が防災計画に関して強い指導権限を有しており，「指導」として遵守すべき事項が指摘される場合がある。その意味でも所轄消防署との打ち合わせは不可欠であることを再認識することが重要である。

■ 防火対象物

［表2］に防火対象物（消防法）と特殊建築物（建築基準法）の対照一覧を示す。表を見ると分かると思うが，消防法と建築基準法ではその分類は完全に一致するものではない。消防設備はあくまでも消防法にもとづく防火対象物の分類によって，防火対象物ごとに必要な消防設備を規定していることを理解し，混乱しないようにする必要がある。原則として，「特定防火対象物（＝不特定多数の人が出入する建物）」は規制が厳しい。商業施設や店舗の場合はそのほとんどが特定防火対象物に分類される。初めて入ったショッピングセンターで突然火災等の災害に遭遇した場合，避難することが容易ではないことは十分に想像がつくと思う。そのため，そのような特定防火対象物には，避難誘導設備やスプリンクラーなどの自動初期消火設備の充実が求められるのである。改修工事についてもそれは当てはまる。事務所を店舗に改修した場合，店舗（特定防火対象物）に対応する消防設備が要求されるため，既存の消防設備，避難誘導設備が店舗の基準をクリアするように必要な改修を施さねばならない。その建屋あるいはその部分がいかなる用途に使用されるのかが，必要とする消防設備，避難誘導設備等を決めるのである。

■ 複合用途防火対象物

複合用途防火対象物とは，2以上の異なる用途が存するもので，消防法施行令別表第一の（一）～（十五）項までに挙げる防火対象物の用途のいずれかに該当する用途が含まれているものをいう。また，同別表第一の（十六）項イ（特定防火対象物が存する），ロ（イ以外）を指している。例として，事務所ビルに店舗が存在する建物を考えてみよう。

表3　複合用途防火対象物の判定

| 用途分類 | 参考図 | 判定条件 | 判定 |
|---|---|---|---|
| 1. 主・従の関係にある用途部分がある場合 | B（従）／A（主）／B（従）<br>A：主たる用途部分，B：従属的用途部分 | (1) 管理権限者が同一人<br>(2) 利用者が同一または密接な関係にあり<br>(3) 利用時間がほぼ同一<br>（以上すべて満たす場合） | 複合用途と見なくてよい |
| 2. 独立した用途部分が混在する場合 | A（主）（90％以上）／C（独） 300m²未満<br>A：主たる用途部分，C：独立した用途部分 | (1) A部分の面積≧延面積×0.9<br>(2) C部分面積＜300m²<br>（以上すべて満たす場合） | 複合用途と見なくてよい |
| | A（主）（90％未満）／C（独） 300m²以上<br>A：主たる用途部分，C：独立した用途部分 | (1) A部分の面積＜延面積×0.9 | 複合用途防火対象物 |
| | | (2) C部分の面積≧300m² | 複合用途防火対象物 |
| 3. 一般住宅（個人の居住）が含まれている場合 | D（住）／E（別）<br>D：住宅部分（個人居住），E：別表用途部分 | (1) E部分面積＜D部分面積<br>(2) E部分面積≦50m²<br>（以上すべて満たす場合） | 一般住宅として取り扱う |
| | D（住）／E（別）<br>D：住宅部分（個人居住），E：別表用途部分 | (1) E部分面積＞D部分の面積 | 令別表の防火対象物または複合用途防火対象物 |
| | | (2) E部分面積＞50m²（たとえE＜Dであっても） | 令別表の防火対象物または複合用途防火対象物 |
| | D（住）／E（別）<br>D：住宅部分（個人居住），E：別表用途部分 | E部分面積≒D部分面積 | 複合用途防火対象物 |

注）昭和50年　消防予41号・消防安41号，昭和59年　消防予54号

表4　排煙設備における建築基準法と消防法の違い

| | 建物用途 | 建築基準法 | 消防法 |
|---|---|---|---|
| 排煙設備の目的 | 全用途 | 建物内の在館者が外部あるいは建物内の安全区画に避難するまで避難に必要な空間の煙層高さ，あるいは煙濃度を「避難」に支障のない程度に保つこと | 建物内の消防活動に必要な空間の煙層高さ，あるいは煙濃度を「消防活動」に支障のない程度に保つこと |
| 排煙設備の設置基準 | キャバレー等 | 延床面積≧500m²の場合 | 地階または無窓階床面積≧1000m²の場合 |
| | 病院，旅館等 | 延床面積≧500m²の場合 | 規定なし |
| | 地下街 | 排煙無窓の居室に該当してすべて必要 | 延床面積≧1000m²の場合 |

店舗部分が法規に示す基準を下回り，十分に従属的な要素であれば事務所単一用途として防災設備を計画すればよいことになる。ただし，複合用途に該当する規模であれば，前述したように，特定防火対象物は防災設備の設置基準は事務所のそれに比べ厳しいのであるから，事務所単一用途では不要であった防災設備を必要とされることがあり得るのである。スプリンクラー設備や避難通路，階段の仕様など，計画上も工事金額の面でも影響の大きな要素が発生し得るため，店舗部分が従属的と思われる面積配分であっても十分に法規に照らし合わせ，その判別を行う必要がある。改修工事で店舗部分が増加する場合などは特に注意する必要がある。［表3］に複合用途防火対象物の判定基準の解説を示す。

■ 消防法と建築基準法の違い

排煙設備は消防法と建築基準法で設置基準に違いがあり，［表4］にそれを示す。これはそれぞれの法律の目的が異なることに起因している。少々視点が異なるが，火気を使用する部屋（厨房，ボイラー室等）の防火区画，不燃区画の要否は消防関係，もう少し正確に言えば地方自治体の火災予防条例レベルでの規制である。このように消防法と建築基準法の接点は多い。それぞれの法律が何を目的にどのように規制しているかを十分整理して理解すべきである。また，消防法はその目的が前述したように「火災による災害被害の防止」の観点から構成されていることを認識されたい。〈Oh〉

# 大店立地法(大規模小売店舗立地法)

大規模小売店舗立地法
各都道府県関連条例 等

■**大店立地法の概要**

1000㎡以上の大規模小売店舗を新たに出店する場合には，大店立地法をクリアしなければならなくなった。この法律は1998(平成10)年6月に公布され2000(平成12)年6月1日から施行された。

大規模小売店舗が不特定多数の顧客を集め，大量の商品の流通に要となる施設であり，また，生活利便施設として生活空間から一定の範囲内に立地するという特性から大規模小売店舗の設置者に対して対応可能かつ合理的な範囲で周辺の生活環境の保持に配慮することが求められている。従来あった大規模小売店舗法(大店法)は「店舗面積」「営業時間」などの審査を行い，中小小売店保護の目的としていたが，大店立地法の規制目的が周辺環境の保全に改められ，審査の主体も国から自治体に変わっている。

市区町村の自治体が，住民の意見を踏まえ出店に伴う「交通渋滞」「ごみ」「騒音」などの項目が審査対象となる。

■**審査項目**

「交通渋滞」に関してはピーク時の予測来店客数に自動車で来店する客の割合と平均駐車時間を掛け合わせて算出するとい

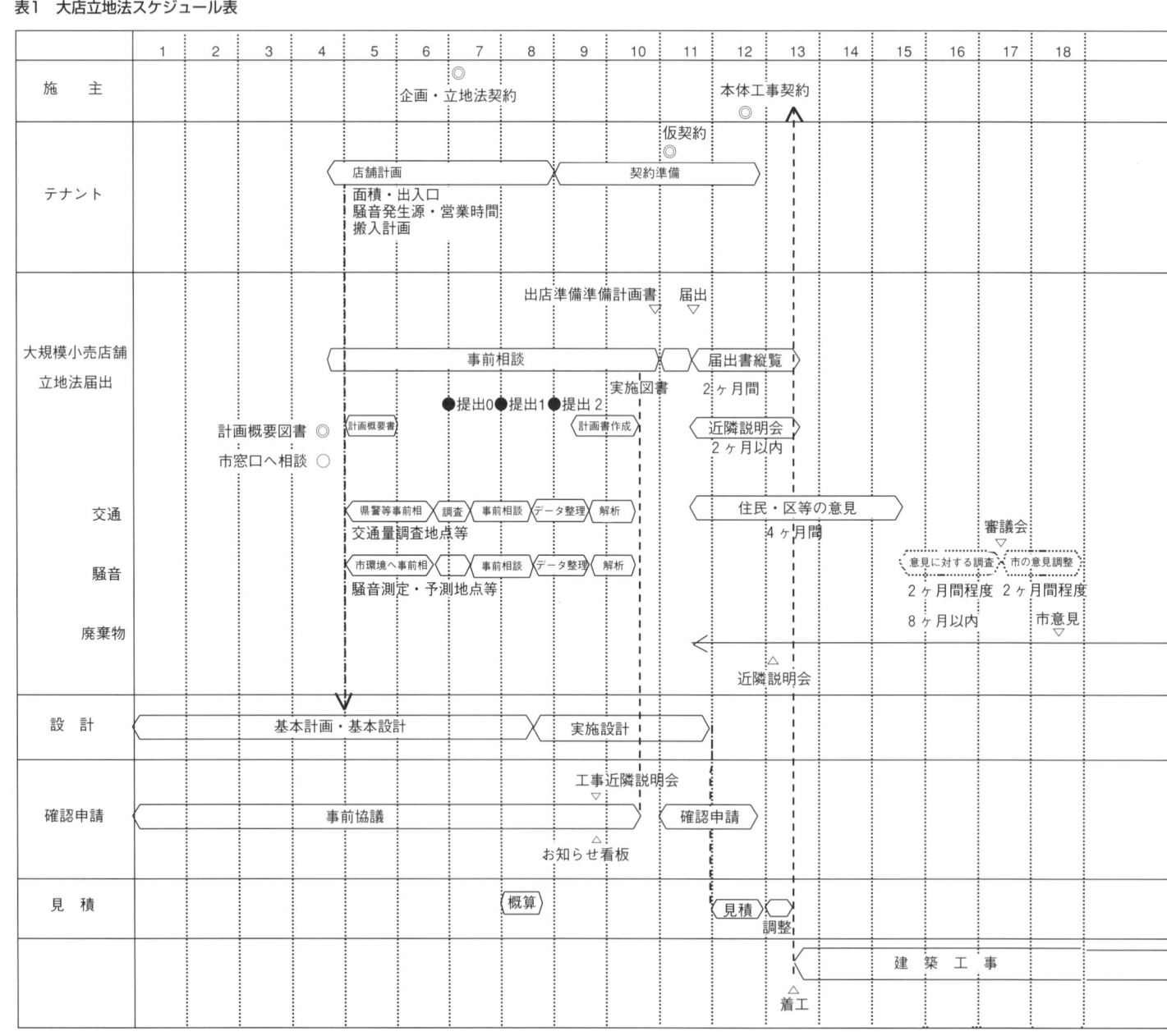

表1 大店立地法スケジュール表

うように駐車スペースの確保にも厳格な環境基準を設けている。たとえば、自動車来店客数の割合は、人口40万人以上の都市であるかどうか、商業地域かあるいはその他の地区かどうか、「鉄道駅」から300m、500mの距離の範囲にあるかどうか、どんなものを扱う店舗(家具を取り扱う場合は緩和される)か、シャトルバスを運行する計画にするか否か、により細かな規定があり設計上も考慮すべき内容が多い。また店舗面積により平均駐車時間($3000m^2$以下の場合、$2万m^2$以下の場合では平均駐車時間が変わる)が異なるので計画上大きなチェックポイントになる。
「ごみ」に関して、廃棄物保管場所は予測される店舗面積あたりの廃棄物の容量に、店舗面積を掛けた数値を確保することが求められている。廃棄物の予測基準は衣料品専門店、食料品専門店など業種別に分類されている。

「騒音」に関する環境基準に関しては、地域によって昼間、夜間の基準値が50デシベル以下、55デシベル以下、60デシベル以下に定められている。療養施設や社会福祉施設が集合して設置されるような静穏を要する地域、もっぱら住居の用に供される地域、主として住居の用に供せられる地域、商業・工業等の用に供せられる地域などによって前述のように基準値が異なる。計画にあたっては、定常騒音(冷却塔、室外機、給排気口からの騒音)、変動騒音(敷地内の車の騒音、荷捌き作業の騒音、廃棄物収集作業の騒音、BGM、アナウンスなどの騒音)、衝撃騒音(荷捌き作業の荷下ろし音など)などがあり、配置計画に考慮が必要となる。
この法律に関しては市、区等の自治体でも指導要綱(大型店舗出店指導要綱)を出しているところがあるので事前に調査されることが望ましい。なお法律の規制対象基準面積は$1000m^2$以上(大規模小売店舗立地法施行令第2条)となっている。〈On〉

**■中規模店舗に関わる条例・要項**

行政(市、区など)が、大店立地法の届出対象となる店舗(物販面積$1000m^2$以上)より規模の小さい店舗を対象に、出店に関する情報を把握し、その周辺の生活環境を保持する観点から、施設の配置および運営方法に係る届出について、要項や条例で定める例が増えている。
なお、これら要項や条例の対象となる中規模の店舗は行政によって「中規模店舗」「特定商業施設」などと呼ばれており、対象範囲を独自に設定している。届出のあったものに関しては審査し、必要に応じ指導や助言が行える仕組みになっている。
(1) 対象範囲
規模の下限は$200m^2$、$300m^2$、$400m^2$、$500m^2$などである。人口密集地や都市化が進んだ地域ほど下限の面積が大きい。
(2) 営業時間による規制
23時から早朝6時の間に営業する店舗に関しては、別途対象範囲を設定している自治体もある。
東京・文京区の例を挙げると、「文京区中規模小売店舗の出店に伴う生活環境保全に関する要項」では、面積$500m^2$を超え$1000m^2$以下のものを対象としているが、深夜営業(午後11時から午前6時)を営む小売店舗の場合は、店舗面積$300m^2$を超え、$1000m^2$以下のものも対象となる。
(3) 物品販売以外の店舗に関しての規制
渋谷区では、物販店舗以外の店舗(飲食店、興業場、ビデオ・CDレンタルショップなど)に関しても届出の対象としている。
(4) 近隣住民に対しての説明会の義務づけ
大店立地法と同じく、近隣住民に対する説明会を義務づけられている場合が多い。行政の長は近隣住民の意見を踏まえて、中規模小売店舗の新設等が周辺の地域の生活環境に著しい影響を与えるものと認めるときは、意見を聞き、指導や助言が行える仕組みになっていることもある。
(5) 届出時期の注意
開店予定日の数ヵ月前に届出を必要とするなど、行政によってまちまちであるので、確認して進める必要がある。〈Id〉

**表1 東京都江東区特定商業施設の立地に伴う生活環境保全に関する指導要綱からの抜粋**

第5条 設置予定者は、特定商業施設新設(増設)計画届出書(別記第1号様式)を、次に掲げる日までに区長に届け出なければならない。
(1) 建築基準法(昭和25年法律第201号)第6条第1項に規定する確認の申請または同法第18条第2項に規定する計画の通知の1カ月前
(2) 新設または増設する日の5カ月前
2 前項に規定する届出には、次に掲げる事項を届け出るものとする。
(1) 特定商業施設の名称および所在地
(2) 設置予定者の氏名または名称(法人にあっては代表者の氏名)および住所
(3) 特定商業施設を新設または増設する日
(4) 特定商業施設の店舗面積の合計
(5) 特定商業施設で営業を営む業種
(6) 特定商業施設の配置に関する事項であって、次に掲げるもの
　ア 駐車場の位置および収容台数
　イ 駐輪場の位置および収容台数
　ウ 荷さばき施設の位置および面積
　エ 廃棄物等の保管施設の位置および容量
(7) 特定商業施設の運営方法に関する事項であって、次に掲げるもの
　ア 開店時刻および閉店時刻
　イ 駐車場において来客の自動車が駐車することができる時間帯
　ウ 駐車場の自動車の出入り口の数および位置
　エ 荷さばき施設において荷さばきを行うことができる時間帯
3 第1項に規定する届出には、別表に掲げる書類を添付しなければならない

# ハートビル法

高齢者，身体障害者等が円滑に利用できる特定建築物の建築の促進に関する法律の一部を改正する法律

### ■すべての人々が円滑に利用できること

高齢者，身体障害者等が円滑に利用できる特定建築物の建築を一層促進するため，特定建築物の範囲を拡大し，および特別特定建築物の建築等について利用円滑化基準に適合することを義務付けるとともに，認定を受けた特定建築物について容積率の算定の特例，表示制度の導入等支援措置の拡大を行う等の所要の措置を講ずる。

### ■多数の人々が利用する建築物が対象

(1) 特定建築物の範囲の拡大

特定建築物(改正前：デパート，劇場，ホテル等の不特定かつ多数の者が利用する建築物)の範囲を，不特定でなくとも多数の者が利用する学校，事務所，共同住宅等の用途の建築物にも拡大する。

(2) 特別特定建築物の建築等についての利用円滑化基準への適合義務の創設

① 特別特定建築物(改正前の特定建築物用途及び老人ホーム等)について2000m²以上の建築等をする者は，バリアフリー対応に係る利用円滑化基準に適合させなければならないものとする。

② 地方公共団体は，その地方の自然的社会的条件の特殊性により，条例で，必要な制限を付加することができるものとする。

③ ①および②の規定を建築確認対象法令とし，違反した建築等をする者に対し是正命令等の規定を設ける。

### ハートビル法，安全条例，審査対象建築物　用途一覧表

| | 安全条例第53条（定義は第9条による）、ハートビル法政令第2条 | | ～1000m² | 1000m²超 | 2000m²以上 |
|---|---|---|---|---|---|
| 学校施設 | 安全条例 | 学校（学校教育法第一条で定める学校並びに専修学校及び各種学校） | ○ | ○ | ○ |
| | ハートビル法 | 盲学校、聾学校または養護学校 | | | ○ |
| 文化施設 | 安全条例 | 博物館、美術館または図書館 | ○ | ○ | ○ |
| | ハートビル法 | 博物館，美術館または図書館 | | | ○ |
| 飲食店 | 安全条例 | 飲食店（喫茶店を含む） | | ○ | ○ |
| | ハートビル法 | 飲食店 | | | ○ |
| 物販店舗 | 安全条例 | 物品販売業(物品加工修理業を含む)を営む店舗(百貨店およびマーケットを含む) | | ○ | ○ |
| | ハートビル法 | 百貨店、マーケットその他の物品販売業を営む店舗 | | | ○ |
| バスターミナル | 安全条例 | バスターミナル(自動車ターミナル法(昭和34年法律第136号)第2条第4項に規定するバスターミナルをいう) | ○ | ○ | ○ |
| 自動車関連 | ハートビル法 | 自動車の停留または駐車のための施設（一般公共の用に供されるものに限る） | | | ○ |
| 宿泊施設 | 安全条例 | ホテル、旅館 | | ○ | ○ |
| | ハートビル法 | ホテルまたは旅館 | | | ○ |
| 公衆浴場 | 安全条例 | 公衆浴場 | | ○ | ○ |
| | ハートビル法 | 公衆浴場 | | | ○ |
| 興行施設 | 安全条例 | 劇場、映画館、演芸場、観覧場、その他これに類するもの等 | | ○ | ○ |
| | ハートビル法 | 劇場、観覧場、映画館または演芸場 | | | ○ |
| 集会施設 | 安全条例 | 公会堂、集会場 | ○ | ○ | ○ |
| | ハートビル法 | 集会場または公会堂 | | | ○ |
| 医療施設 | 安全条例 | 病院または診療所(患者の収容施設があるものに限る) | ○ | ○ | ○ |
| | ハートビル法 | 病院または診療所 | | | ○ |
| 福祉施設 | 安全条例 | 児童福祉施設等<br>I　児童福祉施設<br>II　身体障害者更生援護施設（補装具製作施設および視聴覚障害者情報提供施設を除く）<br>III　保護施設（医療保護施設を除く）<br>IV　老人福祉施設<br>V　有料老人ホーム | ○ | ○ | ○ |
| | ハートビル法 | 老人ホーム，身体障害者福祉ホームその他これらに類するもの（主として高齢者，身体障害者等が利用するものに限る） | | | ○ |
| 福祉施設 | 安全条例 | 児童福祉施設等<br>VI　助産所<br>VII　精神障害者社会復帰施設<br>VIII　婦人保護施設<br>IX　知的障害者援護施設<br>X　母子保健施設 | ○ | ○ | ○ |
| | ハートビル法 | 老人福祉センター，児童厚生施設，身体障害者福祉センターその他これらに類するもの | | | ○ |
| 展示施設 | 安全条例 | 展示場 | | ○ | ○ |
| | ハートビル法 | 展示場 | | | ○ |
| 遊興施設 | 安全条例 | 遊技場（風俗営業関連施設） | | ○ | ○ |
| 遊興施設 | 安全条例 | 料理店（風俗営業関連施設） | | ○ | ○ |
| 運動施設 | 安全条例 | 体育館、ボーリング場、水泳場、スケート場、スキー場又はスポーツ練習場 | | ○ | ○ |
| | ハートビル法 | 体育館（一般公共の用に供されるものに限る）、水泳場（一般公共の用に供されるものに限る）もしくはボーリング場または遊技場 | | | ○ |
| 交通施設 | 安全条例 | 鉄道駅もしくは軌道停留場又は船舶もしくは航空機の発着場を構成する建築物で旅客の乗降または待合の用に供するもの(以下「旅客施設等」という) | ○ | ○ | ○ |
| | ハートビル法 | 車両の停車場又は船舶もしくは航空機の発着場を構成する建築物で旅客の乗降または待合の用に供するもの | | | ○ |
| サービス店舗 | 安全条例 | 郵便局、保健所、税務署その他これらに類する公益上必要な建築物で不特定多数の人の利便の用に供するもの | | ○ | ○ |
| | ハートビル法 | 郵便局または理髪店、クリーニング取次店、質屋、貸衣装屋、銀行その他これらに類するサービス業を営む店舗 | | | ○ |
| 官公施設 | ハートビル法 | 保健所，税務署その他不特定かつ多数の者が利用する官公署 | | | ○ |
| 公衆便所 | ハートビル法 | 公衆便所 | | | ○ |

ハートビル法認定チェックシート　　　　　　　　　　　　　　　　　　　　　　　　　　　　　　　（東京都都市計画局ホームページ　より）

| | 特定施設 | 整備内容 | | チェック | |
|---|---|---|---|---|---|
| 1 | 出入口 | | | | |
| (1) | 多数の者が利用する出入口 | ① 直接地上へ通ずるもの（一以上）　幅が内法120cm以上の出入口 | | 箇所 | |
| | | 幅　内法120cm以上 | | 有 | 無 |
| | | 戸の有無 | *a | 有 | 無 |
| | | 　自動的に開閉する構造 | | 有 | 無 |
| | | 　戸の前後　高低差 | | 有 | 無 |
| | | ② ①、便所、浴室等に設けられるものを除き、かつ、2以上併設する場合はそのうち1以上の出入口 | | 箇所 | |
| | | 幅　内法90cm以上 | | 有 | 無 |
| | | 戸の有無 | *a | 有 | 無 |
| | | 　車いす使用者が容易に開閉して通過できる構造 | | 有 | 無 |
| | | 　戸の前後　高低差 | | 有 | 無 |
| 2 | 廊下等 | | | | |
| (1) | 多数の者が利用する廊下等 | ★幅　内法180cm以上<br>（50m以内ごとに車いすのすれ違いに支障がない場所を設ける場合は140cm以上） | | 有 | 無 |
| | | 床の滑りにくい仕上げ | | 有 | 無 |
| | | 階段又は傾斜路（階段に代わり又は併設するもの）の有無 | *a | 有 | 無 |
| | | 　点状ブロック等　上端に近接する廊下等の部分に敷設 | *b | 有 | 無 |
| | | 　　勾配　1/20以下の傾斜の上端に近接 | | 有 | 無 |
| | | 　　高さが16cm以下　かつ　勾配　1/12以下の傾斜の上端に近接 | | 有 | 無 |
| | | 　　自動車駐車施設に設置 | | 有 | 無 |
| | | ★戸の有無 | *a | 有 | 無 |
| | | 　車いす使用者が容易に開閉して通過できる構造 | | 有 | 無 |
| | | 　戸の前後　高低差 | | 有 | 無 |
| | | 側面に廊下等に向かって開く戸の有無 | *a | 有 | 無 |
| | | 　高齢者、身体障害者等の通行の安全上支障がないような措置 | | 有 | 無 |
| (2) | | 壁面の突出物の有無 | *a | 有 | 無 |
| | | 　視覚障害者の通行の安全上支障が生じないような措置 | | 有 | 無 |
| (3) | | 高齢者、身体障害者等の休憩用設備 | | 有 | 無 |
| (4) | 車いす駐車施設が設けられていない駐車場又は階段等のみに通ずる廊下等の部分 | | *a | 有 | 無 |
| | | (1)の★印の項目については適用しない。 | | | |
| 3 | 階段 | | | | |
| (1) | 多数の者が利用する階段 | 階段の設置数 | *a | 箇所 | |
| | | 階段に代わり、又は併設する傾斜路又は昇降機の有無　（階段が、車いす用駐車施設が設けられていない駐車場等のみに通ずるものである場合は適用除外） | | 有 | 無 |
| | | 幅　内法140cm以上（手すりがある場合、手すり幅10cmを限度としてないものとみなす） | | 有 | 無 |
| | | けあげの寸法　16cm以下 | | 有 | 無 |
| | | 踏面の寸法　30cm以上 | | 有 | 無 |
| | | 手すり　両側設置（踊場を除く） | | 有 | 無 |
| | | 表面　滑りにくい仕上げ | | 有 | 無 |
| | | 段　容易に識別しやすい構造 | | 有 | 無 |
| | | 段　つまづきにくい構造 | | 有 | 無 |
| (2) | | 点状ブロック　段の上端に近接する踊場に敷設 | *b | 有 | 無 |
| | | 　自動車駐車施設に設置 | | 有 | 無 |
| | | 　段がある部分と連続して手すりを設置 | | 有 | 無 |
| (3) | 主たる階段 | 回り階段 | | 有 | 無 |
| 4 | 階段に代わり、又は併設する傾斜路 | | | | |
| (1) | 多数の者が利用する傾斜路 | 傾斜路の設置 | *a | 有 | 無 |
| | | 傾斜路の設置数 | | 箇所 | |
| | | ★幅　内法150cm（段併設の場合120cm）以上 | | 有 | 無 |
| | | ★勾配　1/12以下 | | 適 | 不適 |
| | | ★高さが75cmを超える傾斜路 | *a | 有 | 無 |
| | | 　高さ75cm以内ごとに踏幅150cm以上の踊場 | | 有 | 無 |
| | | 高さが16cmを超える傾斜路 | *a | 有 | 無 |
| | | 　手すり　両側設置 | | 有 | 無 |
| | | 表面の滑りにくい仕上げ | | 有 | 無 |
| | | 前後の廊下等と容易に識別 | | 有 | 無 |
| (2) | | 点状ブロック　傾斜路の上端に近接する踊場に敷設 | *b | 有 | 無 |
| | | 　勾配　1/20以下の傾斜の上端に近接 | | 有 | 無 |
| | | 　高さが16cm以下　かつ　勾配　1/12以下の傾斜の上端に近接 | | 有 | 無 |
| | | 　自動車駐車施設に設置 | | 有 | 無 |
| | | 　傾斜がある部分と連続して手すりを設置 | | 有 | 無 |
| (3) | 車いす駐車施設が設けられていない駐車場、階段等のみに通ずる傾斜路の部分 | | *a | 有 | 無 |
| | | 勾配　1/12　超える傾斜の有無 | *a | 有 | 無 |
| | | 　手すり　両側設置 | | 有 | 無 |
| | | (1)の★印の項目については適用しない。 | | | |

# B・3　ハートビル法

## ハートビル法利用円滑化基準チェックシート（3）

| 特定施設 | | | | | | | | | | | |
|---|---|---|---|---|---|---|---|---|---|---|---|
| **5　昇降機** | | | | | | | | | | | |
| | | | | その他 | | | | 1以上 | | | |
| | | | | 多数の者が利用する建築物 | | 不特定多数の者が利用する建築物 | | 多数の者が利用する建築物 | | 不特定多数の者が利用する建築物 | |
| 一以上のかごの停止 | 利用居室のある階 | | | 有 | 無 | 有 | 無 | 有 | 無 | 有 | 無 |
| | 車いす使用者用客室のある階 | | | 有 | 無 | 有 | 無 | 有 | 無 | 有 | 無 |
| | 車いす使用者用便房のある階 | | | 有 | 無 | 有 | 無 | 有 | 無 | 有 | 無 |
| | 車いす使用者用駐車施設のある階 | | | 有 | 無 | 有 | 無 | 有 | 無 | 有 | 無 |
| | 車いす使用者用浴室等のある階 | | | 有 | 無 | 有 | 無 | 有 | 無 | 有 | 無 |
| | 地上階 | | | 有 | 無 | 有 | 無 | 有 | 無 | 有 | 無 |
| かご床面積 | | | | | | 1.83㎡ | 有 無 | 1.83㎡ | 有 無 | 2.09㎡ | 有 無 |
| 車いすの転回に支障が無い構造 | | | | | | | | | | 有 | 無 |
| 出入口幅 | | | | 80cm | 有 無 | 80cm | 有 無 | 80cm | 有 無 | 90cm | 有 無 |
| かご奥行 | | | | 135cm | 有 無 | 135cm | 有 無 | 135cm | 有 無 | 135cm | 有 無 |
| 乗降ロビー高低差排除 | | | | | | | | | | 有 | 無 |
| 乗降ロビー幅・奥行 | | | | 150cm | 有 無 | 150cm | 有 無 | 150cm | 有 無 | 180cm | 有 無 |
| 停止階・現在位置表示 | | | | | | 有 | 無 | 有 | 無 | 有 | 無 |
| 車いす対応制御装置 | | | | | | | | | | 有 | 無 |
| 昇降方向の表示 | | | | 有 | 無 | 有 | 無 | | | 有 | 無 |
| 不特定多数又は主として視覚障害者が利用　（駐車施設適用除外） | | | | | | | | | | | |
| (1) | かご | 音声案内装置　かごが到着する階 | | | | *b | | 有 | 無 | 有 | 無 |
| | | 音声案内装置　出入口の戸の閉鎖 | | | | *b | | 有 | 無 | 有 | 無 |
| | かご内・乗降ロビーの制御装置 | 車いす使用者が利用しやすい位置 | | | | *b | | 有 | 無 | 有 | 無 |
| | | 視覚障害者が円滑に操作できる構造 | | | | *b | | 有 | 無 | 有 | 無 |
| | 昇降方向の音声案内（かご又はロビー） | | | | | *b | | 有 | 無 | 有 | 無 |
| | | 主として自動車駐車施設に設置 | | | | | | 有 | 無 | 有 | 無 |
| 備考 | | | | | | | | | | | |
| **6　特殊な構造又は使用形態の昇降機** | | | | | | | | | | | |
| (1) | EV | 平成12年建設省告示第1413号第1第7号に規定するものである | | | | | | | | 有 | 無 |
| | | かごの床面積　0.84㎡以上 | | | | | | | | 有 | 無 |
| | | かごの床面積が十分に確保されている（車いす使用者がかご内で方向を変更する必要がある場合） | | | | | | | | 有 | 無 |
| (2) | ES | 平成12年建設省告示第1417号第1号ただし書きに規定する車いす使用者用エスカレーターである | | | | | | | | 有 | 無 |
| **7　便所** | | | | | | | | | | | |
| (1) | 多数の者が利用する便所 ※多数の者が利用する便所を設ける階が2を超える場合は別紙作成の上、記入すること | ( ) 階 | 当該階の多数の者が利用する便房の総数（車いす使用者用便房を含む） | | | | | | | | 箇所 |
| | | | 車いす使用者用便房の数（男女別の場合は各1以上） | （当該階の便房の総数が200以下→総数×1/50 以上） | | | | | | | |
| | | | | （当該階の便房の総数が200を超える→総数×1/100 ＋2以上） | | | | | | | 箇所 |
| | | | 車いす便房及び当該便房のある便所の出入口　内法80cm以上 | | | | | | | 有 | 無 |
| | | | 車いす便房及び当該便房のある便所の出入口の戸の有無 | | | | | | *a | | 有 | 無 |
| | | | | 車いす使用者が円滑に開閉して通過できる構造 | | | | | | | 有 | 無 |
| | | | | 戸の前後　高低差 | | | | | | | 有 | 無 |
| | | | 便所出入口又はその付近に車いす使用者用である旨を表示した標識を掲示 | | | | | | | | 有 | 無 |
| | | ( ) 階 | 当該階の多数の者が利用する便房の総数（車いす使用者用便房を含む） | | | | | | | | 箇所 |
| | | | 車いす使用者用便房の数（男女別の場合は各1以上） | （当該階の便房の総数が200以下→総数×1/50 以上） | | | | | | | |
| | | | | （当該階の便房の総数が200を超える→総数×1/100 ＋2以上） | | | | | | | 箇所 |
| | | | 車いす便房及び当該便房のある便所の出入口　内法80cm以上 | | | | | | | | 有 | 無 |
| | | | 車いす便房及び当該便房のある便所の出入口の戸の有無 | | | | | | *a | | 有 | 無 |
| | | | | 車いす使用者が円滑に開閉して通過できる構造 | | | | | | | 有 | 無 |
| | | | | 戸の前後　高低差 | | | | | | | 有 | 無 |
| | | | 便所出入口又はその付近に車いす使用者用である旨を表示した標識を掲示 | | | | | | | | 有 | 無 |
| (2) | 多数の者が利用する便所 | 車いす便房が無く、かつ、車いす便房が設置された便所が近接した位置に無い便所 | | | | | | | *a | | 階 |
| | | 腰掛便座及び手すりの設けられた便房（1以上）の設置 | | | | | | | | | 有 | 無 |
| (3) | | 多数の者が利用する男子用小便器のある便所 | | | | | | | *a | | 有 | 無 |
| | | 床置式その他これに類するの小便器を1以上設置 | | | | | | | | | 有 | 無 |

| 特定施設 | 整備内容 | | チェック | |
|---|---|---|---|---|
| 8 敷地内の通路 | | | | |
| (1) 多数の者が利用する敷地内の通 | ★幅員　180cm以上　（段及び傾斜部分を除く） | | 有 | 無 |
| | 表面の滑りにくい仕上げ | | 有 | 無 |
| | ★戸の有無 | *a | 有 | 無 |
| | 　車いす使用者が容易に開閉して通過できる構造 | | 有 | 無 |
| | 　戸の前後　高低差 | | 有 | 無 |
| | 段の有無 | *a | | |
| | 　幅　内法140cm以上（手すりがある場合、手すり幅10cmを限度としてないものとみなす） | | 有 | 無 |
| | 　けあげの寸法　16cm以下 | | 有 | 無 |
| | 　踏面の寸法　30cm以上 | | 有 | 無 |
| | 　手すり　両側設置 | | 有 | 無 |
| | 　段　容易に識別しやすい構造 | | 有 | 無 |
| | 　段　つまづきにくい構造 | | 有 | 無 |
| | ★段に代わり、又はこれに併設する傾斜路又は昇降機の有無 | *a | 有 | 無 |
| | 傾斜路 | 傾斜路の設置数 | | 箇所 |
| | | ★幅　内法150cm（段併設の場合120cm）以上 | | 有 | 無 |
| | | ★勾配　1/15以下 | | 適 | 不適 |
| | | ★高さが75cmを超える傾斜路の有無（勾配　1/20を超えるものに限る） | *a | 有 | 無 |
| | | 　高さ75cm以内ごとに踏幅150cm以上の踊場 | | 有 | 無 |
| | | 高さ16cmを超え、かつ、勾配　1/20を超える傾斜路の有無 | *a | 有 | 無 |
| | | 　手すり　両側設置 | | 有 | 無 |
| | | 傾斜路の存在を容易に識別（前後の通路との明度差等） | | 有 | 無 |
| (2) 地形の特殊性により、上記(1)が困難である | | *a | 有 | 無 |
| | (1)の★印の項目については、当該建築物の車寄せから直接地上へ通ずる出入口までの敷地内の通路の部分に限り、適用する | | | |
| (3) 車いす駐車施設が設けられていない駐車場、段等のみに通ずる敷地内の通路の部分 | | *a | 有 | 無 |
| | 勾配　1/12を超える傾斜路の部分 | *a | 有 | 無 |
| | 　手すり　両側設置 | | 有 | 無 |
| | (1)の★印の項目については適用しない。 | | | |

注：1. チェック欄には、「有・無」の欄はそのうち該当する方に○を、その他の欄には数値を記入してください。
　　2. *aの欄で網（ハッチ）がかかっている項目に○がついた場合には、その下段の小項目のすべての欄に○が付くよう整備をしてください。
　　3. *bの欄で網（ハッチ）がかかっている項目に○がついた場合には、その下段の小項目のいずれかの欄に○が付くよう整備をしてください。
　　4. 政令第13条「利用居室」について……地上階またはその直上階もしくは直下階のみに居室がある建築物にあっては、「利用居室」までの利用円滑化経路の整備については、地上階にある「利用居室」に限ります。

(3) 努力義務の対象への特定施設の修繕または模様替の追加

特定建築物の廊下，階段，エレベーター等の特定施設の修繕又は模様替をしようとする者は，利用円滑化基準または条例で付加した制限に適合させるために必要な措置を講ずるよう努めなければならない。

(4) 認定建築物に対する支援措置の拡大

①バリアフリー対応に係る利用円滑化誘導基準に適合するとの認定を受けた特定建築物（以下「認定建築物」という）の容積率の算定の基礎となる延べ面積には，廊下，階段，エレベーター等の特定施設の床面積のうち，通常の建築物の特定施設の床面積を超えることとなる部分の床面積（延べ面積の１割を上限とする）は，算入しないものとする。

②認定建築物，その敷地またはその利用に関する広告等に，当該認定建築物が計画の認定を受けている旨の表示を付することができることとし，この場合を除き，何人もこれと紛らわしい表示を付してはならない。

(5) 所管行政庁（建築主事を置く市町村または特別区の長）への権限の委譲

この法律の施行に関する事務を，都道府県知事から所管行政庁（建築主事を置く市町村または特別区の長）に委譲するものとする。

■ハートビル法の体系

(1) 関連法規で留意すべき条例

上記国土交通省による法令の他に各自治体では独自に条例を定められている。[図2]
それが「福祉のまちづくり条例（福まち条例）」であり，全都道府県と複数の市町村に整備されている。ハートビル法の義務付け内容より厳しい「福まち条例」を整備している自治体も少なくないので，事前に各自治体へ問い合わせることが必要である。〈Ok〉

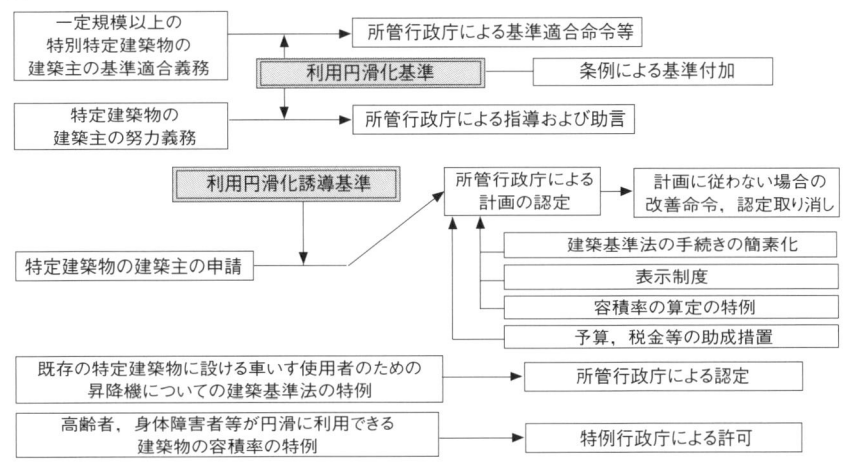

図2　ハートビル法の体系

## ハートビル法利用円滑化基準チェックシート（4）

| 特定施設 | | 整備内容 | | チェック | |
|---|---|---|---|---|---|
| **9　駐車場** | | | | | |
| (1) | 多数の者が利用する駐車場 | 多数の者が利用する駐車場の有無 | *a | 有 | 無 |
| | | 駐車場の全駐車台数（車いす使用者用駐車施設を含む） | | | 台 |
| | | 車いす使用者用駐車施設の数　（全駐車台数が200以下→全台数×1/50以上） | | | |
| | | （全駐車台数が200を超える→全台数×1/100＋2以上） | | | 箇所 |
| (2) | 車いす使用者用駐車施設 | 幅　350cm 以上 | | 有 | 無 |
| | | 当該駐車施設又は付近に車いす使用者用である旨の表示 | | 有 | 無 |
| | | 利用居室までの経路ができるだけ短くなる位置 | | 有 | 無 |
| **10　浴室等** | | | | | |
| | 多数の者が利用する浴室等 | 多数の者が利用する浴室等の有無 | *a | 有 | 無 |
| | | 車いす使用者用浴室等（男女の区分があるときは各1以上） | *a | | 箇所 |
| | | 浴槽、シャワー、手すり等が適切に配置 | | 有 | 無 |
| | | 車いす使用者が円滑に利用できる十分な空間が確保 | | 有 | 無 |
| | | 出入口の幅　内法80cm以上 | | 有 | 無 |
| | | 戸の有無 | *a | 有 | 無 |
| | | 　車いす使用者が容易に開閉して通過できる構造 | | 有 | 無 |
| | | 　戸の前後　高低差 | | 有 | 無 |
| **11　車いす使用者用客室** | | | | | |
| (1) | | 客室の総数（車いす使用者用客室を含む） | | | 室 |
| | | 車いす使用者用客室の数　（客室総数が200以下→全客室数×1/50以上） | | | |
| | | （客室総数が200を超える→全客室数×1/100＋2以上） | | | 箇所 |
| | | 幅　内法80cm以上 | | 有 | 無 |
| | | 戸の有無 | *a | 有 | 無 |
| | | 　車いす使用者が容易に開閉して通過できる構造 | | 有 | 無 |
| | | 　戸の前後　高低差 | | 有 | 無 |
| (2) | 便所 | 当該客室が設けられている階に不特定かつ多数の者が利用する便所の有無 | *b | 有 | 無 |
| | | 便所内に車いす使用者用便房 | *a | | 箇所 |
| | | 車いす便房及び当該便房のある便所の出入口　内法80cm以上 | | 有 | 無 |
| | | 車いす便房及び当該便房のある便所の出入口の戸の有無 | *a | 有 | 無 |
| | | 　車いす使用者が円滑に開閉して通過できる構造 | | 有 | 無 |
| | | 　戸の前後　高低差 | | 有 | 無 |
| (3) | 浴室 | 当該客室が設けられている階に不特定かつ多数の者が利用する浴室の有無 | *b | 有 | 無 |
| | | 車いす使用者用浴室等（男女の区分があるときは各1以上） | *a | | 箇所 |
| | | 浴槽（シャワー室の場合を除く）、手すり等が適切に配置 | | 有 | 無 |
| | | 車いす使用者が円滑に利用できる十分な空間が確保 | | 有 | 無 |
| | | 出入口の幅　内法80cm以上 | | 有 | 無 |
| | | 戸の有無 | *a | 有 | 無 |
| | | 　車いす使用者が容易に開閉して通過できる構造 | | 有 | 無 |
| | | 　戸の前後　高低差 | | 有 | 無 |
| **12　案内設備までの経路** | | | | | |
| (1) | | 案内設備の有無 | | 有 | 無 |
| (2) | 不特定かつ多数又は主として視覚障害者が利用 | 視覚障害者誘導用設備の有無（線状、点状ブロック又は音声案内等）※進行方向を変更する必要がない風除室内を除く | | 有 | 無 |
| | | 点状ブロック等の敷設　車路に近接する部分 | | 有 | 無 |
| | | 点状ブロック等の敷設　段又は傾斜部分の上端に近接する部分 | *b | 有 | 無 |
| | | 勾配　1/20以下の傾斜の上端に近接 | | 有 | 無 |
| | | 高さが16cm以下　かつ　勾配　1/12以下の傾斜の上端に近接 | | 有 | 無 |
| | | 傾斜がある部分と連続して手すりを設ける踊場等 | | 有 | 無 |
| (3) | 除外規定 | 自動車駐車施設に設置 | | 有 | 無 |
| | | 建物内にある案内設備（常勤の管理事務所等）から、直接地上へ通ずる出入口を容易に視認でき、かつ、道等から当該出入口までの経路が上記(2)の通りである | | 有 | 無 |

注：1．チェック欄には，「有・無」の欄はそのうち該当する方に○を，その他の欄には数値を記入してください。
　　2．*aの欄で網（ハッチ）がかかっている項目に○がついた場合には，その下段の小項目のすべての欄に○が付くよう整備をしてください。
　　3．*bの欄で網（ハッチ）がかかっている項目に○がついた場合には，その下段の小項目のいずれかの欄に○が付くよう整備をしてください。
　　4．政令第13条「利用居室」について……地上階またはその直上階もしくは直下階のみに居室がある建築物にあっては，「利用居室」までの利用円滑化経路の整備については，地上階にある「利用居室」に限ります。

# 駐車場関連法

■延べ床面積の半分近くが駐車場面積

駐車場は商業施設と切っても切れない関係にあり，商売そのものの空間ではないが，集客や周辺環境との調和等極めて重要な施設である。特に郊外への大規模なショッピングセンターの進出は駐車場の存在抜きに語れない。それら大規模なショッピングセンター総延べ床面積の45％〜50％を駐車場が占めている。

■どのような規制があるのか

(1) 必要駐車台数に関するもの

物販店舗の場合は店舗面積が1000m²以上のものは大店立地法の届出が必要となり，運用指針により駐車台数の充足が求められる。[図1]

物販店舗が他の施設を付設することが多い。その場合付帯施設が小売店舗面積の20％を超えるケースについては，別途必要台数を設定の上，大店立地法上必要な台数に加えなければならない。

また物販店舗以外でも各条例によって付置義務駐車場の必要台数が細かく定められている。

(2) 周辺道路との関連に関するもの

駐車場法や条例等で，駐車場の出入り口を設けてはならない範囲や必要な前面空地について細かく定められている。[図2, 図3]

また大店立地法運用指針には車の敷地内

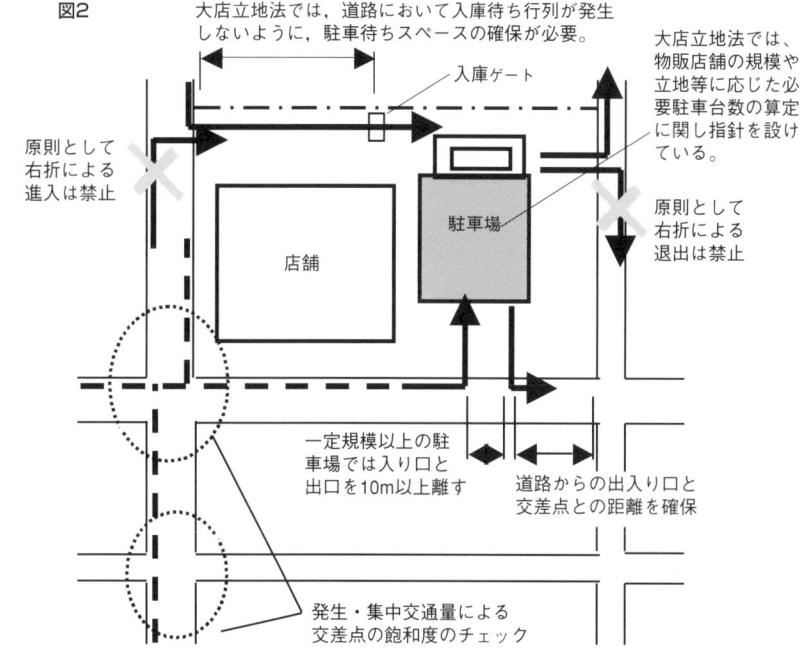

図2
- 大店立地法では，道路において入庫待ち行列が発生しないように，駐車待ちスペースの確保が必要。
- 入庫ゲート
- 原則として右折による進入は禁止
- 大店立地法では、物販店舗の規模や立地等に応じた必要駐車台数の算定に関し指針を設けている。
- 店舗
- 駐車場
- 原則として右折による退出は禁止
- 一定規模以上の駐車場では入り口と出口を10m以上離す
- 道路からの出入り口と交差点との距離を確保
- 発生・集中交通量による交差点の飽和度のチェック

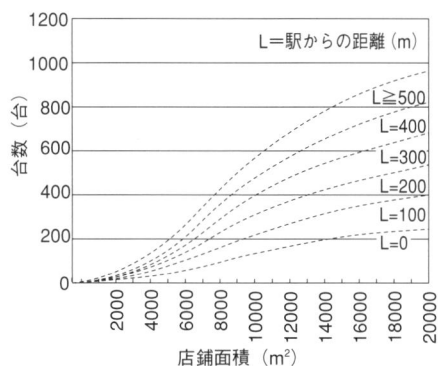

図1 大店立地法による駐車台数の算定
（商業地区 人口40万以上100万人未満の場合）

L＝駅からの距離（m）

大店立地法では、物販店舗の規模や立地等に応じた必要駐車台数の算定に関し指針を設けている。

必要駐車台数
＝小売店舗へのピーク1時間当りの自動車来台数×平均駐車時間係数
＝A（店舗面積当り日来店客数原単位）×S（当該店舗面積）×B（ピーク率）×C（自動車分担率）÷D（平均乗車人員）×E（平均駐車時間係数）によって求められる。

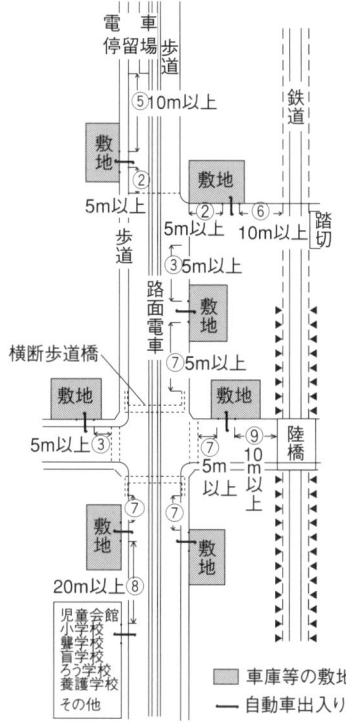

駐車場法施行令第7条の規定により
駐車場の出口や入り口を設けてはならない部分
(路外駐車場で500m²以上のものに限る)

①交差点，横断歩道，自転車横断帯，踏切，軌道敷内，坂の頂上付近，勾配の急な坂またはトンネル

②交差点の側端または道路のまがりかどから5m以内の部分

③横断歩道または自転車横断帯の前後の側端からそれぞれ前後に5m以内の部分

④安全地帯が設けられている道路の当該安全地帯の左側の部分および当該部分の前後の側端からそれぞれ前後に10m以内の部分

⑤乗合自動車の停留所またはトロリーバスもしくは路面電車の停留場を表示する標柱または標示板が設けられている位置から10m以内の部分

⑥踏切の前後の側端からそれぞれ前後に10m以内の部分

⑦横断歩道橋（地下横断歩道を含む）の昇降口から5m以内の道路部分

⑧小学校，盲学校，聾学校，養護学校，幼稚園，保育所，精神薄弱児通園施設，肢体不自由児通園施設，情緒障害児短期治療施設，児童公園，児童遊園もしくは児童館の出入り口から20m以内の道路の部分

⑨陸橋の下，橋，トンネル，幅員が6m未満の道路または縦断勾配が10％を超える道路

## B・4　駐車場関連法

へは左折での出入りを原則としている。

**(3) 駐車場の構造や設備に関するもの**

駐車場法施行令第8条，9条に車路の幅員や屈曲部の内のり半径（回転半径），傾斜路の勾配や，車路・車室の梁下の高さ等について規定されている。

また建築物である路外駐車場に関しては換気装置や必要な照度を保つための照明設備に関しても定められている。[図4]

**(4) 自動車転落事故を防止**

ショッピングセンターの屋上駐車場から車が転落するという事故は過去にもしばしば起きている。

地面からの高さが5.1m以上ある駐車場には，周囲に沿って自動車が転落することを防ぐ目的で，衝突による衝撃力を受けるための装置等を設ける必要がある[図5]。国交省より通達の形で(1986年，2003年一部改正)指針が出されている。

**(5) 延焼のおそれのある部分を駐車場とする場合**

東京都安全条例では，屋上駐車場に関して，延焼のおそれのある部分を駐車場とすることを禁止している[図6]。ただし建築基準法施行令109条2項の規定による防火設備等を設けた場合はその限りではない，としている（東京都安全条例第23条）。

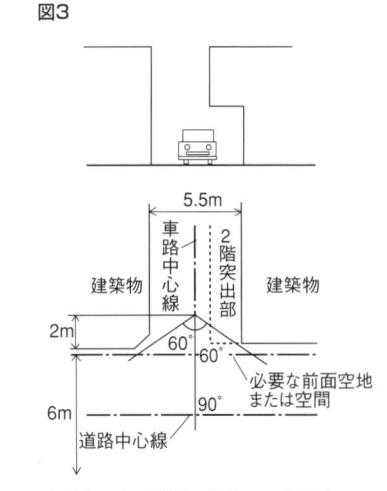

図3

自動車の出口附近の構造は，当該出口から2m後退した自動車の車路の中心線1.4mの高さにおいて，道路の中心線に直角に向かって左右にそれぞれ60度以上の範囲内において，当該道路を通行するものの存在を確認できるようにしなければならない。
（駐車場法施行令　第7条7項東京都　安全条例　第28条1項）

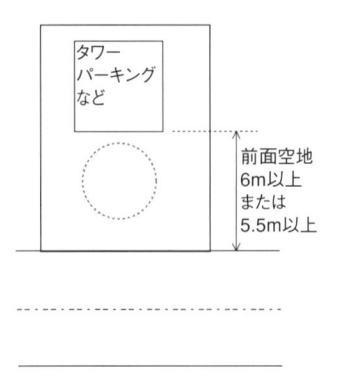

自動車を昇降させる設備を設ける車庫等においては，前項の規定によるほか，当該設備の出入口は，奥行き及び幅員がそれぞれ6m以上（長さが5m以下の自動車用の設備にあっては，それぞれ5.5m以上とする）の空地またはこれに代る車路に面して設けなければならない。
（東京都　安全条例　第28条2項）

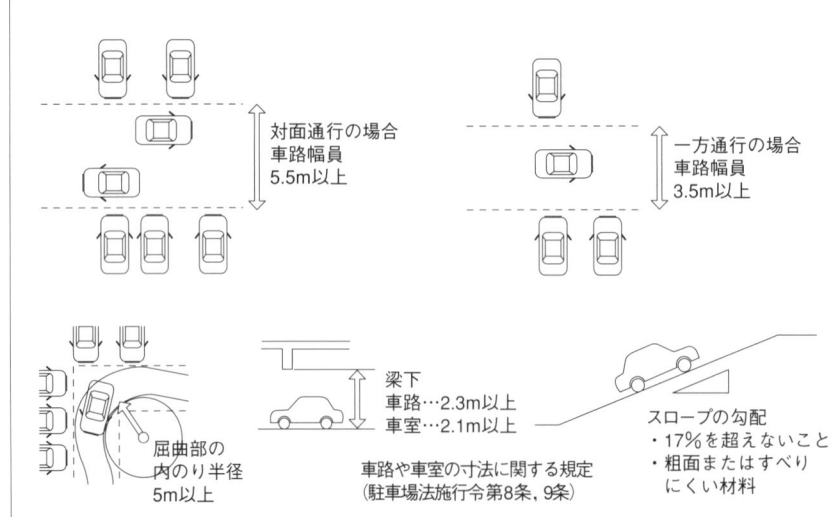

**図4　道路や車室の寸法に関する規定（駐車場法施行令第8条，9条）**

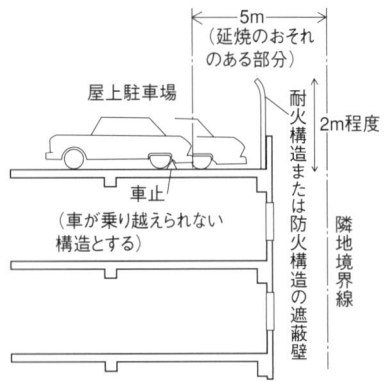

図6　延焼のおそれのある部分を駐車場とする場合（東京都安全条例第33条）

屋上駐車場に関して，延焼のおそれのある部分を駐車場とする場合，耐火構造または防火構造の遮蔽壁を設けること。

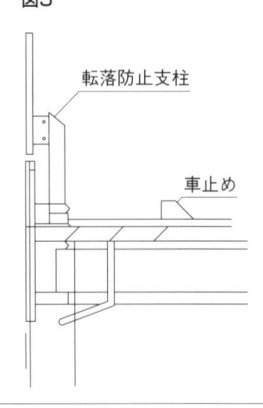

図5

直下の地面からの高さが5.1m以上の部分（公共の用に供する道路，広場等に転落するおそれがある場合においては，2.1m以上の部分）を駐車場に供する場合に適用。装置等に作用する衝撃力等は，以下を守ること。
- ア　衝撃力：25トン
- イ　衝突位置：床面からの高さ60cm
- ウ　衝撃力の分布幅：自動車のバンパーの幅160cm

ただし，これらの数値は，車体重量（積載荷重を含む。）2トンの自動車が装置等に時速20kmで直角に衝突することを想定して算出している。

「駐車場における自動車転落事故を防止するための装置等に関する設計指針」

### （6）排煙設備について

駐車場は大面積になると，自然排煙の場合，排煙口を30m以内に設けることが難しくなる。また機械排煙とすると排煙ダクトや防煙垂壁の納まりなどから階高を低く抑えることが難しい。平成12年5月31日告示1436号「火災が発生した場合に避難上支障のある高さまで煙またはガスの降下が生じない建築物の部分を定める件」によるか，建築基準法施行令129条の2により階避難安全性能を確めて排煙設備を適用除外とするのが合理的な設計法であろう。

### （7）消防法に関するもの

駐車場の消火設備に関して［表1］にまとめた。駐車場はとりわけ建設コストを抑えたい要求が多く，消火設備に移動式粉末消火設備が使用できると，比較的低コストで計画できる。適切な換気用開口部が設けられていれば移動式粉末消火設備とすることが可能になる。特定行政庁によって基準が少しずつ異なる。［表2］〈Id〉

**表1　駐車場の消火設備**

消火器
イ．防火対象物から歩行距離が20m以下に配置。
ロ．高さは，床より1.5m以下とする。
ハ．消防本部の指導により，上記変更のある場合は指導による。

移動式粉末消火設備
イ．防火対象物の各部分から15mの水平距離以内に設置すること。

泡消火設備
イ．固定式泡消火設備
ロ．移動式泡消火設備
の2種類がある。
※上記は，各消防署との協議によって義務付けられた場合に設定する。
基本としては，移動粉末消火設備とする。移動式粉末消火設備は，工事費およびメンテ費用が経済的である。

連結送水管
イ．地階を除く階数が5以上，延面積が6000m²以上のものに設置する。
ロ．地階を除く階数が，7以上のものに設置する。
ハ．設置基準は各消防本部の指導により，変更される場合有り。

**表2　移動式粉末消火設備にできる条件**

札幌市
開口部が常時開放されている場合は，開口部の面積の合計が，床面積の15％以上建具等があり，常時開放できる構造である場合は，床面積の20％以上。

仙台市
長辺を含む2辺以上が外気に開放されていること。長辺1辺全部および，その他の1辺の1/2以上が外気に開放されていること。床から天井（直天）までの高さの1/2を超える高さの部分が開放されていること。天井からの下がりを350m以内とする。

東京都
開放部分の合計面積が当該床面積の15％以上。

横浜市
階高の1/2以上の部分の開口部の面積が，各階，外壁総面積（天井高×外周）の25％以上。

大阪市
階高の2分の1以上で，かつ床面から1.8m以上の位置にある開口部の面積の合計が床当該面積の10％以上。

神戸市
開放部分の合計面積が当該床面積の15％以上。

中国地方
建築物の長辺である2面（両面）が開放であること。

福岡市
建物の長辺および短辺に各辺ごとに3/4（75％）以上の開口が必要。また，開口部は天井からの下がりを500cm以内とし，それ以上の場合は天井が必要。

---

**法規mini知識**

## 動く建築／トレーラーハウスを店舗にする

**自動車であっても利用目的によっては"建築"**

郊外にドライブに出かけたりすると鉄道の客車を喫茶店にしたり，トレーラーハウスを客室として利用している店舗を見ることがある。

スーパーの出入り口に軽自動車で店を出す，焼き鳥屋などの場合は明らかにエンジンがありタイヤもあり移動ができるので車と考えられるが，これらトレーラーハウスのようなものは建築物になるのかあるいは車と考えるべきかは判断に迷うところである。建築物であれば，当然確認申請が必要となるのだが……。

建築基準法の第2条に，建築物について定義されている。つまり「土地に定着する工作物で屋根および柱もしくは壁を有するもの」とある。

トレーラーハウスのような事例が，過去に建築物かどうかで問題になったことがある。1987（昭和62）年に埼玉県浦和市から「トレーラーハウスに関する建築基準法の取り扱い方について」という内容で建設省に質問された例があるので紹介しよう。

この事例の場合は，
1. 土地に定着している
2. 屋根および柱を持っている
3. 建築物の用途が予定されており，長期間存置が見込まれる

ことから，「建築物」と判断された。

現在もだいたいこの判断により，トレーラーハウスを店舗やアパート，簡易宿所などの用途に使用する場合は，建築物として考えられているようだ（参考：昭和62年12月1日　建設省住指発第419号「トレーラーハウスに関する建築基準法の取り扱いについて（回答）」）。

タイヤがついていて移動が可能であっても，電気，ガス，水道などの設備が地上から供給されていると，土地に固定され，建築と考えられるようだ。〈On〉

# 省エネ法

エネルギー使用の合理化に関する法律
問合せ先：地域を管轄する経済産業局，役所，
土木事務所の建築指導担当，
（財）建築環境・省エネルギー機構

### ■電気，熱量使用の合理化と管理

正式名称は「エネルギーの使用の合理化に関する法律」であり，その名称が示す内容から「省エネ法」という呼び名が定着している。現在は経済産業省資源エネルギー庁に管轄されている。

電気，燃料（ガス，油，石炭等の化石燃料）の使用の合理化と管理を促進することで，「安定供給」「効率的な運用」「環境保全対応」の同時達成を目指す日本のエネルギー政策が背景となっている。

1979年に制定され，当初，電気，燃料（ガス，油等）をある一定以上多量に取り扱う製造業，電気ガス供給業等の事業者を対象として，エネルギー使用の合理化と管理を目的として施行された。その後1998年に大きな改正を行い，それまで工場を対象としてきたエネルギー管理指定工場を「第1種」として，「第2種エネルギー管理指定工場」を新設し工場以外の一般業務施設も対象にエネルギー管理を義務化した。

2002年6月の法改正（2003年4月施行）により，第1種エネルギー管理指定工場の対象業種の撤廃，第2種エネルギー管理指定工場の定期報告の義務化等が施された。これだけ短期間に法改正がなされ規制強化が進んだ背景には，原油の中東依存度に代表される日本のエネルギー供給構造の脆弱性，地球環境問題，国際的に1997年12月のCOP3京都議定書の承認を目指していること等が挙げられる。

本項では，2002年6月の法改正（2003年4月施行）の内容を中心に，(1) エネルギー管理指定工場，(2) 建築主の省エネルギー措置義務，(3) 省エネルギー基準，について述べることにする。

### ■商業施設もホテルも"工場"

法改正により，製造業に限らずすべての業種に対して，第1種に相当する大規模建築にはエネルギー管理の義務化が広げられることになった。エネルギー管理を義務化する対象施設を「工場」という呼び名としているのは前段にて述べたとおり，法の改正の歴史を引き継いでいるためである。

商業施設，ホテルといえども第1種，第2種に相当するエネルギー使用量があれば，エネルギー管理指定工場として必要な届出，管理の義務を負うことになるが，かなり大規模な物件が対象になる。

［表1］にエネルギー管理指定工場の区分と管理義務の概略を示す。

商業施設を例にして，エネルギー量から逆算してみると第2種に相当する規模は，延べ床面積2万m²以上，第1種は延べ床面積4万m²以上程度と予想できる。該当すると表中に示す中長期計画，定期的な報告などが義務づけられる。

### ■建築主の省エネルギー措置義務

法改正により，業種を問わず延べ床面積2000m²以上の住宅以外の建築物は「特定建築物」として取り扱われ，建築主は，省エネ措置の努力と届出の義務を負うことになる。

(1) 届出内容：省エネルギー措置（省エネ計画書，配置図，平面図）
(2) 届出時期：工事着手予定の21日前
(3) 届出先：所管行政庁

建築主は，後述する省エネルギー基準を判断基準として，それを下回るように努力することを義務付けられ，届出書類の中でそれを定量的に提示することになる。

所管行政庁は，届出内容について指導，助言できる権限を持ち，著しく不十分な場合は，その判断根拠を示して変更を指示でき，指示に従わない場合は，その旨を公表することができる。

エネルギー管理指定工場に届く大規模であれば，運用後も定期的な報告管理が義務付けられているが，管理指定工場に届かない規模であれば運用段階での報告管理義務は規制されていない。

### ■省エネルギー基準

法改正により，省エネ措置の判断の基準は，
・性能基準（PAL，CEC）
・仕様基準（ポイント法）
の2種類に大別される。仕様基準は今回の法改正により新たに加えられたものである。

(1) 性能基準（PAL，CEC）
・PAL ⟨Perimeter Annual Load⟩
年間熱負荷係数でペリメータ（外壁から5m以内の部分）に年間を通して入る熱負荷の合計を床面積で除した数値（MJ/m²）
・CEC ⟨Coefficient of Energy Consumption⟩
エネルギー消費係数で空調，照明等のエネルギーの有効効率を示す係数

［表2］にPAL，CECの省エネ判断基準を示す。

表1　エネルギー管理指定工場の区分と管理義務

| 年間エネルギー使用量 | | 業種 | | 管理義務 |
|---|---|---|---|---|
| 燃料（熱）原油換算量 | 電気 | 制定（1979年）〜以下の5業種 | 2002年6月改正で追加 左記を除くすべての業種（たとえば，オフィスビル，デパート，ホテル，学校，病院，官公庁，遊園地など） | |
| | | ・製造業 ・鉱業 ・電気供給業 ・ガス供給業 ・熱供給業 | | |
| 3000kL以上 | 1200万kWh以上 | 第一種 | 第一種 2002年6月追加 | ・エネルギー管理員選出（注）・中長期計画作成，提出 ・定期報告 |
| 1500kL以上 | 600万kWh以上 | 第二種 | | ・定期報告 |

（注）エネルギー管理員選任については，2002年6月に追加された業種では，中長期計画作成の際のみでよい。

PALの数値に影響する要素は，
- ガラス等断熱性能が低い建物はPALが大きくなる。
- 高い階高設定や，吹き抜け空間のように床面積に対して外壁面積が大きな建物においてはPALが大きくなる。
- 建物方位，コア配置は大きく影響する。東西面の窓，外壁が多い建物はPALが大きくなる。
- 庇，日よけ，ブラインド，熱線反射ガラス等の日射対策の採用はPALを縮小する。
- 外壁，屋根の適切な断熱処置がPALを縮小する。

**（2）仕様基準（ポイント法）**
- 延べ床面積5000m²以下の建築物を対象
- 具体的な省エネ措置の状況に応じて評価点を合計し，ポイントが100を超えることを基準とする。
- ポイント＝評価点＋補正点
  評価点＝Σ（評価項目ごとにその措置状況に応じて与えられる点数）
  補正点＝用途や地域の気候特性に応じた補正点

ポイント法の対象は性能基準と同じく下記のとおりである。

　外壁窓を通じての熱損失の防止：PAL
　空調設備の効率的な利用：CEC/AC
　換気設備の効率的な利用：CEC/V
　照明設備の効率的な利用：CEC/L
　給湯設備の効率的な利用：CEC/HW
　昇降機設備の高利用な利用：CEC/EV

措置がとられていると判断されるためには，それぞれの項目ごとに100ポイントを越えることが基準となる。

外壁窓を通じての熱損失の防止項目について，具体例を紹介する。

　建物主方位が南または北（アスペクト比が3/4未満のものに限る）：6ポイント
　ダブルコア：12ポイント
　建築物の平均階高3.5m未満：4ポイント

**（3）性能基準と仕様基準の組み合わせ**
PALについては，仕様基準（ポイント法）で，CEC/ACについては，性能基準でと，評価項目ごとで使い分けて省エネ措置を判断することは可能である。

大事なことは，仕様基準（ポイント法）であれば100ポイント以上。性能基準であれば基準値以下，となるようにすることである。〈Oh〉

**表2　PAL，CEC規制値（通商産業省・国土交通省告示　平成15年4月1日より抜粋）**

| 対象 | 基準 | ホテル等 | 病院等 | 物品販売店を営む店舗等 | 事務所等 | 学校等 | 飲食店等 | 集会所等 | 工場等 |
|---|---|---|---|---|---|---|---|---|---|
| 建築 | PAL | 420 | 340 | 380 | 300 | 320 | 550 | 550 | ― |
| 空調 | CEC/AC | 2.5 | 2.5 | 1.7 | 1.5 | 1.5 | 2.2 | 2.2 | ― |
| 換気 | CEC/V | 1.0 | 1.0 | 0.9 | 1.0 | 0.8 | 1.5 | 1.0 | ― |
| 照明 | CEC/L | 1.0 | 1.0 | 1.0 | 1.0 | 1.0 | 1.0 | 1.0 | 1.0 |
| 給湯 | CEC/HW | \multicolumn{4}{} 0<lx≦7の場合　1.5／7<lx≦12の場合　1.6／12<lx≦17の場合　1.7／17<lx≦22の場合　1.8／22<lxの場合　1.9 | | | | lxは，給湯に関わる循環配管および一次側配管の長さの合計（m）を全使用湯量（m³）の日平均値で除した値。 | | |
| 昇降機 | CEC/EV | 1.0 | ― | ― | 1.0 | ― | ― | ― | ― |

CEC/AC＝空調消費エネルギー量／仮想空調荷
CEC/V＝換気消費エネルギー量／仮想換気消費エネルギー量
CEC/L＝照明消費エネルギー量／仮想照明消費エネルギー量
CEC/HW＝給湯消費エネルギー量／仮想給湯負荷
CEC/EV＝EV消費エネルギー量／仮想EV消費エネルギー量

**法規mini知識**

## 駅はたてもの？

**駅舎の敷地はどこからどこまで？**

近年駅構内にてさまざまなミニ店舗，飲食店などができ，単なる通路から"街化"してきている。果たしてこれらの建築物はどんな規制でつくられているのだろうか？

建築基準法は昭和25年5月に制定された。しかし鉄道駅舎はそれ以前から造られていたため，さらに日本国有鉄道としての技術基準内規があったため，いわゆる改札口から内側の空間につくられる建築物は建築基準法の適用外とされた（建築基準法第2条の一）。

ここで先ず鉄道規準には専門用語がありその言葉について解説する必要がある。

- ラチ───改札口のことである。その語源は現在は自動改札が普及しているが，かつては有人改札であり駅員が切符を切るために立つスペースをボックス式（船と呼ぶこともある）に「ラッチ錠」を付けていたことから「ラッチ」→「ラチ」と呼ぶようになったものであると言われている。
- 上家（うわや）：ホーム上の屋根のことで「上屋」ではない。
- 本屋（ほんや）：駅の主たる建物のことで，駅本屋と呼ぶ。

駅の構築物は「土木工作物」として運輸省の基準に定められているが近年，国鉄の民営化に伴い規準も建築基準法に準ずる旨，協議によって許可され，建設されている場合もある。

これらの中で以下の3項目が基本に協議される。

①敷地の設定
例えば東京駅を例にとると，あれだけの複雑な建築物もすべて一つの敷地内として扱われている。線路は全国繋がっているが駅の始めと終わりには必ず信号が設置されている。一つの敷地とは構内信号での一信号間の内を設定する。そしてその敷地が道路に接していることが前提となっている。

②地盤について
建設する地盤がどういう扱いになっているかが重要視される。線路が高架になっている場合，その駅舎等を支える地盤の安全性は鉄道車両の運行に支障をきたさないことと構造的な安全性がチェックされる。

③階の定義
乗降客について地上の道路まで安全に避難，誘導させるための前提として階の定義が重要視される。その他，消防法上防火対象物としては消防法施行令別表第10項（車両の停車場）に該当するが，複合用途の場合は百貨店，劇場，旅館，ホテルに見なされる場合もある（同別表16項の（イ））。いずれにしても火災に対する安全性は十分性能において規準が定められている。

前述したように，駅構内の商業施設化，また地下鉄の通路の一部店舗化が進んでいるが，法の施行年によって，その対象とする範囲が異なるというのも変な話である。とうぜん安全性には十分勘案しているはずであるが，ならばこそ一本化して建築物としての総合的な安全性を一層高めるべきではないだろうか。〈Ok〉

# 建設リサイクル法

建設工事に係わる資材の再資源化等に関する法律
問合せ先：地域を管轄する役所，
土木事務所の建築指導担当

## ■建築資材の再資源化

建設リサイクル法の正式名称は「建設工事に係わる資材の再資源化等に関する法律」であり，2000（平成12）年5月公布，2002（平成14）年5月30日施行された。
社会的な背景，法体系，国土交通省の建設リサイクル推進計画を概説したのち建設リサイクル法の具体的な内容について説明する。

## ■産業廃棄物の実情

環境省調査による平成11年度の実績では，産業廃棄物総量約4億トンの約20%にあたる7600万トンが建設廃棄物である。[図1]に平成12年度建設廃棄物品別排出量，[図2]に平成12年度建設廃棄物不法投棄量を示す。コンクリート塊，アスファルト・コンクリート塊，建設発生木材の占める割合が多いことに注意してもらいたい。この3項目の合計が，[図1]においては83%，[図2]においては80%を占めている。建設リサイクル法では，この3種類を「特定建設資材廃棄物」として，「分別解体」「再資源化」を義務付けている。

## ■循環型社会形成と法体系

前述した産業廃棄物の処分の問題と併せ，廃棄物処理に伴う$CO_2$の発生，ダイオキシンなどの有害物質の発生，化石燃料の枯渇，これらの総合的解決の方向性として「循環型社会の形成」が急務であるとされている。[図3]に循環型社会形成推進のための法体系を示す。建設リサイクル法の位置付けを理解されたい。

## ■建設リサイクル推進計画2002

国土交通省は平成14年5月に「建設リサイクル推進計画2002」を公布した。前述した背景のもと，循環型社会の構築を目的として発表されたものである。建設リサイクル法は当計画を支える法律の一つである。推進計画に記載されている内容で基本的な考え方を示す重要と思われる点を三つ紹介する。

(1) 循環型社会の形成のために対応すべき行動の優先順位は，
①排出抑制（Reduce）
②再使用（Reuse）
③再生利用（Material Recycle）
④熱回収（Thermal Recycle）
⑤適正処理
である。①〜③は3Rと呼ばれる。
(2) 平成22年度の目標値達成を念頭に平成17年度の中間目標を設定している。詳細を[表1]に示す。国の直轄事業については，平成17年度までに最終処分量をゼロにすることを目指している。
(3) 建設リサイクルの状況は地域によって異なるため，建設リサイクル法に上乗せする形で各都道府県がその地域の実情に即した策定を実施する必要がある。後述するが，建設リサイクル法に基づく事前届出は都道府県知事宛であり，建築確認申請を受け付ける部署が窓口である。

### 図1 建設廃棄物の品目別排出量

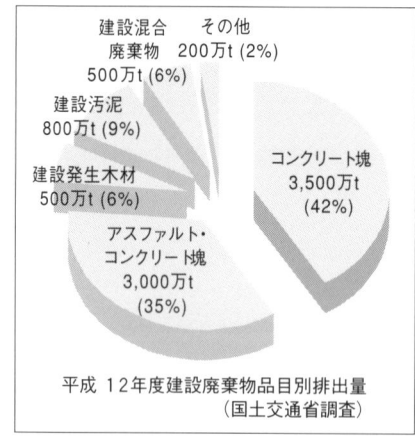

### 図2 不法投棄量

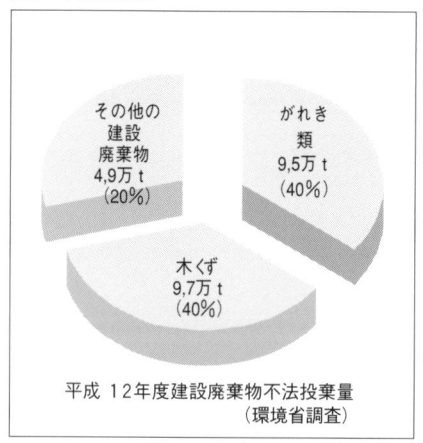

建設廃棄物の中でも，コンクリート塊、アスファルト・コンクリート塊，建設発生木材のリサイクルが重要

### 図3 循環型社会形成推進のための法体系

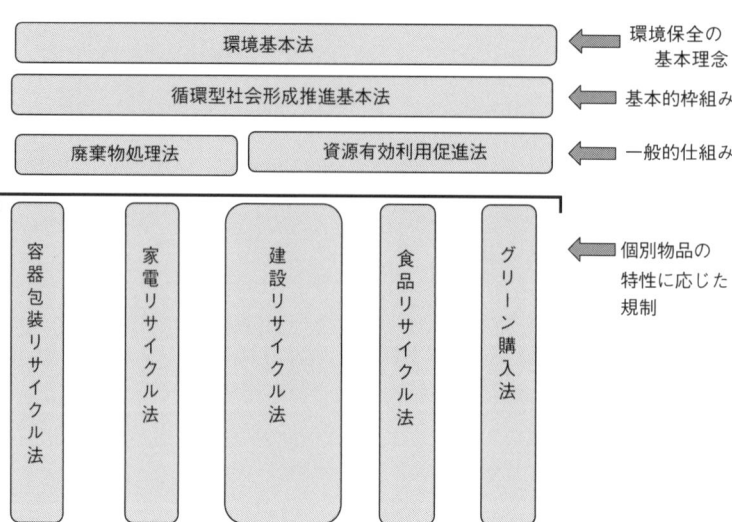

表1 建設リサイクル推進計画2002の目標

| 対象品目 | | 平成17年度 | 〈参考〉平成22年度 |
|---|---|---|---|
| 再資源化率 | a) アスファルト・コンクリート塊 | 98%以上（98%） | 98%以上 |
| | b) コンクリート塊 | 96%（96%） | 96%以上 |
| | c) 建設発生木材 | 60&（38%） | 65% |
| 再資源化・縮減率 | d) 建設発生木材 | 90%（83%） | 95% |
| | e) 建設発生汚泥 | 60%（41%） | 75% |
| | f) 建設混合廃棄物 | 平成12年度排出量に対して25%削減 | 平成12年度排出量に対し50%削減 |
| | g) 建設廃棄物全体 | 88%（85%） | 91% |
| 有効利用率 | h) 建設発生土 | 75%（60%） | 90% |

（ ）内は、平成12年度の実績値。
注： 各品目の目標値の定義は次のとおり
〈再資源化率〉
・アスファルト，コンクリート塊，コンクリート塊
・建設発生木材：(再使用量＋再生利用量＋熱回収量)／排出量
〈再資源化・縮減率〉
・建設発生木材：(再使用量＋再生利用量＋熱回収量＋焼却による減量化量)／排出量
・建設汚泥：(再使用量＋再生利用量＋脱水等の減量化量)／排出量
〈有効利用率〉
・建設発生土：(土砂利用量のうち土質改良を含む建設発生土利用量)／土砂利用量
ただし、利用量には現場内利用を含む。

図4 建設リサイクル法の手続きフロー

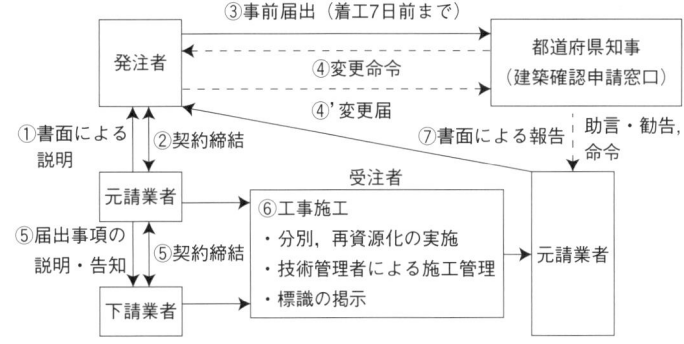

注意事項
①契約前に実施書面様式は決められていないが、法10条の届出様式には説明に必要な項目が網羅されているのでこれを用いてもよい。
②⑤契約締結においては、下記の事項を記載する。
・解体工事費用・分別解体等の方法・再資源化施設名称／所在地・再資源化費用
③工事着手とは現場で作業を始める日を指す。
⑦完了報告には、以下の事項を記載する。
・再資源化完了年月日・再資源化した施設名称／所在地／費用

■建設リサイクル法概要
法の要旨は下記に示すとおりである。
（1） 下記の対象工事欄に示した，一定規模以上の工事においては，特定建設資材を対象として，分別解体等および再資源化等の義務を課す。
（2） 解体工事業の登録制度を創設し，建設業許可を持たない解体工事業者は都道府県知事に登録を義務付ける。
（3） 発注者，受注者間の契約手続きの整備と届出義務を課し，工事の事前届出，分別解体費用等の適切な支払いが励行されるようにする。

<対象工事>
①建築・解体工事　床面積　80m²以上
②建築・新築工事　床面積　500m²以上
③建築・修繕・模様替　金額1億円以上
④その他(土木工作物等)金額500万円以上

<特定建設資材>
①コンクリート塊
②アスファルト・コンクリート塊
③建設発生木材

<解体工事におけるフロー>
①事前調査
②分別解体の計画の作成（元請業者）
③発注者への説明（元請業者→発注者）
④工事請負契約（発注者－元請業者）
⑤施工計画の作成（元請業者，下請業者）
⑥事前届出（建設リサイクル法10条に基づき，工事着工の7日前まで）
⑦工事下請契約（元請業者－下請業者）
⑧事前処置(付帯物除去，標識掲示他)
⑨計画書に基づき分別解体実施
⑩副産物の再資源化，適正処理(マニフェストによる管理)
⑪実施記録の作成，報告，保管

<新築・改修工事におけるフロー>
①事前調査
②建築副産物の現場分別計画の作成（元請業者）
③発注者への説明（元請業者→発注者）
④工事請負契約（発注者－元請業者）
⑤施工計画の作成（元請業者，下請業者）
⑥事前届出（建設リサイクル法10条に基づき，工事着工の7日前まで）
⑦工事下請契約（元請業者－下請業者）
⑧事前処置(付帯物除去，標識掲示他)
⑨計画書に基づき分別，発生抑制の実施
⑩副産物の再資源化，適正処理(マニフェストによる管理)
⑪実施記録の作成，報告，保管

<解体工事の施工の基本手順>
建設リサイクル法施工規則第2条にて規定
①設備，内装，建具の取り外し
②屋根ふき材の取り外し
③外装材・上部躯体の解体
④基礎の解体

<手続きフロー>
[図4]に手続きのフローを示す。

<罰則（代表的なもののみ）>
①対象建設工事の届出不備：20万円
②分別解体等義務の実施命令違反：50万円
③発注者への報告の記録不備：10万円
④再資源化等義務の実施命令違反：50万円

環境省調査によると平成11年度段階での産業廃棄物の最終処分場残余容量は1億8400万m³である。1年間の産業廃棄物最終処分量は約5000万トン≒5000万m³であり，わずか3.7年分の残余容量と試算されている。最終処分場の新規設置は非常に困難な状況である。また，不法投棄量は年間40万トンに達する。不法投棄の件数は平成5年では300件から平成12年では1000件にまで増加している。産業廃棄物の減量と不法投棄をなくすことが急務である〈Oh〉

# 耐震改修促進法

建築物の耐震改修の促進に関する法律，同施行令，同施行規則，

## ■リニューアル活用という点から活用すべき法律

この法律は1995(平成7)年10月公布，同年12月に施行された。

1981年に建築基準法の構造規定が改正(新耐震基準：1981年施行)される以前の建物は，現行法規に則った耐震性能を確保する必要がある。阪神淡路大震災(1995年1月17日)の発生を契機に建築物の耐震診断調査や補強事業を促進する官民の動きが公共建築物を始め全国で活発化したが，建築物全体の耐震化率はまだ十分には進んでいないのが実状である。

この法律は耐震改修が主目的だが，建築物のリニューアル活用という点から積極的に活すべき法律といえる。

21世紀の建設市場は「市場の拡大」志向から，ストックの活用(耐震補強，OA化，空調，電気設備のリニューアル，ビルのリニューアル，建物長寿命化)，循環社会への対応(環境共生，リサイクル)，都市環境の改善(都市再開発，バリアフリー対応)へと大きくその流れが変化してきている。スクラップアンドビルドからストック活用という時代の流れからも，耐震改修促進法を活用して現建築基準法下では不可能な建築の改修工事を行うことは，きわめて有意義なことと考える。

この法律のユニークな点は，既存不適格のままで建物の改築改装を行うことができることである。

既存不適格建築物とは，法の制定・改正時以前は適法状態であったものが，法の改正後は新基準に適合しなくなった建築を指す。これらの建築物は現法規に適合していなくても違反建築物とはならない。しかし法の施行日以降の建築行為については新基準の適用が求められ，これに従わないものは「違反建築物」となる。

## ■特定建築物の耐震改修の義務

耐震改修促進法では，不特定多数のものが利用する建築物で，一定規模以上の耐震既存不適格建築物の所有者は耐震改修を行うよう努めなければならず，同法の第2条には特定建築物の耐震改修の義務がうたわれている。

対象となる建築用途は，劇場，集会場，

図1　耐震改修促進法の手続きフロー図

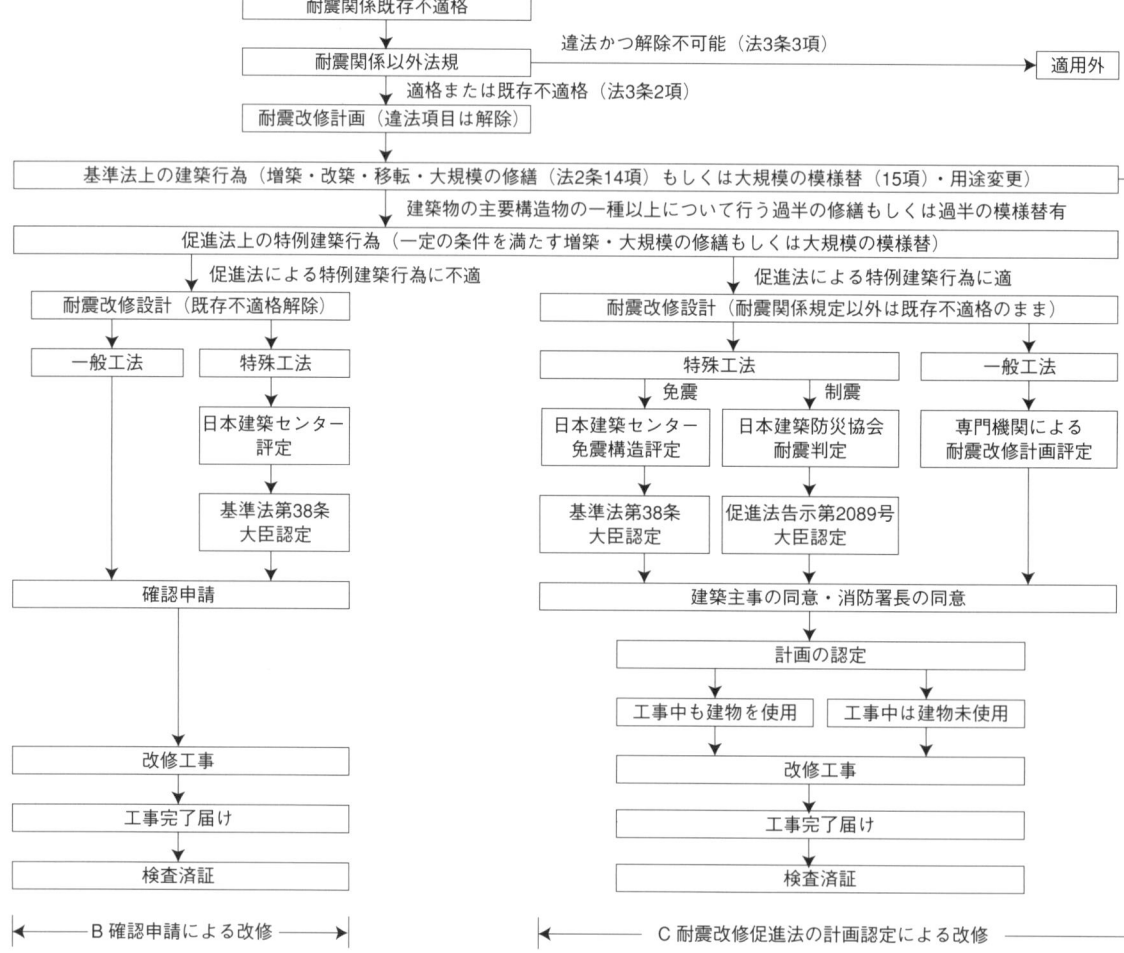

展示場，百貨店，映画館，演芸場，ホテル，旅館，遊技場，公衆浴場，料理店などで，階数が3以上で，1000m²以上のものである。またその規模が2000m²を超えると所管官庁の改修指示の対象建築物となる。ちなみに，デパートでの耐震改修促進法の計画認定の1号は新宿の京王百貨店の改修事例である（1998年）。

■耐震改修の法的手続き

耐震改修を行う法的手続きとして以下の三つのケースがある［図1］。以下にいう「確認事由」を分かりやすくいうと，確認申請等の届出を指す。

（1）自主改修：改修工事の内容に確認事由がない場合には，自主改修ができる。改修後も既存不適格建築物のままであることが可能。

（2）確認申請による方法：改修工事の内容に確認事由がある場合には確認申請をしなければならない。この場合は既存遡及が必要で，改修後は現行法で建築物を適法な状態にしなければならない。

（3）耐震改修促進法の計画の認定による方法：改修工事の内容に確認事由がある場合で，その確認事由が耐震性の向上のための一定の条件を満たす増築，大規模の修繕，大規模の模様替えであること。この場合は改修後も既存不適格建築物のままであることができる。しかし建築基準法の緩和が受けられるが，消防法に関しては現行法に沿った既存遡及を受けることになるので注意。

■計画の認定を受けた建築物の特典

（1）既存不適格建築物の制限の緩和（耐震改修促進法第5条6項）。

たとえば，耐震関係規定に適合しない建築物を同法認定による耐震性向上のための増築，改築をする場合，既存不適格建築物はそのまま既存不適格建築物であることができる。

（2）耐火建築物に係わる制限の緩和（同法第5条3項4号および7項）。

たとえば，耐火建築物が耐震改修を行ったことにより耐火建築物でなくなった場合の救済策としての緩和。つまり耐震関係規定に適合しない耐火建築物である既存不適格建築物を壁，柱，梁の模様替えをすることにより，建築基準法第27条第1号，第61条，第62条第1項の規定に合わなくなった場合の緩和規定。

（3）建築確認の手続きの特例（本来建築確認が必要な耐震改修の場合）

（4）住宅金融公庫などの融資上の特例

（5）税制上の特例

以上からも分かるとおり「耐震改修促進法」は，構造強化が第一義の法律なので，構造強化を目的とした大規模改修である場合は，改修後も既存不適格建築物でもよいとするものである。通常，大規模改修の確認申請を行うと，現行法に合致しない部分は適合すべく改修をしなければならないわけだが，この法の計画，認定がされると構造のみ現行法に適合させればよいとするものである。こうした緩和を行うことによって，少しでも既存建築物の耐震性を向上させ震災時の被害を低減させようとしている。

■「居ながら」改修工事について

耐震改修促進法の計画認定を受けて建築物のリニューアルを進める場合は，工事中も建物を使いながら工事を進めるケースが多い。このような「居ながら」リニューアルの場合において工事を進める場合，工事の内容に確認事由がある場合には特定行政庁の仮使用の承認を受けて工事を進めることになる。〈On〉

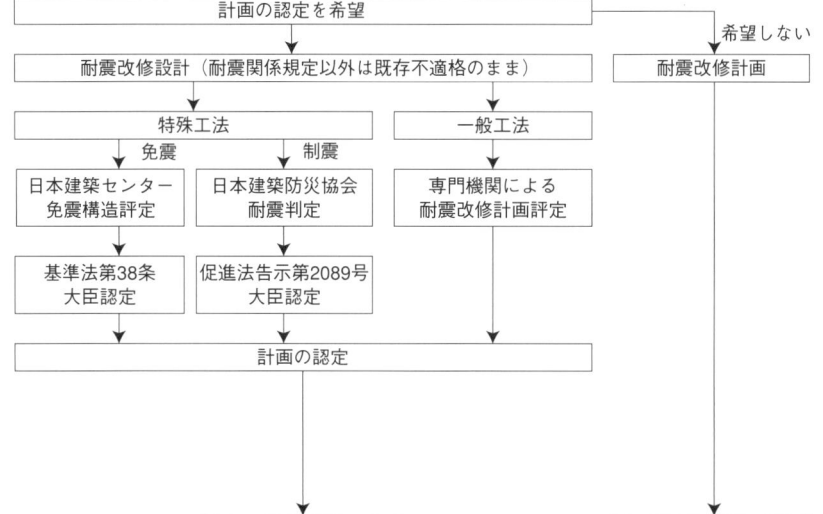

デパートでの耐震改修促進法認定の第1号となった新宿・京王百貨店

# 興行場法

興業場法第1条〜6条。各都道府県による興業場の構造設備および衛生措置の基準等に関する条例，同施行規則。各都道府県の建築関係条例，火災予防条例

映画館等興行場は古くはその多くが歓楽街の中や周辺に設置されいたが，近年郊外や住宅近接地域に大型ショッピングセンター等に併設される形態へ変貌してきており，関わる規制も変化している。

## ■興行場とは何か

興行場とは，映画，演劇，音楽，スポーツ，演芸または観せ物を，公衆に見せ，または聞かせる施設をいう。

展覧会，博覧会は原則として興行場ではないが，名称は展覧会，博覧会であっても会場内に施設を設け演劇，演芸を行うなど，実態は観せ物と認められるものについては興行場と解される。また平均月4回程度を超える営業または月1〜2回程度であっても反復継続して行われているものは興行場と解される。

## ■どのような規制があるか

興行場は不特定多数が利用するため周辺環境に対して，また避難や衛生面での負荷が大きい施設である。規制は以下の観点からなされる。

### (1) 設置可能性

用途地域内の建築制限で，興行場に関しては一定規模以上のものは商業地域と準工業地域のみで建築可能である。

しかし建築基準法48条による例外許可や再開発地区計画制度の適用等により建設可能とする方法もある。

### (2) 衛生面

興行場の構造設備や衛生措置の基準に関するもので主に条例で規定される。

設計時点でプラン作成に影響が大きいものとして特に便所の構造—特に便器の数—が挙げられる。便器数に関しては，観覧場の面積をもとに定められているケースと観覧場の定員により定められているケースとがある。[図1]

また喫煙所や手洗いの設置義務付けや併設する飲食物販売施設等にも注意したい。

### (3) 避難・防火面

興行場の避難施設や防火区画等に関するものである。建築基準法では劇場等の出入り口の内開き禁止等の規制のみであり，ほとんどは地方自治体の建築基準条例等で規定される。

客席の出入り口の数や幅，廊下幅や階段幅，出入り口幅など細かく規制されていることが多い。近年の性能規定化の流れを汲んで，避難安全性能等を有している場合，多くの規定を適用除外（緩和）としていることも多い。[図2]

また興行場の設置階によっては屋上広場が要求されることもある。前面空地や接する道路幅等に関しても規模との関係で何らかの規制が行われるケースが多いので注意したい。

### (4) 消防面

不特定多数が高密度に入る劇場内は，喫煙・裸火の使用・危険物品の持込みが禁止されている。また収容人員の適正化のため，劇場等の定員を記載した表示板の設置や満員札の設置等が義務付けられていることが多い。

### (5) バリアフリー面

不特定多数の利用が見込まれるため，福祉のまちづくり条例等で規制される。

車椅子等の利用者が客席内に自力で到達できるよう，スロープや車椅子専用席を設ける等，プラン作成上注意を要する。[図3]

また聴覚障害者の聴力を補うため，FM送受信装置や磁気ループ等による集団補聴装置設備等も定められている。[図4]

〈Id〉

### 図1 観覧場の面積により便器の数を定める場合

● 観覧室の床面積の合計：便器数
1. 300㎡以下　　　　　　　　：床面積の15㎡ごとに1個
2. 300㎡を超え600㎡以下：20+（床面積−300）÷20個
3. 600㎡を超え900㎡以下：35+（床面積−600）÷30個
4. 900㎡を超えるとき　　　：45+（床面積−900）÷60個
[東京都・大阪府・石川県など]

● 観覧場の定員による区分：便器の数
[京都府・滋賀県など]
100人以下　　　　　　　　：3個
100人を超え500人以下　　：3+（定員−100）×（3/100）個
500人を超え1500人以下　：15+（定員−500）×（2/100）個
1500人を超えるもの　　　：35+（定員−1500）×（1/100）個

[秋田県など]
1100人以下　　　　　　　：4個
100人を超え200人まで　：6個
200人を超え300人まで　：10個
300人を超え400人まで　：14個
400人を超えるとき　　　：14にその超える100人までごとに2個を加えた数

興行場の便所の便器数の算定法
便器数の算定については各都道府県の興行場に関わる条例に規定されている。観覧場の部分の面積をもとに決める場合と，定員をもとに決める場合の2通りあるが，面積に決めるところが多い。観覧場の面積をもとに決める場合，舞台や花道，場合によっては観覧場内の縦・横通路などを除いた客席部分の面積をもとに算定しても可とする場合が多い。でないと便器数は過多になる恐れがあるからである。

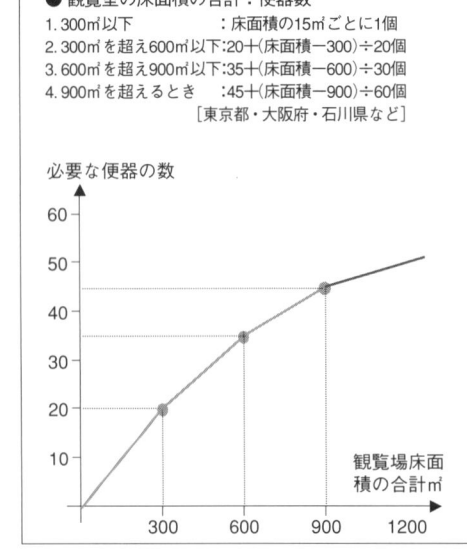

### 図3 車椅子対応観覧席

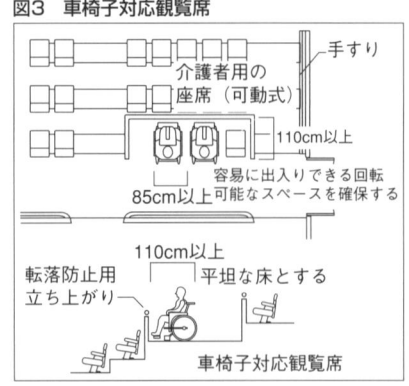

（東京都「福祉のまちづくり条例」より）

### 図4 集団補聴装置の例

（東京都「福祉のまちづくり条例」より）

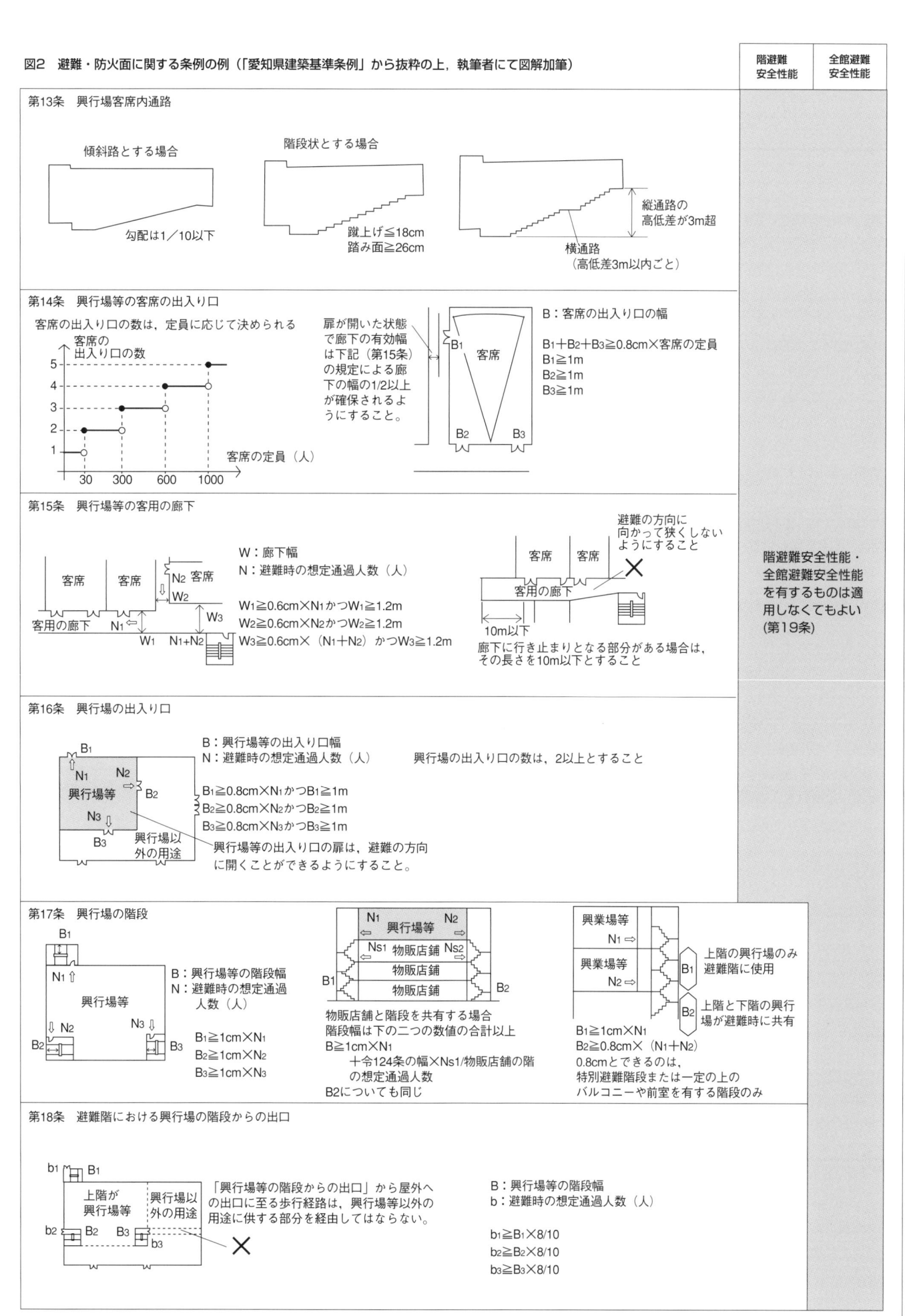

図2 避難・防火面に関する条例の例（「愛知県建築基準条例」から抜粋の上，執筆者にて図解加筆）

# 風営法

風俗営業（許可営業），性風俗特殊営業（届出営業），深夜酒類提供飲食店営業（届出営業）　風俗営業などの規制及び業務の適正化等に関する法律，同施行令，同施行規則，各都道府県条例

### ■公序良俗な環境の保持

いわゆる風営法は，「風俗営業などの規制及び業務の適正化等に関する法律」といい，その目的は善良な風俗と清浄な風俗環境を保持し，および少年の健全な育成に障害を及ぼす行為を防止することにある。風俗営業および性風俗関連特殊営業等について，営業時間，営業区域等を制限し，併て年少者をこれら営業所に立ち入らせることを規制するとともに，風俗営業の健全化に資するため，その業務の適正化を推進する等の措置を規定している（同法1条）。

1948（昭和23）年に制定されそれ以降1984（昭和59）年，1998（平成10）年5月に大幅に大改定された。昭和59年の法改定では，いわゆる風俗営業は午前0時以降は営業ができなくなり，反対に飲食店は午前0時以降も営業することができるようになった。平成10年の改定では，ダンス教授所は，所定の講習を修了したダンス教授者がダンス教授のみを行う営業の場合は，風営法の許可営業から除外された。

また，届出対象となるものとしては，「性風俗特殊営業」が規定され，従来型のソープランドなどの6種類の「店舗型性風俗特殊営業」に加え「無店舗型性風俗特殊営業」，インターネットを利用した「映像送信型性風俗特殊営業」などが新たに規定された。

### ■風営法の体系

風俗営業などの規制および業務の適正化等に関する法律（風営法）は，同施行令，施行規則で基本となる風俗営業に関する基準・規制等を規定している。許可申請書などに関する詳細は，内閣府令として，「風俗営業等の規制及び適正化等に関する法律に基づく許可申請書の添付資料に関する内閣府令」で，規定している。その他，遊技機の認定に関する規則，風俗環境浄化協会に関する規則など，ここでは記述しないが，さまざまな規則・基準がある。また風営法に関しては，各都道府県ごとに詳細な条例を設けているため，営業にあたっては，管轄の都道府県条例など，事前の十分な調査が必要である。

### ■風営法の対象となる営業関連

風営法では，大きくは「風俗営業（許可営業）」と「性風俗関連特殊営業等（届出営業）」に分類している。「風俗営業」の営業許可の対象になるのは，同法2条第1項の1号から8号までの8業種である。その中で，キャバレー，ナイトクラブなど1号から6号までは「接待飲食等営業」と規定されている。

「性風俗関連特殊営業等」については，［表1］に示すとおり，「店舗型性風俗営業」「無店舗型性風俗営業」など詳細に分類されている。近年では，携帯電話やインターネットを利用した無店舗型の営業関連も増えている。

接待飲食店，遊技場関係および酒類提供飲食店の営業については，「D-9アミューズメント施設，D-10風俗飲食店」（P.134～137参照）で説明する。

営業時間については，基本として午前0時から日の出時までの時間においては，営業を禁止している（無店舗型の一部および酒類提供飲食店は除く）。

さらに都道府県条例で，政令で定める基準に従い，営業時間を制限している地域が多い。東京都の場合，住居集合地域での風俗営業および遊技場関係7号営業（マージャン店，パチンコ店など）の営業は，東京都全域において，午後11時から午前10時までの営業を禁止している。

また風営法に規定する営業は，都道府県公安委員会への許可・届出を要する。

### ■立地規制および用途の定義・分類

立地規制については，風営法の制限規制・禁止規制と建築基準法の用途地域制限があり，どちらもクリアしないと，建築・営業できないことになる。また風俗営業については，都道府県ごとに，各条例で制限地域および特定保護地域からの

表1　風営法における，風俗営業等の種別

| 風営法上の分類 | | 様式 | 業種 |
|---|---|---|---|
| 風俗営業・許可営業 | 接待飲食等営業 | 1号営業 | キャバレー等 |
| | | 2号営業 | 料理店・カフェ等 |
| | | 3号営業 | ナイトクラブ（ダンス飲食店） |
| | | 4号営業 | ダンスホール等 |
| | | 5号営業 | 低照度飲食店（喫茶店・バー等） |
| | | 6号営業 | 区画席飲食店（喫茶店・バー等） |
| | 遊技場関係 | 7号営業 | マージャン店，パチンコ店，その他遊技場 |
| | | 8号営業 | ゲームセンター等 |
| 性風俗関連特殊営業等・届出営業 | 店舗型性風俗営業 | 1号営業 | ソープランド |
| | | 2号営業 | ファッションヘルス等 |
| | | 3号営業 | ストリップ劇場 |
| | | 4号営業 | ラブホテル・モーテル等 |
| | | 5号営業 | アダルトショップ等 |
| | | 6号営業 | その他 |
| | 無店舗型性風俗特殊営業 | 1号営業 | 派遣型ファッションヘルス営業 |
| | | 2号営業 | アダルトビデオ等通信販売営業 |
| | 映像送信型性風俗特殊営業 | | アダルトインターネット |
| | 店舗型電話異性紹介営業 | | テレホンクラブ |
| | 無店舗型電話異性紹介営業 | | 伝言ダイヤル，ツーショットダイヤル |
| 届出営業 | 酒類提供飲食店営業 | | バー，酒場その他客に酒類を提供しる飲食店を深夜に営む営業（営業の状態として通常主食と認めれる食事を提供して営む営業は除く） |

距離制限などを定めている。特に性風俗特殊営業については，条例により，禁止区域が定められている。

また深夜の酒類提供飲食店なども，政令で定められた基準内で条例により，禁止区域が定められている。

ここでは，東京都の場合（風俗営業などの規制及び業務の適正化に関する法律施行条例）を揚げる。建築基準法別表2では，風営法関連用途はいくつか掲げられているが，それぞれ用途制限が若干風営法と異なっている［表2］。

離隔距離に関する規制については，都条例では，以下のように定められている。

①風俗営業について，近隣商業地域，商業地域，準工業地域，工業地域および工業専用地域のうち，学校，図書館，児童福祉施設，病院，診療所から100mを超える地域は可能（ただし，近隣商業地域，商業地域は②，③の規制参照）

②近隣商業地域では，ア／大学，病院（第1種助産施設含む），診療所（入院施設8人以上を有するもの）から50m以上の区域，イ／第2種助産施設（児童福祉施設基準），上記①の診療所以外の診療所から20m以上の区域が可能［表2：注1］

③商業地域では，ア／学校（大学除く），図書館，児童福祉施設（一部除く施設あり）から50m以上の地域，イ／大学，病院，診療所（入院施設8人以上を有するもの）からは，20m以上の区域，ウ／第2種助産施設（児童福祉施設基準），イの診療所以外の診療所から10m以上の区域が可能［表2：注2］

④風俗営業7号，8号営業について，2種住居地域，準住居地域内では，近隣商業地域および商業地域に隣接する20m以内の区域が可能［表2：注3］

その他都条例では，文教地区においては，ラブホテル（風俗特殊営業4号）の営業を禁止している。

■**風営法による，騒音・振動の規制**

騒音・振動は，地域ごと，時間ごとに政令で定められた数値を超えない範囲において，条例で定められている（［表3］風営法の騒音および振動の数値基準，［表4］東京都条例の騒音の基準値を示す）。

その他，各都道府県ごとに，政令に基づき条例などで基準を定めているため，風営店舗は各警察署の保安課が担当しており，事前に所轄の基準を確認しておくことが必要である。〈Su〉

表2　風営法における風俗営業の営業時間制限地域（政令基準・東京都）

| 区分 | 営業区分 | | 1低1中 | 2低2中 | 1住 | 2住 | 準住 | 近商 | 商業 | 準工 | 工業 | 工専 |
|---|---|---|---|---|---|---|---|---|---|---|---|---|
| 風俗営業・許可営業 | 接待飲食等営業 | 1号から6号営業 | × | × | × | × | × | ○注1 | ○注2 | ○ | | |
| | 遊技場関連 | 7号，8号営業 | × | × | × | △注3 | △注3 | ○ | ○ | | | |
| 店舗型性風俗特殊営業・届出営業 | 個室付浴場業（1号） | | 台東区の一部地域以外の禁止 | | | | | | | × | | |
| | 個室マッサージ業（2号） | | 新宿区，台東区，豊島区の一部地域以外禁止 | | | | | | | | | |
| | ヌード劇場等（3号） | | × | | | | | ○ | | | | |
| | モーテル（4号） | | 新宿区，台東区，豊島区の一部地域以外禁止 | | | | | | | | | |
| | ラブホテル（4号） | | × | | | | | | | | | |
| | アダルトショップ（5号） | | × | | | | | ○ | | | | |
| 建築基準法 | 深夜の酒類提供飲食店営業 | | × | × | × | × | × | ○ | ○ | ○ | | |
| | 個室付公衆浴場・ヌードスタジオ | | × | | | | | ○ | ○ | | | |
| | マージャン屋・パチンコ屋等 | | × | × | × | ○ | ○ | ○ | ○ | ○ | ○ | × |
| | 料理店，キャバレー，ナイトクラブ，ダンスホール | | × | | | | | ○ | ○ | × | | |

表3　風営法の騒音および振動の数値基準（政令基準）

| 地域 | 数値 | | |
|---|---|---|---|
| | 昼間 | 夜間 | 深夜 |
| 1. 住居集合地域その他地域で，良好な風俗環境を保全するために，特に静穏を保全する必要があるものとして都道府県の条例で定めるもの。 | 55デシベル | 50デシベル | 45デシベル |
| 2. 商店が集中している地域その他地域で，当該地域における風俗環境を悪化させないため，著しい騒音の発生を防止する必要があるものとして都道府県の条例で定めるもの。 | 65デシベル | 60デシベル | 55デシベル |
| 3. 1および2に掲げる地域以外の地域 | 60デシベル | 55デシベル | 50デシベル |

注1：「昼間」とは，日出時から日没時間までの時間　注2：「夜間」とは，日没時から午前零時までの時間
注3：「深夜」とは，午前零時から日出までの時間

表4　東京都条例の騒音の基準値

| 地域 | 数値 | | | |
|---|---|---|---|---|
| | 日出から午前8時までの間 | 午前8時から日没までの間 | 日没から翌日の午前零時までにの間 | 午前零時から日出までの間 |
| 1. 第1種低層住居専用地域，第2種低層住居専用地域および第1種文教地域 | 40デシベル | 45デシベル | 40デシベル | 40デシベル |
| 2. 第1種中高層住専，第2種中高層住専，第1種住居，第2種住居，準住居地域および無指定区域（第1種文教地区に該当する部分は除く） | 45デシベル | 50デシベル | 45デシベル | 45デシベル |
| 3. 近隣商業地域，商業地域，準工業地域，工業地域および工業専用地域（第1種文教地区に該当する部分は除く） | 50デシベル | 60デシベル | 50デシベル | 50デシベル |

法第15条の条例で定める振動に係る数値については，東京都内全域について，55デシベルとする。

# 公衆浴場法

公衆浴場法,公衆浴場法施行規則,公衆浴場法施行細則(東京都),温泉法,温泉法施行令

公衆浴場,クアハウス,健康ランド,サウナ,個室付浴場,温泉など

公衆浴場とは,公衆浴場法第1条で「温湯,潮湯または温泉その他を使用して,公衆を入浴させる施設」と定めている。「温湯」とは,真水を温めた温水のことで,「潮湯」とは,塩分などの含まれる水を温めたものをいう。

また「温泉」とは,温泉法で定められており,地中から湧き出す温水,鉱水および水蒸気その他のガスで,温度または物質を有するものをいい,定められた成分を含んでいるものをいう。

■公衆浴場法が適用される施設

公衆浴場とは一般的には「普通公衆浴場」いわゆる"銭湯"を指すが,その他「その他公衆浴場」があり,その他の公衆浴場の中にはソープランド,サウナ,健康ランド,ヘルスセンターなどがある。

普通公衆浴場とは「温湯などを使用し,男女各1浴室に同時に多数人を入浴させる公衆浴場であって,その目的および形態が地域住民の日常生活において保健衛生上必要な施設として利用されるもの」をいう。

旅館および寄宿舎内の浴場は,旅館業法や事業場付属寄宿舎規定などにより規定されており,公衆浴場に該当しない。

業として,公衆浴場を経営しようとする者は,公衆浴場法2条の規定により,都道府県知事の許可を受けなければならない。同法では換気,採光,照明,保温および清潔その他入浴者の衛生および風紀について定めており,特に衛生管理の基準として「公衆浴場における衛生管理要領」により,その内容を示している。

施設基準は各都道府県ごとに条例で制定されており,施設を計画する場合は,当該地区のものを一度確認する必要がある。また,普通公衆浴場の設置に関しては条例などで距離の制限を設けている場合もある。

ここでは,東京都における条例を基本にして解説する。

■用途地域制限

建築基準法で,公衆浴場が建築,営業できる用途地域を制限している。普通公衆浴場はほとんどの用途地域で建築可能であるが,その他公衆浴場は制限がある。詳細については「D-6温浴施設」(P.128)を参照されたい。

■普通公衆浴場の設置基準

東京都の場合は「公衆浴場施行細則」および「公衆浴場の設置場所の配置及び衛生措置等の基準に関する条例」により,建築できる場所,構造基準などが定められている[表1]。建物(普通公衆浴場)同士の間隔は,直線距離にして特別区にあっては200m以上,その他の市町村であっては300m以上離れなくてはならないとされている。ただし,土地の状況,構

表1 普通公衆浴場の施設設備の基準(東京都の例抜粋)

| 区分 | 内容 |
|---|---|
| 区画 | (1) 下足箱,脱衣室,便所,浴室およびかま場はそれぞれ区画を設けること。<br>(2) 脱衣所および浴室は,それぞれ男女を区別しその境界には障壁を設ける等相互にかつ浴場外から見通せない構造とすること。 |
| 浴室 | (1) 洗い場の床面積は,男女各15m²以上とすること。<br>(2) 洗い場には,浴室の床面積5m²につき,温栓および水栓を各1個以上設け,湯または水であることを表示すること。<br>(3) 浴室の床面積は,不透水性材料を用い,滑りにくい仕上げとし,適当な勾配を設け,浴室内の使用後の湯水を屋外の下水溝等に完全に排出させる構造とすること。<br>(4) 浴室内の浴槽面積は男女各4m²以上とし,タイルなど耐水材料を用い,浴槽内には入浴者に直接熱気および熱湯を接触させない設備とすること。<br>(5) 屋外の浴槽および浴槽に附帯する通路等は,適当な広さのものを設け,脱衣所,浴室などの屋内の保温されている部分から直接出入りできる構造とすること。屋外の浴槽は,それぞれ男女を区別し,その境界には障壁を設ける等相互に,かつ,浴場外から見通せない構造とすること。また屋外に浴槽を設けるときは,屋外に洗い場を設けないこと。 |
| 脱衣所 | (1) 脱衣所の面積は男女各15m²以上とすること。<br>(2) 脱衣所の床面は,リノリウム,板等の不浸透性材料を用いる。<br>(3) 脱衣所には,入浴者の衣類その他貴重品を安全に収納し,または保管するための設備を設けること。<br>(4) 入浴者用便所は,脱衣所から入浴者の利用しやすい場所に,男子用および女子用を区別して設け,流水式手荒いを設けること。 |
| 設備 | (1) 下足場,脱衣所,浴室,便所,廊下その他入浴者が直接利用する場所は,床面において,20ルクス以上の照度を有するようにすること。<br>(2) 洗い場および下水溝はv水流を良好にし,汚水を滞留させないようにすること。<br>(3) 脱衣所および浴室には採光のための設備を設け,室内を適温に保つために必要な設備を設ける。<br>(4) 脱衣所および浴室には,採光のための設備を設けること。<br>(5) 脱衣所および浴室には,換気のための開口部または換気に必要な機械設備を設けること。 |
| その他 | (1) 下足箱には,入浴者の履物を安全に収納し,または保管するための設備を設けること。<br>(2) 灰,燃殻などが発生し,または置かれる場所には灰,燃殻等の飛散を防ぐために必要な設備を設けること。<br>(3) 入浴機能および清潔保持を阻害するおそれのある設備を設けないこと。<br>(4) 善良の風俗を害するおそれのある文書,絵画,写真,物品,広告または装飾設備を置き,掲げ,または設けないこと。 |
| 運用管理 | (1) 濁度は,5度以下とすること。<br>(2) 過マンガン酸カリウム消費量は,1ℓにつき25mg以下とすること<br>(3) 大腸菌群数は,1mℓ中に1個以下とすること。<br>(4) 10歳以上の男女を混浴させないこと。 |

造設備，予想利用者の人数，人口密度などを考慮し，除外される例もある。

■**その他公衆浴場の設置基準**

その他の公衆浴場として，ソープランド，サウナ，健康ランド，ヘルスセンターなどがあり，必要な措置の基準として，①風営法第2条第4項1号に該当する公衆浴場（個室付き浴場）[表2]と，②上記以外のその他公衆浴場[表3]とに分類され，営業者が講じなければならない入浴者の衛生および風紀に必要な措置の基準がある。

■**公衆浴場における衛生管理要領**

昨今話題となっているレジオネラ症発生の防止対策として，厚生労働省が制定している「公衆浴場における水質基準等に関する基準」が改定され，レジオネラ属菌・アンモニア性窒素の基準などが追加された。詳細については，D-6温浴施設にて解説しているので参考にされたい。

■**温泉法による許可申請について**

温泉法により温泉を浴用，飲料用に使用する場合は，都道府県知事の許可が必要となる。

温泉は，「温泉法」によると地中からゆう出する温水，鉱水および水蒸気その他のガスであって，「採出されたときの温度が25℃以上」または「表5に示す物質のうち，一つ以上を一定量以上有するもの」をいう。

温泉法は「温泉を保護しその利用の適正を図り，公共の福祉の増進に寄与することを目的」とし，許可の必要な行為は土地の掘削，増掘，動力装置の設置なども含まれ，これらの申請を管轄しているのは，所轄の保健所である。温泉法は地方の条例によっても規制があるので併せて確認が必要である。

以下に温泉法規則に定める申請を抜粋する。その他については[表4]を参照されたい。

①土地の掘削の許可の申請
　（施行規則第1条）
②有効期限の更新の申請（同法第2条）
③工事の完了または廃止の届出（同法第3条）
④増掘または動力の装置の許可申請
　（同法第4条）
⑤温泉の利用の許可の申請（同法第5条）
⑥温泉の成分等の掲示（同法第6条）
⑦温泉の成分等の掲示の届出（同法第7条）
〈Su〉

**表2　その他公衆浴場①施設（個室付き浴場）の設備基準（東京都の例抜粋）**

(1) 各個室の床面積は，5m²以上とすること。
(2) 待合室は，適当な広さのものを設けること。
(3) 従業員用休憩室は，適当な広さのものを設け，従業員用鍵付きロッカーを備えること。
(4) タオルの保管用戸棚は，個室以外の適当な場所に設けること。
(5) 入浴者用便所は，入浴者の用に供する施設がある各階に，入り口から男子用及び女子用を区別して設け，流水式手洗いを備えること。
(6) 個室内は，個室の出入り口から見通しのきく構造配置とすること。
(7) 個室の出入口は，幅0.7m以上，高さ1.8m以上とし，扉等を設けるときは，その扉等の適当な位置に，0.3m平方以上の透明ガラス窓を設ける等の措置をし，遮へい物を設けないこと。この場合扉には，鍵を付けないこと。
(8) 個室内には，使用のたびに浴槽水を取り替えることができる浴槽または湯および水の出るシャワーならびに適当数の湯栓および水栓を設けること。
(9) 個室内には，換気のための開口部または換気に必要な機械設備を設けること。
(10) 個室内には，適当な脱衣場所および入浴者の衣類その他携帯品を収納するための設備を設けること。
(11) 個室内の照明用電灯は，一つのスイッチで全部を点滅できる装置とすること。
(12) 個室内には，蒸し器等熱気による入浴設備を設け，適当な位置に熱気の温度を明示するための温度計を設けること。

注：その他，普通公衆浴場の基準に該当する項目あり

**表3　その他公衆浴場②施設の設備基準（東京都の例抜粋）**

(1) 入浴者の履物を安全に収納し，または保管するための設備を設けること。
(2) 脱衣室は，適当な広さのものを設けること。
(3) 脱衣室には，入浴者の衣類その他携帯品を安全に収納し，または保管するための設備を設けること。
(4) 浴室は，適当な広さのものを設けること。
(5) 浴室内には，浴槽または湯および水の出るシャワー並びに適当数の湯栓および水栓を設けること。
(6) 脱衣室および浴室には，換気のための開口部または換気に必要な機械設備を設けること。
(7) 熱気による入浴設備を設けるときは，適当な位置に熱気の温度を明示するための温度計を設けること。
(8) 屋外に浴槽を設けるときは，普通公衆浴場の規定に準じた構造とすること。
(9) 入浴者用便所は，入浴者の用に供する施設がある各階に，入り口から男子用および女子用を区別して設け，流水式手洗いを備えること。

注：その他普通公衆浴場の基準に該当する項目あり

**表4　埼玉県温泉条例施行細則による提出書類（抜粋）**

| 種類の名称 | 条例施行細則 | 様式番号 |
|---|---|---|
| 温泉掘削許可書 | 第1条 | 様式第1号 |
| 温泉 許可更新申請書 | 第2条 | 様式第2号 |
| 温泉増掘 動力の装置)許可書・許可申請書 | 第3条・第9条 | 様式第3号・第13号 |
| 温泉利用許可書・許可申請書 | 第4条・9条 | 様式第4号・14号 |
| 温泉成分分析機関登録票 | 第5条 | 様式第5号 |
| 温泉工事開始届 | 第6条 | 様式第6号 |
| 温泉利用廃止届 | 第7条 | 様式第7号 |
| 温泉利用状況報告書 | 第8条 | 様式第8号 |
| 温泉成分分析機関登録申請書 | 第9条 | 様式第9号 |
| 温泉掘削許可申請書 | 第9条 | 様式第10号 |
| 温泉許可有効期間更新申請書 | 第9条 | 様式第11号 |
| 温泉工事完了 廃止)届 | 第9条 | 様式第12号 |
| 温泉の成分等の掲示内容届 | 第9条 | 様式第15号 |

**表5　温泉法により規定された物質**

| 物質名 | 1kg中の含有量 |
|---|---|
| 溶存物質（ガス性のものを除く） | 1000mg以上 |
| 遊離炭酸 | 250mg以上 |
| リチウムイオン | 1mg以上 |
| ストロンチウムイオン | 10mg以上 |
| バリウムイオン | 5mg以上 |
| フェロまたはフェリイオン | 10mg以上 |
| 第一マンガンイオン | 10mg以上 |
| 水素イオン | 1mg以上 |
| 臭素イオン | 5mg以上 |
| 沃（よう）素イオン | 1mg以上 |
| ふっ素イオン | 2mg以上 |
| ヒドロひ素イオン | 1.3mg以上 |
| メタ亜ひ酸 | 1mg以上 |
| 総硫黄 | 1mg以上 |
| メタほう酸 | 5mg以上 |
| メタけい酸 | 50mg以上 |
| 重炭酸ソウダ | 340mg以上 |
| ラドン | 20（100億分の1キュリー単位）以上 |
| ラジウム塩 | 1億分の1mg以上 |

# 製造物責任法（PL法）

製造物責任法第3条，民法第415条，570条，632条，709条，717条

## ■理解すべきは法の主旨

製造物責任法は日本では1994（平成6）年7月に公布され，翌1995年7月1日より施行された。一般にPL法（Product Liability Law）と呼ばれている。

ある製品が，その欠陥が原因で利用者本人や他人の生命，身体または財産を侵害した場合に，利用者は欠陥のある製品を作ったメーカーなどに対して損害賠償を求めることができる。被害者は欠陥の立証のみを行えばよいので，一般の裁判ほど費用もかからずに訴訟を起こすことができるので，近年その訴訟件数は急速に増えている。

PL法において製造物とは「製造または加工された動産」（製造物責任法第2条）と定義されている。したがって，建築物は不動産であるので本法からは除外される。しかし建築物は，民法717条（土地の工作物責任）の規定が適用される場合がある。たとえば手すりの手前に配管設備があって，そこに子供が乗って落下したような場合は，土地の工作物が原因して損害を与えたとして賠償責任を問われる。

PL法でカバーしてない不動産に関する部分を，民法で「土地の工作物責任」ということで押さえているといえる。したがって製造物責任は，動産，不動産を問わずにかかると考えておくべきであろう。過去には以下のような事例もあるので紹介しよう。

①営業用ガスレンジ事件：営業用ガスレンジの排気熱が後部の壁などに貼られた合板板を浸透し，納品後2年弱で壁から出火した（製品の警告表示の欠陥）。
②エレベーター事件：エレベーターの自動開閉扉の側端に突き出ている安全装置の下端とエレベーター床面との間に足先を挟まれ，被害者がエレベーターのメーカーと保守業者に対して起こした損害賠償請求（製品の警告表示の欠陥）。

損害賠償の範囲については，民法第416条を類推適用し，因果関係が認められる範囲について損害賠償が認められる。

## ■「不動産」の除外についての注意

PL法は動産が対象になっていることから，建築物は対象外となるが，注意しなくてはならないのは，エレベーター，サッシ，ドアパネルなどは「動産」と解釈される。したがって，これら建築部品の欠陥をめぐる損害賠償請求の事案では，建築に対しては民法で，部品メーカーに対してはPL法でという，複雑な形になる。いずれにしても商業建築は不特定多数の人々が利用する施設であり，またPL法の対象範囲である動産部分が多いので，設計者およびその建築物の所有者，管理者は十分な理解が求められる。たとえば，ある落下事故の例では「部材の重量や規格の安全性を確認せずに設計図書を作成した」として「設計者」が，製造物の瑕疵により第三者に損害を与えたとして，施工業者とともに訴えられたケースもある。〈On〉

## ■建築物におけるPL法対応

以上のように建築は動産でないので法的責任はないがむしろ生命の安全，安心の提供という使命から，近年以下のような事がPL法の精神による集客の責任から店舗経営者として配慮するようになっている。

事例1：エスカレーターでの事故防止
①上下のクロスエスカレーターにおける進入警告三角板／エスカレーターから乗り出し隣のエスカレーターの幕板との接触防止のため，その手前に三角形状のアクリル板やチェーンをつける。近年ではどの大規模店舗でも標準仕様として定めていることが多い。
②落下防止のための工夫／特に吹き抜けに面するエスカレーターではその吹き抜け側に落下防止ネットや柵を幕板に設けたり手摺りの上に落下できないよう高いスクリーンを設けていることが多い。

事例2：手摺りからの落下防止
現在吹き抜けに面する手摺りからの落下防止のために以下のような対策をすることが一般的である。
①摺り子のピッチは120mm以下にする／これは子供の顔が入らない寸法からきている。
②手摺りの幅木はボールや球状の転がりによる落下を防止するために，必ず連続的につけておくこと
③手摺りの高さも法的には1100mm以上であるがほぼ1200mm以上をとっておくことが配慮してあるとみなされている。

事例3：床の転倒防止
雨天時における床の水滴による転倒防止するために床仕上げを大理石等の磨き仕上げから御影石のバーナー仕上げにしたりノンスリップタイルやエンボス仕上げにする例が増えている。特に駅のコンコースなど水滴の常時着き易い場所での滑りにくい仕上げ材の採用は必須と言える。〈Ok〉

表1 製造物責任法施行後6年目の製品事故に係る苦情相談の動向

| 区分 | 期間 | 全苦情相談受付件数 | うち製品事故に係る苦情相談件数 | うち拡大損害を伴った苦情相談件数 | うち当該センターで処理済み | PL関連問い合わせ件数 |
|---|---|---|---|---|---|---|
| 合計 | 法施行前1年 | 249,610 | 3,071 | 1,175　—— | 1,023 | 651 |
| | 法施行後1年目 | 295,614 | 5,765 | 2,608　(605) | 2,145 | 1,025 |
| | 法施行後2年目 | 322,023 | 5,305 | 2,745　(1,105) | 2,246 | 272 |
| | 法施行後3年目 | 334,106 | 4,398 | 2,709　(1,636) | 2,208 | 112 |
| | 法施行後4年目 | 322,788 | 3,850 | 2,498　(2,150) | 1,971 | 105 |
| | 法施行後5年目 | 356,075 | 3,764 | 2,361　(1,864) | 1,860 | 143 |
| | 法施行後6年目 | 410,673 | 4,204 | 2,571　(1,861) | 2,131 | 103 |

政令指定都市の消費者センターおよび国民生活センターへ寄せられた製品事故に係る苦情相談件数
拡大損害とは，商品の欠陥が原因で，身体，生命あるいはその商品以外の財産に拡大して損害を生じることを指す。拡大損害を伴った苦情相談件数欄の（ ）内は，平成7年7月以降流通におかれた製造物に係る苦情相談件数

Chapter 2 **建築・防災 避難設備編**

C-1-1 用途地域地区……042

C-1-2 容積率・建ぺい率……044

C-1-3 斜線制限……046

C-1-4 防火地域・準防火地域……048

C-1-5 防火区画……050

C-1-6 シックハウス対策……053

C-1-7 内装制限……056

C-1-8 避難規定……058

C-1-9 避難安全検証法……064

C-1-10 防災規制……067

C-1-11 厨房……068

C-1-12 無窓階……071

C-1-13 仮設建築物……074

C-1-14 用途変更……077

C-1-15 リニューアルと法規制／ケーススタディ……078

C-1-16 屋外広告物……080

C-1-17 エレベーター……082

C-1-18 駐車場／消火設備・換気設備……085

C-1-19 連続式店舗・地下街……086

C-2-1 防災避難設備……088

C-2-2 排煙設備……090

C-2-3 換気設備……093

C-2-4 スプリンクラー設備……095

C-2-5 自動火災報知器……098

C-2-6 裸火規制……102

C-2-7 非常用照明設備……104

C-2-8 避難誘導灯設備……106

C-2-9 非常用放送設備……111

C-2-10 防災センター……114

## C・1・1

# 用途地域地区

建築基準法第48条〜51条,91条。同施行令第130条〜130条の9の5,法別法第2。都市計画法第5条,5条の2,8条,9条,12条の2,12条の4,12条の5,同施行令第3条,第4条,第7条の8。

### ■都市秩序の維持と発展

一見無秩序に見える市街地の建築群も実は都市計画に基づいて,用途地域における建築制限が厳密に決められている。つまり好きな土地に自由に好きな店を建てることはできない。建築基準法は都市計画法の地域指定を受けて用途地域の実態的な規制をしている。

日本の国土は①都市計画区域と②都市計画区域外に分けられており,この①都市計画区域は①-A市街化区域,①-B市街化調整区域,①-C未線引き区域に分けられている。都市の郊外には市街化を抑制する目的で市街化調整区域を設けており,原則として用途地域が定められていない。一方,市街化を促進する市街化地域には用途地域を必ず定めている。

### ■12地域に分類

用途地域の種類として現在,12の用途地域が定められており,用途地域により建築の規制が異なる。

用途地域制は,都市計画区域内における建築物を,各種建築物の相互に及ぼす影響を考慮し,その用途に応じた固有の機能が発揮されるよう,類似の用途の建築物を集団形成させるなど,都市の秩序ある発展を図ろうとしている。たとえば,住居系地域においては住環境保護の目的から商業活動に供される建築物は,その規模等によって規制されている。一方,近隣商業地域では,近隣住宅地の住民サービスを行うことを目的とする商業,その他の生活利便施設などを増進する地域と位置づけるなど,用途地域により目的とする環境が異なる。

建築物の用途規制は,この他にも特別用途地区(文教地区,中高層住居専用地区,高層住居誘導地区,特別工業地区など),風致地区,駐車場整備地区など細かく定められているので,計画地を都市計画地図で調べておくことはもちろん,所轄の役所で調査確認することを忘れてはならない。

ホテルを計画したが,よく調べたらそこが風致地区であったりすると計画を断念しなければならないといった事態になりかねない。

また各用途ごとの業法(大店立地法,旅館業法,興行場法,工場立地法など)によりその場所に計画建築物を建てられないことも出てくるので注意が必要だ。

その他,自治体の開発指導要綱,都心地区の住宅付置義務,駐車場付置,緑化の義務などの規制があり,用途地域一つを見て建築が可能と判断しないように注意する必要がある。

また近年,街の発展衰退がはげしく既存の建物用途から別の用途に建築物をリニューアルするようなことも多いが,用途変更が簡単にできない場合がある。変更後の用途,規模により確認申請が必要になる場合(建築基準法別表第一に掲げられる用途に供せられる特殊建築物で延べ面積が100m²を超えるもの)があるので,この辺も理解しておく必要がある。建築基準法第48条に各用途地域の規制が記述されているので参照されたい。[表1]

### ■地区計画制度

建築物の用途規制は前述した地域以外に,地区計画制度がある。地区計画制度の目的は,建築物の用途の混在,低層と中高層建築物の混在,細街路の未整備等から都市の防災性の低下,不良ストックの排除と良質な地区形成にある。このため建築物の配置,用途,形態にきめ細かい計画と規定を策定し,適切な建築計画の誘導および規制を行っている。たとえば,東京・銀座地区には中央区の「街並み誘導型地区計画」がある。2000年12月にオープンした「東京資生堂銀座ビル」は,同計画の「機能更新型高度利用地区制度」を利用し,容積率割り増し300%の緩和を受けて,周囲のビルを抜きんでた高さを誇っている。〈On〉

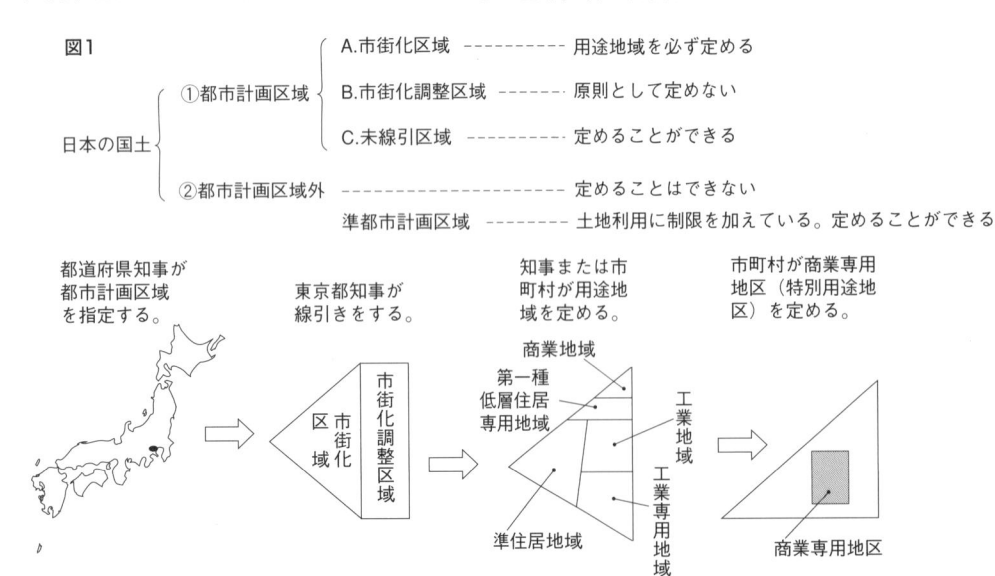

図1

日本の国土
- ①都市計画区域
  - A.市街化区域 ---------- 用途地域を必ず定める
  - B.市街化調整区域 ------- 原則として定めない
  - C.未線引区域 ---------- 定めることができる
- ②都市計画区域外 ------------------ 定めることはできない
- 準都市計画区域 -------- 土地利用に制限を加えている。定めることができる

都道府県知事が都市計画区域を指定する。 → 東京都知事が線引きをする。(市街化調整区域/市街化区域) → 知事または市町村が用途地域を定める。(商業地域/第一種低層住居専用地域/工業地域/工業専用地域/準住居地域) → 市町村が商業専用地区(特別用途地区)を定める。(商業専用地区)

表1　用途地域内において建築できる店舗

| | 第1種低層住居専用地域 | 第2種低層住居専用地域 | 第1種中高層住居専用地域 | 第2種中高層住居専用地域 | 第1種住居地域 | 第2種住居地域 | 準住居地域 | 近隣商業地域 | 商業地域 | 準工業地域 | 工業地域 | 工業専用地域 |
|---|---|---|---|---|---|---|---|---|---|---|---|---|
| **店舗** 店舗兼用住宅で延べ床面積の1/2以上を居住の用に供し、かつ店舗部分の床面積が50m²以下のもの<br>1. 日用品販売を主たる目的とする店舗、食堂、喫茶店<br>2. 理髪店、美容室、クリーニング取次店、質屋、貸衣装店、貸本屋、その他のサービス業を営む店舗<br>3. 洋品店、自転車店、家庭電気器具店等（原動機の出力の合計が0.75kw以下）<br>4. 自家用販売のためのパン屋、米屋、豆腐屋、菓子屋等（原動機が0.75kw以下） | ○ | ○ | ○ | ○ | ○ | ○ | ○ | ○ | ○ | ○ | ○ | |
| 1から4の店舗専用で店舗部分が2階以下、かつ、床面積が150m²以下で製造場がある場合は作業床が50m²以下のもの | | ○ | ○ | ○ | ○ | ○ | ○ | ○ | ○ | ○ | ○ | ○ |
| 1から4の店舗専用で店舗部分が2階以下、かつ、床面積が500m²以下のもの。風俗関連営業は不可、物販店、飲食店、銀行の支店、保険代理店、不動産業店舗は可 | | | ○ | ○ | ○ | ○ | ○ | ○ | ○ | ○ | ○ | ○ |
| 一般の物品販売業店舗、飲食店で店舗部分が2階以下、かつ、床面積が1500m²以下のもの | | | | ○ | ○ | ○ | ○ | ○ | ○ | ○ | ○ | ○ |
| 一般の物品販売業店舗、飲食店で店舗部分の床面積が3000m²以下のもの。マージャン、ぱちんこ店等は不可。 | | | | | ○ | ○ | ○ | ○ | ○ | ○ | ○ | ○ |
| 一般の物品販売業店舗、飲食店で店舗部分の床面積が3000m²を超えるもの。劇場、映画館等は不可。 | | | | | | | | ○ | ○ | ○ | ○ | ○ |
| カラオケボックス等 | | | | | | ○ | ○ | ○ | ○ | ○ | ○ | ○ |
| **風俗営業等** ソープランド等風俗関連営業、ストリップ劇場、アダルトショップ | | | | | | | | | ○ | | | |
| キャバレー、料理店、ナイトクラブ、ディスコ、ダンスホール等料飲営業 | | | | | | | | | ○ | ○ | | |
| ぱちんこ店、ゲームセンター、マージャン店、射的場、勝馬投票券販売所等 | | | | | | ○ | ○ | ○ | ○ | ○ | ○ | |
| **興行場** 劇場・映画館・演芸場・観覧場で客席部分の合計が200m²未満のもの | | | | | | | ○ | ○ | ○ | ○ | | |
| 同上　200m²以上のもの | | | | | | | | ○ | ○ | ○ | | |
| ボーリング場、スケート場、水泳場、スキー場、ゴルフ練習場等で3000m²以下のもの | | | | | ○ | ○ | ○ | ○ | ○ | ○ | ○ | |
| 同上　3000m²を超えるもの | | | | | | | ○ | ○ | ○ | ○ | ○ | |
| **旅館業** ホテル・旅館等で3000m²以下のもの | | | | | ○ | ○ | ○ | ○ | ○ | ○ | | |
| 同上　3000m²を超えるもの | | | | | | | ○ | ○ | ○ | ○ | | |

## 容積率・建ぺい率

建築基準法第52条〜53条。同施行令第2条1項4号および2条3項，第135条の14〜135条の20。

### ■建築物の容量を決める重要な規制

「容積率」「建ぺい率」制限は，店舗の計画に際してインテリアデザインのみを考える場合は直接的に関わりがないことも多いが，建築物の容積を決める重要な規制なので十分理解しておく必要がある。

容積率は，延べ床面積の敷地面積に対する割合をいう。つまり敷地面積に対して何倍まで建物の床面積を確保できるかである。

建ぺい率は，建築面積の敷地面積に対する割合を言う。つまり，敷地の何割まで建物を建てられるかである。

以下に容積率，建ぺい率の算定式を示しておく。

S＝敷地面積：100m²
V＝延べ床面積：360m²
A＝建築面積：60m²
容積率＝V/S＝360m²/100m²×100＝360%
建ぺい率＝A/S＝60m²/100m²×100＝60%
となる。

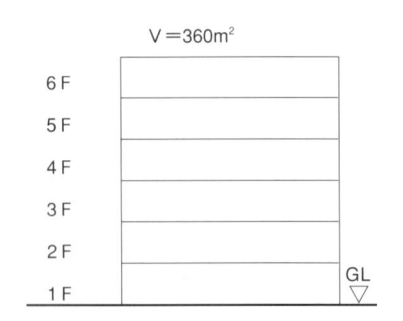

次に法定の容積率と建ぺい率の計算結果を比べてみる。この場合，計算結果は法定の容積率，建ぺい率を超えてはならない。

法定容積率＝300%
法定建ぺい率＝60%

とすると，容積率は規定を超えているため違法となる。建ぺい率は規定内であるので合法である。したがって，この計画は法定容積率を超えないよう，延べ面積を300m²まで落とす必要がある。

### ■容積率の特例

容積率には都市計画上定められた法定容積率の制限のほかに前面道路幅員からくる容積率制限がある。前面道路幅員が12m未満の場合，住居系の用途地域の場合，一般に前面道路幅員×0.4を掛けた数値（特定行政庁指定区域で0.6の場合もある）が，商業系・工業系地域においては前面道路幅員×0.6を掛けた数値，と法定容積率とを比べていずれか小さい方の法定容積率としなければならない。

したがって，商業地域で容積率500%の地域において全面道路幅員が8mの場合，
8×0.6＝4.8→480%＜500%
となり，この敷地の法定容積率は指定容積率の500%ではなく480%ということになる。

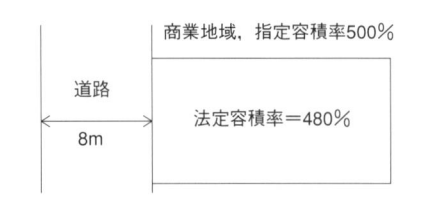

このように前面道路幅員が狭いと定められた容積まで使い切れない場合が出てくる。また，特定道路から70m以内の敷地は，道路幅員の算定に緩和規定がある（建築基準法第52条8項，同施行令135条の16）。この他にも特定行政庁の許可を得ることによって容積率の緩和（東京・銀座地区の「機能更新型高度利用地区制度」など）があるため詳しくは建築指導課に確認するとよいだろう。

### ■敷地に異なる容積率・建ぺい率が併存する場合

基本的には案分されることになる。つまり建ぺい率が属する敷地の面積比による数値となる。用途地域などが二つの地域にまたがる敷地の場合などは，容積率も建ぺい率も異なる数値となる。いずれの場合も，一般に敷地面積を案分して計算することになる。

敷地A 500m²

| 用途境界 | |
|---|---|
| 商業地域 | 住居地域 |
| 容積率400% | 容積率300% |
| 建ぺい率80% | 建ぺい率60% |
| 300m² | 200m² |

（道路）

法定容積率は，
300m²/500m²×400% + 200m²/500m²×300% = 240% + 120% = 360%
法定建ぺい率A'は，
300m²/500m²×80% + 200m²/500m²×60% = 48% + 24% = 72%
となる。

### ■駐車場・駐輪場の緩和

延べ面積の緩和措置として駐車場，駐輪場は，延べ面積の20%までは床面積から除いてもよいという規定がある。また屋上の塔屋，地下のピットなども一定の条件で床面積から除かれる（建築基準法施行令第2条4項および2条3項）。

問題はこれらの緩和規定の適用を受けた駐車場を後から居室に使用してしまうことで，ほとんどの場合，容積率の超過になり違反建築となるケースが多い。

### ■建ぺい率100%？

都市計画上決められている建ぺい率は80%が最高となる。しかし，特定行政庁

建築計画A　S＝100m²
建物 A＝60m²
道路／敷地

商業地域，指定容積率500%
道路 8m
法定容積率＝480%

V＝360m²
6F／5F／4F／3F／2F／1F　GL

が指定する角地の場合，あるいは近隣商業・商業地域以外で，防火地域内で耐火建築物を建てる場合は，建ぺい率が10%加算される。また，商業地域，近隣商業地域に限り，防火地域内で耐火建築物を建てる場合は建ぺい率の規制が解除される。したがって，この場合は建ぺい率100%ということになる。

しかし，実際に敷地の100%に建物が建つということはない。民法第234条では，建物は敷地境界線より50cmの距離を取るよう規定している。最高裁の判例では，建築基準法が優先されるものとなっているが，建設工事用の足場を隣の敷地に出して建物を建てるわけにもいかない。したがって，建ぺい率100%は無理で，おのずと限界がある。

■用途地域における容積率の選択肢の拡充

2002（平成14）年の建築基準法の改正により，地域ごとのまちづくりの多様な課題に対応できるようにするため，容積率制限，建ぺい率制限，日影規制等の選択肢が拡充され，各自治体で，それぞれ制限数値を選択できるようになった。

建ぺい率に関しては第1種住居地域等では60%のみだったが，新たに50%，80%が追加され，地域によって規制強化や緩和となる。

容積率に関しても同様に，各地域地区の特徴に合わせて，緩和される方向になった。たとえば，中高層住居専用地域（第1種，第2種）では300%までであったが，新たに400%および500%が追加された。商業地域においては東京，大阪，名古屋においては最高1000%が最大であったが1100%，1200%，1300%が追加された。こうした緩和により，容積制限のない時代に建てられた容積上の既存不適格建築物も新たにリニューアル，増改築が可能になった。〈On〉

---

**法規mini知識**

## 都市公園内に商業建築は可能か ―東京・芝公園内にホテルが建つ訳―

**業務・商業系地域の都市公園の整備促進**

都市公園法において国の管理する公園は国土交通省が，地方公共団体が管理する都市公園は地方公共団体が管理している。都市公園は，公園または緑地で，国または地方公共団体が定める公園施設が含まれる。

一般的に，都市公園内に建築できる公園施設は動物園，植物園，野外劇場，野球場，プール，陸上競技場，駐車場など（都市公園法第2条）であり，一般的な建築物が建たないことになっている。ところが都市公園内に商業施設が生まれる例がある。なぜこのようなことが可能になったかを少し考えてみたい。

都市計画公園の整備は，東京都においては都および区市町村が第一義的な責任を持つが，都心部の都市計画公園等においては，公園周辺の高度な業務・商業機能の集積により高地価となり，地方公共団体による事業化が困難となり，十分な公園的な活用が図れない状態が予測されるようになってきた。

一方，都市計画法では公共団体以外の民間事業者において，都市計画事業を実施する手法が定められている。後楽園公園や13号地公園でこの制度が運用されている。建設省都市計画長達「民間事業者に係わる都市計画公園の整備の方針について」（昭和62年9月30日付け建設省都計発第92号）により改めてその運用方針が示され，また建設省都市計画長通達「都市計画等に関する事務の簡素化について」（平成8年3月31日）により国との協議も不要になった。こうした背景から，東京都では民間事業者による事業条件を定めその整備促進を図ろうと，以下の条件を定めた（都市計画法第59条第4項）。

【都市計画公園等を特許事業の対象】
1. 都市の基本的な公園のうち都心部8区（千代田区，中央区，港区，新宿区，文京区，台東区，渋谷区，豊島区）にあるもの。
2. 周辺地域が業務・商業系を中心とする土地利用となっているもの。
3. 今後相当期間にわたって，公共団体による事業が見込まれないもの。

【特許事業の整備条件】
1. 特許事業に関する整備条件他に適合すること。
2. 公園施設の種類，規模，配置等の条件を満足すること：①事業地内の建築面積の合計は事業面積の20%以内であること（人工地盤のある場合は人工地盤の上部に設置される建築物をその建築面積とされる）。②事業面積の50%以上を緑と水の空間とする。③可能な施設は修景施設，スポーツ施設，レクレーション施設，教養文化施設，休養施設，集会施設，宿泊施設，遊戯施設など。
3. 特許事業により整備するこれらの施設は一般の利用に供すること。
4. 事業地は避難場所として災害時に役立つ機能を持つこと。

以上の条件を満たすことによって，民間事業者が都市公園内に商業施設等を計画することが可能になる。特に都市ホテルは交通便利な都市中心部に近くしかも緑に囲まれた安らぎの空間が確保でき，都市公園内に立地することは最高の立地条件と考えられる。なお自然公園法の規定による国立公園はこれに当てはまらない。

民間事業者が都市公園内に事業計画する場合，公園の維持管理を行うには事業収益の面からもある程度の規模のものが計画される。その場合以下の点も考慮しておくことが必要である。

1. 大店立地法の届出と大店立地法からくる駐車台数の検討
2. 駐車場条例（東京都他）から求められる附置台数の検討
3. 都心の場合住宅附置義務がある区がある場合が多い。その場合どこに住宅を確保するか

などである。〈On〉

# 斜線制限

建築基準法第56条，56条の2，法別表第3，第4。
同施行令第130条の10〜135条の13。

道路斜線制限・隣地斜線制限・北側斜線・天空率・日影規制

**建築物の形態を制限する集団規定のなかに斜線制限がある。**

斜線制限は大別すると，「道路斜線制限」と「隣地斜線制限」がある。

道路斜線制限は道路の天空を確保し，日照，採光，通風等の環境を保護することを目的に定められ，隣地斜線制限は隣地の日照，採光，通風の確保を図るために設けられている。それぞれ都市計画上の地域地区により規制値が異なる。

商業，近隣商業地域では規制がゆるく，住居系地域では住環境確保のため規制は厳しくなっている。

また，隣地斜線制限のなかに，北側隣地の日照を確保するための「北側斜線制限」があり，加えて住宅地の日照を確保するために日影規制が昭和52年から追加された。

■**道路斜線制限**（法第56条1項1号）
建築物の高さは，その部分から前面道路の反対側の境界線までの水平距離に応じ

**図1 道路斜線制限**

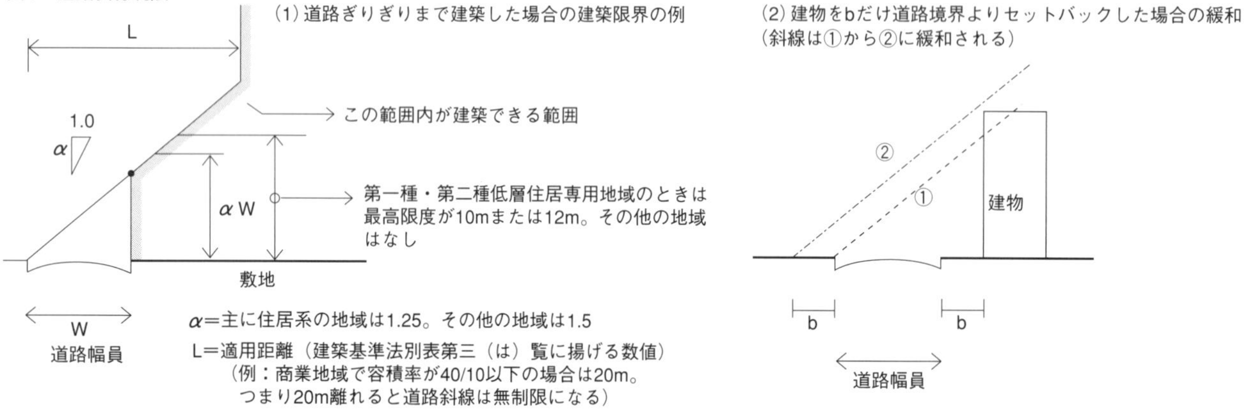

(1) 道路ぎりぎりまで建築した場合の建築限界の例
- この範囲内が建築できる範囲
- 第一種・第二種低層住居専用地域のときは最高限度が10mまたは12m。その他の地域はなし
- $\alpha$＝主に住居系の地域は1.25。その他の地域は1.5
- L＝適用距離（建築基準法別表第三（は）欄に揚げる数値）
  （例：商業地域で容積率が40/10以下の場合は20m。つまり20m離れると道路斜線は無制限になる）

(2) 建物をbだけ道路境界よりセットバックした場合の緩和（斜線は①から②に緩和される）

**図2 隣地斜線制限**

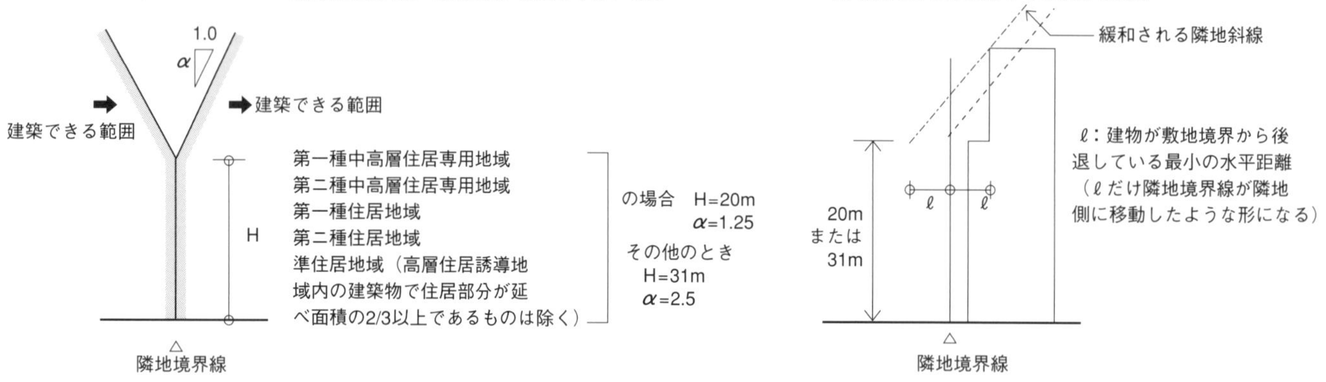

(1) 隣地境界線から建築物が後退してない場合

第一種中高層住居専用地域
第二種中高層住居専用地域
第一種住居地域
第二種住居地域
準住居地域（高層住居誘導地域内の建築物で住居部分が延べ面積の2/3以上であるものは除く）
の場合 H＝20m $\alpha$＝1.25
その他のとき H＝31m $\alpha$＝2.5

(2) 建築物が隣地境界から後退する場合
- 緩和される隣地斜線
- $\ell$：建物が敷地境界から後退している最小の水平距離（$\ell$だけ隣地境界線が隣地側に移動したような形になる）
- 20mまたは31m

**図3 北側斜線** （1) 住居系用途地域内の北側の高さの制限）の図

第一種低層住居専用地域
第二種低層住居専用地域 の場合H＝5m

第一種中高層住居専用地域
第二種中高層住居専用地域 の場合H＝10m

10mまたは12m（第一種または第二種低層住居専用地域の場合。法56条 1項三号）

(2) 北側に通路、水面、線路敷がある場合の緩和
- ①は道路のみの場合
- ②は道路の反対側に水面、線路敷がある場合その幅の1/2だけ斜線が緩和となる。（令135条の4）

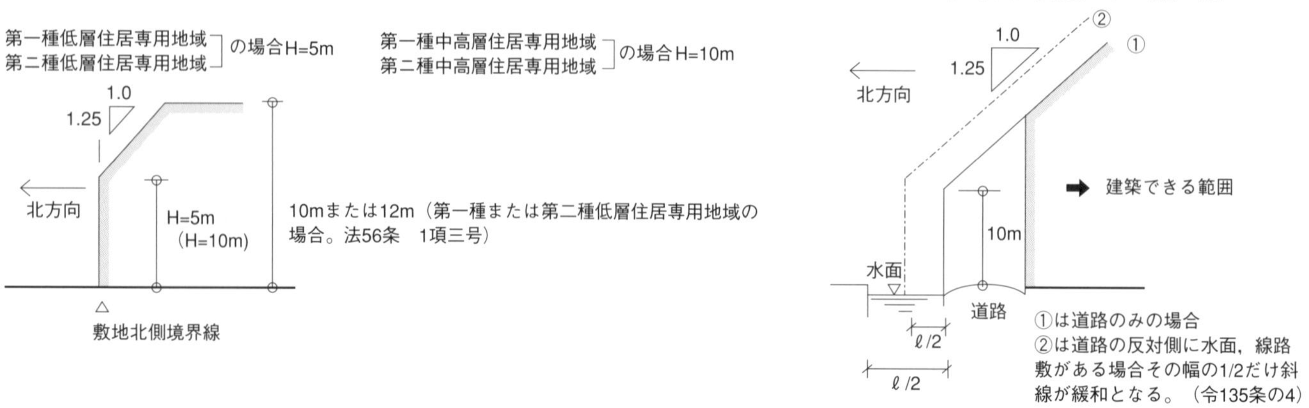

て制限される。制限される勾配は基本的には住居系地域では1/1.25，その他の地域では1/1.5の斜線勾配となる。基準法の改正（平成14年7月12日公布）により住居系地域であっても1/1.5の斜線勾配が選択可能（特定行政庁が指定する）となる地域もある。

道路斜線の主な緩和は，
①2以上の前面道路がある場合
②前面道路の反対側に公園等がある場合
③道路と敷地との間に高低差がある場合
④道路内にある場合の特例（道路上の渡り廊下等に対する緩和）
などがある。

また計画建物が前面道路の境界線からセットバックした場合の水平距離の緩和などがある。道路斜線により建築形態が制限されるので，計画時には十分な検討が必要である。

■隣地斜線制限（法第56条1項2号）

第1種低層住居専用地域および第2種低層住居専用地域を除いた住居系地域では，建築物の各部分の高さ（h）は，その部分から隣地境界線までの水平距離（ℓ）に応じて，h≦20m＋1.25ℓ，その他の用途地域ではh≦31m＋2.5ℓに制限される。これも，基準法の改正（平成14年7月12日公布）により住居系地域でも，h≦31m＋2.5ℓが選択可能（特定行政庁が指定し都道府県都市計画審議会の議を経ることが必要）となった。隣地斜線についても敷地が公園に接する場合，敷地の地盤面が隣地より低い場合の緩和等がある。

■北側斜線制限（法第56条1項3号）

北側斜線制限は第1種低層住居専用地域，第2種低層住居専用地域，第1種中高層住居専用地域，第2種中高層住居専用地域において適用される。

建築物の各部分の高さ（h）は，その部分から前面道路の反対側の境界線または隣地境界線までの真北方向（磁北ではない）の水平距離（ℓ）に応じて，第1種および第2種低層住居専用地域ではh≦5m＋1.25ℓ，第1種および第2種中高層住居専用地域では，h≦10m＋1.25ℓに制限される。北側斜線についても，敷地が北側で水面に接する場合，敷地の地盤面が北側隣地の地盤面より低い場合等の緩和がある。

■日影規制

日影規制は主に住居系地域や近隣商業，準工業地域で，地方自治体の指定する制限がかかる区域（法別表4に定めた区域）に適用され。建築物の絶対高さ制限（たとえば第二種低層住居専用地域では都市計画法において建築物の高さは10mまたは12mと定められている）や北側斜線制限，高度地区における高さの規制だけでは，住宅地の日照保護が不十分であることから建築物の日影を直接規制するものとして生まれた。東西に長い街道沿いの建築物が道路の南側と北側では高さが異なるのはこのためである。

日影規制の対象となる地域は，前記の住居系地域のほか住居の比較的多い近隣商業地域および準工業地域の全部，または一部について地方自治体が条例で指定する区域となっている（建築基準法別表第4）。規制日影時間は，日影を規制の異なる区域に生じさせる場合は，日影の落ちる区域の制限が適用されるので注意が必要である。

なお平成14年の法改正によって日影の測定面の高さ（条例で定められる）が第1種および第2種低層住居専用地域以外では4mであったが，「4mまた6.5m」と一部緩和された。

■天空率（法第56条，56条7項）

これらの斜線制限は長い間つかわれてきたが，適正な土地利用の促進を図り合理的・機動的な建築・都市計画制限を行うため，建築物の形態規制も合理化され，斜線制限規制のほかに，新たに「天空率（建築基準法第56条第7項関係）」という考えがうまれ，平成15年1月1日より施行された。

この「天空率」は，建築基準法の集団規定の性能規定化の一環で，斜線制限の緩和策ともいえる。

建築物を天空に投影し，それを水平面に投影した場合の円の面積に対する空の面積の割合を指す。

天空率の導入によって，一定の条件を満たせば従来の斜線制限に適合しない建築物でも，建築が可能になり，また敷地に余裕のある場合斜線制限に影響されない高層の建築物の実現が可能になる（建築基準法第56条7項）。

計算式は建築基準法施行令第135条の5に示され，斜線制限か天空率のいずれかを採用するかを選択すればよいことになる。

〈On〉

図4　道路の高さ制限と天空率
(1) 現行の道路の高さ制限の適用例
　　（住居系用途地域の場合）
(2) 本制度により建築が可能となる建築物の例

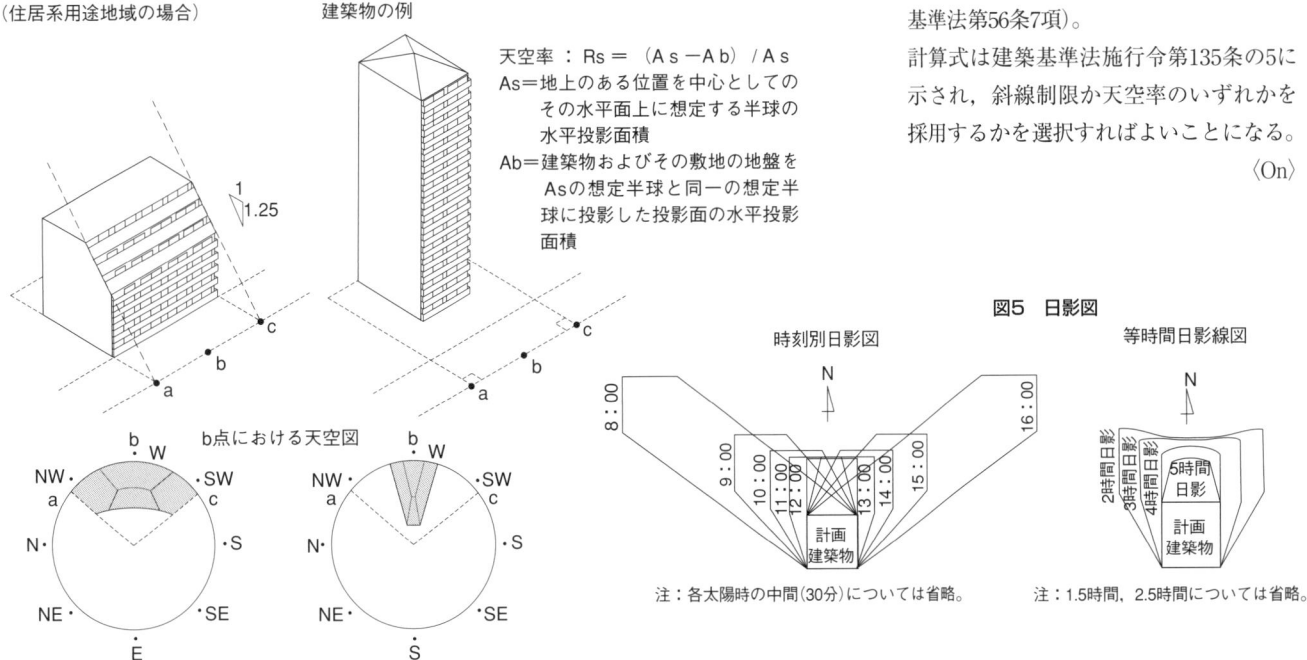

天空率：Rs＝（As－Ab）／As
As＝地上のある位置を中心としてのその水平面上に想定する半球の水平投影面積
Ab＝建築物およびその敷地の地盤をAsの想定半球と同一の想定半球に投影した投影面の水平投影面積

図5　日影図

時刻別日影図

等時間日影線図

注：各太陽時の中間（30分）については省略。

注：1.5時間，2.5時間については省略。

## C・1・4

# 防火地域・準防火地域

建築基準法第2条9号の2, 2条9号の3, 61条, 62条, 63条～67条。同施行令第109条, 113条, 136条の2～136条の2の3。都市計画法第9条19項。平12・建設省告示第1365号, 1366号

### ■ファサードやウインドーも対象

都市計画法では市街地における火災の危険を低減するために，防火地域および準防火地域を定め，これらの地域で建てられる建築物に制限を与えている。つまり，防火地域，準防火地域内に一定規模以上の建築物を建てる場合は，耐火性能を有した耐火建築物や準耐火建築物にしなければならない。［表1］

これらの規定は当然のことながら建築計画を立てる際に重要な要因となる。しかし，建築物の中に入るテナントとしての店舗計画には，あまり関係がないのではと，思われがちであるが，そうとも言えない。確かに，外壁に全然手をつけない場合は特に問題はないのだが，ファサードや出入り口，ショーウインドーなどを改修する場合は耐火建築物等の規制の対象となる。耐火建築物等の開口部（建具のないショーウインドーは開口部という扱いになる）が延焼のおそれがある部分にかかるときは，防火戸その他特定防火設備を設けなくてはならない。通常は網入りガラスの防火戸を使用することになる。せっかくのショーウインドーに網状のものが入るのは避けたいという場合には，手がないわけではない。一つはショーウインドーの裏にシャッターをつける方法，もう一つは形状や大きさが限定されるが，特定防火設備の認定が取れた透明ガラスのサッシュを使用することである。どちらにしても，大変な費用がかかることになる。さらに耐火建築物等の規制を受けるのは，開口部だけではない。サッシュまわりの外壁部分の耐火性能も規定に合致したものにする必要がある。また，防火地域の規制として，俗に22条地域と呼ばれる木造建築物の屋根裏や不燃性能を要求するものもある。C-1-14屋外広告物（P.80）では建築基準法の66条で防火地域において3mを超える塔屋看板の主要部分を，不燃材料で造るか覆わなければならない，という規制もある。

ともあれ，建物の外回りの工事がある場合は，その地域の防火規制を確認しなければならない。

### ■求められる耐火性能

「延焼のおそれのある部分」に対する耐火構造あるいは準耐火構造に対して求められる性能の技術的基準は，「延焼のおそれのない部分」に比較して強いものが求められている。たとえば耐火建築物の壁および床においては非耐力壁である外壁の延焼のおそれのある部分以外の部分にあっては30分の加熱に対して，そうでない場合は1時間（準耐火は45分）の加熱によって，その面に接する可燃物が可燃物燃焼温度以上に上昇しないことが要求されている（建築基準法施行令第107条，第107条の2）。またその外壁の開口部は防火戸その他の特定防火設備が求められる。［表2］［図2］

遮炎性能に関しては通常の火災による加熱で20分間，加熱面以外の面に火炎を出さないことが技術的基準として求められます（建築基準法施行令109条の2）。

「延焼のおそれのある部分」とは，建物の外周部分において，類焼しやすい部分を示すもので，道路の中心線と隣地境界線から1階においては3.0m，2階以上においては5.0mという範囲を定めている。［図1］

防火地域または準防火地域において，建築物の外壁の開口部が「延焼のおそれのある部分」にかかるとき，その開口部に設ける防火戸その他の防火設備は政令で定める技術的基準に適合するもので，国土交通大臣が定めたもの，または認定を受けたものとしなければならない。遮炎性能に関しては通常の火災による加熱で20分間，加熱面以外の面に火炎を出さないこと。（建築基準法施行令第136条2の3）ただし，防火上有効な公園，広場，川等の空地，もしくは水面または耐火構造の壁その他これらに類する物に面する部分を除く。（建築基準法第2条六号）

### ■防火・準防火地域において耐火・準耐火建築部としなければならない建築物

防火地域，準防火地域における階数，延べ面積による構造基準は［表3］のようになる。また，防火地域において規制から除外されるものとして，延べ面積が50m²以内の平屋建ての付属建築物で，外壁および軒裏が防火構造のものなど，がある。このほか，特使建築物の場合も階数や規模により耐火建築物や準耐火建築物にしなければならない。建築基準法別表第一を参照されたい。〈On〉

表1　防火・準防火地域内の建築物の構造制限

防火地域

| 階数＼延べ床 | 100m²超えるもの | 100m²以下のもの |
|---|---|---|
| 3階以上 地下含む | 耐火建築物のみ | 耐火建築物のみ |
| 2階以下 | 耐火建築物のみ | 準耐火建築物以上 |

準防火地域（階数は地上のみ）

| 階数＼延べ床 | 1500m²超えるもの | 1500m²以下～500m²を超えるもの | 500m²以下のもの |
|---|---|---|---|
| 4階以上 | 耐火建築物のみ | 耐火建築物のみ | 耐火建築物のみ |
| 3　階 | 耐火建築物のみ | 準耐火建築物以上 | 準耐火建築物以上，外壁，軒裏を防火構造にする等政令で定める技術的基準に合格したもの |
| 2階以下 | 耐火建築物のみ | 準耐火建築物以 | 木造可，ただし外壁，軒裏の延焼のおそれ部分は防火構造 |

図1 延焼のおそれのある部分

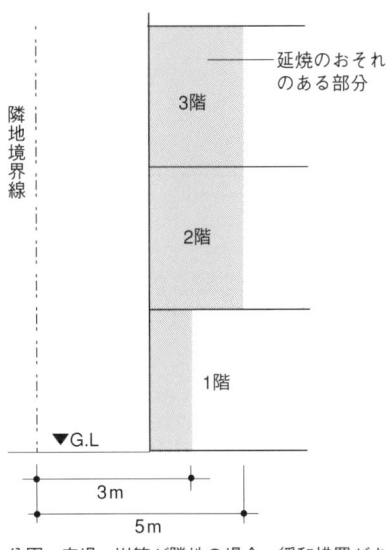

3階・2階・1階 延焼のおそれのある部分
隣地境界線
▼G.L
3m / 5m

公園、広場、川等が隣地の場合、緩和措置がある。
同一敷地内に2以上の建築物があり、延べ面積の合計が500㎡以内の場合、1棟とみなし、外壁間の中心線はないものとしてよい。

図2

木製建具
網入りガラスの防火設備
15cm以上離す

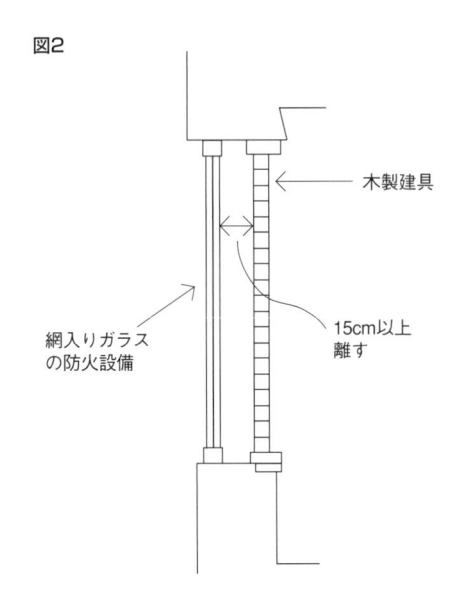

表2 延焼のおそれのある部分とその措置等（法：建築基準法　令：同施行令）

| 部位 | 適用条文 | 対象 | 措置 |
|---|---|---|---|
| 屋根 | 法2条九号の三ロ　令109条の3第一号 | ①外壁耐火型準耐火建築物（ロ準耐1）（法86条の4の場合を除く） | 準耐火性能を有するもの※1 |
| | 法22条（ただし書） | ②法22条区域内の茶室、あずまや等、物置・納屋等（延べ面積≦10m²） | 不燃材料でつくり、または、葺く |
| 軒裏 | 法25条 | ①1000m²を超える木造建築物等（同一敷地内の2棟以上の場合、その延べ面積の合計）※2 | 防火構造 |
| | 法62条2項 | ②準防火地域内の木造建築物等 | 防火構造 |
| | 法24条 | ③法22条区域内の木造建築物等の特殊建築物※3 | 防火構造 |
| 外壁 | 法23条 | ①法22条区域内の木造建築物等の建築物※2 | 準耐火性能を有するもの |
| | 法24条 | ②法22条区域内の木造建築物等の特殊建築物※3 | 防火構造 |
| | 法25条 | ③1000m²を超える木造建築物等（同一敷地の2棟以上の場合、その延べ面積の合計）※2 | 防火構造 |
| | 法62条2項 | ④準防火地域内の木造建築物等※2 | 防火構造 |
| | 法2条九号の三イ　令107条の2 | ⑤準耐火地域物（イ準耐）の外壁 | 準耐火構造（45分） |
| | 法2条九号の三ロ　令109条の3第二号 | ⑥不燃構造型準耐火建築物（ロ準耐2） | 防火構造以上※1 |
| 外壁の開口部 | 法2条九号の二　法2条九号の三 | ①耐火建築物、準耐火建築物 | 防火戸その他政令で定める防火設備（令109条） |
| | 法64条 | ②防火地域・準防火地域内の耐火建築物・準耐火建築物以外のもの | 防火戸その他の政令で定める防火設備 |
| その他 | 法62条2項 | 準防火地域内の防火構造とする木造建築物に付属する門・へい（高さ＞2m）※2 | 不燃材料でつくり、または、覆う |

※1 加熱開始後20分間屋外に火災を出す原因となるき裂その他の損傷を生じないもの
※2 準耐火建築物を除く
※3 ア．学校、劇場、映画館、演芸場、観覧場、公会堂、集会場、マーケット、公衆浴場
　　イ．自動車車庫（床面積＞50m²）
　　ウ．百貨店・共同住宅・寄宿舎・病院・倉庫（階数が2、かつ、その用途に供する階の床面積合計が200m²を超えるもの）

表3 耐火性能に関する技術的基準（建築基準法施行令107条）

| 一　建築物の部分ごとに、通常の火災による火熱がそれぞれ表の時間加えられた場合に構造耐力上支障のある変形、溶融、破壊その他の損傷を生じないものであること ||||
|---|---|---|---|
| 建築物の部分＼建築物の階 | 最上階および最上階から数えた階数が2以上で4以内 | 最上階から数えた階数が5以上で14以内 | 最上階から数えた階数が15以上 |
| 壁　間仕切壁（耐力壁に限る） | 1時間 | 2時間 | 2時間 |
| 　　外壁（耐力壁に限る） | 1時間 | 2時間 | 2時間 |
| 柱 | 1時間 | 2時間 | 3時間 |
| 床 | 1時間 | 2時間 | 2時間 |
| 梁 | 1時間 | 2時間 | 3時間 |
| 屋根 | 30分間 |||
| 階段 | 30分間 |||

・階数に算入されない屋上部分がある場合の最上階は、当該屋上部分の最下階とする
・階数に算入されない屋上部分については、最上階の部分の時間と同一の時間によるものとする
・地階の部分も階数に算入するものとする

二　非耐力壁の間仕切壁、外壁、床は、通常の火災による火熱が1時間加えられた場合に、加熱面以外の面の温度が可燃物燃焼温度以上に上昇しないこと
　　（非耐力壁の外壁で延焼のおそれのない部分は30分間）

※可燃物燃焼温度（平成12年建設省告示第1432号）は、次のいずれか高いほうの温度
①加熱面以外の面のうち最も温度が高い部分の温度が、摂氏200度
②加熱面以外の面の全体について平均した場合の温度が、摂氏160度

三　非耐力壁の外壁、屋根は、屋内で発生する通常の火災による火熱が1時間加えられた場合に、屋外に火炎を出す原因となるき裂その他の損傷を生じないこと
　　（非耐力壁の外壁で延焼のおそれのない部分と屋根は30分間）

## 防火区画

面積区画・竪穴区画・異種用途区画・高層区画

> 建築基準法第36条。同施行令第112条。防火区画に関する建設省告示

### ■建築内火災に対応

従前の日本の家屋は，そのほとんどが木造であった。当然のことながら，木造の建物は火災に対して無防備である。戦時中の空襲や地震などによる震災を経て，日本の都市部では木造建築から耐火建築物へと防災都市づくりが進められてきた。都市の中に耐火建築物が増えることで，確かに建築物同士の類焼をくい止めることはできたと思われる。

しかし建物の内部で起きる火災に対しては，耐火建築物といえども対応できない。そこで考えられたのが「防火区画」である。防火区画は内部からの火災に対して，その延焼を防止することを目的としている。つまり，建物を一定範囲ごとに防火上の区画をし，各区画を耐火性能の優れたものとすると同時に，遮煙性能を持ち，かつ保たせようとするものである。

ある高層マンションの一戸から火災が発生したが，その建物は各戸が上下階や隣戸と防火区画されていたので，他の住戸への延焼を免れたという例もある。

現在の建築物が大型化，高層化していく中では，防火区画という概念が必要不可欠なものといえよう。

われわれの関わる店舗の計画も，この高層化する建物の中に組み込まれることが多くなってきた。

最近の商業ビルの建築計画では，店舗のリーシングが遅れがちなこともあり，建設コストを抑えて不要な間仕切りをせずに，完工の前に建築主に引き渡されることもある。この場合，重要な防火区画の間仕切りがテナント側に委ねられることもあり，注意が必要である。

また，最近多くなった"オープンキッチン"では，消防から裸火規制（P.102参照）の解除として厨房などに防火区画を要求されることもある。

先にも述べたように防火区画は，防災の見地からみて非常に重要な要素であるため，建築指導課や消防予防課のチェックは厳しくなっている。

### ■防火区画の種類

建築基準法では，
①防火壁
②面積区画
③竪穴区画
④異種用途区画

の4種の防火区画があり，建築物の安全を確保しようとしている。［表1］［図1］

面積区画には，建物が耐火建築物，準耐火建築物といった建物構造の性能，用途などによって1500m²区画，1000m²区画，500m²区画がある。

また11階以上の高層部分は区画する面積の制限が厳しくなる。

なお，面積区画についてはスプリンクラー設備などを設けることにより倍の面積まで区画を広げることが可能となっている。

竪穴区画は，階段室，吹き抜け，ダクトスペースやエレベーター，エスカレーターの昇降設備の竪穴を形成する部分の周囲を防火区画することが要求されている。この竪穴区画において注意しなければならないのは，特にエレベーターまわりである。

エレベーターシャフトは竪穴区画であり，エレベーターの扉には遮煙性能が求められているが，現在のところエレベーターの扉で遮煙性能があるものがない。したがってエレベーターホールの防火区画の方法には考慮が必要となる。

面積区画および竪穴区画については層間塞ぎが求められる。下階からの火災を上階への延焼を防ぐ意味で，外壁から50cm以上の庇や90cm以上の耐火構造の腰壁を

### 表1　防火区画の種類

・面積区画（耐火建築物の場合）

| 区画面積 | 基本的に1500m²以下である。建物の構造によって1000m²，500m²の場合もある。またスプリンクラー等の自動式消火設備を設けた場合は区画面積を2倍にできる |
|---|---|
| 区画構造 | 耐火構造・準耐火構造（1時間） |
| 防火戸等 | 特定防火設備 |
| 適用除外 | 劇場・映画館，体育館，工場など用途上で空間が分断できないもの |

・竪穴区画（耐火建築物の場合）

| 対象部分 | 吹き抜け部分，階段室，エレベーターシャフト，エスカレーター部分，パイプシャフト等 |
|---|---|
| 区画構造 | 耐火構造・準耐火構造 |
| 防火戸等 | 建築基準法第2条9号の二ロに規定する防火設備 |
| 適用除外 | 地階，または3階以上に居室がない建築物，避難階の直上・直下のみに通じる吹き抜け部分を下地，仕上げともに不燃材としたもの，木造住宅の3階建て以下200m²以下のもの。および共同住宅で階数が3以下で200m²以下のものの吹き抜けの部分 |

・異種用途区画

| 対象部分 | 対象となる用途相互の間を区画する |
|---|---|
| 区画構造 | 耐火構造・準耐火構造・両面防火構造 |
| 防火戸等 | 建築基準法第2条9号の二ロに規定する防火設備。条件により特定防火設備 |

・高層面積区画

| 区画面積 11階以上の部分の内装 | 100m²以下の場合 | |
|---|---|---|
| | 内装仕上げを難燃以上とする | |
| | 200m²以下100m²超える | |
| | 仕上げ・下地を準不燃以上 | |
| | 500m²以下200m²超える | |
| | 仕上げ・下地を不燃以上 | |
| 区画構造 | 耐火構造のみ | |
| 防火戸等 | 建築基準法第2条9号の二ロに規定する防火設備 | |
| 適用除外 | 階段室，昇降機の昇降路等 | |

設けるよう規制されている。

異種用途区画とは，用途の違う部分，たとえばデパートの売り場部分と駐車場部分を防火区画することをいう。

防火区画を構成する細部についても，防火戸（特定防火設備，防火設備），防火区画を貫通する部分の給水管，配電管，空調設備等の処理，また階と階の間の層間塞ぎについても規制があるので細心の注意が必要である。

最近，商業ビルの店舗のテナントの入れ替わりがはげしく，重要な防火区画の間仕切りがテナント店側に委ねられることもあり注意が必要である。

設計者側は区画の種類を理解し，工事をする側はダクトの貫通部の処理にダンパーを忘れてないか，防火区画の壁は天井で止まらずに上階のスラブ下まで達しているかなど注意して工事を進めることが必要である。また，インテリアデザインでは木材をよく使うが，防火区画の扉部分から15cmの範囲は燃えるものは使えないので注意が必要である。

耐火時間と建物の階数にも関係がある。耐火時間は，最上階から4層までが1時間，5層以下が2時間となっている。耐火性能は内装制限と特段の関係はない。よくある勘違いに，石膏ボードでたとえると不燃ボードは2時間耐火，準不燃ボードは1時間耐火と思っている人がいるが，これは間違い。不燃材料であるからといって，必ずしも耐火性能があるとは限らない。

また，劇場，映画館，集会場，体育館などの空間の使用上，区画ができないものは天井，壁，下地，仕上げともに不燃材料を使用することによって，防火区画を設けなくてもよいことになっている。

### ■令8区画とは

建築基準法の異種用途区画とは別に，消防法施行令第8条に規定されている「令8区画」がある。開口部のない耐火構造の床，壁で区画した場合に区画した部分はそれぞれ別の防火対象物となり，消防設備の軽減が図れる。〈On〉

### ■防火設備に近接した開口部に関する注意

防火設備（防火シャッターや防火扉）は周囲の部分が不燃材料で作られた開口部に取り付けなければならない。（平成12年告示1360号）

### 図1　防火区画の種類と注意点

■区画の重複
・面積区画
・竪穴区画
・異種用途区画
・高層区画
は兼用する場合がある。たとえば，竪穴区画や異種用途区画は面積区画を兼ねている場合が多い。

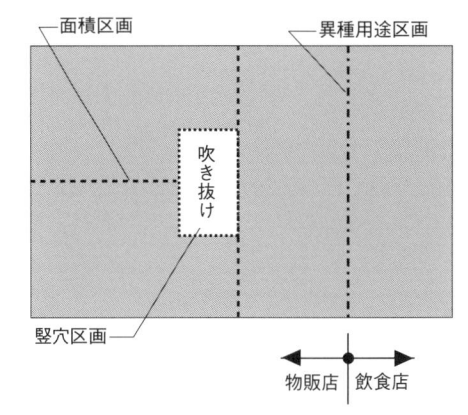

| | 定義 | 使われる場合 | 防火設備（旧：防火戸） | 留意点 |
|---|---|---|---|---|
| 面積区画　令112条1項〜4項 | 建物内部の延焼防止 | ・大型物販店内の区画 | ■特定防火設備　遮熱性　60分　遮煙性　×　防火シャッター　潜戸 | ・用途上不可分で1500㎡（3000㎡）を超える可能性 |
| 竪穴区画　令112条8項，9項 | 煙の流動を防ぐ | ・エスカレーター・エレベーター・吹き抜け・階段室・アトリウム・立体モール・映画館の劇場 | ■防火設備　遮熱性　20分　遮煙性　○　防火防煙シャッター　潜戸　網入りガラス | ・吹き抜けとエスカレーターの区画 |
| 異種用途区画　令112条13項 | 同一建物内の特殊建築物と区画する | ・物販と飲食店・物販と興行場・商業用途と事務所等（商業用途に付属する事務所等は異種用途区画の必要なし）・営業時間帯や管理形態の違うものどうし | ■特定防火設備　遮熱性　60分　遮煙性　○　防火防煙シャッター　くぐり戸 | 全館避難安全性能を有している場合には設置を必要としない |
| 高層区画　令112条5項〜8項 | 高層部分の建物内部の延焼防止 | | ■特定防火設備　遮熱性　60分　遮煙性　×　防火防煙シャッター　潜戸 | |

防火シャッターや排煙設備の制約を受けない自由度の高いアトリウム空間の設計も可能になる

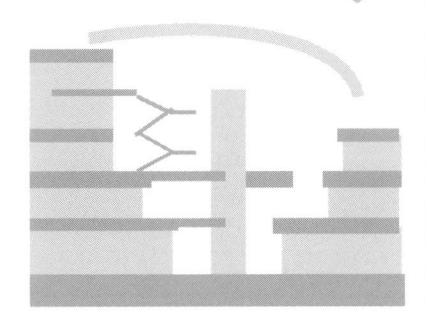

## C・1・5　防火区画

[図3] A図のように店のかまえの中に防火シャッター等がある場合は，木製等にしてはならないので注意を要する。
図3-B図のように外壁の延焼のおそれのある部分に設ける開口部については，防火設備から15cm以内の部分に木製建具等設けてはならない。

### ■物販店内に設けた飲食店に異種用途区画

百貨店やGMSの内部飲食店舗を設けた場合，原則として相互を異種用途区画しなければならないが，表2-A図のように
イ.管理者が同一
ロ.利用者が一体の施設として利用
ハ.利用時間が店舗とほぼ同じ
の場合は不要である。

一方表2-B図のように，外部から利用できる場合は利用者が一体とはみなされないため，異種用途区画が必要である。〈Id〉

**表2　異種用途区画（建築基準法施行令112条の12・13項）**

| 用途の種別 | 異種用途区画する壁等の種別 |
|---|---|
| 建築物の一部に建築基準法24条各号のいずれかに該当するもの[※1]（木造の建築物に限らない） | 次のいずれかのもので区画する<br>①準耐火構造（耐火構造を含む）の壁[※2]<br>②防火設備[※4] |
| 建築物の一部が建築基準法27条各号の1項，2項各号の特殊建築物に該当する | 次のいずれかのもので区画する<br>①1時間準耐火構造（耐火構造を含む）の壁および床[※3]<br>②特定防火設備 |

※1　建築基準法24条の各号の用途については，同令115条の3（類似の用途）は適用されない
※2　耐火建築物では耐火構造の壁とし，準耐火建築物では準耐火構造以上の壁とすること。床の制限はない
※3　耐火建築物では耐火構造の壁および床とし，準耐火建築物では準耐火構造以上の壁とすること
※4　建築基準法2条9号のニロに規定する防火設備

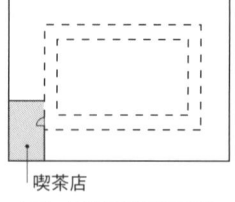

図3

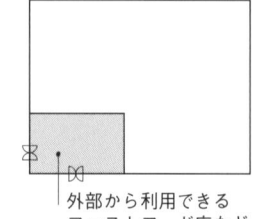

A図　異種用途区画不要
B図　異種用途区画必要
外部から利用できるファストフード店など

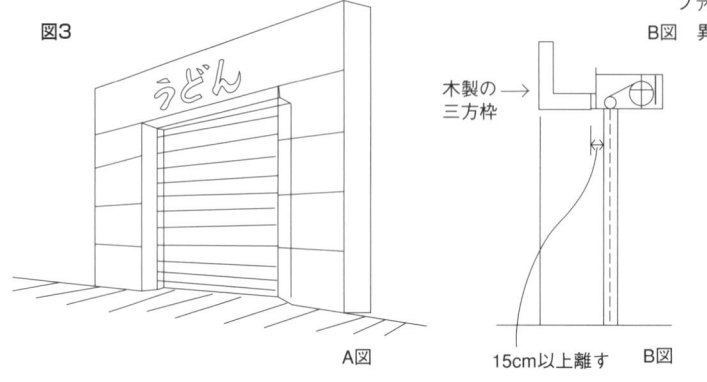

木製の三方枠
15cm以上離す

---

### 法規mini知識

## 「大深度」って何？

高度成長により，都市部は基本的な都市計画がないままに成長発展してしまい，使い勝手の面で，また景観的にも高速道路が都市景観を損ねるような，過密な街が形成されてきた。また，建設の面からは，21世紀を迎え建設市場の縮小淘汰の時期がきている。いま，優れた技術戦略と企業が何をなすべきかの企業戦略が個々の建築業に求められている。建築業の未来戦略は，国際都市「東京」の未来戦略に繋がり，魅力ある日本の国づくりに貢献することになる。国際都市「東京」のグランドデザインが今求められている。世界の人々が集まってくる，魅力ある都市にするにはどうしたらよいか。あるいは今何ができるかを考え実行する必要がある。都市の古くなったインフラの更新。それも新しい大きな考えで作り直す必要がある。都市再生推進懇談会(小渕元総理の指示により立ち上がったもの)から建設大臣に報告のあった東京の問題点として東京は平面的には広がっている過密な街ではあるけれど立体的には過疎である。職住は隔絶し，緑，オープンスペース，主要な公共施設が不足している点があげられている。こうしたことを解決できる一つの法律が最近できた。「大深度地下の公共的使用に関する特別措置法」が平成12年4月に制定された（平成13年4月1日から施行）。
大深度地下空間は土地の所有権が発生しないので，この法律の適格な活用によって都市の地上の環境整備と交通の渋滞の解消により，魅力ある東京の再生が可能と考えられる。基本的には，公共の利益となる事業が，社会資本の効率的・効果的整備となるような，そして大深度地下を活用した都市空間の再生が求められます。方策として，(1)事業に係る説明責任，(2)地上・浅深度地下の施設との調整，(3)土地収用制度等との連携の等があげられる。

● **大深度地下の定義**
次のうち，いずれか深い方の地下（同法2条）
(1)地表から40m（同令1条）〈地下室の建設のための利用が通常行われない深さ〉
(2)支持基盤の最も浅い部分の深さに10mを加えた深さ（同令2条）

● **対象地域**（同法3条，同令3条）
(1)首都圏の既成市街地または近郊整備地帯の区域内の市区町村
(2)近畿圏の規制都市区域または近郊整備区域内の市区町村
(3)中部圏の都市整備区域内の市町村

### 大深度地下空間の利用を考える

一つの提案として六本木防衛庁跡地の地下空間を東京の物流基地にすることも提案できる。六本木を東名高速の川崎インターと湾岸市川あるいは三郷インターとを大深度地下空間で結び，また六本木と羽田空港を地下40mの大深度地下高速で連結するものである。これの完成により，首都高速道路はただ単に東京を縦断して通行する車が減少し，万年渋滞の首都高速道路が解消され，排気ガスの汚染と騒音による公害から市民が健康と安全を取り戻すことができる。また六本木が立体的な魅力ある都市空間を再現する可能性を持つことも可能となる。この計画の一環として，物流ターミナルが六本木地区に建設。東海道，東北道，常磐道，成田国際空港，羽田空港の中心基地になり，そこにはホテル，物流基地，事務所，住宅，娯楽施設等の中心市街地になる可能性も生まれる。旅行者にはホテルが，車の運転手には簡易宿泊施設と温泉が魅力的だろう。
大深度地下空間は土地の所有権が発生しないので，この法律の適格な活用によって都市の地上の環境整備と交通の渋滞の解消により，魅力ある東京の再生が可能と考えられる。また現在冷え切った経済下での公共事業が困難であると思われるとき，PFI法により官に代わり民間の建設会社の公共事業が可能とも思える。大規模プロジェクトを複数の民間企業が行い，JVによるPFI事業である。東京を中心とした広域交通ネットワークの整備が図られる。品格ある都市も再現可能である。六本木温泉は地下40mの洞窟温泉である。〈On〉

# シックハウス対策

改正建築基準法第28条の2関連

■環境の「内装制限」

近年、建築材料等から発散する化学物質による室内空気汚染に等により、めまい、吐き気、頭痛、眼・鼻・喉の痛み等さまざまな健康障害の状態が報告され、大きな問題となっている。「シックハウス症候群」「シックビルディング症候群」と呼ばれるシックハウスの問題は平成8年国会で取り上げられて以来、社会的にも大きな関心が寄せられている。

こうした化学物質による室内空気汚染を防止するため平成15年7月1日より、建築基準法が改正され施行となった。シックハウス症候群の原因となる化学物質は内装材や塗料、接着剤などから放散されるホルムアルデヒドやトルエン、キシレン等の揮発性有機化合物（VOC）と考えられているが、今回の基準法の改正で規制される化学物質はホルムアルデヒドとクロルピリホスの2種である（建築基準法施行令第20条の4）。

建築材料の防腐剤として使われていたクロルピリホスの使用禁止とホルムアルデヒドに関する建材と換気設備の規制が改正部分である。建築基準法第28条の2に「居室内における化学物質の発散に対する衛生上の措置」として建築材料および換気設備を規定している［表2, 3］。法では化学物質を特定していないので、今後、ホルムアルデヒドとクロルピリホス以外にも化学物質が追加されることが予想される。

（写真：鹿島建設）

表1 規制対象建築物（建築基準法28条の2）

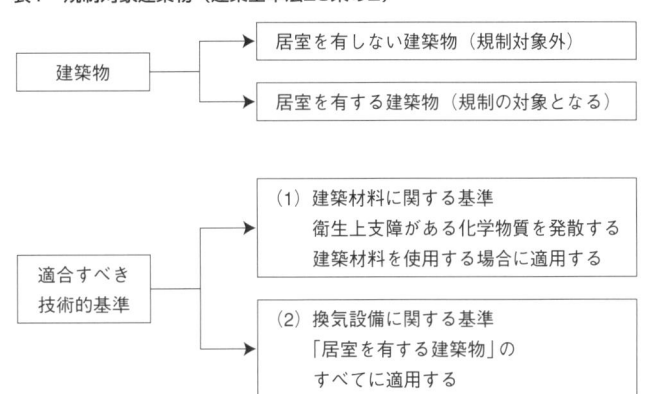

建築物 → 居室を有しない建築物（規制対象外）
　　　　→ 居室を有する建築物（規制の対象となる）

適合すべき技術的基準
（1）建築材料に関する基準
　衛生上支障がある化学物質を発散する建築材料を使用する場合に適用する
（2）換気設備に関する基準
　「居室を有する建築物」のすべてに適用する

表2 規制の対象となる屋内空間

『居室』── 住宅等の居室
・住宅の居間、食堂、台所、寝室、個室、和室、応接間、書斎など
・下宿の宿泊室、寄宿舎の寝室
・家具その他これに類する物品の販売業を営む店舗の売場

住宅等の居室以外の居室
・事務所の事務室、会議室、守衛室
・病院の診察室、手術室、薬剤室、受付待合室
・商店の売場、休憩室
・飲食店の客席、厨房
・工場の作業場
・ホテルのロビー
・映画館の客席ホール
・公衆浴場の脱衣室、浴室など

『天井裏等』── 天井裏、小屋裏、床裏、壁、物置その他これらに類する部分

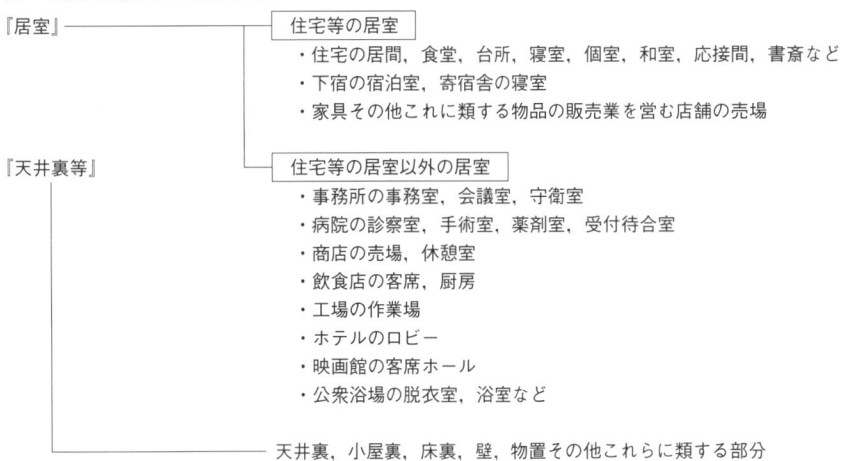

表3 ホルムアルデヒド発散建築材料の使用面積制限
（毎時0.5回以上0.7回未満の換気回数を確保する住宅等の居室の場合）

| 種別 | 新性能表記 | 使用制限（床面積比） | 従来の性能表記 |
|---|---|---|---|
| 第一種 | ──── | 使用できない | Fc2、E2相当 |
| 第二種 | F☆☆ | 0.3倍まで | Fc1、E1相当 |
| 第三種 | F☆☆☆ | 2倍まで | Fc0、E0相当 |
| 規制対象外 | F☆☆☆☆ | 無制限 | ──── |

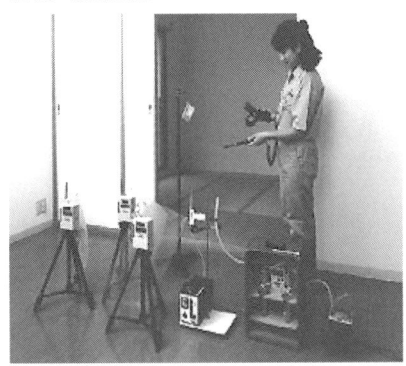

計測：現場において、ホルムアルデヒド等の有害物質の濃度を計測

建材試験：建材からの有害物質の放散量を計測・把握

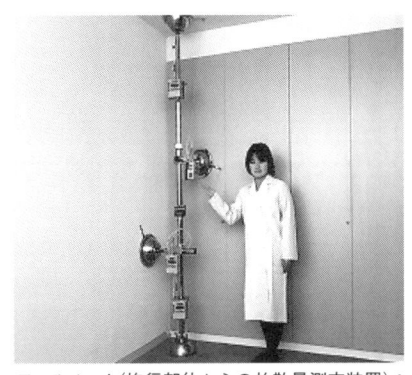

フォルメット（施行部位からの放散量測定装置）：現場において、内装材からの放散量を測定

## C・1・6　シックハウス対策

**表4　改正建築基準法に規定された換気設備と内装仕上げ**

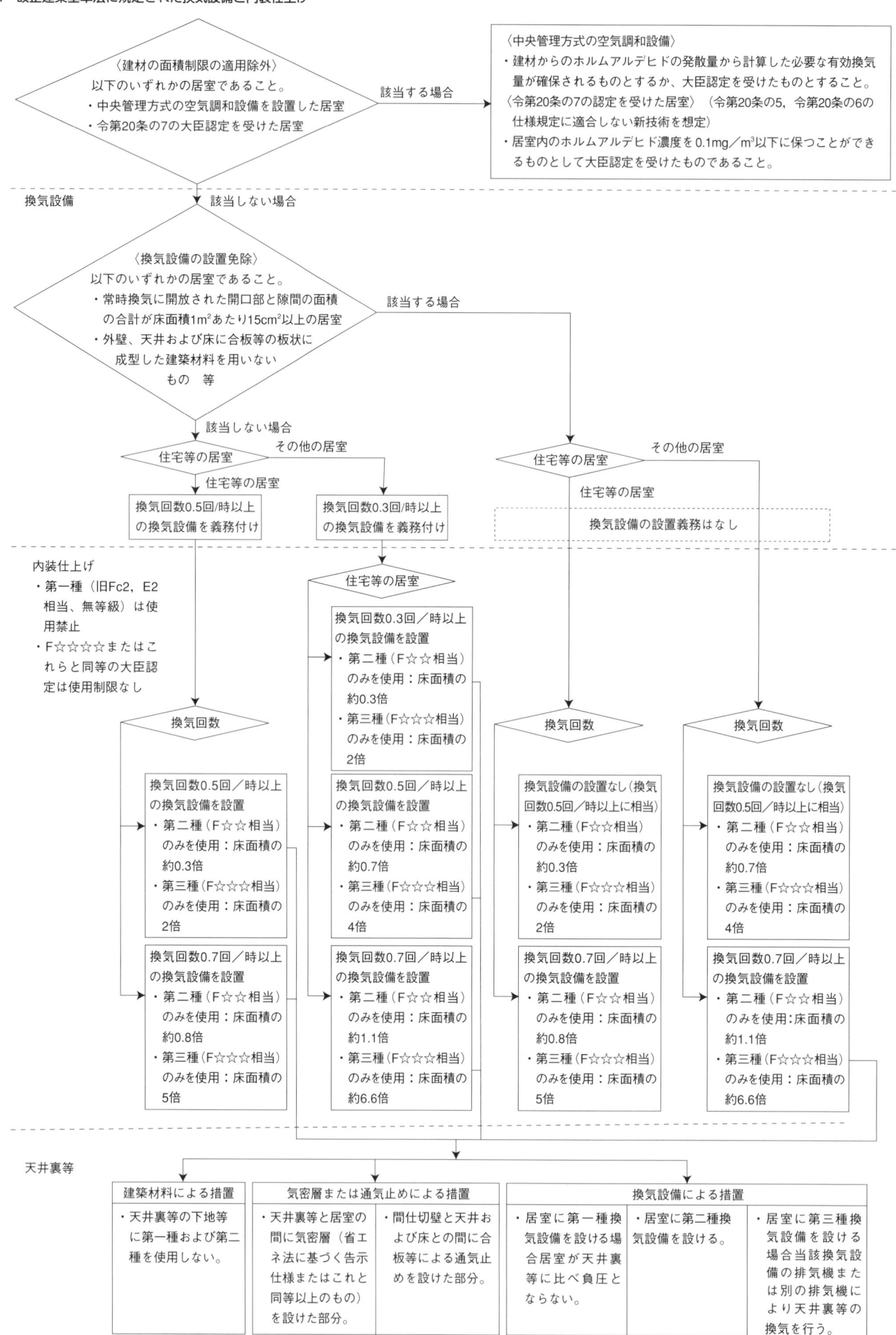

### 換気設備

**〈建材の面積制限の適用除外〉**
以下のいずれかの居室であること。
- 中央管理方式の空気調和設備を設置した居室
- 令第20条の7の大臣認定を受けた居室

→ 該当する場合：

**〈中央管理方式の空気調和設備〉**
- 建材からのホルムアルデヒドの発散量から計算した必要な有効換気量が確保されるものとするか、大臣認定を受けたものとすること。

**〈令第20条の7の認定を受けた居室〉**（令第20条の5，令第20条の6の仕様規定に適合しない新技術を想定）
- 居室内のホルムアルデヒド濃度を0.1mg/m³以下に保つことができるものとして大臣認定を受けたものであること。

→ 該当しない場合：

**〈換気設備の設置免除〉**
以下のいずれかの居室であること。
- 常時換気に開放された開口部と隙間の面積の合計が床面積1m²あたり15cm²以上の居室
- 外壁、天井および床に合板等の板状に成型した建築材料を用いないもの　等

→ 該当する場合：
- 住宅等の居室／その他の居室　→　換気設備の設置義務はなし

→ 該当しない場合：
- 住宅等の居室：換気回数0.5回/時以上の換気設備を義務付け
- その他の居室：換気回数0.3回/時以上の換気設備を義務付け

### 内装仕上げ

- 第一種（旧Fc2，E2相当、無等級）は使用禁止
- F☆☆☆☆またはこれらと同等の大臣認定は使用制限なし

### 換気回数

**住宅等の居室（0.5回/時以上義務付け）**

換気回数0.5回/時以上の換気設備を設置
- 第二種（F☆☆☆相当）のみを使用：床面積の約0.3倍
- 第三種（F☆☆☆相当）のみを使用：床面積の2倍

換気回数0.7回/時以上の換気設備を設置
- 第二種（F☆☆☆相当）のみを使用：床面積の約0.8倍
- 第三種（F☆☆☆相当）のみを使用：床面積の5倍

**その他の居室（0.3回/時以上義務付け）→ 住宅等の居室**

換気回数0.3回/時以上の換気設備を設置
- 第二種（F☆☆☆相当）のみを使用：床面積の約0.3倍
- 第三種（F☆☆☆相当）のみを使用：床面積の2倍

換気回数0.5回/時以上の換気設備を設置
- 第二種（F☆☆☆相当）のみを使用：床面積の約0.7倍
- 第三種（F☆☆☆相当）のみを使用：床面積の4倍

換気回数0.7回/時以上の換気設備を設置
- 第二種（F☆☆☆相当）のみを使用：床面積の約1.1倍
- 第三種（F☆☆☆相当）のみを使用：床面積の約6.6倍

**住宅等の居室（設置免除該当）**

換気設備の設置なし（換気回数0.5回/時以上に相当）
- 第二種（F☆☆☆相当）のみを使用：床面積の約0.3倍
- 第三種（F☆☆☆相当）のみを使用：床面積の2倍

換気回数0.7回/時以上の換気設備を設置
- 第二種（F☆☆☆相当）のみを使用：床面積の約0.8倍
- 第三種（F☆☆☆相当）のみを使用：床面積の5倍

**その他の居室（設置免除該当）**

換気設備の設置なし（換気回数0.5回/時以上に相当）
- 第二種（F☆☆☆相当）のみを使用：床面積の約0.7倍
- 第三種（F☆☆☆相当）のみを使用：床面積の4倍

換気回数0.7回/時以上の換気設備を設置
- 第二種（F☆☆☆相当）のみを使用：床面積の約1.1倍
- 第三種（F☆☆☆相当）のみを使用：床面積の約6.6倍

### 天井裏等

**建築材料による措置**
- 天井裏等の下地等に第一種および第二種を使用しない。

**気密層または通気止めによる措置**
- 天井裏等と居室の間に気密層（省エネ法に基づく告示仕様またはこれと同等以上のもの）を設けた部分。
- 間仕切壁と天井および床との間に合板等による通気止めを設けた部分。

**換気設備による措置**
- 居室に第一種換気設備を設ける場合居室が天井裏等に比べ負圧とならない。
- 居室に第二種換気設備を設ける。
- 居室に第三種換気設備を設ける場合当該換気設備の排気機または別の排気機により天井裏等の換気を行う。

**表5　ホルムアルデヒド発散建築材料**

| |
|---|
| ①合板 |
| ②木質系フローリング |
| ③構造用パネル |
| ④集成材：造作用集成材，化粧ばり造作用集成柱，化粧ばり構造用集成柱，構造用集成材 |
| ⑤単板積層材（LVL）：単板積層材，構造用単板積層材 |
| ⑥MDF（中密度繊維板） |
| ⑦パーティクルボード |
| ⑧その他の木質建材：木材のひき板，単板または小片その他これらに類するものをユリア樹脂，メラミン樹脂，フェノール樹脂，レゾルシノール樹脂，ホルムアルデヒド系防腐剤を使用した接着剤により面的に接着し，板状に成型したもの |
| ⑨ユリア樹脂板 |
| ⑩壁紙 |
| ⑪接着剤（現場施工，工場での二次加工とも）：壁紙施工用および建具用でん粉系接着剤，ホルムアルデヒド水溶液を用いた建具用でん粉系接着剤，ユリア樹脂，メラミン樹脂，フェノール樹脂，レゾルシノール樹脂またはホルムアルデヒド系防腐剤を使用した接着剤 |
| ⑫保温材：ロックウール保温板，ロックウールフェルト，ロックウール保温帯，ロックウール保温筒，グラスウール保温板，グラスウール波形保温板，グラスウール保温帯，グラスウール保温筒，フェノール樹脂を使用した保温材 |
| ⑬緩衝材：浮き床用ロックウール緩衝材，浮き床用グラスウール緩衝材 |
| ⑭断熱材：ロックウール断熱材，グラスウール断熱材，吹き込み用グラスウール断熱材・ユリア樹脂またはメラミン樹脂を使用した断熱材 |
| ⑮塗料（現場施工）：アルミニウムペイント，油性調合ペイント，合成樹脂調合ペイント，フタル酸樹脂ワニス，フタル酸樹脂エナメル，油性系下地塗料，一般用錆止めペイント，多彩模様塗料，家庭用内木床塗料，家庭用木部金属部塗料，建物用床塗料（いずれもユリア樹脂，メラミン樹脂，フェノール樹脂，レゾルシノール樹脂またはホルムアルデヒド系防腐剤を使用したものに限る） |
| ⑯仕上塗材（現場施工）：内装合成樹脂エマルション系薄付け仕上塗材，内装合成樹脂エマルション系厚付け仕上げ塗材，軽量骨材仕上塗材，合成樹脂エマルション系複層仕上塗材，防水形合成樹脂エマルション系複層仕上塗材（いずれもユリア樹脂，メラミン樹脂，フェノール樹脂，レゾルシノール樹脂またはホルムアルデヒド系防腐剤を使用したものに限る） |
| ⑰接着剤：酢酸ビニル樹脂系溶剤形接着剤，酢酸ビニル樹脂系溶剤形接着剤，ゴム系溶剤形接着剤，ビニル共重合樹脂系溶剤形接着剤，再生ゴム系溶剤形接着剤（いずれもユリア樹脂，メラミン樹脂，フェノール樹脂，レゾルシノール樹脂またはホルムアルデヒド系防腐剤を使用したものに限る） |

今回の改正に基づく対策は，
（1）ホルムアルデヒドに関する建材，換気設備の規制
　①使用できる内装仕上げ材の制限［表1］
　②換気設備の義務付け
　③天井裏などに使用するときの制限
（2）クロルピリホスの使用禁止
の二つに集約できる
また，これまでの木質建材に加えて壁紙，接着剤，断熱材なども対象となる。［表4］

■ホルムアルデヒドに関する建材の規制
建築基準法の改正とともに，日本工業規格（JIS）および日本農林規格（JAS）で，これまでE0，Fc0などと表示されていた表示記号が，Fと☆の数の表示に統一された。またこれまでの基準より厳しいF☆☆☆☆（フォースター）が新たに加わった。
F☆☆☆☆：ホルムアルデヒドの放射量が小さく使用規制が必要ない建材（発散速度が$5\mu g/m^2 h$以下のもの）
F☆☆☆（第3種ホルムアルデヒド発散建築材料）：ホルムアルデヒドの放射量が比較的少なく，内装材として使用面積を一定割合にすることで使用できる。天井裏などでは制限がなく使用できる。
F☆☆（第2種ホルムアルデヒド発散建築材料）：ホルムアルデヒドの放射量がある程度はあるが，内装材として使用面積を一定割合にすることで使用できる。天井裏などでは換気設備や通気止めを設けることで使用できる。
F☆（第1種ホルムアルデヒド発散建築材料。発散速度が$120\mu g/m^2 h$を超えるもの）：内部の仕上げとして使用できない。
したがって，従来の内装制限に加えて保健衛生上の制限を考慮する必要がある。ホルムアルデヒド発散建築材料を［表5］に示す。

■換気設備の義務付け
換気設備に関しては施行令第20条の6に，次のように規定されている。［表3］
①機械換気設備
②居室内の空気を浄化して供給する方式を用いる機械換気設備
③中央管理方式による空気調和設備
の設置とその構造が決められている。

■天井裏などに使用するときの制限
また居室に付随する天井裏や床下などの収納スペース（押入れ，造り付け収納，小屋裏収納，ウオークインクロゼット等）も規制対象に含まれている。

法律は7月1日以降施行され，確認申請図書にその使用材料表（材料の種類および面積の明記），完了検査申請書に写真の添付，また中間検査様式のなかの工事監理の状況報告などが義務づけられた。〈On〉

## 内装制限

建築基準法第35条の2。同施行令第128条の3の2〜129条。平12.建設省告示第1439号

**■ショップデザイナーにとって最も身近な規制**

ショップデザイナーにとって関心の高い「内装制限」については建築基準法第35条の2に「特殊建築物の内装」として、「政令で定める技術基準に従って、その壁および天井（天井のない場合は屋根）の室内に面する部分の仕上げについて防火上支障がないようにしなければならない」と規定されている。また、内装制限の対象となる建物、規模等については、建築基準法施行令第128条の4に規定されている。
内装制限の目的は、火災発生の初期段階では火種状態は余り危険ではないが、火災発生からある程度の時間が経過すると室内の温度が上昇し可燃性の材料から気化ガスが大量に発生し、このガスに炎が一気に燃え移りフラッシュオーバー（FO）という現象を起こし一気に火が燃え盛る。内装制限の第一の目的は、このFOの発生の遅延である。天井や壁を不燃性のものにすることによってFOが発生する時間を遅らせることにある。特に天井を不燃にするとその効果が大きい。FOが発生すると一酸化炭素や煙の発生量が急激に増加し、室内温度も急上昇し、室内からの煙と熱気流が建物内に流れ出すので、避難上も大変危険になり、延焼の拡大危険も急増する。
第二の目的が延焼速度の遅延である。壁や天井の仕上げが不燃性のものであれば延焼拡大の速度を遅らせることができる。
第三の目的は着火防止である。
制限を受ける対象は、
①建築基準法別表第一（い）欄に掲げる用途に供する特殊建築物（劇場、映画館、百貨店、病院など）
②階数が3以上である建築物
③政令で定める窓その他の開口部を有しない居室を有する建築物
④延べ面積が1000m²を超える建築物
⑤調理室、浴室その他の室でかまど、こんろその他火を使用する設備もしくは器具を設けたもの。
内装制限が要求される特殊建築物等を具体的に示しているのが建築基準法施行令128条の4である。
ここでは、見出しが「制限を受けない特殊建築物等」となっており、条文の中では「法35条の2の規定により政令が定める特殊建築物は、次に掲げる以外のものとする」という、二重否定の表現になっているので注意を要する。
仕上げのグレードについては「不燃材料」「準不燃材料」「難燃材料」等が建築基準法施行令129条に記されている。
これらの制限は、同条の7項に、スプリンクラー、水噴霧消火設備、泡消火設備、排煙設備を設けた場合には緩和される。同様に、排煙設備の緩和（同施行令126条の2）、竪穴区画の緩和（同施行令112条第9項）、避難距離の緩和（同施行令120条）、エレベーターロビーの構造（同施行令129条の13の3）にも関連するので注意を要する。高層ビルの高層階や地下階にある日本料理店などでは、木材を多用したインテリアとする場合が多く、当然、内装制限上、使用できる材料が制限されるが、スプリンクラーなどを設けることによって、その制限の緩和を受けることができる。
しかし、3階以上1000m²を超える建築物で、たとえば大規模なショッピングセンターや百貨店などではスプリンクラー設備があるにもかかわらず内装制限がかかっている場合が多い。これは建築基準法35条の応用で、大型施設に対する防火上の配慮ということである。

**■防火性能と耐火性能は異なる規定**

内装制限の規定にある防火材料としての不燃材料、準不燃材料、難燃材料等については、2000（平成12）年の建築基準法の改正により、性能規定という考えが加わり、①国土交通大臣が定めたもの、②国土交通大臣が認定したものの2種類がある。この性能規定により、表面化粧材と下地材との組み合わせにより、防火性能が異なる。
防火材料認定は、主に素材（基材）の性能を規定したものであるが、表面化粧材によっては、所定の性能を低下させる場合があるので注意を要する。表面化粧材には、①化粧貼付材料と②基材認定材料とがある。
化粧貼付材料には紙壁紙、無機質壁紙、化学繊維壁紙、ビニル壁紙がある。組み合わせにより防火性能が異なる。つまり、表面化粧材が不燃材料であっても基材（下地）が、準不燃材、難燃材である場合は、不燃材料とは認められない。また金属材料を基材に使った場合、防火性能は認められないので注意を要する。
基材認定材料とは、表面化粧材の材質・重量等を制限して、その範囲内であれば、基材の防火性能と同じ性能があると認めるもので、塗料、各種吹付材、繊維壁がある。
なお、内装制限の防火性能と防火区画の耐火性能とは混同しないようにしたい。内装制限でいう防火性能は不燃・準不燃・難燃という"燃え難さ"を基準にするものであり、防火区画でいう耐火性能は、火災に対して1時間、2時間という時間、火災に耐えられるかを基準にしている。
また、内装材の使用制限については、建築基準法の内装制限と消防法の防炎規制があるが、前者の規制部位が天井と壁であるのに対し、防炎規制は窓と床ということになり、明快に区別されている。

**■内装制限を受ける部位**

内装制限を受ける部位は壁と天井だが、基本的に居室の壁は床から1.2mの範囲は内装制限を受けない。ただし、排煙無窓の居室で50m²を超えるもの、特殊建築物の地階、自動車修理工場、自動車車庫通路、階段、調理室や特殊な作業室などにはこれらの緩和は適用されない。
避難階段、EVホールなどは壁、天井は下地、仕上げともに準不燃材料以上、あるいは準不燃材料に準ずるものと大臣認定されたもの以上としなければならない。
内装制限を受けない箇所としては、胴縁

表1　内装制限を受ける建築物

| 用途分類 | 対象となる規模 | | | 内装箇所 | 内装材料 | | |
|---|---|---|---|---|---|---|---|
| | 耐火建築物 | 準耐火建築物 | その他 | | 不燃 | 準不燃 | 難燃 |
| ① 劇場，映画館，演劇場，観覧場，公会堂，集会場 | 客席の床面積≧400m² | 客席の床面積≧100m² | | 居室の天井および壁（床から1.2m以下の腰壁を除く） | ○ | ○ | ○（注2）※1 |
| ② 病院，診療所，ホテル，旅館，寄宿舎，養老院，児童福祉施設等 | 3階以上の合計≧300m²（注1） | 2階部分の床面積の合計≧300m²（注1）（収容施設がある場合に限る） | 床面積の合計≧200m² | | | | |
| ③ 百貨店，マーケット，展示場，キャバレー，カフェ，ナイトクラブ，バー，舞踏場，遊技場，公衆浴場，待合，料理店，飲食店，物品販売店（>10m²） | 3階以上の合計≧1000m² | 2階部分の床面積の合計≧500m² | 床面積の合計≧200m² | 通路の天井および壁 | ○ | ○※2 | ― |
| ④ 自動車車庫，自動車修理工場 | 全部 | | | 当該用途部分，通路の天井および壁 | ○ | ○※2 | ○ |
| ⑤ 地階または地下工作物内に設ける居室を①〜③の用途に供する特殊建築物 | 全部 | | | 居室，廊下，階段，通路等の天井および壁 | ○ | ○※2 | ○ |
| ⑥ 学校，体育館および高さ31m以下の部分で②の用途があるものを除くすべての用途 | ● 階数3以上→延べ面積>500m²<br>● 〃 2以上→延べ面積>1000m²<br>● 〃 1以上→延べ面積>3000m² | | | 居室の天井および壁（床から1.2m以下の腰壁を除く） | ○ | ○ | ○ |
| | | | | 廊下，階段，通路等の天井および壁 | ○ | ○※2 | |
| ⑦ 無窓居室（開放できる窓等　天井から80cm以内）＜居室面積×1/50） | 床面積>50m²（ただし，天井の高さが6mを超えるものを除く） | | | 居室，廊下，階段その他の通路等の天井および壁 | ○ | ○※2 | ○ |
| ⑧ 採光無窓の居室（建築基準法28条1項の有効採光のない温湿度調整を要する作業室等） | | | | | | | |
| ⑨ 住宅および併用住宅の調理室，浴室等 | ― | 階数2以上の建築物の最上階以外の階 | | 調理室等の天井および壁 | | | |
| ⑩ 住宅以外の調理室，浴室，乾燥室，ボイラー室等 | 全部 | | | | | | |

（注1）100m²以内ごとに耐火構造または指定の準耐火構造，開口部を建築基準法第2条9号の二口に規定する防火設備で区画したものを除く。
（注2）3階以上にある居室の天井には準不燃以上。
※1　難燃材に準ずるものを国土交通大臣が定める方法により国土交通大臣が定める材料の組み合わせによってしたもの。
※2　準不燃材に準ずるものを国土交通大臣が定める方法により国土交通大臣が定める材料の組み合わせによってしたもの。

などの線材があるが，線材の使用の限度としては，展開面積の1/10ぐらいが目安となる。

また床材，建具などは，基本的には規制を受けないのだが，地下街の店舗などでは，たとえば壁面いっぱいに造作された建具については不燃化を指導されるケースが増えているようだ。

■内装制限を受ける場所に木材を使える告示

安全性を確保するため規制が厳しくなる一方，緩和される規制もある。もちろん，条件付きだが，内装制限を受ける場所に木材を使えるようにした内容の告示がある（平成12年5月31日建設省告示第1439号）。

廊下，階段，その他の通路等，また無窓居室，内装制限を受ける調理室は当然無理だが，以下の居室については可能としている。

(1) 対象となる居室：劇場，映画館，演芸場，観覧場，公会堂，集会場，病院，診療所，ホテル，旅館，百貨店，マーケット，展示場，物販店，飲食店，遊技場などの特殊建築物の当該用途に供する居室（3階以上の階に居室を有する建築物の当該各用途に供する居室を除く）。階数が3以上で延べ面積が500m²を超える建築物の居室，階数が2で延べ面積が1000m²を超える建築物の居室，平屋で延べ面積が3000m²を超える建築物の居室。

(2) 居室の仕様の条件（材料の組み合わせ）：

a. 天井は準不燃材料とする

b. 壁（回り縁，窓台等は除く）の木材，合板，構造用パネル，パーティクルボードもしくは繊維版または木材等および不燃材料

c. 木材等の仕上げの部分は
　イ）火災伝搬を助長する溝を設けないこと
　ロ）木材等の厚みが25mm以上とする
　ハ）厚さが10mm以上25mmに満たない場合は柱，間柱その他の巣直部材およびはり，胴縁その他の横架材（それぞれ相互の間隔が1m以内に配置されたものに限る）に取り付け，または難燃材料の壁に直接取り付けること。
　ニ）厚さが10mm未満の場合は難燃材料の壁に直接取り付けること。

この告示の規定はあまり一般的ではないが，有効に使えば面白い規定といえよう。〈On〉

**内装制限に関する用語の変化**

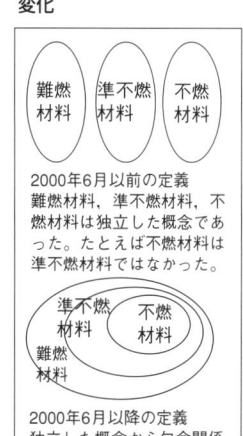

2000年6月以前の定義
難燃材料，準不燃材料，不燃材料は独立した概念であった。たとえば不燃材料は準不燃材料ではなかった。

2000年6月以降の定義
独立した概念から包含関係に移行した。したがって不燃材料は準不燃材料である。

**防火・準耐火・耐火構造に関する用語の変化**

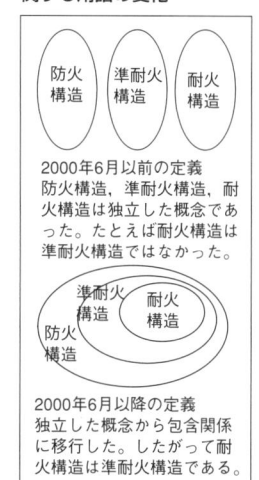

2000年6月以前の定義
防火構造，準耐火構造，耐火構造は独立した概念であった。たとえば耐火構造は準耐火構造ではなかった。

2000年6月以降の定義
独立した概念から包含関係に移行した。したがって耐火構造は準耐火構造である。

## 避難規定

### ■商業施設の避難上の特性

商業施設は不特定多数の人々が集まるため，他の用途に較べて防災上の負荷が大きいことを肝に銘じておかなければならない。

告示1441号は避難安全検証法に関する計算法を定めたものであるが，施設の用途に対して利用者の人口密度（在館者密度）や避難する時の歩行速度，室内の可燃物密度に関して規定されている。

(1) 避難者特性

在館者密度（単位人/m²）は，事務室等が0.125，居住系が0.06〜0.16なのに対し物販店舗で0.5，飲食店で0.7と商業系はおおむね大きな値であり高密度であるといえる。また避難時の歩行速度についても，事務室や学校等利用者のほとんどがその施設を熟知している場合は毎分78mと規定されているが，商業系では熟知度が低い人が多数見込まれるため毎分60mとなっており，避難能力についてもハンデを負っている。

(2) 火災特性　　　　　　　　　［図1］

施設用途別に収容可燃物が設定されており，この数字が大きいと火災の成長が早くなり，また火災の規模も大きくなりやすい。ここでも物販店舗は480MJ/m²（家具や書籍販売は960MJ/m²），飲食店舗480MJ/m²とおおむね大きな値である。

(3) 複合施設

規模の大小に関わらず商業施設はさまざまな用途が複合した施設であることが多い。特にテナントごとに防災時の体制や意識が異なる場合は避難時に統制が取りにくく混乱をきたす原因となる。

このように，人口密度，歩行速度，火災特性，また複合施設であることなど，いずれにおいてもハンデを背負っていることが特徴である。

### ■どのような規制があるか

(1) 建築基準法
・直通階段の2以上の設置が必要なケース
・歩行距離／二方向避難（重複距離）
・避難階段とすべきケース
・避難階段の構造
　特に物販店舗の階段幅の合計
・店舗の階段幅，蹴上げ，踏面，踊り場
・屋外への出口幅の合計
・廊下の幅
・屋上広場の設置
・排煙設備→防災避難設備〔C-2-1参照〕

(2) 建築基準条例
・店舗に関する条例
・前面空地や接道に関する規定
都安全条例が歌舞伎町雑居ビル火災以降
・中層の建物の避難規定を強化した。
・興行場に関する条例〔B-8興行場法 参照〕

(3) 消防法等
C2-1〜C2-9を参照いただきたい。

(4) 防災計画書
防災計画書に避難計画，避難計算を作成した場合はそれが避難上の規制となる。

### ■物販店舗の避難規定は面積や階数に大きく影響される

建築基準法では物販店舗の床面積の合計が1500m²を超える場合とそうでない場合とではかなり規制の強さが変わる。また1500m²を超えてかつ3階以上や地下2階以下に物販店舗がある場合は，階段をすべて避難階段としなければならない。また避難階段は，直上階の最大床面積の100m²当たり60cmの階段幅を要求される。

なお1500m²を超える部分の算定範囲は売場や客の利用するスペースに加え，店舗に関連する後方施設（ストックスペース，事務所，搬入施設等）も含まれる。［図2］

### ■避難安全に関する性能規定化について

2000年6月に導入された性能規定化により，避難規定のなかで階避難安全性能を満たしたものは，
・直通階段までの歩行距離
・廊下の幅
・物販店舗の避難階段への出入り口幅の合計
・排煙設備の設置，構造
・特別避難階段の付室の構造，面積
全館避難安全性能を満たしたものは，
・避難階段の幅の合計
・物販店舗の屋外への出口幅の合計
・物販店舗の屋外への出口までの歩行距離等に関し，適用を除外しないで設計できる。［図2］

次章の〔C-1-9避難安全検証法〕を参照いただきたい。

図1　商業施設の火災特性

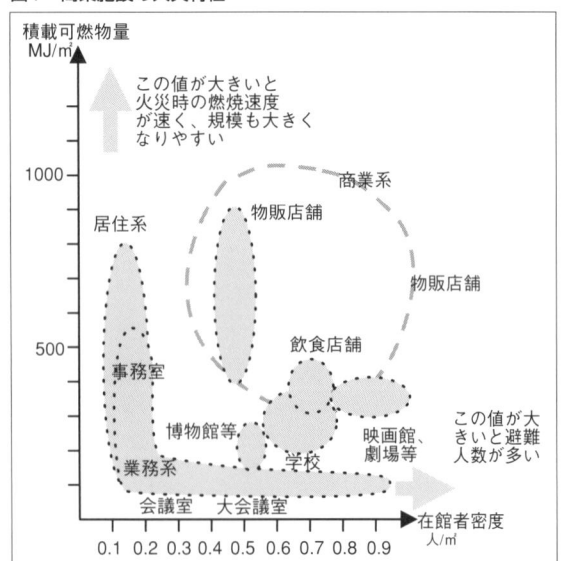

図2 物販店舗の階段，屋外への出口に関する規定

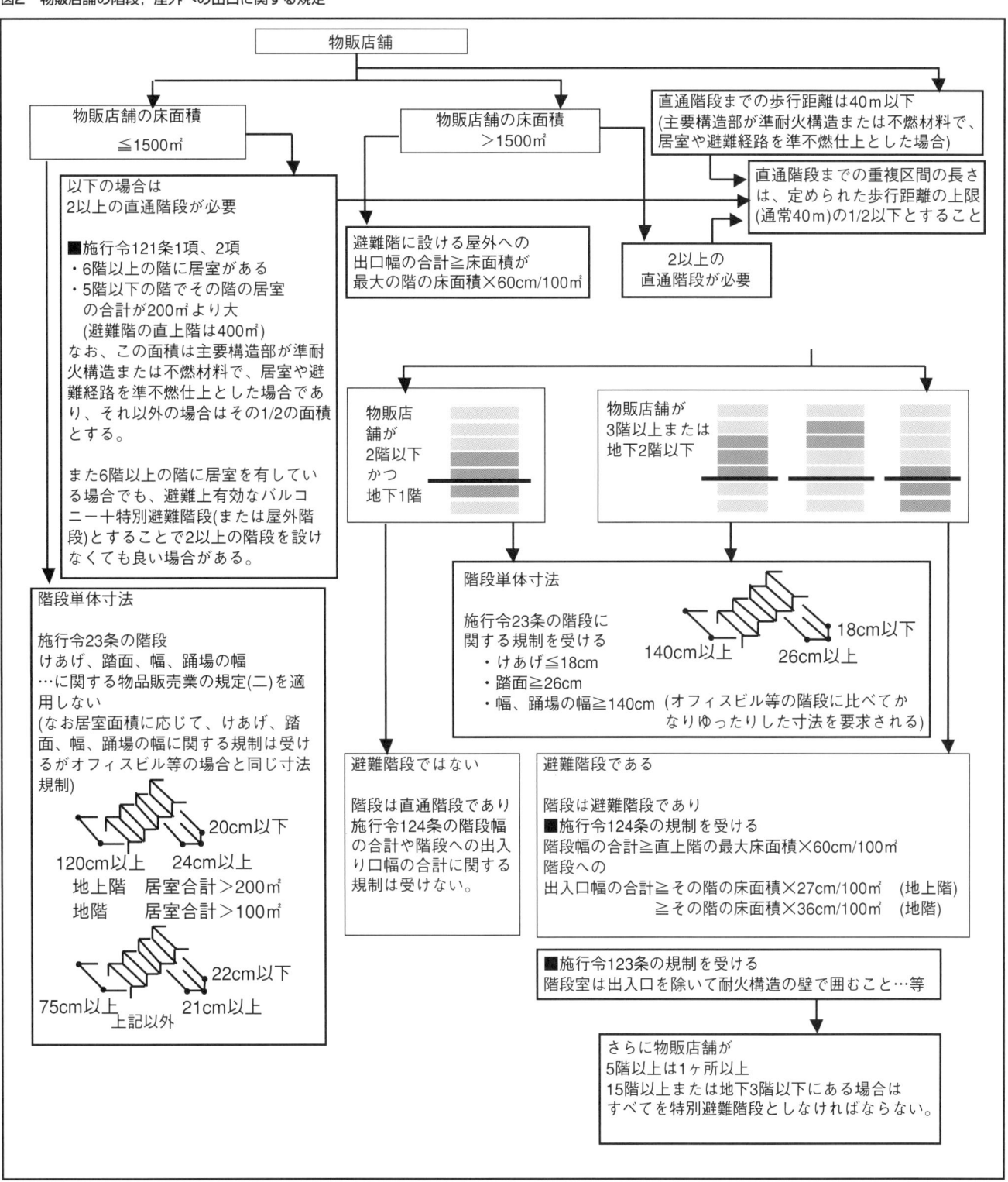

```
物販店舗
├── 物販店舗の床面積 ≦1500㎡
│    └── 以下の場合は2以上の直通階段が必要
│         ■施行令121条1項、2項
│         ・6階以上の階に居室がある
│         ・5階以下の階でその階の居室の合計が200㎡より大
│          (避難階の直上階は400㎡)
│         なお、この面積は主要構造部が準耐火構造または不燃材料で、居室や避難経路を準不燃仕上とした場合であり、それ以外の場合はその1/2の面積とする。
│
│         また6階以上の階に居室を有している場合でも、避難上有効なバルコニー＋特別避難階段(または屋外階段)とすることで2以上の階段を設けなくても良い場合がある。
│
│    階段単体寸法
│    施行令23条の階段
│    けあげ、踏面、幅、踊場の幅
│    …に関する物品販売業の規定(二)を適用しない
│    (なお居室面積に応じて、けあげ、踏面、幅、踊場の幅に関する規制は受けるがオフィスビル等の場合と同じ寸法規制)
│       20cm以下
│       120cm以上  24cm以上
│       地上階  居室合計＞200㎡
│       地階    居室合計＞100㎡
│       22cm以下
│       75cm以上  21cm以上
│       上記以外
│
├── 物販店舗の床面積 ＞1500㎡
│    ├── 避難階に設ける屋外への出口幅の合計≧床面積が最大の階の床面積×60cm/100㎡
│    └── 2以上の直通階段が必要
│         ├── 物販店舗が2階以下かつ地下1階
│         │    └── 避難階段ではない
│         │         階段は直通階段であり施行令124条の階段幅の合計や階段への出入り口幅の合計に関する規制は受けない。
│         └── 物販店舗が3階以上または地下2階以下
│              階段単体寸法
│              施行令23条の階段に関する規制を受ける
│              ・けあげ≦18cm
│              ・踏面≧26cm
│              ・幅、踊場の幅≧140cm (オフィスビル等の階段に比べてかなりゆったりした寸法を要求される)
│                140cm以上  18cm以下  26cm以上
│
│              避難階段である
│              階段は避難階段であり
│              ■施行令124条の規制を受ける
│              階段幅の合計≧直上階の最大床面積×60cm/100㎡
│              階段の出入口幅の合計≧その階の床面積×27cm/100㎡ (地上階)
│                                  ≧その階の床面積×36cm/100㎡ (地階)
│
│              ■施行令123条の規制を受ける
│              階段室は出入口を除いて耐火構造の壁で囲むこと…等
│
│              さらに物販店舗が
│              5階以上は1ヶ所以上
│              15階以上または地下3階以下にある場合は
│              すべてを特別避難階段としなければならない。
│
└── 直通階段までの歩行距離は40m以下
     (主要構造部が準耐火構造または不燃材料で、居室や避難経路を準不燃仕上とした場合)
     直通階段までの重複区間の長さは、定められた歩行距離の上限(通常40m)の1/2以下とすること
```

■**歩行距離**

最近の物販店舗は1フロアがかなり大きいケースも見られる。直通階段までの歩行は通常40mのケースが多いが，バランス良く配置したい。複数の直通階段への歩行距離までの経路が重複する場合，重複区画は40mの半分の20m以下としなければならない。

(1) 歩行距離の測り方

なお歩行距離の測りかた等については［図3］にまとめたので参照のこと。本来ならば，店舗内の通路レイアウトや什器類のレイアウトから決まる歩行距離に沿って算定するべきであるが［図3-A］，通常確認申請時にこのようなレイアウトが決定している例は少なく，その場合は行政によって，

(イ)のように直交する直線の組み合わせで測る

(ロ)のように最短距離で(斜めに)測る

の指導に分かれる［図3-B］。

大型の店舗になると，店内に防火シャッターが設置されていることが多いが，その場合はシャッターが作動し降下した状

態で歩行距離を算定する。
図3-C図のような場合はシャッターのくぐり戸を使って算定することになる。
特別避難階段の場合は付室の出入り口までの歩行経路で計ればよい［図3-D］。

(2) 避難階における歩行距離
一方，避難階においては，居室から屋外の出口へ至る歩行距離は，避難階以外の階での最大歩行距離の2倍までである［図4-A］。
ただし階段から屋外への出口に至る歩行距離は，避難階以外の階での最大歩行距離以下としなければならない。そのため平面形の大きな店舗などで真中に階段がくるようなプランの場合注意が必要である［図4-B］。

■避難階段について

(1) 避難階段の必要幅
物販店舗における避難階段・特別避難階段の幅や階段への出入り口幅は階の床面積との関係でかなり大きな幅を要求されている。［図-5］
なお，物販店舗に設ける避難階段や階段への出入り口幅は建築基準法施行令124条に決められている。その中で地上階のうち1または2の階に通じる階段については1.5倍あるものとできる規定がある。
それを「単純に3階建までの店舗なら階段幅はすべて1.5倍」と勘違いしている人が多いので注意を要する。［図6］

(2) 避難階段幅の算定における対象について
建築基準法施行令第124条で規定される避難階段幅の算定は原則階の床面積に対して行うことになっているが［図7-A］，地方自治体によっては機械室や倉庫等ふだん人がいない部分，(内部)階段室等を除いた部分をもとに計算しても構わない，とする場合もある［図7-B］。
物販店舗で避難階段をすべて内部階段で確保する場合は，階段面積は階の床面積の10％〜12％にもなるので，その分を対象面積から除くことができれば全体に効率の高い店舗となる。［図7］
なお全館避難安全性能を確認した場合は，この避難階段幅の規定（階の床面積の100m²当り60cm以上）を適用しないで設計できる。

(3) 階段への出入り口幅
階段への出入り口幅に関しても建築基準法施行令124条1項に，「出入り口幅の合計はその階の床面積×60cm/100m²」と定め

図3　物販店舗における歩行距離の算定法

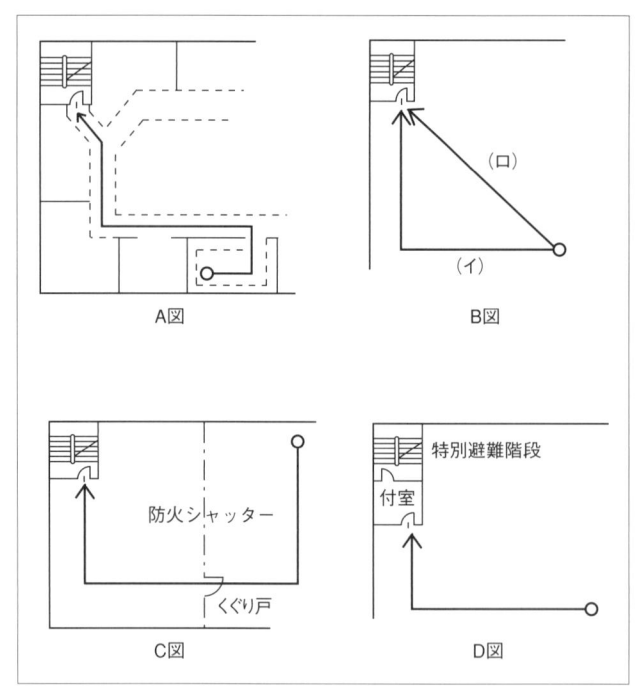

図4　避難階における歩行距離

A図　避難階以外の階での階段までの歩行距離の2倍以下とする
B図　避難階以外の階での階段までの歩行距離以下とする

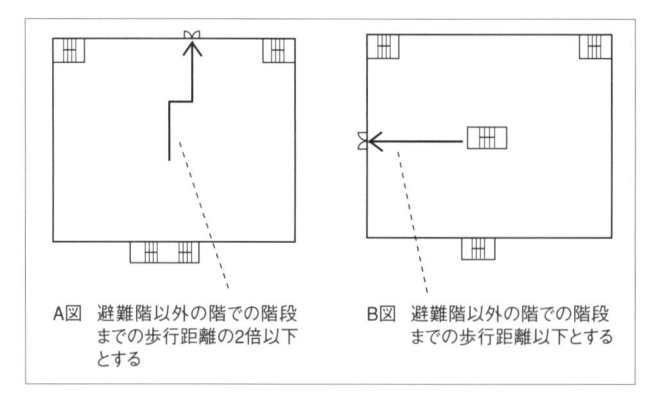

図5　避難階段の必要幅

| 避難階段 特別避難階段 の幅の合計 | ⇒ | その階の直上以上の階の最大床面積に60cm／100m²をかけたもの。地階の場合は直下以下の階。 |

| 避難階段 特別避難階段 への出入り口幅の合計 | ⇒ | その階の床面積に27cm／100m²をかけたもの。地階の場合は36cm／100m²をかけたもの。 |

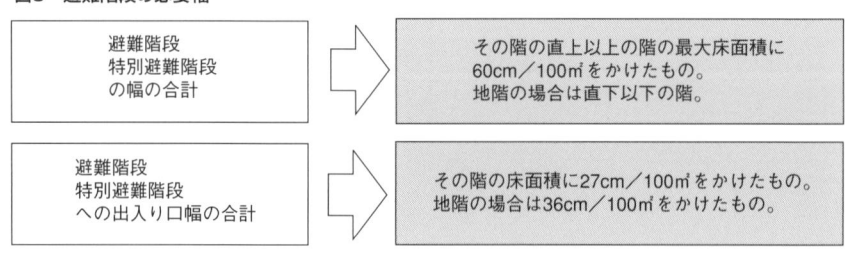

図6　避難階段必要幅の算定

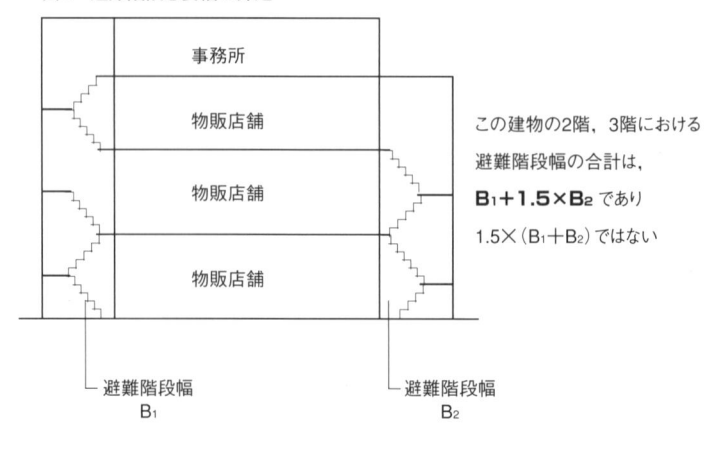

この建物の2階，3階における避難階段幅の合計は，
$B_1 + 1.5 \times B_2$ であり
$1.5 \times (B_1 + B_2)$ ではない

られている。階段幅が直上階以上の階を見ているのに対して，出入り口幅はその出入り口のある階が対象である。施行令では出入り口の幅の合計のみを規定しているにすぎないため，往々にして［図8］のAやBのように，

・階段幅に対して極端に狭い出入り口
・階段幅より出入り口幅の合計が広い

ケースが見られるが，適正な設計とはいえない。

出入り口幅（複数ある場合は合計）は階段幅の50％〜85％程度が適正な範囲であろう。

### （4）階段の踊り場幅

階段の踊り場の幅に関しては，［図9］に示すように二通りの考え方があるようである。地方自治体によって固有の指導をされるケースがあるようだ。

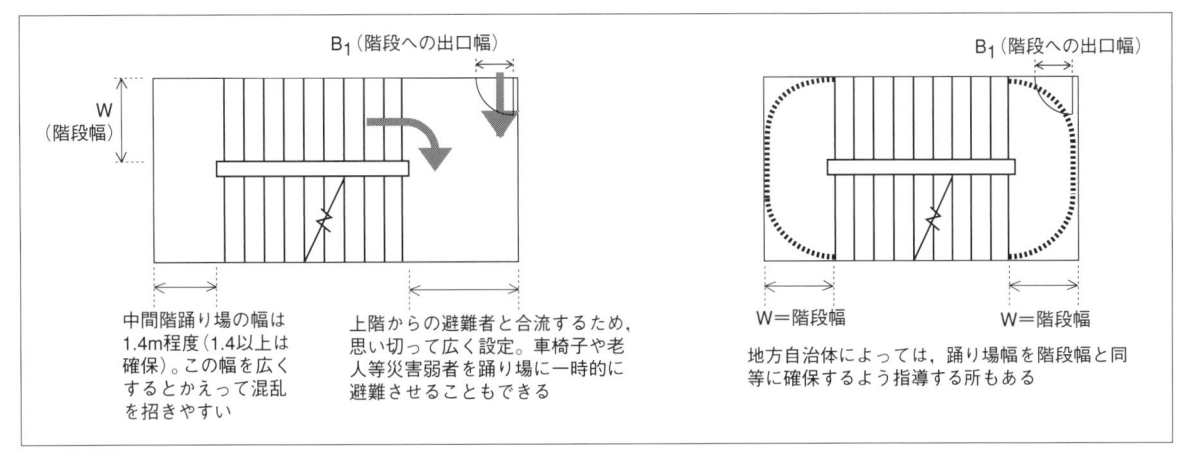

#### ■屋内に設ける避難階段の構造

屋内避難階段は原則出入り口を除き耐火構造の壁で囲わなければならない。そのため［図10］のA，B，Cのような例は避難階段とはならないため注意を要する。

・A図は吹き抜け部分と階段を区画していない。
・B，C図は出入り口以外の部分を防火設備（防火シャッター等）で区画している。

ことが原因である。

避難階段とするためには［D図］のように出入り口のみを防火設備とし，他の部分は耐火構造の壁としなければならない。1990年代半ばまでは，A，B，Cのような例も避難階段として認めていたような場合もあるが，近年，法の運用が厳格になってきたようである。

図7 避難階段幅の算定における対象部分の考え方

A図 機械室や倉庫，内部階段等を含んだ床面積をもとに計算

B図 機械室や倉庫，内部階段等を除いた部分をもとに計算する部分

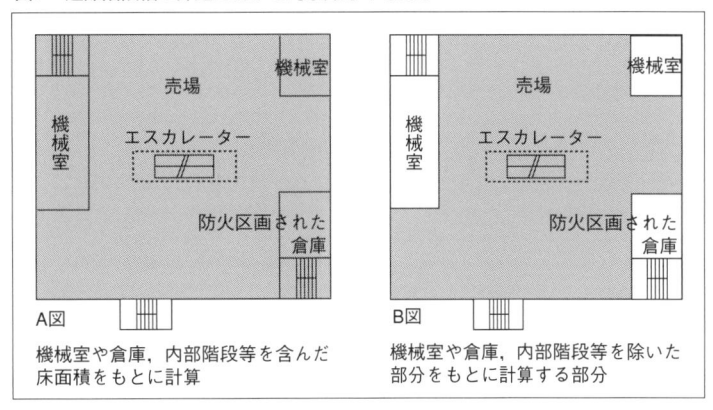

図8 階段への出入り口幅

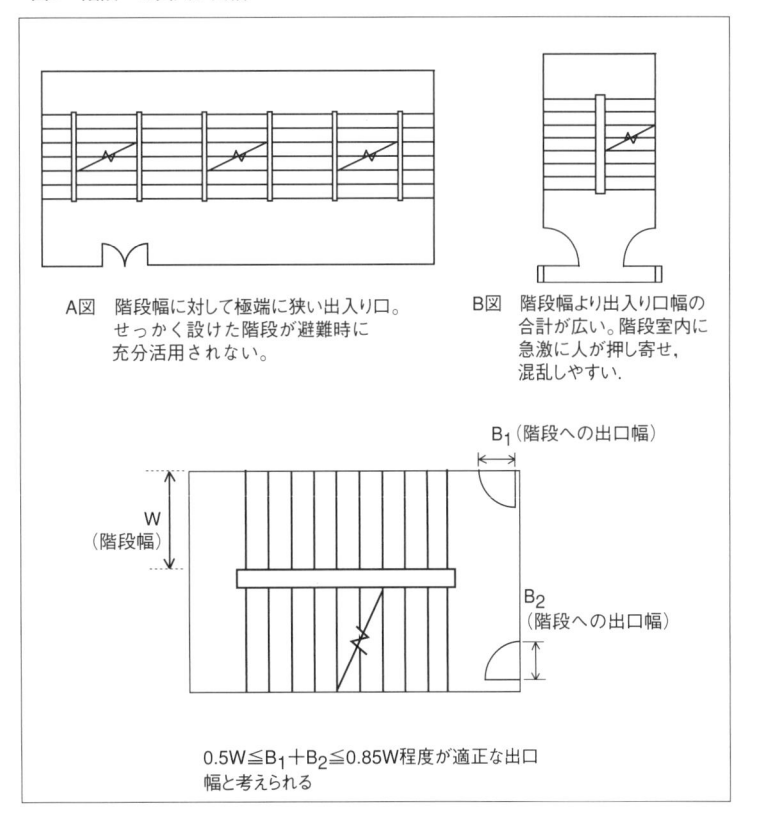

A図 階段幅に対して極端に狭い出入り口。せっかく設けた階段が避難時に充分活用されない。

B図 階段幅より出入り口幅の合計が広い。階段室内に急激に人が押し寄せ，混乱しやすい。

$B_1$（階段への出口幅）
$W$（階段幅）
$B_2$（階段への出口幅）

$0.5W \leq B_1 + B_2 \leq 0.85W$ 程度が適正な出口幅と考えられる

図9 階段の踊り場幅

$B_1$（階段への出口幅）
$W$（階段幅）

中間階踊り場の幅は1.4m程度（1.4以上は確保）。この幅を広くするとかえって混乱を招きやすい

上階からの避難者と合流するため，思い切って広く設定。車椅子や老人等災害弱者を踊り場に一時的に避難させることもできる

$B_1$（階段への出口幅）
$W$＝階段幅　　$W$＝階段幅

地方自治体によっては，踊り場幅を階段幅と同等に確保するよう指導する所もある

## C・1・8　避難規定

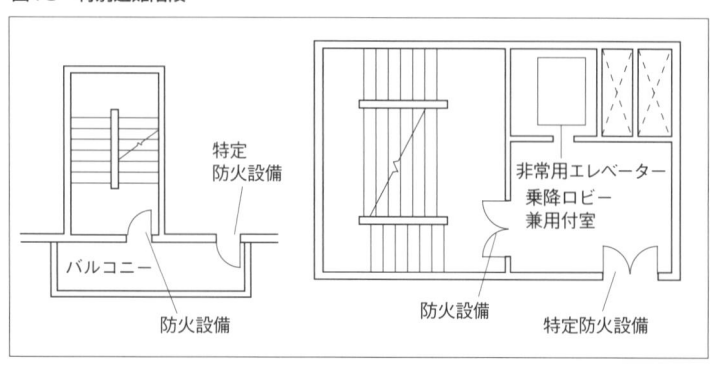

### ■屋外に設ける避難階段

屋外に設ける避難階段で，最も注意しなければならないのは，近接して設けられた開口部である。防火設備であるはめごろし窓で1m²以内のものを除き，屋外避難階段からは2m以上離して設けなければならない。設備用のガラリなども2m以上離して設ける。[図11]

なお2m以上離したとしても，階段の直下に設けることは好ましくない。煙が屋外に噴出した場合，上部に拡がるからである。

### ■回り階段等の禁止

屋内・屋外とも避難階段を回り階段や螺旋階段とすることは，条例等で禁止されていることが多いので注意を要する。[図12]

### ■5階以上の物販店舗は要注意

(1) 特別避難階段と屋上広場

5階以上に売場がある場合はその1以上を特別避難階段とし，また避難の用に供する屋上広場を設けなければならない（施行令126条2項）。

このため物販店舗では売場は4階までとするケースが多い。

(2) 特別避難階段

安全レベルが最も高い階段であり，通常オフィスビル等では15階以上もしくは地下3階以下に通じる階段は特別避難階段としなければならない。なお物販店舗は不特定多数の人々が利用することを考慮し，5階以上の売場に対して，避難階段のうち1カ所を特別避難階段としなければならない（施行令126条の2項）。

特別避難階段はバルコニーまたは付室を階段の前室として設け，煙が侵入しにくい構造となっている。

バルコニーは十分外気に開放されていること，付室には外気に向かって開くことができる窓または排煙設備の設置が義務付けられている。[図13]

(3) 屋上広場の面積

屋上広場は条例で面積や取り方等が定められている。たとえば東京都安全条例の第24条では，[図14]のような制限を設けている。また屋上広場面積の算定において，設備機器置き場や広告塔などの工作物の範囲は除かなければならない。

### ■避難階段の施錠

商業施設では，万引き等の防犯のため，また利用時間，利用形態が異なる施設が複合しているため（管理上）客のゾーンと後方ゾーンを区別している。また映画館，健康ランドなど入場料徴集やもぎりの関係で，階段室内や避難経路にみだりに人が入ることを防止するため階段への出入り口等は施錠されている例が多い。この場合，非常時は屋内から鍵を用いることなく解錠できるようにしておかなければならない（建築基準法施行令125条の2）。

非常時に電気信号等により解錠できるようにしたり，サムターンカバー等がとりつけてある場合は，非常時には破壊して解錠ができるなどの工夫が必要である。

---

図10　屋内に設ける避難階段の構造

(A) 吹き抜けの中の階段：避難階段ではない
(B) 側面が防火シャッター：避難階段ではない
(C) エスカレーターと一緒に区画：避難階段ではない
(D) 階段への出入り口に防火設備，他の3面は耐火構造の壁：避難階段として認められる

図11　屋外に設ける避難階段

2m以上離して設ける

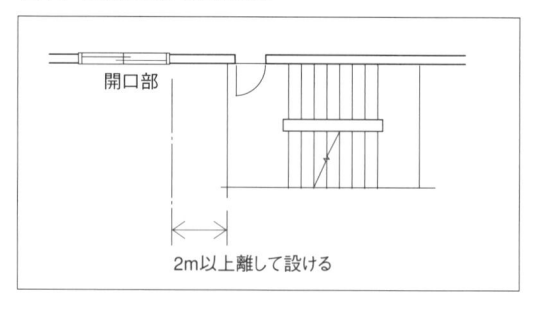

図12　回り階段の禁止

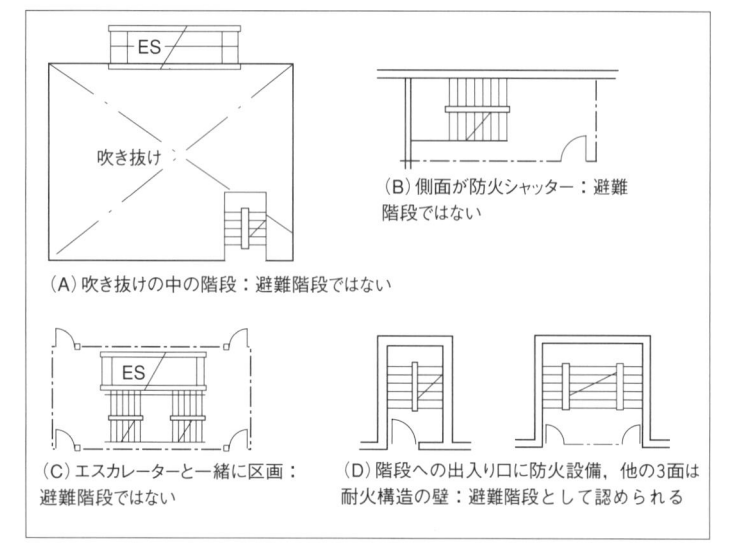

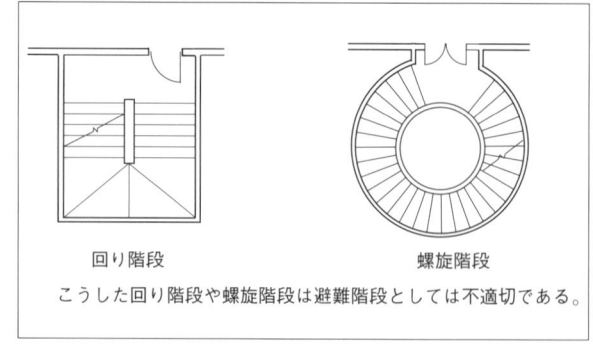

回り階段　　螺旋階段
こうした回り階段や螺旋階段は避難階段としては不適切である。

図13　特別避難階段

特定防火設備／バルコニー／防火設備／非常用エレベーター乗降ロビー兼用付室／特定防火設備

## ■非常用進入口

中高層の建築物では火災が発生した場合の消火や救出等のために直接屋外から進入可能な開口部を設ける必要がある。
建築基準法施行令126条の6では3階以上かつ31m以下の階に非常用進入口を設けるよう規定されている。なお非常用エレベーターを設けた場合は必要ないとされているが、多くの商業施設では非常用エレベーターが設置された場合でも消防から設置を強く指導されることが多い。
非常用進入口は幅4m奥行1m以上のバルコニー状のものを外壁40m以内ごとに設置するがもっと簡易な方式である「非常用進入口に代わる窓」とすることもできる。
なおこの設備は建築基準法の範囲内であるが実際使用するのは消防であるため、確認審査の際消防の意向が強く反映されることが多い。

## ■避難バルコニーと非常用進入口

「避難上有効なバルコニー」と「非常用の進入口」とを混同しないようにしたい。
避難上有効なバルコニーは、直通階段に準ずるものとして扱われ、6階以上の階で居室の面積が一定限度以内の場合に限り緩和措置として必要とされるものである。
一方、非常用の進入口はあくまで消火活動を円滑に行うためのものである。[図16]
〈Id〉

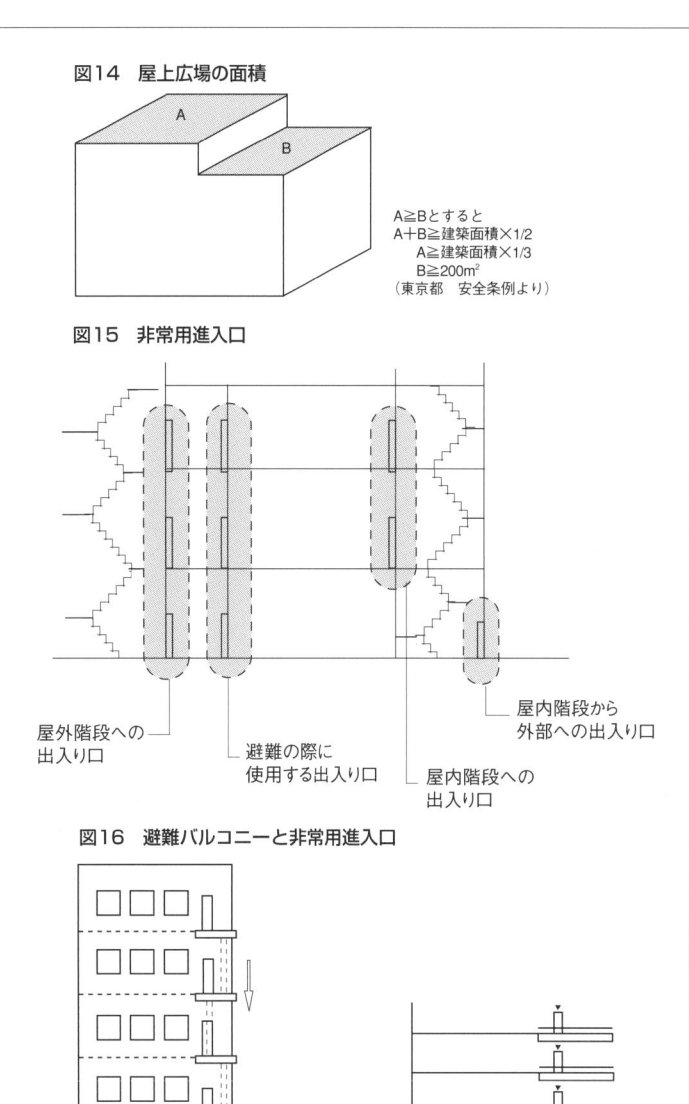

図14 屋上広場の面積

A≧Bとすると
A＋B≧建築面積×1/2
A≧建築面積×1/3
B≧200m²
（東京都　安全条例より）

図15 非常用進入口

屋外階段への出入り口
避難の際に使用する出入り口
屋内階段への出入り口
屋内階段から外部への出入り口

図16 避難バルコニーと非常用進入口

A図　避難上有効なバルコニー
B図　非常用の進入口

---

### 法規mini知識

## 法善寺横丁，再生の手法
### ―連担建築物設計制度について―

建築基準法では、一敷地一建物の原則があり、加えて接道条件、斜線制限、建ぺい率、容積率制限など、さまざまな制限が規定されている。
しかし平成10年の建築基準法の改正により連担建築物設計制度が設けられた。これは、一定の土地の区域内（連続した複数の敷地）に調整された合理的な設計により建築される複数建築物については、同一敷地内にあるものとして、一体的に規制を適用しようとするものである（建築基準法第86条第2項）。
この制度の活用のメリットは、区域内については容積率、建ぺい率を複数建築物全体で適用でき、たとえば接道条件により容積率を目いっぱい使えなかった敷地も隣接地と一体化することにより、指定容積率いっぱいの計画が可能になる。
また複数建築物の日影規制、隣地斜線制限規制についても、定型的な基準の適用に代えて採光、通風、日照を実際的に判断されることにある。
したがって、区域域内においては実質的に容積率の移転を始め、設計の自由度が全体的に向上し、まとまった土地での合理的な建築計画が可能となることから、土地の有効利用と市街地の環境確保の両面からのメリットがある。
この制度を利用した最近の事例では、大阪・ミナミの火災で被災し、元通りの街並への復興を目指す法善寺横丁がある。

横丁といえば、幅員が一間あるいは一間半ほどで、人間だけの通行が許される風情のある空間だが、被災後は、幅員4mの「道路」として復興しなければならなかった。しかし、連担建築物設計制度を活用することによって、法善寺横丁と付近を一つの敷地とみなし、法的に道路と解釈される横丁を「通路」として計画が進んでいるようだ。
この制度を利用するには、建築確認申請の前に関係権利者（区域内の土地所有者および借地権者など）の同意と、認定申請を敷地単位で特定行政庁に提出しなければならない。建築物の位置、構造が安全上、防火上および衛生上支障がないことの認定申請である。
連担建築物設計制度の場合は隣接地に既存建築物が存在することが条件となっているので注意が必要である。一団地の総合設計制度が主として郊外の住宅地で活用されてきたが、連担建築物設計制度は主として既成市街地においてその活用が期待される。
なお、東京では月島地区にも横丁が多く残っており、立て替えにあたっては、路地を4mの道路として確保するため建家をセットバックさせなくてはならない。しかし、中央区では、街並み誘導型地区計画「路地を生かした安全な町づくり」を策定し、一定の区域を一団地認定し、地区計画と合わせて道路（路地）を地区施設としてそのまま使うことを検討している。〈On〉

# 避難安全検証法

建築基準法施行令129条の2第3項および告示1441号 同施行令129条の2の2第3項および告示1442号

火災時の避難に関わるさまざまな規定として，階段に関しては避難階段の構造や合計幅など，直通階段への歩行距離，火災時の煙の発生を抑制するための排煙設備や内装制限といった規制，煙や熱を遮断するための竪穴区画や異種用途区画などがある。

これらは，階段，排煙設備，内装，区画といった建物を構成する個々のパーツに対して一定の基準を仕様書という形で設けており，仕様書規定もしくはルートAと呼ばれている。

■避難に関する性能規定化

こうした仕様書規定の多くは「避難時に人に対する煙の悪影響をできるだけ取り除く」という目的のために書かれている。この目的を性能として掲げ，仕様書とは別の方法で所定の性能（避難安全性能）にたどり着けるルートを法的に整備したものを性能規定化と呼んでいる。

(1) 自由度の高い設計

階段，排煙設備，内装，区画といった個々のパーツごとに基準を満たすのではなく，所定の性能を満たすように各パーツがパッケージされていればよいとするため，個々のパーツは必ずしも仕様書規定の基準を満たさなくてもよいとする自由度の高い設計である。たとえば避難に対する煙の影響を除くためには，排煙設備によらなくても，天井を高くして蓄煙する，区画の性能を高めて煙の漏出を防ぐなどの代替措置で可能になる。

状況に応じて仕様書規定，性能規定の選択が可能になり，設計の幅が広がったことは一種の規制緩和と言える。

守るべき安全の水準は，火災によって発生する煙と人間の避難行動との関係において下記の2種類が示されている。

(2) 階避難安全性能

階のいずれの室で出火した場合でも，その階のすべての人が直通階段まで避難をする間，煙・ガスが避難上支障のある高さまで降下しないこと，と定義されている（建築基準法施行令129条の2第2項）。

(3) 全館避難安全性能

建物のいずれの室で出火した場合でも，その建物のすべての人が地上まで避難をする間，煙・ガスが避難上支障のある高さまで降下しないこと，と定義されている（建築基準法施行令129条の2の2第2項）。

(4) 適用を除外できるもの

[図1] に，

・階避難安全性能を確かめた階
・全館避難安全性能を確かめた建物

に関して適用しなくてもよい規定をまとめてみた。

一方，階・全館避難安全性能を確かめても適用除外できない規定もあり，注意が必要である。

たとえば物販店舗は5階以上に売場があると屋上広場の設置が必要とされるが，性能規定によって設計した場合でも設置を免除することはできない。

■性能を確認するための手段

建築基準法施行令，告示で示された一般的な検証法と国土交通大臣の認定を要する高度な検証法とがある。

(1) 一般的な検証法（ルートB）

階避難安全性能に関しては「階避難安全検証法」（建築基準法施行令129条の2第3項および告示1441号），全館避難安全性能に関しては「全館避難安全検証法」（同施行令129条の2の2第3項および告示1442号）が整備されている。これらをルートBとも呼ぶ。

人の避難行動と煙等の降下時間とを較べる計算であり，[図2]に示すように背骨になる計算式はかなり似通った形をしていることに注目したい。

(2) 高度な検証法（ルートC）

ルートB（階・全館避難安全検証法）は広範な建物に適用可能とするため，一部安全側の想定がなされている。これに対し建物の用途・形状などの特性に合せたオーダーメイドの検証を，高度な解析技術等を用いてより精密に煙の動きや避難行動を予測することによって行う方法があり，大臣の認定が必要である。ルートCとも呼ばれる。

なお，適用除外できる規定のリストはルートBと同じことに注意。

■商業施設の性能規定化

商業施設において，性能規定化を用いた設計（性能設計とも言う）でどんなことが可能になるのかについて下［図3］に

図1　階避難・全館避難安全性能を確かめることにより適用除外される規定

| | | | ルートB<br>(一般的な検証法) | ルートC<br>(高度な検証法) |
|---|---|---|---|---|
| 階避難安全性能を有する階 | ・廊下の幅<br>・直通階段までの歩行距離<br>・特別避難階段の附室の構造・面積 | ・排煙設備の設置<br>・排煙設備の構造<br>・内装制限の一部<br>・物販店舗の避難階段への出口幅<br>…等 | 階避難安全性能を階避難安全検証法<br>・令第129条の2 第3項<br>・告示1441号<br>によって確かめる | 階避難安全性能を国土交通大臣の認定を受けた方法によって確かめる |
| 全館避難安全性能を有する建物 | [上記に加え]<br>・高層区画<br>・竪穴区画<br>・異種用途区画<br>・避難階段の構造<br>・屋外避難階段の構造 | ・物販店舗の避難階段の幅<br>・屋外への出口までの歩行距離<br>…等 | 全館避難安全性能を全館避難安全検証法<br>・令第129条の2の2第3項・告示1441号／1442号によって確かめる | 全館避難安全性能を国土交通大臣の認定を受けた方法によって確かめる |

| ・2以上の直通階段設置<br>・歩行距離の重複距離<br>・面積区画<br>・避難階段の設置<br>・特別避難階段の設置 | ・百貨店の屋上広場設置<br>・非常用照明の設置<br>・階段の幅員・けあげ・踏面の寸法<br>・非常用バルコニーの設置 …等 |
|---|---|

階避難・全館避難安全性能を確かめても適用除外できない規定

検証の方法（ルート）
・火災室の可燃物量の設定
・在室(館)者人数設定
・避難行動の予測
・煙等の流動性状の予測を信頼性の高い方法で行い避難安全性能を評価する

図2 階避難安全検証法（ルートB）の構成

## 階避難安全検証法(ルートB)の構成

検証対象とする階を設定

居室を設定

避難開始時間　歩行時間　出口通過時間　煙等降下時間

$$\frac{\sqrt{\sum A_{area}}}{30} + \max\left(\sum \frac{l_l}{v}\right) + \frac{\sum pA_{area}}{\sum N_{eff} B_{eff}} \leq \frac{A_{room}(H_{room} - 1.8)}{\max(V_s - V_e, 0.01)}$$

居室の避難開始時間 $t_{start}$ ＋ 居室内の出口までの歩行時間 $t_{travel}$ ＋ 居室の出口を通過する時間 $t_{queue}$ ＝ 避難終了時間 $t_{escape}$

煙等降下時間　$t_s$
居室内で煙等が避難上支障ある高さ(1.8m)まで降下する時間

$t_{escape} \leq t_s$ を確認

**居室避難**　検証対象とする階の各室について確認する

火災室を設定

避難開始時間　歩行時間　出口通過時間　煙等降下時間

$$\left(\frac{\sqrt{A_{floor}}}{30} + 3\right) + \max\left(\sum \frac{l_l}{v}\right) + \frac{\sum pA_{area}}{\sum N_{eff} B_{st}} \leq \min\sum \frac{A_{room}(H_{room} - H_{\lim})}{\max(V_s - V_e, 0.01)}$$
(5)

共用住宅、ホテル等就寝用途の場合は5分を加える

階の避難開始時間 $t_{start}$ ＋ 直通階段までの歩行時間 $t_{travel}$ ＋ 階の直通階段へ通ずる出口を通過する時間 $t_{queue}$ ＝ 避難終了時間 $t_{escape}$

煙等降下時間　$t_s$
直通階段への出口を有する室への煙等伝播経路に関して煙等が避難上支障ある高さ(1.8m)まで降下してくる時間を全経路について算定した中の最小値

$t_{escape} \leq t_s$ を確認

**廊下避難**　検証対象とする階の各火災室について確認する

検証する階が避難階以外であり、かつすべての火災室が廊下や附室等を介して直通階段につながっている場合式の左辺(避難終了時間)は一定

## 全館避難安全検証法(ルートB)の構成

すべての階について階避難安全性能を確認

火災室を設定

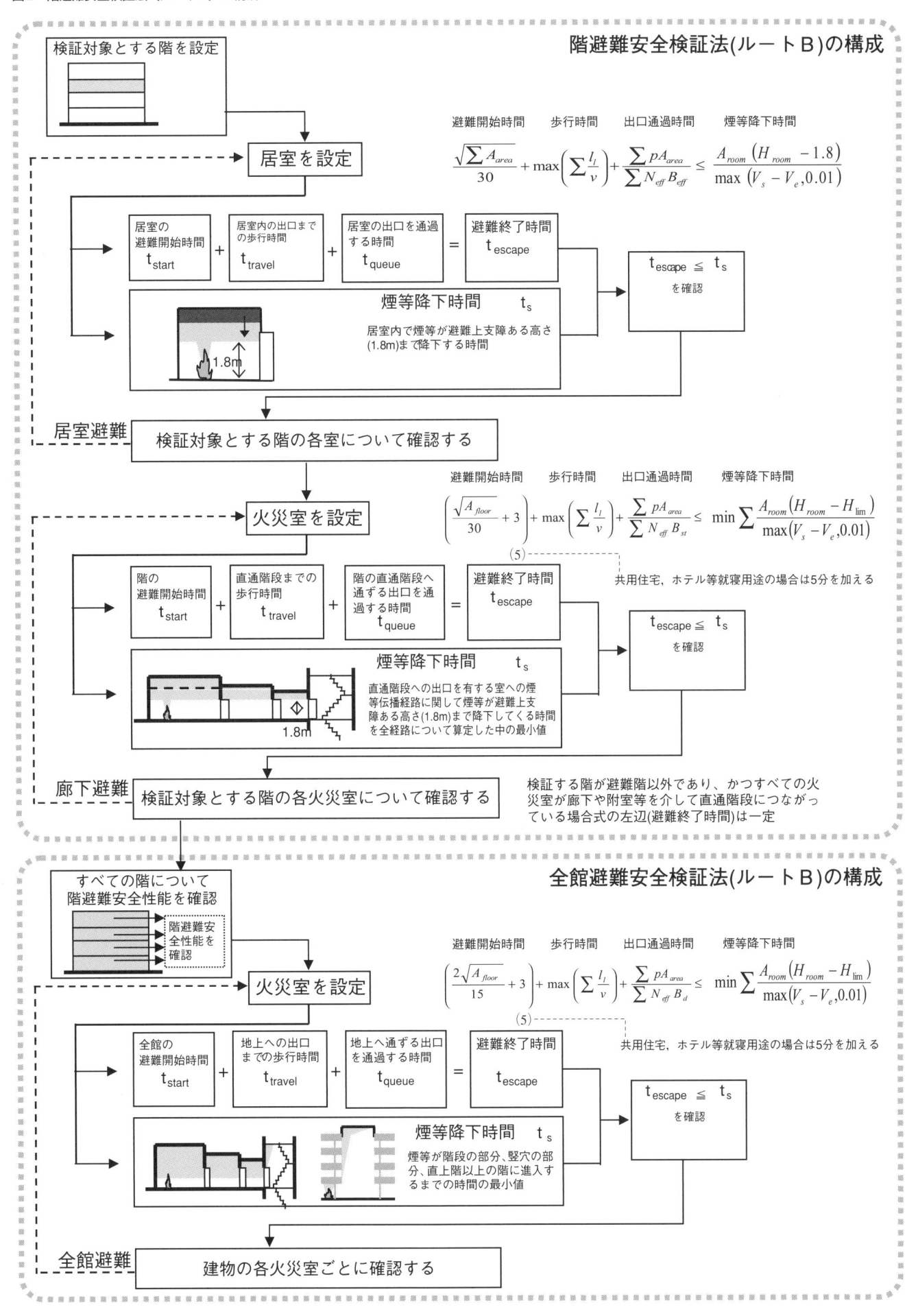

避難開始時間　歩行時間　出口通過時間　煙等降下時間

$$\left(\frac{2\sqrt{A_{floor}}}{15} + 3\right) + \max\left(\sum \frac{l_l}{v}\right) + \frac{\sum pA_{area}}{\sum N_{eff} B_d} \leq \min\sum \frac{A_{room}(H_{room} - H_{\lim})}{\max(V_s - V_e, 0.01)}$$
(5)

共用住宅、ホテル等就寝用途の場合は5分を加える

全館の避難開始時間 $t_{start}$ ＋ 地上への出口までの歩行時間 $t_{travel}$ ＋ 地上へ通ずる出口を通過する時間 $t_{queue}$ ＝ 避難終了時間 $t_{escape}$

煙等降下時間　$t_s$
煙等が階段の部分、竪穴の部分、直上階以上の階に進入するまでの時間の最小値

$t_{escape} \leq t_s$ を確認

**全館避難**　建物の各火災室ごとに確認する

## C・1・9　避難安全検証法

整理してみた。

**(1) 避難階段の合計幅縮減可能に**

敷地に制約がある中で高度な土地利用が求められる都心部に百貨店などを計画する際は，同施行令124条に規定される「階の床面積の100m²あたり60cmの合計階段幅」を全館避難安全性能を確かめることで適用除外とするケースが多い。

**(2) 歩行距離の規定から自由に**

郊外型の大型店舗では，直通階段への歩行距離に関する規定を階避難安全性能を確かめることで適用除外とし，広々とした見通しのよい売場を実現可能である。

**(3) 排煙設備は消防法に注意**

排煙設備に関しては，階避難安全性能を確かめることで排煙風量を減らしたり，防煙区画面積を広げたり，もしくは設置そのものを行わないなど設計が可能であるが，これらは建築基準法上の排煙設備を指していることに注意したい。消防法施行令28条1項には地階または1000m²以上の無窓階の物販店舗について（消防法上の）排煙設備を設けることとされている。性能設計で排煙設備を緩和する際は所轄の消防と事前に協議を行っておくことが重要なポイントであろう。

### ■全館避難安全性能はルートCが多い

全館避難安全性能を確かめる方法として告示1441号と1442号による計算（ルートB）と大臣の認定による方法（ルートC）がある。告示による計算の場合，吹き抜け等竪穴に煙が侵入した時点で「煙が直上階の一に流入する」とみなすため，吹き抜けやエスカレーター等を通常備えている商業施設では成立が困難なケースが多い。そのため大臣の認定による方法（ルートC）で検証することが多いようである。

### ■消防法に関する性能規定化について

消防法については改正がなされ，一部性能規定が導入される模様である。

消防法性能規定化に伴う総合防火性能は以下の三つの項目となろう。

・初期拡大抑制性能
・避難安全性能
　避難安全支援性能
　脱出安全支援性能
・消防活動支援性能

これらの性能に従い，防火設備設置にかかわる技術基準が今後性能規定化されていくものと思われる。〈Id〉

**図4　性能規定化導入後から2002年3月までに避難安全検証法を使って設計された件数（大臣認定を要するルートCはこのグラフには含んでいない）**

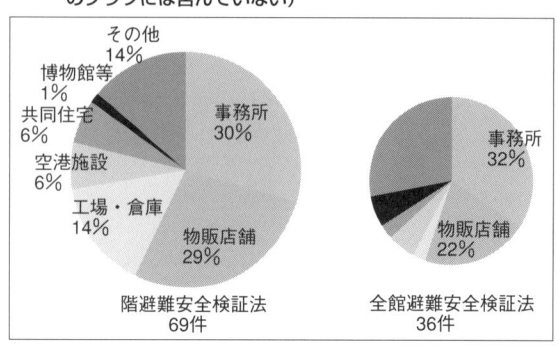

階避難安全検証法 69件
　その他 14%
　博物館等 1%
　共同住宅 6%
　空港施設 6%
　工場・倉庫 14%
　物販店舗 29%
　事務所 30%

全館避難安全検証法 36件
　事務所 32%
　物販店舗 22%

**図3　商業施設の性能規定化**

| 適用除外できる項目 | 性能種別 | 仕様書設計（ルートA） | 性能設計（ルートB/C） | |
|---|---|---|---|---|
| 排煙設備の設置（施行令126条の2）排煙設備の構造（施行令126条の3） | 階避難安全性能 | | | 排煙設備を設けない設計を階避難安全性能を確かめることによって行うケースが最も多い。ただし消防法上の無窓階は消防法上の排煙設備が必要となるため，消防と十分な協議を要する。 |
| 直通階段への歩行距離（施行令120条） | 階避難安全性能 | | | 歩行距離から自由になり大型店舗等では，階段の配置がかなり自由になり，広々とした見通しの良い平面計画が可能となる |
| 避難階段幅（126条の2） | 全館避難安全性能 | | | 階段をバランス良く配置すれば階段幅（数）を縮減可能 |
| 屋外への出口幅（施行令125条） | 全館避難安全性能 | | | 屋外への出口幅を縮減できるので，1階の開口部を減らすことができる。平屋建ての店舗では階避難安全性能＝全館避難安全性能であり，比較的計算も楽である。 |
| 異種用途区画（施行令112条12・13項） | 全館避難安全性能 | 飲食店　物販店 | 飲食店　物販店 | 異種用途区画をなくすことができる |
| 異種用途区画（施行令112条9項） | 全館避難安全性能 | | | 防火シャッターや排煙設備の制約を受けない自由度の高いアトリウム空間の設計も可能になる |

# 防炎規制

消防法第8条の3，同施行令第4条の3，同施行規則第4条の3～4条の4，規則別表第1

### ■消防法上の「内装制限」

建築基準法の内装制限が壁，天井の仕上げを制限しているのに対して，消防法ではじゅうたん，カーテンなど窓や床に対しての材料の性能を規制している。防炎とは，燃えやすいカーテンや展示用合板などを燃えにくくしたものをいい，建築基準法の内装制限に使われる防火材料とは異なるものである。

防炎の目的は，カーテンや展示用合板に防炎性のある材料を使うことによって，火の元や延焼のもととなる燃焼物にならないように，また火災を最小の範囲に止めることである。防炎性能を具体的に記すと，マッチやライター程度の炎ではすぐに燃え上がらないもので，たとえ繊維などに火がついた場合でも自然に火が消え（自己消炎性），炎を離すとその部分が炭のようになる（炭化現象）ものをいう。消防法の規制の多くが消防設備にかかわる規制なのに対して，防炎規制は唯一の物品の使用に関する規制と言える。不特定多数の人が利用する高層建築物，地下街，劇場，旅館など商業系の建物や，高齢者，児童，病院の患者などを収容する福利，厚生系のに使用されるカーテン，じゅうたん，どん帳などの防炎対象物品を設置する場合に防炎処理を施したものを使うことを義務づけた規制である（消防法第8条の3）。また防炎性能の性能に関しては消防法施行令第4条の3に規定されている。消防法の防炎規制はカーテン，どん帳や展示用の合板など垂直に立てられている可燃物や，床のじゅうたんなどは火の元に接することが多く，これらの可燃物は火がつくと急激に燃え上がり，災害を大きくするので火災時のパニック防止，避難時間の確保等から防炎性能のある物品を使用するよう義務付けられている。すなわち火災の発生防止を目的としているといえる。

これに対して建築基準法の内装制限では火災が発生した場合，壁天井の仕上げを不燃，準不燃，難燃といった燃えないか，燃えにくい材料を指定して火災の発生と延焼時間を遅らせ，避難時間を稼ぐという目的をもっている。一つ注意しなければならないことは，消防法の防炎規制の場合は，建築基準法の内装制限と異なり，スプリンクラー設備や排煙設備を設けた場合でも防炎規制（消防法施行令第4条の3）が適用され緩和はない。

### ■防炎物品にはどんなものがあるか

建築物（防炎防火対象物）に仕様を義務付けられている防炎物品を以下に示す。
①じゅうたん等の敷物の類，②じゅうたん（織りカーペットをいう），③毛せん（フェルトカーペットをいう），④タフテッドカーペット，ニッテッドカーペット，⑤フックドラグ，接着カーペットおよびニードルパンチカーペット，⑥ござ，⑦人工芝，⑧合成樹脂製床シート（床にのり付けされ，床そのものになっているものを除く），⑨上記に掲げるもののほか，床敷物のうち毛皮製床敷物，毛製だん通およびこれらに類するもの以外の床敷物，⑩カーテン，暗幕，どん帳，布製ブラインドの類，⑪展示用の合板または繊維板が展示パネル，掲示板，バックボード，仕切り用パネルに使用されるもの，⑫舞台において使用する大道具の合板または繊維板等の舞台装置のうち建物，樹木や岩石などの書割で出演者が直接手に触れることがない飾りつけ用のもの，⑬工事用シート（防炎防火対象物か否かにかかわらずほとんどの防火対象物について適用）。

### ■店舗インテリアと防炎規制

店舗内外に設置される装飾品においても，防炎規制の対象になるものは多い。
暖簾（のれん），テント・垂れ幕などは，屋外に設置されるものであれば，その大きさや隣接建物の状況にもよるが，おおむね防炎処理を指導されるケースは少ない。しかし，施設内部となると店舗区画外の通路とはいえ，屋内という扱いを受け，防炎処理された防炎物品の使用を指導されることになる。

前述の防炎物品以外にも，布製サインやバナー，グラフィックシート類，ディスプレイ用タペストリーなどの装飾品についても防炎処理が要求される。さらに，対象となる施設の条件によっては，人造樹木や家具に使われるファブリック類についても防炎処理が必要になるケースがある。防炎処理を施すことにより，製品の発色が悪くなったり，質感が損なわれたりものもある。特に絵画，彫刻，和書などの芸術的作品をイメージ演出として展示する場合，防炎処理自体が品質を損なうこととなり得るため，その旨を含めた相談をすべきである。文化，芸術の概念は理解されやすく，緩和されるケースも多い。

店舗内装の多様化によりさまざまな演出装飾品が導入されてきている昨今，法規制の条文だけでは曖昧となり担当官の判断に委ねられることが多い。事前に所轄の消防署の予防課で確認することが大切である。〈On〉

表1　防炎防火対象となる施設・用途

| |
|---|
| 劇場・映画館・演芸場・観覧場 |
| 公会堂・集会場 |
| キャバレー・カフェ・ナイトクラブ等 |
| 遊技場・ダンスホール |
| 待合・料理店等 |
| 飲食店 |
| 百貨店・マーケット・物品販売店舗・展示場 |
| 旅館・ホテル・宿泊所 |
| 病院・診療所・助産所 |
| 老人福祉施設・児童福祉施設等 |
| 幼稚園・盲学校等 |
| 蒸気浴場・熱気浴場 |
| 映画スタジオ・テレビスタジオ |
| 準地下街 |
| 高層建築物（高さ31mを超えるもの） |
| 地下街 |
| 工事中の建築物・工作物 |

# 厨房

各都道府県の火災予防条例，東京都火災予防条例　第3条，3条の2，23条，57条，同施行規則，各都道府県の食品衛生法施行細則，建築基準法施行令

## ■求められているのはともに「安全性」

ホテルや高級飲食店から従業員食堂や小規模店舗まで，厨房設備のグレードは千差万別であるが，われわれの最も身近な「食」に直結するこの施設は建築物の重要な部位の一つであることは言うまでもない。

厨房の計画で最も大切なことは，求められる食品をいかに効率良く提供できるかの機能であり，厨房機器の選定，厨房内の動線，原材料廃棄物の動線，調理ゾーニング等が挙げられる。また，湿式厨房における防水仕様，複合店舗等における将来の厨房増築対応，熱，換気，給排水，電力供給などの設備対応等，建築的にも設備的にも内容の濃い部分である。

法規が厨房に求める要素は「安全性」である。消防が求める火災予防に対する安全性，保健所が求める衛生管理の安全性は，厨房の規模にかかわらず必要条件として課せられものであることを設計者は理解すべきである。

確かに制約事項は多い。別の言い方をすれば，これだけ細かく制約する必要があるほど過去に火災などの事故が起こっており，火災にしても衛生管理にしても一度間違いが起こると大きな被害が生じることを警鐘していると理解される。行政に対する各種届出も数多く対応しなければならない。厨房業者，建設業者，オーナー，建築設計者など，とかく多くの人が関与するため，役割分担を明確にしておくこと，官庁との事前打ち合わせを怠らないこと，スケジュール管理（いつまでに何を用意すべきか）を徹底することがトラブル防止のポイントである。実務においては具体的な決定事項，たとえば仕上材料の選定，不燃区画の構成，厨房設備の設置要領，消防設備と換気，ガス設備の連動，熱量計算等が多々存在する。法規集を一読することをお薦めする。また，裸火規制も厨房と深く関わるものであるが，別項に記載されているので併せて参照されたい（C-2-6裸火規制P.102）。

## ■消防法による厨房設備の技術基準

厨房の規制に関しては，消防法施行令，施行規則，準則などの規定もあるが，ここでは，東京消防庁事務審査検査基準に記載されている主な項目を挙げ，計画上の注意点として紹介する。

(1) 火気を使用する設備，器具の設置位置は不燃材料以外の仕上部分，可燃性の物品から離隔距離を保つこと。離隔距離は設備，器具の形式，熱量等により上方，側方，後方と細かく規定されている。燃料種別を問わず，電気厨房機器においても離隔距離は規定されている。[表1，表2，表3，表4参照]

(2) (1)に挙げた離隔距離は，建築の仕上げ，下地を特定の不燃材料とすること，

### 図1　防熱板の設置例

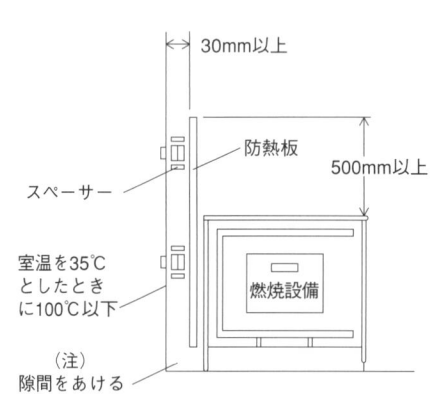

### 図2　天蓋の構造

### 表1　火気使用の厨房設備のタイプ

| タイプ | 内容 |
|---|---|
| Aタイプ | 厨房設備本体周囲および厨房設備上方周囲が可燃物と接して設置できるもの。 |
| Bタイプ | 厨房設備本体周囲は可燃物と接して設置できるが設備上方周囲が可燃物と一定の距離を必要とするもの。 |
| Cタイプ | 厨房設備本体周囲および厨房設備上方周囲が可燃物と一定の離隔を必要とするもの。 |

### 表2　Aタイプ厨房設備（気体燃料を使用）の可燃物・防熱板等からの離隔距離

(mm以上)

| バーナー | 厨房設備種別 | 設置の周囲 側方 | 設置の周囲 後方 | 設備上方の周囲 側方 | 設備上方の周囲 後方 | 設備上方の周囲 上方 |
|---|---|---|---|---|---|---|
| 露出[2] | レンジ，こんろ，焼き物器 | 0 | 0 | 0または200 | 0 | 1000[1] (800) |
| | 中華レンジ | | | 400 | | |
| 隠ぺい | フライヤー，オーブン，グリドル，食器消毒保質庫，蒸炊釜，炊飯器，煮沸消毒器，めんゆで器，湯せん器，食器洗浄機，焼き物器，蒸し器 | 0 | 0 | 0 | 0 | 500 (300) |

備考：（ ）内は「防熱板」との離隔距離

注1）レンジについてオーブン部に温度調節器を有しないものは，1500mm以上とする。
　　2）バーナーが露出とは，厨房設備本体上方の火炎で食材，鍋等を直接加熱するもの。

もしくは防熱板を設置することで緩和される。防熱板およびその固定用のネジについては材料，厚み，不燃材料以外の仕上部分と防熱板の隙間の通気空間等の規定がある。[表5，図1]
(3) 火気を使用する設備，器具の熱量の合計が350kW（30万kcal/h）以上の厨房は不燃材料で造った壁，柱，床および天井で区画され，かつ，窓および出入り口等には防火戸を設けること。
(4) (3)に挙げた熱量の合計値は，油，ガスを燃料とする設備，器具は勿論のこと，電気，薪，木炭等を使用する場合にもその熱量を合算させることを必要とする。
(5) (3)に挙げた不燃区画の補足をする。出入り口扉は常時閉鎖式防火戸とする。換気ダクトの貫通部には防火ダンパーを設置する。給排水および電気配管の貫通部は不燃材料で塞ぐ処理を施すこと。
(6) 天蓋フードはステンレス鋼板またはこれと同等以上の強度，耐熱性，耐食性を有する特定不燃材料を使用すること。ただし油脂を含む蒸気の発生しないものの場合は亜鉛鉄板を使用することができる。
(7) 排気ダクトはステンレス鋼板または亜鉛鉄板もしくはこれと同等以上の強度，耐熱性，耐食性を有する特定不燃材料を使用すること。
(8) 排気ダクトは可燃物から10cm以上の離隔距離を確保するか，ロックウール保温材もしくはケイ酸カルシウム保温材にて厚さ50mm以上で防熱処理を施すこと。
(9) 油脂を含む蒸気を発生する厨房設備の排気ダクトの排気取り入れ口には油脂などの付着成分を有効に除去する装置（グリースフィルター）を設置し，かつ排気ダクトへの火炎の伝播を防止できる装置（防火ダンパーあるいはフード等用簡易自動消火装置）を設置すること。[図2，図3]
(10) (9)における火炎伝播防止装置を，防火ダンパーとする場合，作動と同時に自動的に排気ファンが停止する構造とすること。ただし燃焼設備から5m以内にファン停止スイッチがある場合はこの限りではない。簡易自動消火装置を設置する場合は，消火装置の起動と連動して排気ファンが停止するようにすること。
(11) 次に挙げる厨房設備の火炎伝送防止装置はフード等用簡易自動消火装置とすること。
① 高さ60mを超える建築物内の厨房設備
② 高さ31mを超える建築物の内最大消熱量が350kW（30万kcal/h）を超える厨房設備
③ 特定防火対象物の地階部分に設ける最大消費熱量の合計が30万kcal/hを超える厨房設備

**図3 レンジフードファンの設置例**

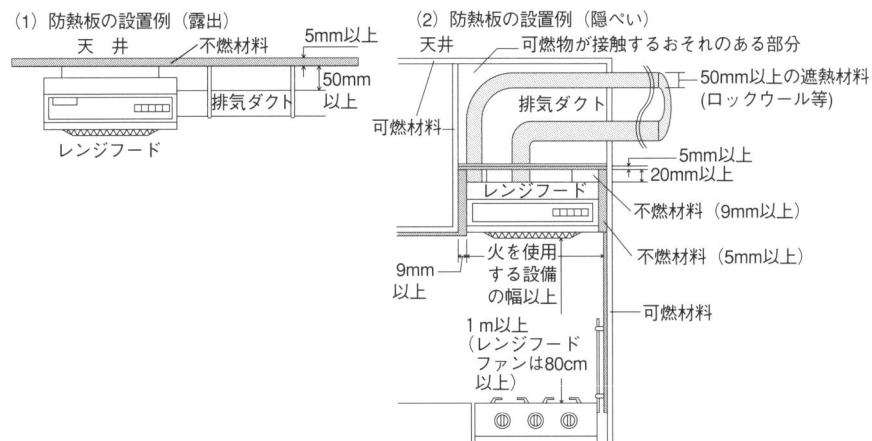

(1) 防熱板の設置例（露出）
(2) 防熱板の設置例（隠ぺい）

**表3 Bタイプ厨房設備（気体燃料を使用）の可燃物・防熱板等からの離隔距離**  (mm以上)

| バーナー | 厨房設備種別 | 設備の周囲 | | 設備上方の周囲 | | |
|---|---|---|---|---|---|---|
| | | 側方 | 後方 | 側方 | 後方 | 上方 |
| 露出[2] | レンジ，こんろ，焼き物器 | 0 | 0 | 200 (0) ((40)) | 150 (0) (0) | 1000[1] (800) |
| | 中華レンジ | 0 | 0 | 400 (0) ((40)) | | ((20)) |
| 隠ぺい | フライヤー，グリドル，煮沸消毒器，めんゆで器，湯せん器，焼き物器 | 0 | 0 | 100 (0) ((0)) | 100 (0) ((0)) | 500 (300) |

備考：1. ( )内は，防熱板との離隔距離
2. (( ))内は，不燃材料で有効に仕上げた建築物等の部分との離隔距離
注1) レンジについてオーブン部に温度調節器を有しないものは，1500mm以上とする。
2) バーナーが露出とは，厨房設備本体上方の火炎で食材，鍋等を直接加熱

**表5 防熱板の設置仕様**

| 石綿スレート板等 | | 厚さ3mm以上＋空間30mm以上（有害な変形のないよう補強すること） |
|---|---|---|
| 金属性 | 鋼板 | 厚さ0.5mm以上＋空間30mm以上（有害な変形のないよう補強すること） |
| | ステンレス鋼板 | 厚さ0.3mm以上＋空間30mm以上（有害な変形のないよう補強すること） |

※図1に示すスペーサーは熱伝導率の小さい不燃材料を使用し，熱影響の少ない部分に設置すること。

**表4 Cタイプ厨房設備（気体燃料を使用）の可燃物・防熱板等からの離隔距離**  (mm以上)

| バーナー | 厨房設備種別 | | 設備の周囲 | | 設備上方の周囲 | | |
|---|---|---|---|---|---|---|---|
| | | | 側方 | 後方 | 側方 | 後方 | 上方 |
| 露出[4] | レンジ | 上方[2]排気 | 200 (0) ((40)) | 150 (0) ((30)) | 200 (0) ((40)) | 150 (0) ((20)) | 1000[1] (800) |
| | | 側方[3]排気 | 300 (0) ((80)) | 150 (0) ((20)) | 300 (0) ((80)) | 150 (0) ((20)) | 1000[1] (800) |
| | こんろ，焼き物器 | | 200 (0) ((40)) | 150 (0) ((20)) | 200 (0) ((40)) | 150 (0) ((20)) | 1000 (800) |
| | 中華レンジ | | | | 400 (0) ((40)) | | |
| 隠ぺい | フライヤー，オーブン，グリドル，食器消毒保質庫，蒸炊釜，炊飯器，煮沸消毒器，めんゆで器，湯せん器，食器洗浄機，焼き物器，蒸し器 | | 200 (0) ((40)) | 150 (0) ((20)) | 200 (0) ((40)) | 150 (0) ((20)) | 500 (0) ((20)) |

備考：1. ( )内は，防熱板との離隔距離
2. (( ))内は，不燃材料で有効に仕上げた建築物等の部分との離隔距離
注1) レンジについてオーブン部に温度調節器を有しないものは，1500mm以上とする。
2) オーブン部の排気口が厨房設備の上面に設けられているもの
3) オーブン部の排気口が厨房設備の側面に設けられているもの
4) バーナーが露出とは，厨房設備本体上方の火炎で食材，鍋等を直接加熱するもの

## C・1・11　厨房

消防との事前相談は必須である。厨房のように火気を使用する部分は消防にとっては最も重点的に管理を必要とするところである。また，所轄消防に「火を使用する設備等の設置届」の提出が必要である。届出書に，設備（厨房機器）概要，案内図，設置階平面図，仕上表，設備配置図，カタログのコピーなどを添付して設置の事前に届出が必要である。

■厨房に係わるその他の設備

(1) ガス漏れ感知器，緊急ガス遮断弁は，消防法としては，ある規模以上の地階でガスを使用する場合に必要とされている。しかしながら，安全性を配慮すれば法律で必要とされずとも設置することを十分に検討すべきであり，実情としては厨房設備に必須である。ガス漏れ感知器が設置されると，自動火災報知器の受信機への警報出しやガス遮断弁の作動方法（手動，ガス漏警報連動）等を併せて計画する必要がある。

(2) 保健所からの指導により，手洗器，手指消毒装置，厨房内の作業員専用の便所，休憩所，更衣室等を必要とされる場合がある。また，食中毒などの衛生管理上の事故防止として，交叉汚染防止，防虫対策，清潔汚染のゾーニング等を厳しく指導される場合がある。

(3) グリーストラップの設置が必要となる。床で水平防火区画としている場合は，床開口部に設置され下階天井裏に露出するグリーストラップは，耐火性能を有する製品にする必要がある。

■電化厨房について

最近，電化厨房が普及してきている。電力会社の宣伝では，「クリーン（清潔な厨房）」「クール（熱環境に優れる）」「コントロール（温度管理が容易）」をアピールしている。厨房機器の選定は専門業者，店舗オーナー側で計画されることが大半だとは思われるが，ここでは電化厨房設備の原理，ガス機器との比較等を計画の際の基礎知識として紹介する。[表6]

(1) 電化厨房機器は，ヒーター式，電磁誘導式，赤外線，電子レンジ等の種類に分類される。ヒーター式は電熱線の発熱を利用するもので従来から存在している。最近注目されているのは電磁誘導式（IH）である

(2) 電磁誘導式（IH）の加熱原理を[図4]に示す。本体天板のセラミックプレート下部の磁力発生コイルに高周波の電流を流すことで磁力線を発生させる。磁性体の鍋，釜類の底面には電磁誘導により渦電流が流れる。電気抵抗により渦電流が熱を発し，鍋，釜自体が加熱される原理である。

(3) 電磁誘導式（IH）の長所，短所はその加熱原理に起因する。長所としては立ち上がりが非常に早いこと，熱効率が高い（周囲への熱拡散が少ない）こと，出力の調整が容易であることである。短所としては磁性体の鍋，釜類の使用が不可欠であること，加熱中は器具と鍋釜類が接触している必要があること，止めると鍋釜の温度が急速に下がること，が挙げられる。[表6]に比較を示す。

(4) 初期コストはガス機器に比べ高くなる傾向にある。また電気容量は非常に大きくなるため，特にリニューアルにおける電化厨房化，あるいは将来電化厨房の設置予定がある場合は，受変電設備の容量，幹線，動力盤の設置スペースなどに関しては十分な配慮が必要である。

(5) ファストフード店では，操作が容易なこと，作業手順を統一し従業員教育を省力化できること，均一な製品提供ができること，比較的小スペースで機器配置が可能なこと，から普及が大きく進んでいる。

(6) 厨房機器の消費熱量はガス機器と同様に合算され，可燃物からの離隔距離，仕上げの不燃処理等も前途のような規制を満足しなければならない。〈Oh〉

### 図4　電磁誘導式の加熱原理

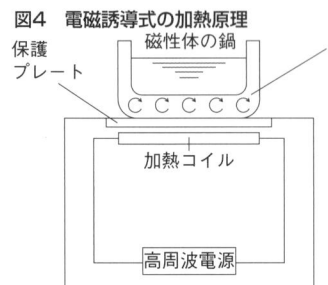

保護プレート／磁性体の鍋／加熱コイル／高周波電源
加熱コイルから発生する磁力線により，鍋底にうず電流が発生し，鍋自体の抵抗で発熱する。

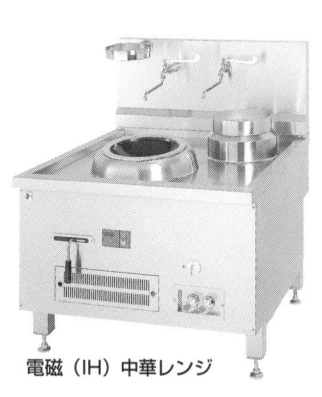

電磁（IH）中華レンジ　電磁ローレンジ
電気ピザオーブン（石釜式）　電磁（IH）フライヤー

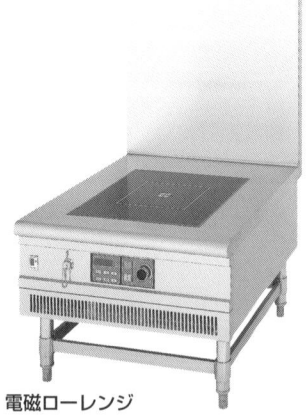

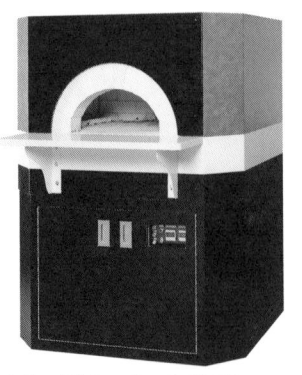

資料：フジマック

### 表6　ガス・電気厨房機器比較表

| | ガス燃焼機器 | | 電化厨房機器 | | | |
| --- | --- | --- | --- | --- | --- | --- |
| | | | ヒーター式 | | 電磁誘導式（IH） | |
| 機器種類 | ◎ | 実績多数 | ○ | 大容量に制約有 | ○ | 大容量に制約有 |
| 加熱効率 | △ | 30〜70% | ○ | 60〜90% | ◎ | 80〜90% |
| 加熱立上り | ○ | 加熱形態による | ○ | 加熱形態による | ◎ | 極めて早い |
| 余熱利用 | ○ | 利用可能 | ○ | 利用可能 | △ | 冷却が早い |
| 操作制御性 | ○ | 火力調整必要 | ○ | 比較的容易 | ○ | 比較的容易 |
| 衛生管理 | △ | 構造的に清掃の困難な機器あり | ○ | 構造が単純 | ○ | 清掃しやすい機器が多い |
| 室内環境 | △ | 多量の換気必要 | ○ | 熱の漏洩が少 | ○ | 加熱効率良好 |
| 調理器具制約 | ○ | 特に制約無し | ○ | 特に制約無し | △ | 磁性体に限る |
| 機器価格 | ◎ | 比較的安価 | △ | 比較的高価 | △ | 比較的高価 |

# 無窓階

消防法施行令第10条1項5号,同施行規則第5条の2
問い合わせ先:地域を管轄する消防署の予防指導担当

■「無窓階」と「無窓の居室」

文字どおりの解釈で言えば,窓が無い階であるが,法の解釈では,窓があっても無窓階となる場合がある。

無窓階というと,消防法による「無窓階」と建築基準法の「無窓の居室」を混同して解釈していないだろうか。

「無窓階」とは消防法による定義で,建物の地上階のうちで,消防法施行令で定める避難や消防活動上有効な開口部を有しない階とされる。これに該当する階には通常の消防規制より厳しい規制がかかることが多い。

建築基準法の「無窓の居室」とは,採光,換気など居室の良好な環境を確保する開口部のないものと定義されている。その中には,採光上の無窓居室,換気上の無窓居室,それに自然排煙上の無窓居室とがあり,それぞれが床面積に対する一定の割合以上の開口部がない居室を「無窓の居室」と呼ぶ。

「無窓の居室」には,内装制限が強化されたり,あるいは居室として認められないということもある。

それでは,どのようにして,法規を満足すればよいのであろうか。

まず,消防法による「無窓階」においては,窓の有効開口面積,敷地境界からの距離,ガラスの種類などによって決定される。あくまでも物理的な開口部が存在しなくてはならない。

一方,建築基準法の「無窓の居室」は,設備を付加することによって無窓の居室を有窓のものと同等に扱うことができる。採光上無窓の場合は非常照明設備を,換気上無窓の場合は機械換気設備を,また,排煙上無窓の場合は機械排煙設備をそれぞれ設置すればよいということになる。

注意点として,消防法による「無窓階」においては,これらの窓を壁や什器で塞いでしまうと,有効な開口と見なされなくなってしまうため,有効な開口面積を確保できず,思いがけない消防設備の設置が必要になる可能性がある。

よくある例を紹介しよう。集合住宅の1階に中規模のスーパーマーケットが入居したのだが,設計者は道路と駐車場に面した大きな窓面をもったいないと思い什器を配置したのである。そして,消防への事前相談に出向いた際に,スプリンクラー設備を設けるように指導されたのである。あわてた設計者がその法的根拠を聞いたところ,そのテナントの区画がちょうど1000m²を超えていて,さらに,外壁の窓面に什器を置いたことによって無窓階と判断されたからである。したがって,スプリンクラーの設置が必要となってしまったのである。店舗の計画を行う際には,窓をつぶしたり,什器を配置する際には,有窓階であったものが無窓階にならないかチェックし,変更する場合は,消防設備が過度なものにならないか確認する必要がある。

■消防法による無窓階

無窓階については,消防法施行規則第5条の2において下記のように規定されている
(避難上または消火活動上有効な開口部を有しない階)

第5条の2　令第10条第1項第5号の総務省令で定める避難上または消火活動上有効な開口部を有しない階は,11階以上の階にあっては直径50cm以上の円が内接することができる開口部の面積の合計が当該階の床面積の30分の1を超える階(以下「普通階」という)以外の階,10階以下の階にあっては直径1m以上の円が内接することができる開口部またはその幅および高さがそれぞれ75cm以上および1.2m以上の開口部を2以上有する普通階以外の階とする。

前項の開口部は,次の(1)〜(4)(11階以上の階の開口部にあっては,(2)を除く)に適合するものでなければならない。

(1) 床面から開口部の下端までの高さは,1.2m以内であること。

(2) 開口部は,道または道に通ずる幅員1m以上の通路その他の空地に面したものであること。

(3) 開口部は,格子その他の内部から容易に避難することを妨げる構造を有しないものであり,かつ,外部から開放し,または容易に破壊することにより進入できるものであること。

(4) 開口部は,開口のため常時良好な状態に維持されているものであること。

■無窓階の判断方法

無窓階は,床面積に対する開口部の割合,開口部の位置(床面からの高さおよび空地)および開口部の構造により決定される。無窓階以外の階の判定は,消防法施行規則第5条の2によるほか細部については,次により運用する。なお,開口部の有効寸法の算出については[表1]に示す。

(1) 11階以上の場合

消防法施行規則第5条の2第1項に定める床面積に対する避難上および消火活動上有効な開口の割合は,次による。[図1]

①直径50cm以上の円が内接することができる開口部の面積の合計が当該階の床面積の30分の1を超える階であること。

図1　無窓階の判定(11階以上の場合)

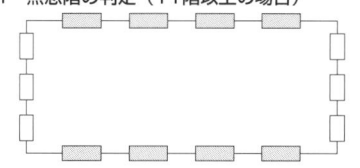

▭ 直径50cm以上の円が内接する開口部

$$\frac{▭ の面積の合計}{床\ 面\ 積} > \frac{1}{30}$$

図2　無窓階の判定(10階以下の場合)

▭ 直径50cm以上の円が内接する開口部
▭ 大型開口部(開口部はおのおの異なった位置とする)

$$\frac{▭ + ▭ の面積の合計}{床\ 面\ 積} > \frac{1}{30}$$

## C・1・12　無窓階

②10階以下の場合

前述の割合と同様であるが，前述の開口部に，直径1m以上の円が内接することができる開口部はその幅および高さがそれぞれ75cm以上および1.2m以上の開口部（以下「大型開口部」という）が2以上含まれているものであること。なお参考に1階店舗の例と敷地境界による有窓無窓の判断例を示す。[図3]［表1］

### ■ 建物周囲の空地について

消防法施行規則第5条の2第2項第2号の「通路その他の空地」とは，次のようなものである。[図4]

(1) 国または地方公共団体等の管理する公園で将来にわたって空地の状態が維持されるもの。
(2) 道または道に通じる幅員1m以上の通路に通じることができる広場（建築物の屋上，階段状の部分等）で避難および消火活動が有効にできるもの。
(3) 1m以内の空地または通路にある樹木，塀およびその他の工作物で避難および消火活動に支障がないもの。
(4) 傾斜地および河川敷で避難および消火活動が有効にできるもの。
(5) 周辺が建物で囲われている中庭等で当該中庭等から道を通じる通路等があり，次のすべてに適合するもの。
①中庭から道に通じる出入り口の幅員は，1m以上であること。
②中庭から道に通じる部分は，廊下または通路であること。
③中庭から道に通じる部分の歩行距離は，20m以下であり，かつ直接見通しができるものであること。
④道に面する外壁に2以上の大型開口部があること。
⑤道に面する外壁の開口部で必要面積の2分の1以上を確保できること。

### ■ 開口部の構造について

次に掲げる開口部は，消防法施行規則第5条の2第2項第3号の「内部から容易に避難することを妨げる構造を有しないものであり，かつ，外部から開放し，または容易に破壊することにより進入できるもの」として取り扱うことができる。[表2]

(1) はめ殺しの窓
①普通ガラスでその厚さがおおむね6mm以下の場合
②①以外であって，窓を容易にはずすことができる場合
(2) 屋内でロックされている窓
①普通ガラス
当該ガラスを一部破壊することにより，外部から開放できるもので，厚さがおおむね6mm以下のもの。
②線入りガラス（網入りガラスは不可）
当該ガラスを一部破壊することにより，外部から開放できるもので，厚さが6.8mm以下のもの。上記以外で厚さが10mm以下のものについては，外部にバルコニー，屋上広場等破壊できる足場が

### 表1　開口部の有効寸法算定（開口面積によるもの）

| | 形式 | 判断 |
|---|---|---|
| 突出し窓 | θ：最大開口角度（0〜90°） | Aの部分とする<br>注）A＝B(1-cosθ) |
| 回転窓 | θ：最大開口角度（0〜90°） | Aの部分とする<br>注）A＝B(1-cosθ) |
| 引き違い窓（上げ下げ窓を含む） | A、C＝1/2D<br>Aは，50cmの円の内接または，1m円の内接 | AまたB×Cとする。<br>なお，次による寸法の場合は，50cm以上の円が内接するものと同等以上として取り扱うことができる。<br>B＝1.0m(0.65m)以上<br>C＝0.45m(0.4m)以上<br>（注）（　）内は，バルコニー等がある場合 |
| 外壁面にバルコニー等がある場合 | | Aの部分とする。<br>なお，Bは1m以上で手摺りの高さは，1.2m以下とする。<br>（注）バルコニーの幅員はおおむね60cm以上の場合に限る。これによりがたい場合はCを開口寸法とする。 |

図3　無窓階の算定（1階の場合）

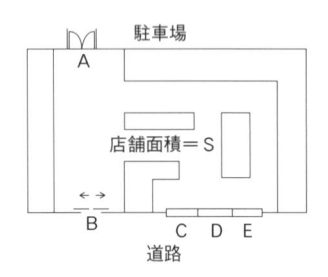

無窓階の判断規定は一般に窓を使うが，1階の場合は扉やフィックスの窓が多いので注意が必要である。
建具Aは鋼製建具のため鍵のかかるものは有効開口とはならない（ガラスの窓付きは有効となる）。建具Bは自動ドアで強化ガラス製である。停電時には開かない場合もあり有効開口とはならない（停電時にも開くもの，強化ガラスの厚さが5.0mm以下のものは有効となる）。建具C，D，Eは嵌め殺しのサッシ（W750, H1200）だが，ガラスは普通ガラスの6.0mm以下を使用しているので有効開口となる。この店舗の場合は規定の大きさの開口部が2以上あり，
S／30＜C+D+E
であれば，消防の無窓階にはならない。

図4　通路その他の空き地

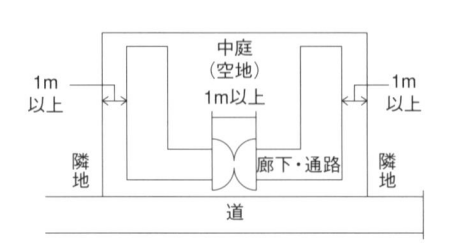

設けられている。
(3) 軽量シャッターの開口部
①煙感知器と連動により解錠した後，屋内外から手動で開放できるもの（非常電源付きのものに限る）。
②避難階に設けられてたもので，屋外より消防隊が特殊な工具を用いることなく容易に開放できるもの。
(4) 防災シャッターの開口部
①防災センター，警備員室または中央管理室等常時人がいる場所から遠隔操作で開放できるもの（非常電源付きのものに限る）。
②屋内外から電動により開放できるもの（非常電源付きのものに限る）。
③屋外から水圧によって開放できる装置を備えたもの，開放装置の送水口が1階にあるもの。認定品で総務省消防庁から通知がなされたものに限る。
(5) 二重窓
①はめ殺しの窓で厚さがおおむね6mm以下の普通ガラス戸
②屋内外から開放できるガラス戸
③避難階に設けられた屋内から手動で開放できる軽量シャッターとガラス戸
(6) 間仕切り壁を設けることにより，室内と開口部とが区画された構造のもので，開口部と相対する部分に出入り口が設けられたもの（出入り口は，屋内外から手動で開放できるものに限る）。
(7) 開口部と間仕切り壁等の間に通路を設け，間仕切り壁等に出入り口を有効に設けたもので，次のすべてに適合するものまたはこれと同等以上に支障がないと認められるもの。
①通路は，通行または運搬のみに供され，かつ，可燃物等が存置されていないことなど常時通行に支障がないこと。
②通路および間仕切り壁等の出入り口の幅員は，おおむね1m以上であり，高さは1.8m以上として下端は床面から15cm以下であること。
③間仕切り壁等の出入り口と一の外壁の開口部との距離は，おおむね10m以下であること。
(8) 開口部に接近して設けられている広告物，看板，日除けまたは雨除け等で避難および進入に支障がないもの。
(9) 避難を考慮する必要のない無人の小規模倉庫等で外壁が石綿スレート等で造られ，内壁がなく外部から容易に破壊できる部分（消火活動上支障がない場合に限る）。〈Yo〉

**表2 ガラスの種類による無窓階の取り扱い（都事務審査基準）**

| ガラス開口部の種類 | 開口部の条件 | | 無窓階判定（消防法施行規則第5条の2） | |
|---|---|---|---|---|
| | | | 足場有り | 足場無し |
| 普通板ガラス／フロート板ガラス／磨き板ガラス／型板ガラス／熱線吸収板ガラス／熱線反射ガラス | 厚さ6mm以下 | 引き違い戸 | ○ | ○ |
| | | FIX | ○ | ○ |
| 網入り板ガラス／線入り板ガラス | 厚さ6.8mm以下 | 引き違い戸 | △ | △ |
| | | FIX | × | × |
| | 厚さ10mm以下 | 引き違い戸 | △ | × |
| | | FIX | × | × |
| 強化ガラス／耐熱板ガラス | 厚さ5mm以下 | 引き違い戸 | ○ | ○ |
| | | FIX | ○ | ○ |
| 合わせガラス／倍強度ガラス | ― | 引き違い戸 | × | × |
| | | FIX | × | × |
| 複層ガラス | 構成するガラスごとに本表（網入り板ガラスおよび線入り板ガラスは，厚さ6.8mm以下のものに限る）により評価し，全体の判断を行う。 | | | |

1 「足場有り」とは，避難階またはバルコニー，屋上広場等破壊作業のできる足場が設けられているもの。ここでいうバルコニーとは，建築基準法施行令126条の7第5号に規定する構造以上のもの。
2 「引き違い戸」とは，片開き，開き戸を含め，通常は部屋内から開放することができ，かつ当該ガラスを一部破壊することにより外部から開放することができるもの。
3 「FIX」とは，はめ殺し窓をいう。
4 合わせガラスおよび倍強度ガラスは，それぞれJIS R 3205およびJIS R 3222に規定するもの。
凡例 ○…施行規則第5条の2第2項第3号に規定する開口部として取り扱うことができる
△…ガラスを一部破壊し，外部から開放することができる部分（引き違い戸の場合おおむね1/2の面積で算定する）を施行規則第5条の2第2項第3号に規定する開口部として取り扱うことができる。
×…施行規則第5条の2第2項第3号に規定する開口部として取り扱うことはできない

---

**法規mini知識**

## 路地状敷地と位置指定道路

路地状敷地には建築の制限があることはご存じの読者も多いことと思う。市街地の中心部には地上げや入り組んだ権利関係の影響で，不定形な路地状の敷地が多くある。これらの敷地には条例により建築制限がかかっている。建築基準法第40条の「地方公共団体の条例による制限の附加」によるもので，都内の場合は東京都建築安全条例で路地状敷地に関して制限を加えている。
たとえば路地状部分が幅員4m未満の敷地には4階建てのホテルは建てることはできない。というのは，敷地が路地状部分のみによって道路に接する場合の路地状部分の長さと幅員についての規制が，都建築安全条例の第3条に，また路地状敷地で幅員が4m未満の場合の階数に関する規制が第3条の二に規定されている（原則，階数が3以上の建築物は路地状部分の幅員を4m以上とすること。耐火，準耐火建築物は階数が4階まで緩和）。
また都建築安全条例第10条には，特殊建築物についての敷地制限がある。ホテルや百貨店などの特殊建築物は原則，路地状部分のみによって道路に接するような敷地には建築できない。また同条例第10条の二で定められた特殊建築物については，その用途と前面道路の幅員の関係が決められている。たとえば展示場の前面道路は幅員が6m以上必要で，道路との接道長については建物の延べ面積と道路の接道長が規制されている。2000㎡以上のものは10m以上道路に接していなければならない。
平成14年6月，路地状敷地には建つはずがない建築物を，路地状部分を「位置指定道路」にした建築計画の例があった。そこでは，路地状敷地の路地状部分を道路として計画するという手法がとられていた。
位置指定道路とは，土地を建築敷地として利用するため築造する道路で，制令で定める指定条件に適合し，かつ築造する者が特定行政庁からその位置の指定を受ける。たとえば，道の両端が他の道路に接続することが求められるが，道路延長が35m以下の場合は，袋路地状道路にすることができる。したがって，路地状敷地の袋路地状部分を位置指定道路にすることによって，路地状敷地に関わるいろいろな制約から解放されることになる。なお，この位置指定道路は，原則的に私道扱いとなる（建築基準法第42条1項5号）
このように，路地状敷地に商業ビルを建築しようとする場合に位置指定道路はありがたい手だてではあるが，隣接敷地からみると，「ここには高い建物は建たない」敷地であったのだから，計画を進めるにあたっては近隣との十分な調整が必要となる。〈On〉

## 仮設建築物

建築基準法第84の2，第85条，同施行令147条

売り場の変更，テナントの入れ替え，下屋空間での売り買い等，商業施設は用途変更，機能変化に追従，対応し得る建築が求められる。建築基準法では短時間での建築に対して「仮設建築物」としてさまざまな性能，仕様を免除および緩和することができる，ようにしている。[表1]

**仮設建築物の定義と種類**

(1) 応急仮設建築物（建築基準法85条1項）：非常災害があった場合，国や地方公共団体，日本赤十字社が建築する災害援助のための仮設建築物。

(2) 公益上必要（非常災害時）な仮設建築物（建築基準法85条2項）：災害があった場合に建てられる鉄道駅，郵便局，警察署，消防署，市役所等の建築物。

(3) 工事現場事務所（建築基準法85条2項）：建築工事の現場に設けられる事務所，下小屋，資材置き場等の仮設建築物。

(4) 仮設興行場，博覧会建築物，仮設店舗などの仮設建築物（建築基準法85条4

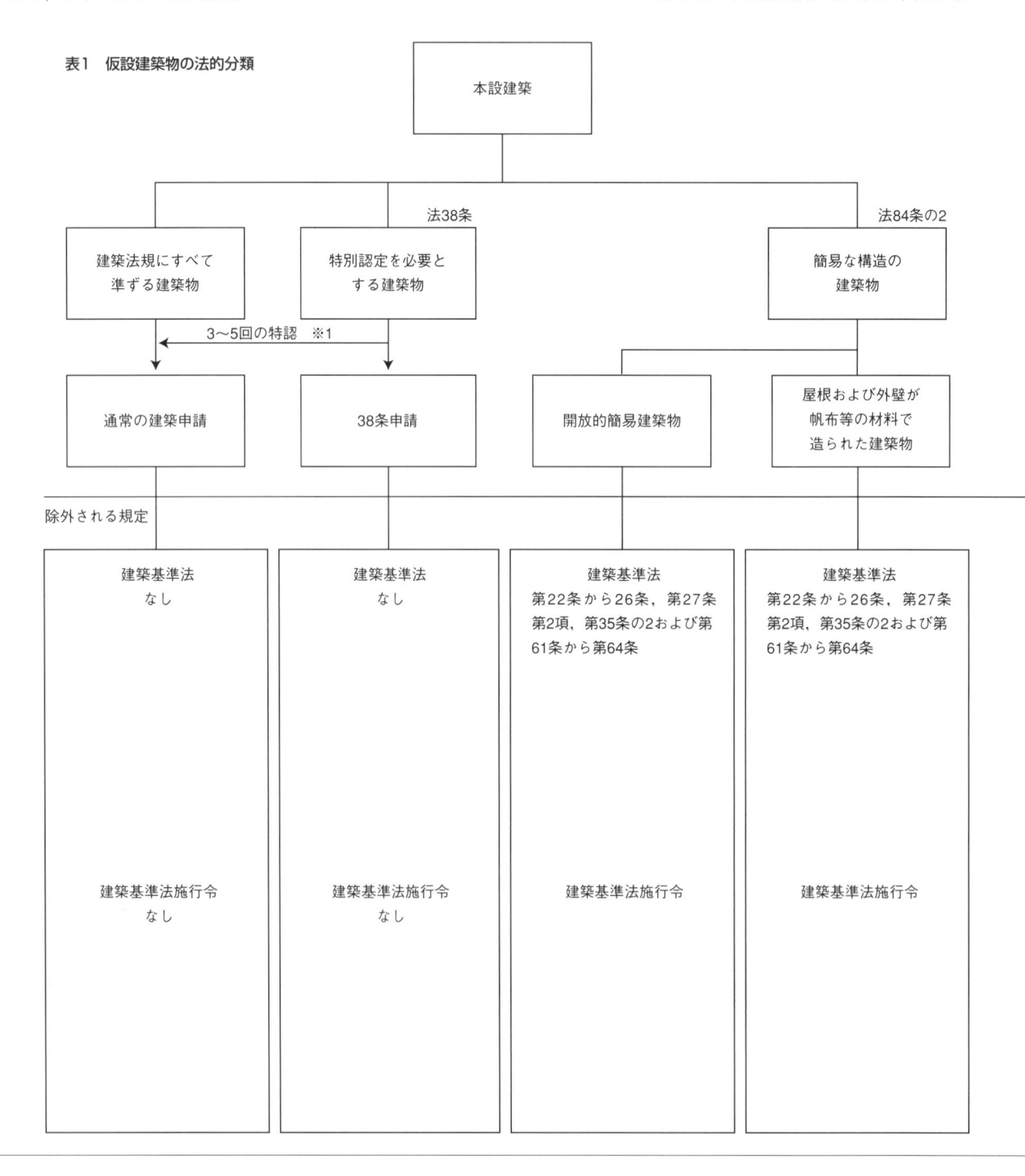

表1　仮設建築物の法的分類

```
                        本設建築
                           │
            ┌──────────────┴──────────────┐
           法38条                        法84条の2
     ┌──────┴──────┐                ┌──────┴──────┐
建築法規にすべて  特別認定を必要       簡易な構造の建築物
準ずる建築物    とする建築物      ┌──────┴──────┐
     │       ←3～5回の特認※1   開放的簡易    屋根および外壁が
 通常の建築申請   38条申請        建築物      帆布等の材料で
                                           造られた建築物
```

除外される規定

| 通常の建築申請 | 38条申請 | 開放的簡易建築物 | 屋根および外壁が帆布等の材料で造られた建築物 |
|---|---|---|---|
| 建築基準法<br>なし | 建築基準法<br>なし | 建築基準法<br>第22条から26条，第27条第2項，第35条の2および第61条から第64条 | 建築基準法<br>第22条から26条，第27条第2項，第35条の2および第61条から第64条 |
| 建築基準法施行令<br>なし | 建築基準法施行令<br>なし | 建築基準法施行令 | 建築基準法施行令 |

項）：サーカス，仮設劇場，芝居小屋，博覧会やイベント会場などの仮設建築物。住宅展示場も含まれる。
以上の4種類が仮設建築物である。
仮設建築物について緩和される項目を纏めたのが［表2］である。
ここで分かるように集団規定。単体規定のかなりの部分が緩和される。たとえば接道義務の免除，木造での外壁防火構造，防火壁等また内装制限，敷地の衛生および安全性，便所，避雷設備，昇降機等である。しかしその存置期間は1年までとされている。ただし建替え工事期間中の仮設店舗は工事の施工上必要とされる期間が特定行政庁により許可される。
なお，これらの仮設建築物は屋根，壁があり土地に固定された建築を対象としている。
たとえば移動可能なワゴンセール，屋台，運動会の小規模な仮設テント，フリーマーケット町内会の催し物，お祭り用のテントなどで土地に固定されないものは「仮設建築物」ではなく自由に設置できる。
しかし，屋根および外壁が帆布等の材料で造られた建築物や開放的な簡易的建築物は「簡易な構造の建築物」（建築基準法84条の2）として規定され「仮設建築物」ではなく本設建築物として緩和される内容は制限されている。
以上，仮設建築物の建築基準法上の定義，種類，緩和について概略を記した。

■仮設建築と対象業法

ここで注意してほしいのは，たとえば仮設興行場で申請した場合は，興行場法の規制を受けるということである。したがって興行場を営業する場合は，保健所に対して営業許可を申請しなくてはならない。興行場法では換気能力，便所の個数等の規定がある。また，都道府県の条例による建築や消防の規制もあるので確認が必要である。

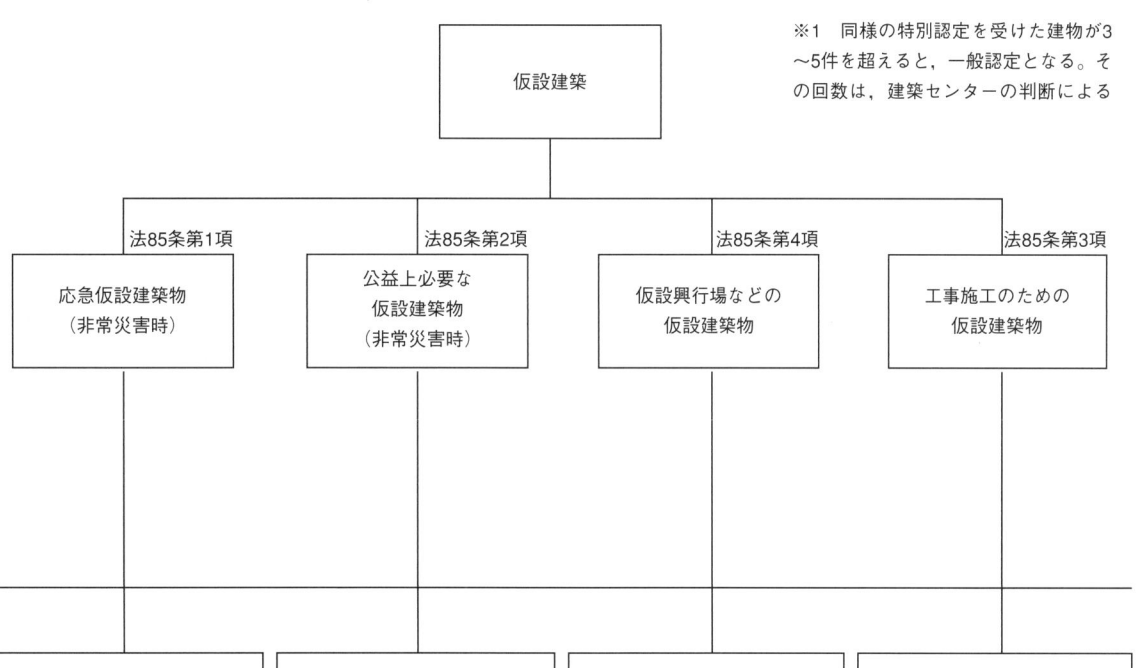

※1 同様の特別認定を受けた建物が3〜5件を超えると，一般認定となる。その回数は，建築センターの判断による

| | 法85条第1項 | 法85条第2項 | 法85条第4項 | 法85条第3項 |
|---|---|---|---|---|
| 仮設建築 | 応急仮設建築物（非常災害時） | 公益上必要な仮設建築物（非常災害時） | 仮設興行場などの仮設建築物 | 工事施工のための仮設建築物 |
| 建築基準法 | 全規定<br>災害が発生した日から1月以内にその工事に着手するもので，防火地域外に建てるもの | 第6条から第7条の3、第12条の第1項および第2項、第15条、第18条（第9項を除く）、第19条、第21条から第23条、第26条、第31条、第33条、第34条第2項、第35条、第36条（第19条、第21条、第26条、第31条、第33条、第34条第2項および第35条に関する部分）、第37条、第39条、第40条、第3章 | 第12条第1項および第2項、第21条から第27条、第31条、第34条第2項、第35条の2、第35条の3、第3章（6節を除く） | 第6条から第7条の3、第12条の第1項および第2項、第15条、第18条（第9項を除く）、第19条、第21条から第23条、第26条、第31条、第33条、第34条第2項、第35条、第36条（第19条、第21条、第26条、第31条、第33条、第34条第2項および第35条に関する部分）、第37条、第39条、第40条、第3章 |
| 建築基準法施行令 | 全規定 | 第22条、第28条から第30条、第37条、第39条の2、第41条から第43条、第46条、第48条、第49条、第67条、第70条、第3章第8節、第112条、第114条、第5章、第5章の2、第129条の13の2、第129条の13の3 | 第22条、第28条から30条、第37条、第39条の2、第46条、第49条、第67条、第70条、第3章第8節、第112条、第114条、第5章の2、第129条の13の2、第129条の13の3 | 第22条、第28条から第30条、第37条、第39条の2、第41条から第43条、第46条、第48条、第49条、第67条、第70条、第3章第8節、第112条、第114条、第5章、第5章の2、第129条の13の2、第129条の13の3 |

**表2 仮設建築物の法規緩和項目**

| | 項目 | 条例 | 応急仮設建築物（非常災害時）法85条第1項 ①国・地方公共団体，日本赤十字社が災害救助のために建築するもの ②被災者が自ら使用するために建築するもの（延べ床30㎡以内） | 公益上必要な仮設建築物（非常災害時）法85条第2項 | 仮設興行場，仮設店舗などの仮設建築物 法85条第4項 | 工場施工のための仮設建築物 法85条第2項 |
|---|---|---|---|---|---|---|
| 申請および確認 | 建築物の建築等に関する申請および確認 | 法．第6条 | ○ | ○ | | ○ |
| | 建築物の建築等に関する確認の特例 | 法．第6条3 | ○ | ○ | | ○ |
| | 建築物に関する検査 | 法．第7条 | ○ | ○ | | ○ |
| | 中間検査 | 法．第7条3，4 | ○ | ○ | | ○ |
| | 建築物に関する検査の特例 | 法．第7条5 | ○ | ○ | | ○ |
| | 仮使用等 | 法．第7条6 | ○ | ○ | | ○ |
| | 報告・検査等 | 法．第12条 | ○ | ○ | ○ | ○ |
| | 報告・検査等 | 法．第15条 | ○ | ○ | | ○ |
| | 国，都道府県または建築主事を置く市町村の建築物に対する確認……の手続きの特例 | 法．第18条 | ○ | ○ | | ○ |
| 集団規定 | 都市の建築物に対する基準 | 第1節 | ○ | ○ | ○ | ○ |
| | 道路による建築制限 | 第2節 | ○ | ○ | ○ | ○ |
| | 用途制限 | 第3節 | ○ | ○ | ○ | ○ |
| | 建築物の面積・高さおよび敷地面積の関係 | 第4節 | ○ | ○ | ○ | ○ |
| | 防火地域 | 第5節 | ○ | ○ | ○ | ○ |
| | 地区計画等 | 第6節 | ○ | ○ | ○ | ○ |
| 防火規定 | 屋根 | 法．第22条 | ○ | ○ | ○ | ○ |
| | 外壁 | 法．第23条 | ○ | ○ | ○ | ○ |
| | 木造の特殊建築物の外壁等 | 法．第24条 | ○ | | ○ | |
| | 建築物が第22条第1項の市街地の区域の内外にわたる場合の措置 | 法．第24条2 | ○ | | ○ | |
| | 大規模の木造建築物の外壁等 | 法．第25条 | ○ | | ○ | |
| | 防火壁 | 法．第26条 | ○ | ○ | ○ | ○ |
| | 耐火建築物または準耐火建築物としなければならない特殊建築 | 法．第27条 | ○ | | ○ | |
| | 特殊建築物等の避難および消火に関する技術的基準 | 法．第35条1 | ○ | ○ | | ○ |
| | 特殊建築物等の内装 | 法．第35条2 | ○ | | ○ | |
| | 無窓の居室等の主要構造部 | 法．第35条3 | ○ | | ○ | |
| 衛生規定 | 敷地の衛生および安全 | 法．第19条 | ○ | ○ | | ○ |
| 構造規定 | 大規模の建築物の主要構造部 | 法．第21条 | ○ | ○ | ○ | ○ |
| 設備規定 | 便所 | 法．第31条 | ○ | ○ | | ○ |
| | 避雷設備 | 法．第33条 | ○ | ○ | | ○ |
| | 昇降機 | 法．第34条2 | ○ | ○ | ○ | ○ |

興行場法による規制は，仮設興行であるからといって緩和規定はなく，すべて常設のものと同じ基準で計画しなければならない。とはいえ，仮設興行では施設に関する投資の額もおのずと異なるわけで，全く同じというのも現実的ではない。しかし，仮設興行は不衛生でよいということにはならないのはもちろんで，保健所との相談が不可欠である。

仮設興行場の許可が必要な期間として，1カ月に4日間以上という内規があるが，これは4日連続して公演をしても構わないというわけではなく，1カ月間に4日間ぐらい，散発的に開催する程度なら許可対象にあたらないという意味である。したがって，連続3日以上の連続公演の場合は，許可対象になる可能性が高い。これらの判断は管轄の区域の保健所により異なるため，許可対象になる，ならないの判断も含めて保健所に相談することが必要だろう。東京都の指導例によれば，仮設興行場の許可は1カ月単位でこの期間を超えるものは，そのつど許可手数料を添えて申請する。

仮設興行の申請限度は連続6カ月間で，6カ月間を超える当該興行場は常設の興行場の申請は必要になる。したがって，3カ月以上の興行の場合は常設の申請の法が手数料と手間のことを考えれば仮設の申請より有利となる。

■**有期限建築と仮設建築**

近年特に可変性，簡易性などイベント対応，数年の機能空間として「有期限建築」の技術開発が進んでいる。この「有期限建築」が本設建築物か仮設建築物かの判断は，法的には特に性能規定の安全性が実証しえるか否かによるといえる。また，すべての工事が竣工する前に部分使用したい時には「仮使用申請」の手続きをすることによって可能となる。〈Ok〉

# 用途変更

建築基準法第6条，87条。同施行令137条の9の2，137条の10第1項，137条の10第2項

**表1　用途変更の確認申請が不要な類似の用途と制限**

| | |
|---|---|
| ①劇場，映画館，演芸場 | |
| ②公会堂，集会場 | |
| ③診療所（患者収容施設付き），児童福祉施設等 | 第1，2種低層住専内では類似とは認められない |
| ④ホテル，旅館 | |
| ⑤下宿，寄宿舎 | |
| ⑥博物館，美術館，図書館 | 第1，2種低層住専内では類似とは認められない |
| ⑦体育館，ボーリング場，スケート場，水泳場，スキー場，ゴルフ練習場，バッティング練習場 | 第1，2種中高住専内では類似とは認められない 工業専用地域内では類似とは認められない |
| ⑧百貨店，マーケット，その他の物品販売業を営む店舗 | |
| ⑨キャバレー，カフェ，ナイトクラブ，バー | |
| ⑩待合，料理店 | |
| ⑪映画スタジオ，テレビスタジオ | |

## ■用途変更と確認申請

店舗の計画を練る際には，建物の設計が完了しているか，あるいはすでに建っている場合が多い。つまり，確認申請関係の業務は日常の作業として行うのは稀である。確認申請の業務といえば建物を新築するか，あるいは増築する場合であって，このような建築行為がないのに確認申請が必要になるとは考えにくいといえよう。

しかし，たとえば何も工事を行わなくても，原動機の出力を増加させたり，一定の条件下においてその建物の一部分を特殊建築物に変更するだけで確認申請が必要となる場合がある。これが「用途変更」による確認申請である。

用途変更の確認申請は，新築や増築の場合とほとんど同じ申請方法である。審査期間も一般の確認申請と同様にかかるので，工程計画には余裕が必要となる。ただし，すべての用途変更に確認申請が必要というわけではない。事務所や住宅のような一般建築物への用途変更である場合は，規模に関係なく確認申請は不要である。特殊建築物に変更する場合でも，その用途に供する床面積が100m²以下であれば，これも確認申請は不要である。変更する前と後の用途同士が類似の用途の場合は，軽微な変更と見られて確認申請は必要ないとされる。

増築等の建築行為がある場合は，これらの行為を主として用途変更の申請は増築の確認申請の中に包括される。確認申請が必要か否かは工程を管理する上で重要な要素となるため事前に十分確認しなければならない。

われわれが日頃よく経験する例として，物販店を飲食店へ変更する場合や，その逆の場合があるが，100m²を超えると，これらは類似の用途とならないため，用途変更の確認申請が必要となる。この他に用途変更を行う場合の注意としては，用途地域における建築制限のチェックも必要である。用途変更の確認申請の場合は，構造関係の審査が不要とされているが，商業用とのものを倉庫や駐車場に変更する場合は，床の積載荷重が重くなるので床の強度の検討も必要であろう。また，百貨店や大型物販店の床面積や階数が変更の結果，増加する場合は避難規定にかかわり，階段の幅員を広げなくてはならなくなったりするため，物理的に困難になるケースもある。また，既存の建物で用途変更をする場合に注意しなければならないことは，既存不適格な部分の改修義務が生じるということである。用途変更をしても確認申請が不要な規模であれば既存不適格な部分に関しては特に耐震改修の必要はないが，確認申請の対象となると改修や見直しを指導される（B-7耐震改修促進法 P.32）。

## ■用途変更申請が不要な類似の用途

建築基準法の規定により，類似の用途間の用途変更は，確認申請が必要ないとされる（建築基準法6条，87条，同施行令137条の9の2および137条の10）。

類似の用途と見なされるものは表1に示す11項目のものがある。

類似とはこれらの項目の中の用途同士ということになる。しかし，昨今では店舗の業種，業態の開発が著しく，飲食店と10番目の「料理店」が類似になるか否かは判断に迷う。また，用途によっては，一定の用途地域内で類似と見られない用途もあるので注意が必要だ。建築基準法別表2を見ると，料理店はキャバレー，ナイトクラブなどと同じ項目に入っている。これは飲食というくくりではなく，風俗営業のくくりであるようだ。いずれにしろ，これらに関しては，個別に建築指導課に確認する必要がある。〈On〉

---

**法規mini知識**

### 性能規定化はオトナの法規

小学校低学年だったら，
「となりの人の邪魔をしないように」「静かにしていること」「質問があるときは，ハイと言って手をあげること」……と言わなければならないことを，高学年であれば，「授業の進行を妨げないこと」と，ひとこと言えばすむ。

高学年の児童は，"授業のスムーズな進行"という要求性能を伝えるだけで，その主旨を理解し達成できる技量が備わっているためであり，低学年の児童に対しては，ひとつひとつ"やってはいけないこと"や"守るべきこと"を羅列しなければならない。

性能規定と仕様書規定の関係もそれに似ている。性能規定化は，国や社会がある一定上の成熟したレベルになってはじめて可能になるしくみである。〈Id〉

# リニューアルと法規制

建築基準法第3条，6条，86条の7，87条。消防法第17条，17条の2，17条の3。同施行令34条の2，34条の3

リニューアルとは，既存建築物の内外部を更新させ業務の効率化を図る建築行為をいう。現存する建築物を増築・改築・大規模の修繕・大規模の模様替え・用途変更を行う場合はその時点での建築基準法，またはこれに基づく命令もしくは条例の規定などの適用を受けることとなる。
リニューアルにあたって届出の要否は，
①工事面積が規定を超える場合
②用途変更となる場合
③既存遡及となる場合
にある。

■工事面積が規定を超える場合
増築工事においては，防火地域，準防火地域外の場合は10m²以内の場合は確認申請が不要だが，これを超えると申請の手続きをしなければならない。
また防火地域，準防火地域内の場合は10m²以下でも申請が必要になる。改築移転の場合も増築と同じに扱われる。
また増築工事の場合は建物を使いながら工事を並行して進める場合は建築基準法第7条の6，仮使用の承認申請が必要になる。
修繕や模様替えでは，大規模の模様替えを行う場合に確認申請が必要になる。
大規模な修繕模様替えとは建物の主要構造部（壁・柱・床・梁・屋根・階段）の1種以上について行う過半の修繕・模様替えをいう。たとえば屋根の半分以上を修繕するとか，二つしかない階段の一つを修繕する場合は「大規模の修繕」になる。「大規模の模様替え」もこれに準じる。いずれにしろ事前の相談，確認をされたい。
確認申請をするということは，既存不適格部分を現行法規に対して適合させることであるので，予算の問題もあるが工事の上で大がかりになることも予想されるので事前によく検討することが必要である。詳細は後述するが，たとえば今まで自然排煙がとれていたものが改装によって間仕切壁などの変更で取れなくなり，機械排煙としなければならなくなるなどのケースもある。

■用途変更となる場合
用途の変更の場合は類似の用途相互間（建築基準法施行令第137条の9の2）の場合は問題がないが，用途変更により建築基準法別表第一（い）欄の用途にする場合で，その床面積が100m²を超える場合は確認申請が必要になる。商業建築では，劇場・映画館・ホテル・百貨店・マーケット・遊技場等に用途変更する場合は確認申請が必要となる（C1-14用途変更 P.77）。
用途変更により物販店にする場合は，避難階段および特別避難階段の幅は床面積100m²につき60cmの割合以上の階段幅が必要になる。また避難階段および特別避難階段に通ずる出入り口の幅も検討する必要がある。たとえば，床面積100m²につき，地上階は27cm，地下階は36cmの出入り口幅が必要となる（建築基準法施行令第124条）。

■既存遡及となる場合
（建築基準法・消防法など）
リニューアルを行う場合，「既存遡及」が発生する場合は確認申請が必要となる。「既存遡及」とは，リニューアル後において当該建築物を現行の建築関係法令（建築基準法，同施行令および条例，細則や指導要綱を含む）に適合させることをいう。建築基準法に規定する構造，設備すべての点で現行法規制に合致することが求められる。
この既存遡及は，建築基準法のほか，消防法においても適用される。既存不適格建築物の，構造上の既存遡及の緩和については，B-7耐震改修促進法を参照されたい（P.32）。
消防法上，防火対象物の消防用設備は既存遡及の適用を受ける。特に飲食店，百貨店，ホテル，地下街，複合用途防火対象物等など不特定多数が出入りする特定防火対象物については消防用設備の種類に関わらず全面的に既存遡及が適用される。以下の5点のいずれかの場合に既存遡及が適用される。
(1) 増・改築に伴う遡及（消防法施行令第34条の2）
①増築・改築部の床面積が1000m²以上の場合
②増築・改築部の床面積が既存の1/2以上の場合
既存遡及を受ける大規模の修繕模様替えの範囲（消防法施行令第34条の3）
主要構造部である壁について行う過半の修繕模様替え
(2) 用途変更に伴う遡及
①変更後の用途が特定防火対象物である場合（消防法17条の3第2項第4項）
②従前の用途における消防設備が法不適合の場合（消防法17条の3第2項第1項）
(3) 法改正に伴う遡及（増・改築が発生しなくても発生する遡及
(4) 防災機器の型式失効に伴う遡及
(5) 消防署からの改善命令（指導等）。所管消防から改善命令・指導が出されている場合はリニューアル工事時に対応する必要がある。

以上，消防法で既存遡及される場合の概略を記した。
また，建築物を使用しながら工事を進めるリニューアル工事においては，既存部分の使用に関して制限があるので注意されたい。〈ok〉

### リニューアル・ケーススタディ

■個室感を重視した中華レストランに改装
ここに紹介するリニューアルは，郊外の大型商業施設内のボーリング場に付帯する飲食施設を，個室感を重視したインテリアの中華レストランに改装した例である。右に今回のリニューアル実例の既存図を示す。対象区画は大きな商業建築の一区画で，現在まであまり有効利用されてない状態であった。別区画は現在，日用品売り場となっているが，以前はボーリング場で，この区画は当時の軽食喫茶スペースだったようである。

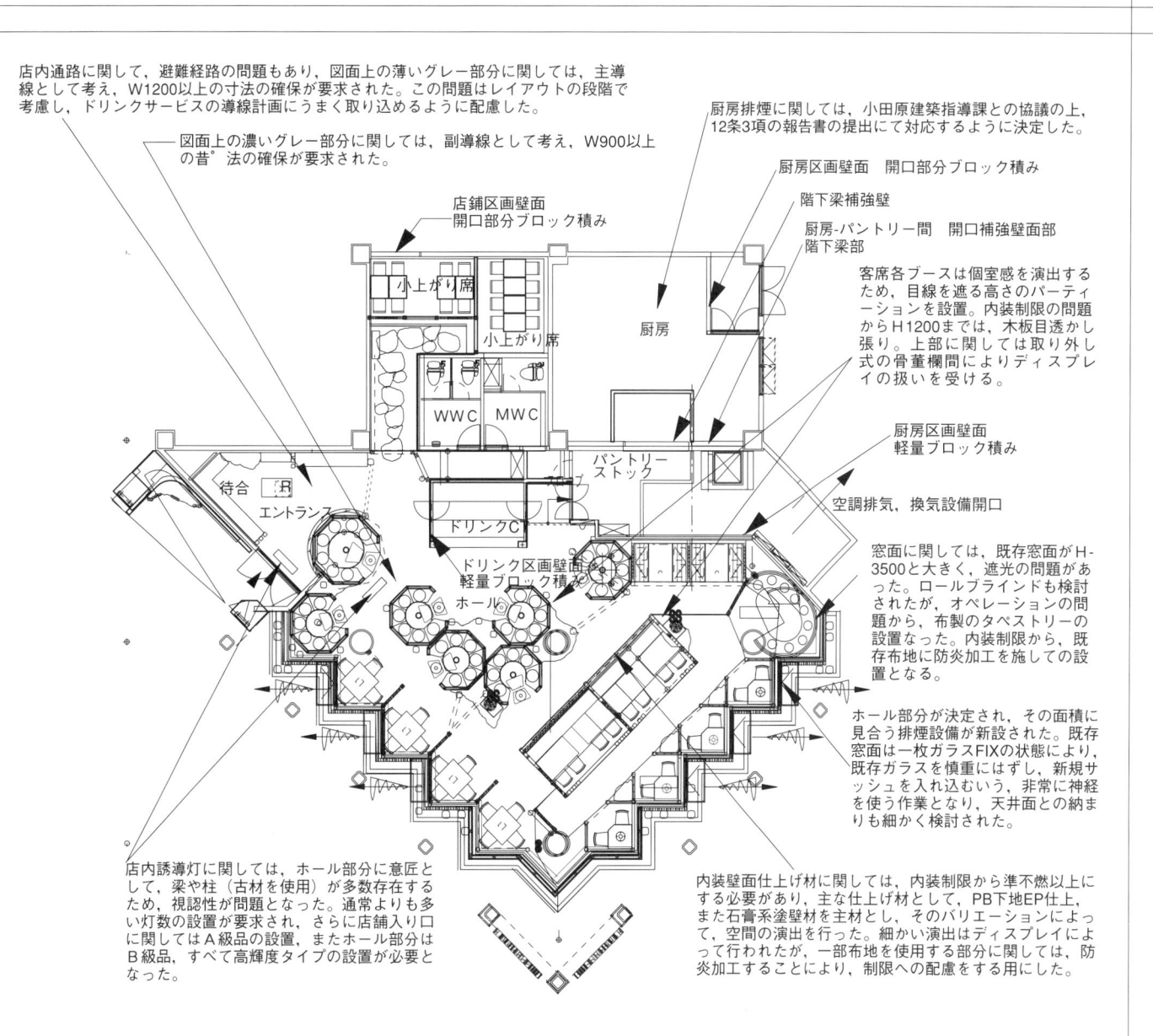

店内通路に関して，避難経路の問題もあり，図面上の薄いグレー部分に関しては，主導線として考え，W1200以上の寸法の確保が要求された。この問題はレイアウトの段階で考慮し，ドリンクサービスの導線計画にうまく取り込めるように配慮した。

図面上の濃いグレー部分に関しては，副導線として考え，W900以上の寸法の確保が要求された。

店舗区画壁面　開口部分ブロック積み

小上がり席

小上がり席

厨房排煙に関しては，小田原建築指導課との協議の上，12条3項の報告書の提出にて対応するように決定した。

厨房区画壁面　開口部分ブロック積み

階下梁補強壁

厨房-パントリー間　開口補強壁面部
階下梁部

WWC　MWC

厨房

客席各ブースは個室感を演出するため，目線を遮る高さのパーティーションを設置。内装制限の問題からH1200までは，木板目透かし張り。上部に関しては取り外し式の骨董欄間によりディスプレイの扱いを受ける。

待合　エントランス

パントリー
ストック

厨房区画壁面
軽量ブロック積み

ドリンクC

ドリンク区画壁面
軽量ブロック積み

空調排気，換気設備開口

ホール

窓面に関しては，既存窓面がH-3500と大きく，遮光の問題があった。ロールブラインドも検討されたが，オペレーションの問題から，布製のタペストリーの設置なった。内装制限から，既存布地に防炎加工を施しての設置となる。

ホール部分が決定され，その面積に見合う排煙設備が新設された。既存窓面は一枚ガラスFIXの状態により，既存ガラスを慎重にはずし，新規サッシュを入れ込むいう，非常に神経を使う作業となり，天井面との納まりも細かく検討された。

店内誘導灯に関しては，ホール部分に意匠として，梁や柱（古材を使用）が多数存在するため，視認性が問題となった。通常よりも多い灯数の設置が要求され，さらに店舗入り口に関してはA級品の設置，またホール部分はB級品，すべて高輝度タイプの設置が必要となった。

内装壁面仕上げ材に関しては，内装制限から準不燃以上にする必要があり，主な仕上げ材として，PB下地EP仕上，また石膏系塗壁材を主材とし，そのバリエーションによって，空間の演出を行った。細かい演出はディスプレイによって行われたが，一部布地を使用する部分に関しては，防炎加工することにより，制限への配慮をする用にした。

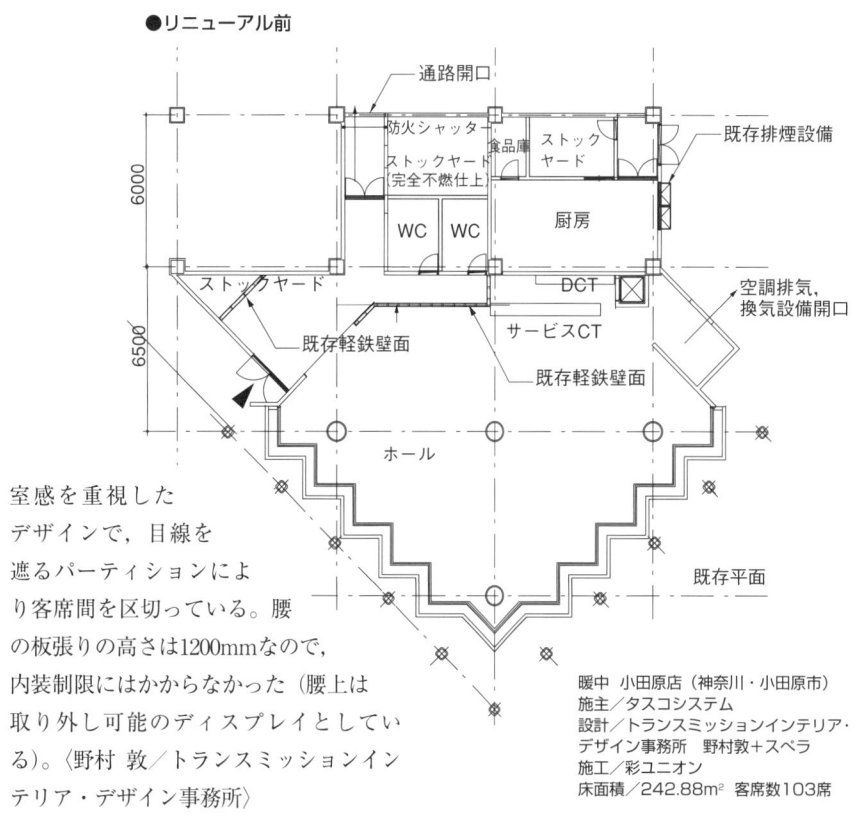

したがって設備関係は，すべて現日用品売り場と同系統できており，今回はまず，このテナント独自の系統別けと計量メーターの設置が必要なった。

また，今回の業態はガス容量で20万キロカロリー以上の容量を必要とするため，既存の状態ではすべての容量が不足し，電気，ガス，給水など，トランスの差し換え，分岐管の容量アップが条件となった。また，壁面を増設し厨房区画，客席，パントリーの区画を明確にし排煙区画を分離した。これにより排煙面積の算出と排煙経路の確定し，新規排煙設備を設けることとなった。

レイアウトに関しては，やや特殊な形状を有効に活用するため，いかにデッドスペースを少なくするかが課題となった。主動線と副動線の区別を明確にするよう消防署からの指導があり，主動線幅員1200mm，副動線900mmとした。また個室感を重視したデザインで，目線を遮るパーティションにより客席間を区切っている。腰の板張りの高さは1200mmなので，内装制限にはかからなかった（腰上は取り外し可能のディスプレイとしている）。〈野村 敦／トランスミッションインテリア・デザイン事務所〉

●リニューアル前

通路開口

防火シャッター
ストックヤード
完全不燃仕上
食品庫
ストックヤード
既存排煙設備

6000

WC　WC
厨房

ストックヤード

6500

DCT
サービスCT

既存軽鉄壁面

空調排気，
換気設備開口

既存軽鉄壁面

ホール

既存平面

暖中　小田原店（神奈川・小田原市）
施主／タスコシステム
設計／トランスミッションインテリア・デザイン事務所　野村敦＋スペラ
施工／彩ユニオン
床面積／242.88m² 客席数103席

# 屋外広告物

屋外広告物法，各都道府県屋外広告物条例，同施行規則景観条例

壁面と広告量

## ■都市景観の重要な構成要素

都市の生活の中で人々が豊かさや潤いを求めようになり，都市景観に対する関心も高くなっている。屋外広告物は，都市景観の重要な構成要素であり，生活の中に深く入り込んでいる。広告物も，無秩序，大量に表示されると自然の風致や街の美しさを損ねることになる。

また，近年屋外広告物の表示方法は，多様化・大型化しており，建築物の屋上や壁面などに設置される大型の広告塔や広告板などは，適正に設置・管理されなければ，落下や倒壊などにより，貴重な生命や財産を奪うことになりかねない。

これらのことより，屋外広告物法は，まちの美観風致を維持し，公衆に対する危害を防止する観点からさまざまな規定をしている。また，具体的な判断基準となる設置基準や構造基準はほとんどが都道府県条例に委譲している。

また，広告物はその高さが4mを超えると，工作物としての確認申請が必要となる。許認可申請については，工作物の確認申請は所轄区域の建築指導課となる。屋外広告物は地域によって異なるが土木課などが対応する場合もあるため，事前の確認が必要である。

ここでは，東京都屋外広告物条例を基に説明する。

## ■屋外広告物の対象となる広告物

屋外広告物とは，①常時または一定の期間継続して，②屋外で，③公衆に表示されるものであって，④看板，立看板，張り紙並びに広告塔，広告板，建物その他工作物などに掲出され，また表示されたもの並びにこれらに類するもの，をいう（屋外広告物法第2条第1項）。

屋外広告物に該当しないものには，
①工場，野球場，遊園地内等で，その構内に入る特定のもののみ対象とするもの。
②街頭演説などののぼり旗など一時的でかつ，設置者の直接的な管理下にあるもの。
③単に光を発するもの（サーチライト等）
④音響広告
⑤非営利目的の集会や催し物のために表示するもの
⑥冠婚葬祭や祭礼のためのもの
⑦自家用広告物で条件に合うもの［表1］
ただし，禁止区域内においては，20m²を超える広告物は設置できない。

その他，電車または自動車の外面を利用する広告物もよく見られるようになった。利用する際には，表示面積，色彩等の基準があるため事前に所轄の条例などで，設置基準・許可基準の確認が必要となる。

## ■屋外広告物の禁止区域・禁止物件

東京都では，第1種・2種低層住居専用地域，第1種・2種中高層住居専用地域，美観区域，風致地区，文化財保護法の建築物およびその周囲など，禁止区域，橋，高架道路，道路標識，公衆電話ボックスなどの禁止物件を規定している。ただし前述した適用除外広告物（自家用広告物）もあるため，事前

表1 自家用広告物の適用除外基準（東京都の例）

| 地域・地区等 | 許可の不要な合計面積 | 禁止されている事項 | 路線用地から展望できる禁止区域内の禁止事項（注1） |
|---|---|---|---|
| 1. 第1種・2種低層住居専用地域　第1種・2種中高層住居専用地域<br>2. 風致地区<br>3. 緑地保全地区<br>4. 国立公園，国定公園，都立自然公園の特別区域<br>5. 第1種文教地区<br>6. 保安林，文化財保護法により指定された建築物およびその周辺，歴史的・都市美観建造物およびその周辺　その他知事の定める地域 | 5m²以下 | 1. 屋上への取り付け<br>2. 壁面からの突出<br>3. ネオン管の使用 | 1. 光源の点滅<br>2. 赤色光の使用<br>（表示面積の1/20以下は使用できる。この表において以下同じ） |
| 7. 全域 | | 橋，高架道路・高架鉄道および軌道，石垣等からの突出 | |
| 8. 第2種文教区域 | 10m²以下 | | 1. 光源の点滅<br>2. 赤色光の使用 |
| 9. 第1種・第2種住居地域，準住居地域，近隣地域，商業，準工業，工業，工業専用地域<br>10. 都市計画区域のうち用途地域の未指定地域 | | | 1. 光源の点滅<br>2. 赤色光の使用<br>3. 露出したネオン管の使用 |
| 11. 上記9の地域内美観地区<br>12. 上記9の地域内の東京国際空港用地，新宿副都心地区 | | | 1. 屋上への取付<br>2. 光源の点滅<br>3. 赤色光の使用<br>4. 露出したネオン管の使用 |

注1：都市高速道路，東海道新幹線，中央高速道，東名高速道等。
注2：　　　　は許可区域，1〜4，6，11〜12は禁止区域を示す。
注3：禁止区域内において許可できる面積は20m²以下。

に所轄の建築指導課・土木課に確認することが必要である［表1］。

■特殊な規制
①鉄道に関する規制：東海道新幹線沿線は、条例により規制があるので事前に禁止区域の確認をすること。
②道路に関する規制：都市高速道路沿道の規制。高速自動車道沿道の規制

■許可基準の概要
許可基準には、通則的基準と個別基準がある。通則には、①形状，規模，色彩，意匠などの規制、②公衆に害を及ぼすことのある広告物の規制、③蛍光塗料，蛍光フィルムの禁止などがある。
個別基準には、高さ規制、表示面積規制、道路からの高さ制限［図1-1,2］および敷地境界線からの距離規制などがある。
また表示面積規制で近隣商業地域および商業地域内において、高さが10mを超える建築物を表示する広告物は、建築物の総壁面積の60％を超えてはならない、という総表示面積規制がある。

■屋外広告物の許可申請の手順
屋外広告物の申請窓口は、管轄する土木課が行う場合が多い。その他敷地境界線を越える場合は、道路占用許可が必要となるため、該当する道路管理者を事前に確認すること。この道路管理者が異なる場合はそれぞれに申請しなくてはならない。たとえば、計画中の店舗の3方を道路で囲まれていたとする。そして、それぞれに看板を設置するとそれぞれに道路占用許可を必要ということになる。さらに、その三つが国道、県道、市道と分かれていたとすると、それぞれ申請窓口が異なる。また、高さ4mを超えると別途工作物の確認申請が併せて必要となる。
屋外広告物の許可申請のフローチャートを［表2］に示す。また、都市の景観形成にかかわる制度として独自の景観条例を制定している自治体が多く、併せて事前確認が必要である。

なお、「道路占用許可」の兄弟分のように扱われる物に、道路交通法の規定がある「道路使用許可」がある。「占用許可」と「使用許可」は、混同されがちなので注意が必要だ。よくある間違いとしては、長期間の道路占有が占用許可で、短期間の道路使用が使用許可というものである。しかし、正解は占用許可を取っていても道路使用許可が必要ということであり、屋外広告物の場合、この二つの許可は両方とも取る必要がある。道路使用の申請窓口は管轄の警察署の道路課である。役所によっては、道路占用許可の必要書類の中に、道路使用許可の書類を同封しているところもある。また、道路使用許可申請の際には、占用許可を取っていることが受付の要件になっているところもある。いずれにしろ、この二つの許可申請は、同時に処理するよう心掛けたい。〈Su〉

図1-1　広告物の総表示面積の規制

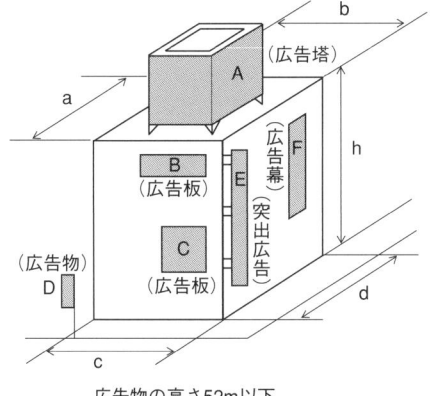

広告物の高さ52m以下
総壁面積（W）＝（a+b+c+d）×h
広告物の総表示面積＝A+B+C+E+F ≦ W × $\frac{6}{10}$

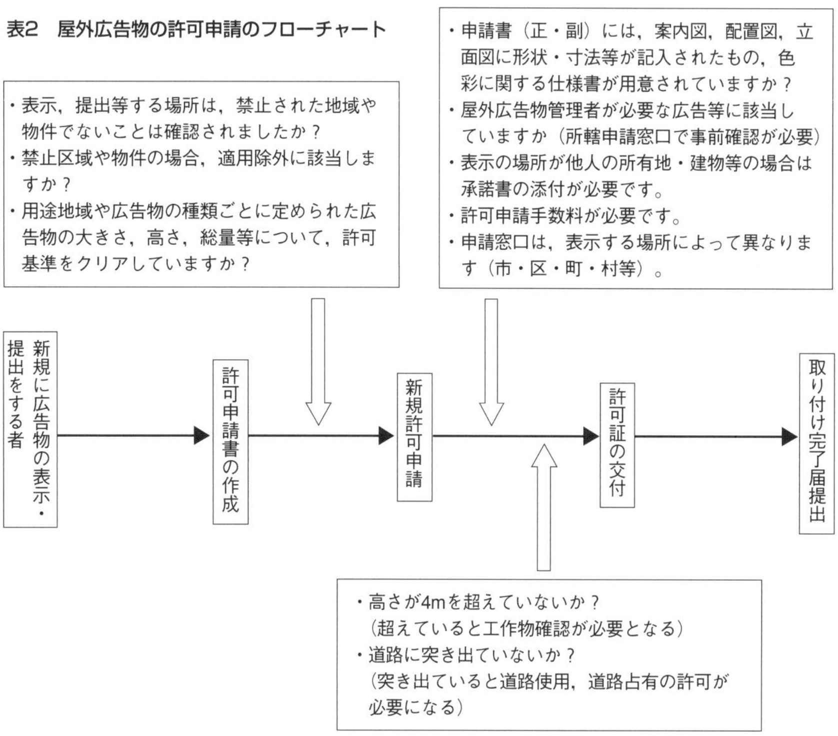

図1-2　広告物の高さ制限

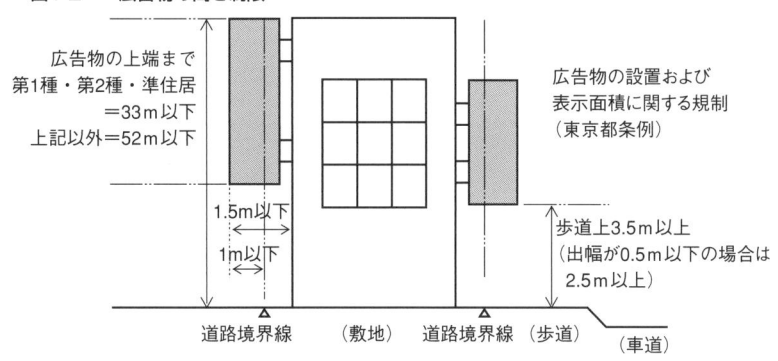

広告物の上端まで
第1種・第2種・準住居 ＝33m以下
上記以外 ＝52m以下

広告物の設置および表示面積に関する規制（東京都条例）

1.5m以下
1m以下
歩道上3.5m以上（出幅が0.5m以下の場合は2.5m以上）

道路境界線　（敷地）　道路境界線　（歩道）　（車道）

表2　屋外広告物の許可申請のフローチャート

・表示、提出等する場所は、禁止された地域や物件でないことは確認されましたか？
・禁止区域や物件の場合、適用除外に該当しますか？
・用途地域や広告物の種類ごとに定められた広告物の大きさ、高さ、総量等について、許可基準をクリアしていますか？

新規に広告物の表示・提出をする者 → 許可申請書の作成 → 新規許可申請 → 許可証の交付 → 取り付け完了届提出

・高さが4mを超えていないか？（超えていると工作物確認が必要となる）
・道路に突き出ていないか？（突き出ていると道路使用、道路占有の許可が必要になる）

・申請書（正・副）には、案内図、配置図、立面図に形状・寸法等が記入されたもの、色彩に関する仕様書が用意されていますか？
・屋外広告物管理者が必要な広告等に該当していますか（所轄申請窓口で事前確認が必要）
・表示の場所が他人の所有地・建物等の場合は承諾書の添付が必要です。
・許可申請手数料が必要です。
・申請窓口は、表示する場所によって異なります（市・区・町・村等）。

# エレベーター

建築基準法施行令第129条の3〜13。
問い合わせ先：地域を管轄する役所，建築指導課

高層建築に多くに設置されているエレベーターであるが，近年，昇降機は福祉環境整備の一端を担っている。昇降機は，基本的な内容については建築基準法で規定されている。また建物の高さが30mを超える場合には，消防活動用として非常用エレベーターの設置が必要となる。その他，ハートビル法では昇降機の大きさ，仕様等が規定され，福祉環境整備のための基準を規定している。また，この対応を行った場合は，税制上の優遇措置などもある。さらに，最近では規制緩和も進み，全面ガラスのエレベーターや吹き抜け空間に面したオープンエレベーター，機械室レスのエレベーターなどいろいろな種類のエレベーターが多く見られるようになり，建築プラン上の自由度も増している。しかし一方では，乗降ロビーを含む竪穴区画および乗り場戸の防火性能（遮炎性能）についての基準が厳しくなっている。[図1]

■機械室レスエレベーター
従来機械室に設置していた巻上機を昇降路のピット部に設置するとともに，すべての機器を昇降路内に納めることにより上部機械室をなくしている。現在では，ほとんどの標準形エレベーターがこのタイプに変わっている。ただし，昇降行程40m以上の場合は，昇降機メーカーに確認が必要である。

■ハートビル法対応のエレベーター
ハートビル法は，不特定多数の人々が利用する公共的性格を有する建築物を，高齢者，身体障害者などが円滑に利用できるよう処置を講じる努力義務を，建築主に求めている法律である。
指定されたのは，病院，劇場，集会場，物品販売またはサービス業店舗，ホテル，福祉センター，図書館，飲食店，銀行，その他不特定多数の方が出入する用途部分が2000m²以上の建築物。これらの構成部分のうち，出入り口，廊下，階段，エレベーター，便所などが対象となる。
ハートビル法対応の基準には，高齢者，身体障害者などの利用を不可能とする障壁を除去するレベル「基礎的基準」と，特段の不自由なく利用できるレベル「誘導的基準」の二つが定められている。
[表3]にそれぞれの基準に適合させるための条件を示す。「基礎的基準」が不十分な場合，都道府県知事が必要な指導，指示を行うことができる。また，「誘導的基準」に適合し，優良なものと認定された建築物の建築主は，税制上の特例，低利融資などの優遇処置が受けられる。

■防火区画の対策例
昇降路の防火区画に用いる防火設備（防火戸やシャッターなど）は，遮炎・遮煙の両方の性能を有することが必要であるが，性能規定化された平成12年6月施行の改正建築基準法施行令では，現行のエレベーター乗り場戸の構造は，所用の遮炎性能を有すると判断できるが，遮煙性能は所定の性能に達していないとしたため[図2]のように，扉の外部で防火区画をする必要がある。

■エレベーターのカゴ内仕上げについて
カゴ内の仕上げについては，昇降機技術基準の解説の中に，下記のように定められており，不燃材以外を使用する場合は，注意が必要である。
防火上の観点から，カゴは構造上軽微な部分を除き難燃材料（難燃材料には，準不燃材料および不燃材料が含まれる）で造るか，または覆わなければならない。ここで「難燃材料で造る」とは，当該部分に難燃材料そのものを用いて造ることであり，「覆う」とは，造られたもの，すなわち，カゴの表面を難燃材料で覆うことである。難燃材料以外のものを使用できる構造上軽微な部分を例示すると，操作権，表示装置，連絡装置，放送設備，換気冷暖房装置，照明器具およびそのアクリルカバー，かごの戸の扉反転装置，手すり，荷ずり，いす等の付属品，車止め，化粧目地，戸当たりゴム，展望用エレベーターの外装照明などが挙げられる。
かご床は，形鋼等で周囲枠を造り，かつ，下面を厚さ0.5mm以上の鋼板で覆い，その上部を木板で構成していれば，難燃材料で造ることとした規定に適合しているものとして取り扱う。なお，設置場所等により，これを適用しなくてよい条件が，平成12年建設省告示第1416号第1で定められておりたとえば，昇降路のすべての出入り口が一つの吹き抜け（当該部分と壁または戸で区画されない部分を含む）のみにあるもの等である。その場合，エレベーターのカゴに材料の制限はなく，木材，合成樹脂などの可燃材も使用することができる。

「昇降機技術基準の解説」令129条の6の解説より

■オープンタイプエレベーター
オープンタイプのエレベーターについては，建築基準法施行令第129条の7で規定

図1　機械室レス・エレベーターシャフト

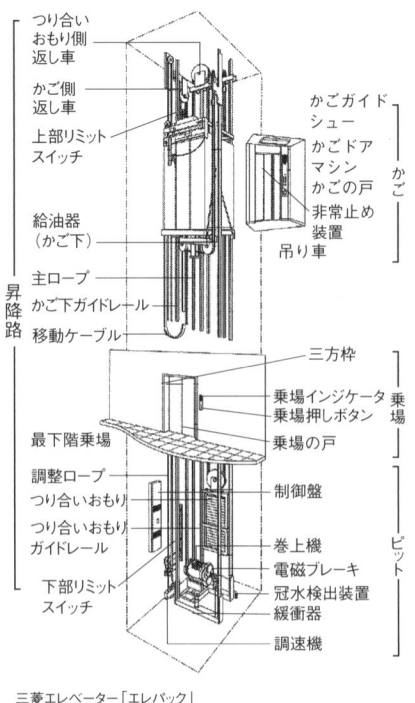

（つり合いおもり側返し車／かご側返し車／上部リミットスイッチ／給油器（かご下）／主ロープ／かご下ガイドレール／移動ケーブル／最下階乗場／調整ロープ／つり合いおもり／つり合いおもりガイドレール／下部リミットスイッチ／かごガイドシュー／かごドアマシン／かごの戸／非常止め装置／吊り車／三方枠／乗場インジケータ／乗場押しボタン／乗場の戸／制御盤／巻上機／電磁ブレーキ／冠水検出装置／緩衝器／調速機／昇降路／かご／乗場／ピット）

三菱エレベーター「エレパック」
ロープ式標準構造図

するように，難燃材料で造った昇降路に抵触するものであるが，以下の構造基準を満たすことで設置が認められる。なお吹き抜け部の防火上の安全性については，防火性能認定によって確認する必要があるため，地方自治体の判断によるところが多い。

(構造)［図3］
◎最下階にはメンテナンススペース（500mm以上）が必要。
◎ピット深さが1500mm以上の場合は，ピット部にタラップが必要。
◎メンテナンススペースには高さ750mmの作業用手摺が必要。
◎カゴとつり合いおもりの間は遮蔽しない。吹き抜けの最下階は保護囲いを設ける。
◎保護囲いの周囲は直接手が触れることのないよう，池もしくは植栽，または手摺を設ける。
◎保護囲いは不燃材で造ること。ガラスの場合は［図3］左下表参照とする。ただし，(財)日本建築防災協会「ガラスを用いた開口部の安全設計指針」に準ずる。
◎エレベータには，地震時および火災時管制運転装置を設ける。

■非常用エレベーター
非常用エレベーターの設置基準については建築基準法で定められているが，実際には火災時に消防隊が消火活動を行うためのものであるため，配置計画や使い勝手の審査においては消防署の意見を反映させられるのが実情である。
設置を要する建物は，高さ31mを超える建築物であるが，以下の場合は設けなくてよい。
1）高さ31mを越える階の用途が階段室や機械室などで，常時，人が居住していない場合。
2）高さ31mを超える各階の床面積の合計が500m²以下の場合。
3）高さ31mを超える階数が4以下で，主要構造部が耐火構造で造られており，床面積の合計が100m²以内毎に防火区画されている場合。
4）高さ31mを超える部分を不燃性物品倉庫，機械製作工場など火災を発生する恐れが極めて少ない用途に使用され，かつ，主要構造部が不燃材料で造られている場合。
設置台数は，高さ31mを超える階のうち最大の床面積の階を基準にとり，［表1］のように規定されている。

**表1　非常用エレベーターの所要台数**

| 1階床当たり最大床面積(m²) | 台数 |
|---|---|
| 1500以下 | 1 |
| 1500を超え4500以下 | 2 |
| 4500を超え7500以下 | 3 |
| 7500を超え1万500以下 | 4 |
| さらに3000m²を増すごとに1台ずつ増加 | |

**表3　ハートビル対応エレベーターの基準**

| 項目 | 基礎的基準（最低のレベル） | 誘導的基準（望ましいレベル） |
|---|---|---|
| 昇降ロビー | 幅150cm×奥行き150cm以上 | 幅180cm×奥行き180cm以上 |
| 出入り口幅 | 80cm以上 | 90cm以上 |
| カゴのサイズ | 床面積2.09m²以上　奥行き寸法135cm以上 | 床面積2.09m²以上　奥行き寸法135cm以上 |
| 対策仕様 | 車いす利用者仕様，視覚障害者仕様，音声案内装置 | |
| その他 | 不特定多数の人が利用する全階床に停止。ただし，不停止とする階と同等のサービスまたは販売される品物を高齢者，身体障害者等が享受または購入することができる処置を講じる場合はその限りではない。 | ・主たる廊下に近接して配置。<br>・不特定多数の人が利用する全階床に停止。<br>・不特定多数の人が利用するその他のエレベーターは基礎的基準の寸法を適用。 |

**図2　昇降機の昇降路についての防火区画**

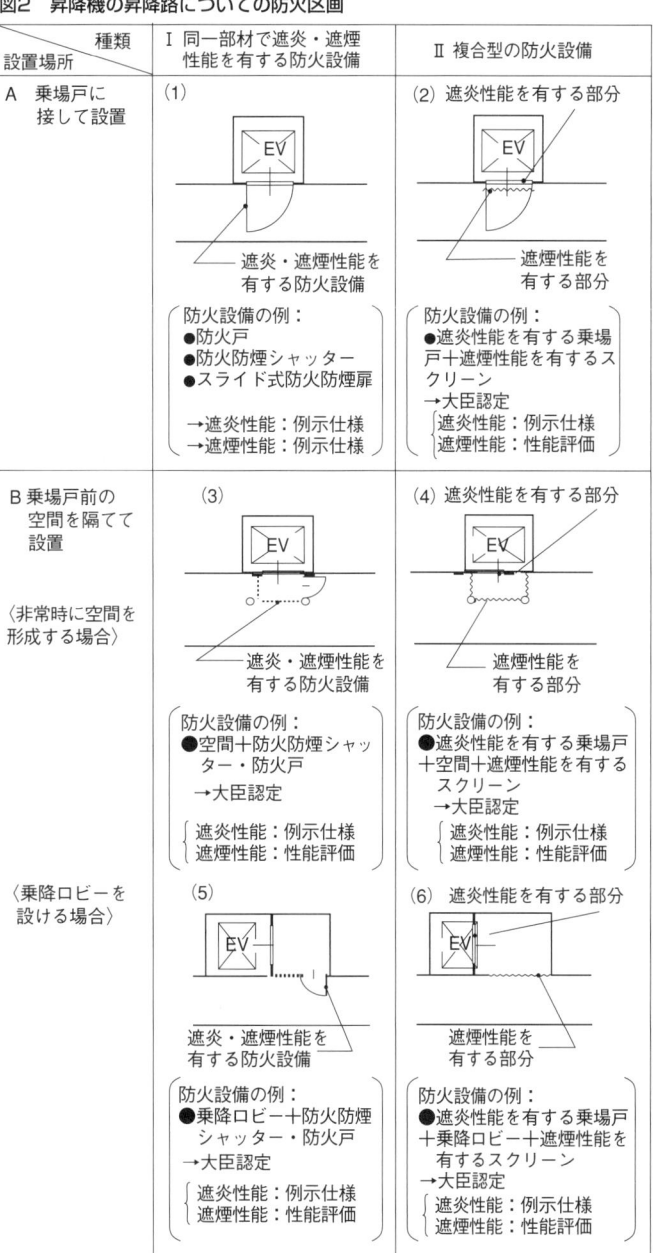

| 設置場所 \ 種類 | Ⅰ 同一部材で遮炎・遮煙性能を有する防火設備 | Ⅱ 複合型の防火設備 |
|---|---|---|
| A 乗場戸に接して設置 | (1) 遮炎・遮煙性能を有する防火設備<br>防火設備の例：<br>●防火戸<br>●防火防煙シャッター<br>●スライド式防火防煙扉<br>→遮炎性能：例示仕様<br>→遮煙性能：例示仕様 | (2) 遮煙性能を有する部分<br>防火設備の例：<br>●遮炎性能を有する乗場戸＋遮煙性能を有するスクリーン<br>→大臣認定<br>遮炎性能：例示仕様<br>遮煙性能：性能評価 |
| B 乗場戸前の空間を隔てて設置〈非常時に空間を形成する場合〉 | (3) 遮炎・遮煙性能を有する防火設備<br>防火設備の例：<br>●空間＋防火防煙シャッター・防火戸<br>→大臣認定<br>遮炎性能：例示仕様<br>遮煙性能：性能評価 | (4) 遮炎性能を有する部分<br>防火設備の例：<br>●遮炎性能を有する乗場戸＋空間＋遮煙性能を有するスクリーン<br>→大臣認定<br>遮炎性能：例示仕様<br>遮煙性能：性能評価 |
| 〈乗降ロビーを設ける場合〉 | (5) 遮炎・遮煙性能を有する防火設備<br>防火設備の例：<br>●乗降ロビー＋防火防煙シャッター・防火戸<br>→大臣認定<br>遮炎性能：例示仕様<br>遮煙性能：性能評価 | (6) 遮炎性能を有する部分<br>防火設備の例：<br>●遮炎性能を有する乗場戸＋乗降ロビー＋遮煙性能を有するスクリーン<br>→大臣認定<br>遮炎性能：例示仕様<br>遮煙性能：性能評価 |

## C・1・17　エレベーター

配置としては，消防隊の進入を容易にするため，エレベーターの出入り口（専用の乗降ロビーがある場合にはその出入り口）から屋外への出入り口までの歩行距離を30m以下とする。

屋外への出入り口とは道または道に通ずる幅員4m以上の通路，空地などに接する出入り口を指す。2台以上になる場合には，円滑な消火活動ができるように異なる防火区画ごとに適当な間隔を持たせて分散配置することが必要である。

また，火災時に消防隊が消火・救出活動を行う際の基地として，特別避難階段の付室と兼用する場合を除いて，他の用途と併用しない専用の乗降ロビーを設置する必要がある。乗降ロビーは次の（1）から（9）の要件を満たさなければならない。

（1）避難階以外の各階において屋内と連絡すること。ただし，屋内と連絡する乗降ロビーを設けることが構造上著しく困難である階で，次の①から⑤のいずれかに該当するものおよび避難階を除く。

①その階およびその直上階が階段室等非常用エレベーターの停止の必要性が低い階（たとえば階段室，昇降機その他の建築設備の機械室その他これに類する用途に供する階）で，かつ，その直下階（地階にあたっては地上階）まで非常用エレベータで到達することが可能な階。具体的には，消火の観点から火気が少ない階で，かつ，避難の観点から滞留する人が少ない用途のみに供する階である。

②当該階および当該階より上の階の床面積の合計が500m²以下の階。

③避難階の直上階または直下階。

④主要構造物が不燃材料で造られた建築物の地階（他の非常用エレベーターの乗降ロビーが設けられているものに限る）で居室を有しないもの。

⑤途中階で床面積が大きく異なる場合においては，当該階に停止を要する台数は［表2］の台数とする。

**表2　非常用エレベーターの停止を要する台数**

| 床面積1500m²以下階 | 1台 |
|---|---|
| 床面積1500m²超過階 | 3000m²以内を増す毎に上記台数に1を加えた数 |

（2）バルコニー形式の外気に完全に開放されたものとするか，または排煙上有効な外気に向かって開くことのできる窓もしくは排煙設備を設けること。

（3）非常用エレベーターの昇降路の出入り口および特別避難階段の階段室に設ける出入り口以外の出入り口には，常時閉鎖方式特定防火設備を設けること。

（4）非常用エレベーターの昇降路の出入り口は排煙のための開口部を除いて完全に防火区画すること。

（5）天井・壁仕上げは下地とも不燃材であること。

（6）予備電源を有する照明設備を設けること。構造は「非常用照明設備」に準拠すること。

（7）床面積は1基につき10m²以上

（8）屋内消火栓，連結送水管の放水口，非常用コンセント設備等の消火設備が設置できるものであること。

（9）乗降ロビーには，見やすい方法で，積載荷重，最大定員，非常用エレベータである旨，避難階における避難経路その他避難上必要な事項を明示した標識を掲示し，かつ，非常の用に供している場合においてその旨を表示できる表示灯その他これに類するものを設けること。

大型の店舗ではエレベーターを核とする搬送設備は不可欠な存在となっている。お年寄りや身障者を含むお客さまを効率よく各階に案内するために，エレベーターの配置や台数およびカゴの大きさ等を適切に選定する必要がある。さらに，高層の店舗では消防隊による防災活動を支援する非常用エレベーターの配置や台数の選定も建築計画に大きく影響するため，法規制の理解が欠かせない。また最近は集客効果を上げるために，大型アトリウムに面してオープンタイプエレベーターを配置する例も見るが，意匠的にも重要な部分であるため，法規制を充分理解して計画しないと，思わぬ障壁にあたってしまうことになるので注意が必要である。〈Yo〉

**図3　オープンタイプエレベーターの構造基準**

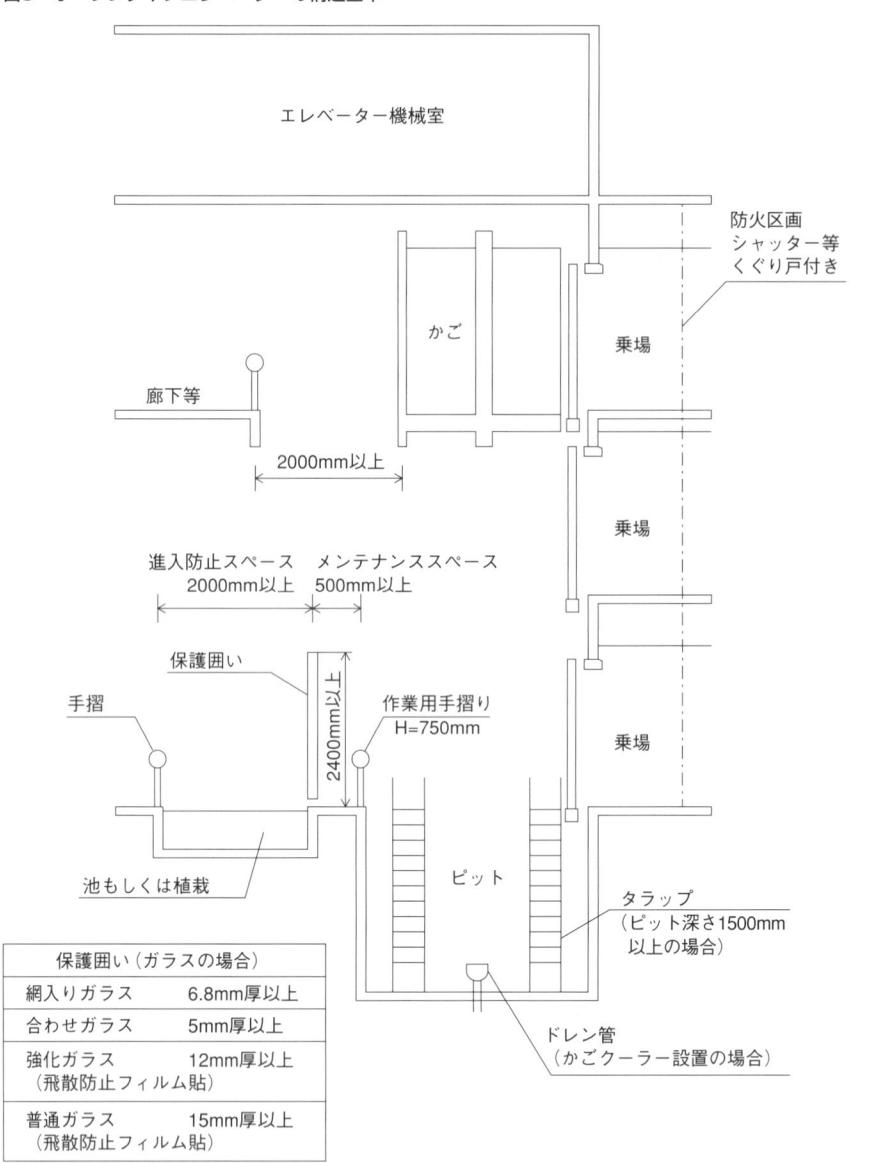

| 保護囲い（ガラスの場合） | |
|---|---|
| 網入りガラス | 6.8mm厚以上 |
| 合わせガラス | 5mm厚以上 |
| 強化ガラス | 12mm厚以上（飛散防止フィルム貼） |
| 普通ガラス | 15mm厚以上（飛散防止フィルム貼） |

# 駐車場

消防法施行令第13条，消防法施行規則第21条5項，第19条6項5号，駐車場法施行令第12条，建築基準法施行令第126条の2，3，東京都建築安全条例
問い合わせ先：地域を管轄する消防署，予防指導担当，地域を管轄する役所，建築指導担当

## 消火設備・換気設備

店舗に付属する施設で重要なものの一つに駐車場がある。特に郊外の大型ショッピングセンターのような建物の場合には，駐車場の確保は店舗運営上重要なポイントでもあり，駐車場の面積が店舗総面積の80％以上になるケースもある。
このような駐車場に具備すべき設備としては電灯設備，消火設備，換気設備，警報設備，避難設備，排煙設備等が挙げられる。ここでは，特に消火設備，換気設備および排煙設備についてその法規制と選定のポイントを述べる。

### ■消火設備

消火設備の種類は，[表1]に示すとおり，駐車場の面積および収容台数によって規定されている（消防法施行令第13条）。
価格や安全面から自走式駐車場に使用されている最も一般的な消火設備は，泡消火設備および粉末消火設備である。
機械式の立体駐車場の場合は二酸化炭素消火設備の採用が最も多いが，最近は安全面からハロゲン化消火設備のうち窒素消火設備を採用するケースが増えてきている。
自走式駐車場の消火設備の選定に当たっては，駐車場の開口部の面積によって，固定式あるいは移動式の消火設備を選択できる。固定式の場合は泡消火設備，移動式の場合は粉末消火設備が一般的であるが，固定式消火設備の場合は設置スペースや配管布設等の工事が必要であり，価格的にも移動式に比べると相当高価なものになるので，計画に当たっては十分留意する必要がある。屋上部分は移動式の粉末消火設備とするのが一般的である。
移動式の消火設備とするための条件は消防法施行規則第21条5号で示される，同19条6項5号により「火災のとき著しく煙が充満する恐れのある場所」以外の場所である必要がある。つまり，移動式消火設備は人が操作するため，煙が充満する恐れのある場所には設けられないということである。ここで言う「火災のとき著しく煙が充満する恐れのある場所」とは「壁のうち一の長辺を含む二面以上が外気に接する常時開放された開口部が存する場所，長辺の一辺が外気に接する常時開放された開口部があり，かつ，他の一辺の壁体の1/2以上が外気に接する常時開放された開口部が存する場所等以外場所」とされているが，その定義は所轄消防によって異なる場合があるので，そのつど確認を要する。具体的には以下の条件を満たす必要がある。

①床面積の15％または20％以上の開口を有すること（有効開口面積の見方には条件があるので所轄消防に確認が必要）
②外気に面する開口部は壁体面積の1/2以上
③開口部分にシャッターの設置は原則として不可
④開口部分が延焼の恐れのある部分の範囲（1階で3m，2階以上で5m以上）はセットバックする必要がある

### ■換気設備および排煙設備

駐車場の換気設備については建築基準法および駐車場法施行令によって規定されている。

駐車場の面積が500m²以上ある場合には，駐車場法施行令第12条において，内部の空気を1時間につき10回以上直接外気と交換する能力を有する換気設備（機械換気）を設置することが規定されている。ただし，窓その他の開口部を有する階で，その開口部の面積がその階の床面積の1/10以上ある場合にはこの限りではない（自然換気）。
面積が500m²未満の場合には特に規定はないが，東京都建築安全条例においては，駐車場の2方面以上の外気に通ずる部分に有効開口面積が床面積の1/10以上（自然換気）とするか，床面積1m²あたり25m³/h以上の能力を有する換気設備（機械換気）を設けることになっている。
排煙設備については，床面積の1/50以上の有効開口面積がある場合には自然排煙でよいことになる。ただし，自然排煙口は天井面から80cm以内になくてはならない。開口部近辺の梁等によって有効開口とみなされない部分があるため，開口面積の算定には注意を要する。
駐車場の消火・換気・排煙設備の選定フローを[図1]に示す。〈Wa〉

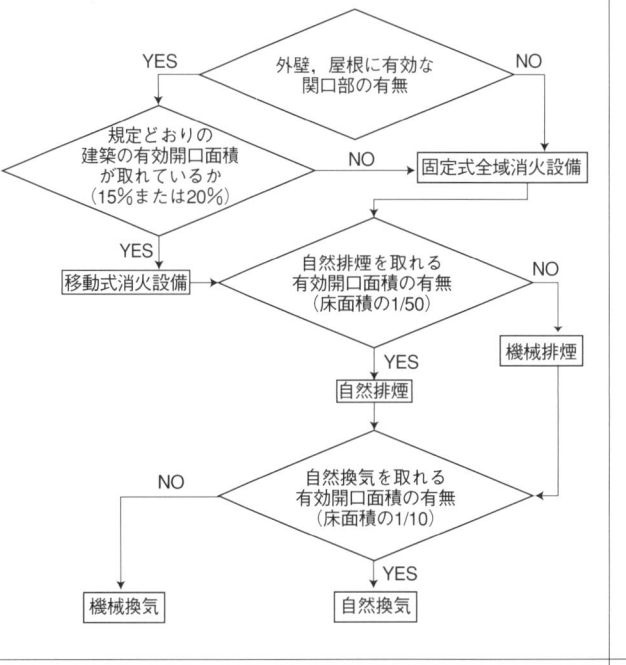

### 表1 駐車場に適用される消火設備

| エリア | 面積（m²）または収容台数 | 水噴霧 | 泡 | 二酸化炭素 | ハロゲン化物 | 粉末 |
|---|---|---|---|---|---|---|
| 地階，2階以上 | 200m²以上 | | ○ | ○ | □ | ○ |
| 1階 | 500m²以上 | | | | | |
| 屋上部分 | 300m²以上 | | | | | |
| 立体駐車場 | 10台以上 | | | | | |

注）○印が適用，□印はハロン規制によって適用できない部分がある

### 図1 駐車場の消火・換気・排煙設備の選定フロー

```
          外壁，屋根に有効な
     YES   開口部の有無    NO
          ↓              ↓
   規定どおりの
   建築の有効開口面積
   が取れているか     NO → 固定式全域消火設備
   （15％または20％）
          ↓ YES
     移動式消火設備
                    自然排煙を取れる
                    有効開口面積の有無  NO
                    （床面積の1/50）
                          ↓ YES      → 機械排煙
                       自然排煙
                    
                    自然換気を取れる
              NO    有効開口面積の有無
                    （床面積の1/10）
                          ↓ YES
     機械換気              自然換気
```

# 連続式店舗・地下街

建築基準法施行令第112条9項,128条。消防法別表第1。同施行令第11条,12条,21条,28条。東京都建築安全条例第25条,26条,73条の2~73条の18,74条。

### ■連続式店舗とは？
連続式店舗とは，東京都建築安全条例においては以下のように定義されている。東京都以外では規制の内容が異なるため，計画に当たっては事前に所轄官庁に問い合わせる必要がある。
連続式店舗とは，
①用途は，物品販売業を営む店舗および飲食店であること。
②形態は，同一階において，それぞれ独立した店舗が共用の通路に面して集合していること。
③規模は特に定められてはいないが，防火区画や屋内通路の構造等の規定の適用について，床面積500m²を超えるもの。
一般的な事例としては，[図1]に示すような構造であり，駅ビルの名店街，専門店形式の大規模店舗，大規模な事務所やホテルに見られる飲食店街などが該当する。ただし，地下街の規定が適用される建築物の地下部分については，この「連続店舗」の対象から除外され，より厳しい規定が適用されている。

### ■連続式店舗の構造
連続店舗の構造および廊下については，東京都建築安全条例第25条および26条によって以下のように規定されている。

①床面積の合計500m²（スプリンクラー設備を設けたものは1000m²）以内ごとに防火区画（特定防火設備で区画。たとえば耐火構造の床，煙感連動シャッター等で区画された壁）されていること。
②地下2階以下の居室の各部分から避難階または地上に通ずる直通階段の一に至る歩行距離は30m以下とすること。
③その階における連続式店舗の床面積の合計が500m²を超えるものについて，連続店舗が面する廊下は以下の構造とし，直通階段（避難階の場合は外部への出口）まで有効に通じさせなければならない。
④両側に店舗を有する廊下の幅は3m以上とし，その他の廊下の幅は2m以上とすること。
⑤天井の高さは2.7m以上とすること（天井のない場合には梁下）。
⑥床は，勾配を1/20以下とし，かつ，段を設けないこと。

耐火構造等を貫通する建築設備については東京都建築安全条例第74条で規定されており，風道が貫通する床もしくは壁の部分またはこれに近接する部分に防火設備を設ける必要がある。なお，避難経路を貫通する場合には煙感知器連動の防火設備が必要となる。ただし，避難経路に吹き出し口のない場合には熱感知器連動でもよい。[図2]に概略を示す。〈Wa〉

### ■地下街について
日本の地下街は，1957（昭和32）年地下鉄名古屋駅とともに誕生した。駅ホームを地下2階として，地下1階部分を商店街としたのである。地下鉄の計画は1936（昭和11）年，1940（昭和15）年にも立てられたが戦争により実現はしなかった。したがって，日本の地下街は地下鉄の建設から生れたといえる。

高度成長期に合わせ，地下街は全国に急激に増加した。地下街には，川崎アゼリア（川崎），オーロラタウン（札幌），八重洲地下街（東京），新宿西口地下街（東京），横浜駅東口地下街（横浜），エスカ，テルミナ（名古屋），なんばウオーク（大阪），ホワイティうめだ（大阪），あべちか（大阪），ミナミ地下街虹のまち（大阪），さんちか（神戸），デュオこうべ（神戸），岡山一番街（岡山），天神地下街（福岡），渋谷地下街（東京），京都駅前地下街，ウイング新橋（東京）などがある。いずれも大きいと2万から3万m²の規模がある。

地下街の楽しさは，車は地上部分を走るため，人と人がショッピングをしながら街としての賑わいと作られた地下空間を楽しむことができる点にある。最近ではビルの地下階がいつの間にか地下街に通じていて，どこからどこまでが地下階でどこからが地下街か分かりずらいものもある。

建築物の地階部分と地下街が連結しているためビルの地下から地下街を抜けいつのまにか駅の改札につながっている地下街もある。地下街は地下の部分を人工的に造ったため防災，環境の面からの問題も多い。

基本的な問題点は，内部が大きな範囲にわたって迷路化し，人が現在位置の把握を全体空間のなかでとらえにくく，窓もなく全体が密室化している点である。また防災・環境衛生設備が不十分で，空気

図1 連続式店舗の構造

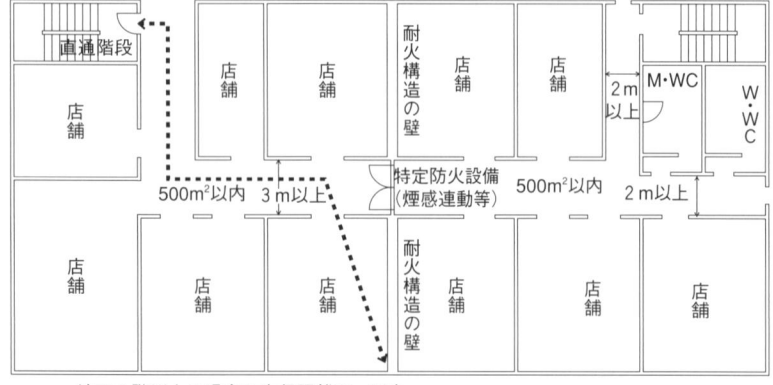

----- 地下2階以上の場合は歩行距離30m以内

の汚れがひどく，炭酸ガス濃度が高く，塵埃や空気中の細菌も多い。また，災害時の避難がむずかしく火災時の消火，排煙の困難性といった問題があり，ひとたび事故があると大変危険である。

かつて静岡駅前地下街で爆発があり死傷者を出すという大事故が発生している（1980年）。こうしたことから地下街が持つ問題に対して地下街の法律も改正されてきている。

建築基準法上の地下街は「一般公共の歩行の用に供する地下工作物内の道（地下道）に面して設けられる店舗，事務所等の一団」と解釈されている。地下工作物および地下道は建築物ではなく，地下工作物内に設ける事務所，店舗，倉庫その他これらに類する施設が建築物となる。建築基準法以外にも消防法，ガス保安対策など詳細な基準が設けられている。

主な規制としては以下のものがある（建設省告示第1730号）。

(1) 非常用照明設備
①地下道の床面で10ルックス以上の照度
②予備電源の付置
③照明器具は原則不燃材料とすること。

(2) 非常用排煙設備
①300m²以内に防炎垂壁で区画し，5m³/sec以上の機械排煙口をそれぞれの区画に設ける。

また消防では，
①屋内消火栓設備（消防法施行令第11条）
②スプリンクラー設備（同施行令第12条）
③ガス漏れ火災警報設備（同施行令第21条の2）
の設置が義務づけられている。

建築基準法では地下街は，建築基準法施行令128条の3第1項（地下道の基準），建築基準法施行令128条の3第1〜5項（地下街の構えの基準）に規定されている。

この他，条例等でも地下街は規制されているので条例を熟読する必要がある。

東京都では，東京都建築安全条例の第3章に詳細が規定されている。同条例では，地下街に設けてはならない施設として劇場・映画館・ホテルなどが規定されている（同第73条の3）。また各構え（店舗）は地下道に2m以上接すること（同第73条の4）と規定している。

地方公共団体の条例は基準法と異なる規制をすることができるので，計画にあたっては条例の十分な理解が必要である。

■建築基準法の地下街の概要

(1) 地下道の基準
①壁，柱，床，梁および床版は国土交通大臣が定める耐火に関する性能を持つこと（耐火1時間）。
②幅員は5m以上，天井高は3m以上段および1/8を超える勾配の傾斜路を持たないこと。
③天井および壁の仕上げを不燃材料，下地も不燃材料とすること。
④長さが60mを超える地下道の場合，歩行距離が30m以内ごとに避難上安全な地上に出られる直通階段を設けること。
⑤地下道の末端は地下道の幅員以上の出入り口で道に通じていること。
⑥非常用照明，排煙設備，排水設備を設けること。

(2) 地下街の構えの基準
①地下街の各構えは他の構えと接する場合は耐火構造の床，壁または特定防火設備で区画すること
②各構えは地下道と耐火構造の床，壁または特定防火設備で区画すること
③各構えの居室の部分から地下道の出入り口にいたる距離は30m以内とする
④地方公共団体の条例は基準法と異なる定めとすることができること

消防法では消防法施行令別表第一の（16の2）に地下街が規定されている。1000m²以上の地下街となると排煙設備が要求される（消防法施行令第28条）。その他，消防設備に関してはさまざまな規定があるので，施行令をよく参照してほしい。

最近の地下街は休憩スペースや広場なども考慮されていて，過密な通路が多い地下街はなくなってきているといえる。しかし，パリのフォーラム・デ・アールには，地下4階まで掘り下げた商店街の中央に大きな広場があり周囲の店舗も総ガラス張りで，採光，通風，防災などを考えた事例もある。〈On・Wa〉

図2　連続式店舗で避難経路を貫通する設備がある対応例

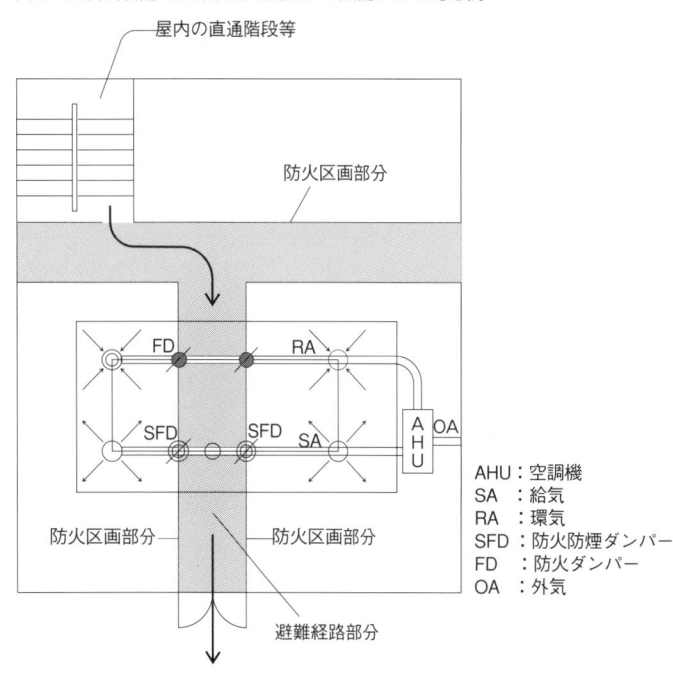

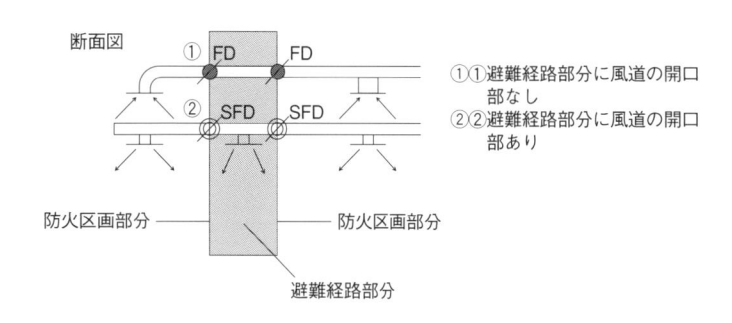

# 防災避難設備

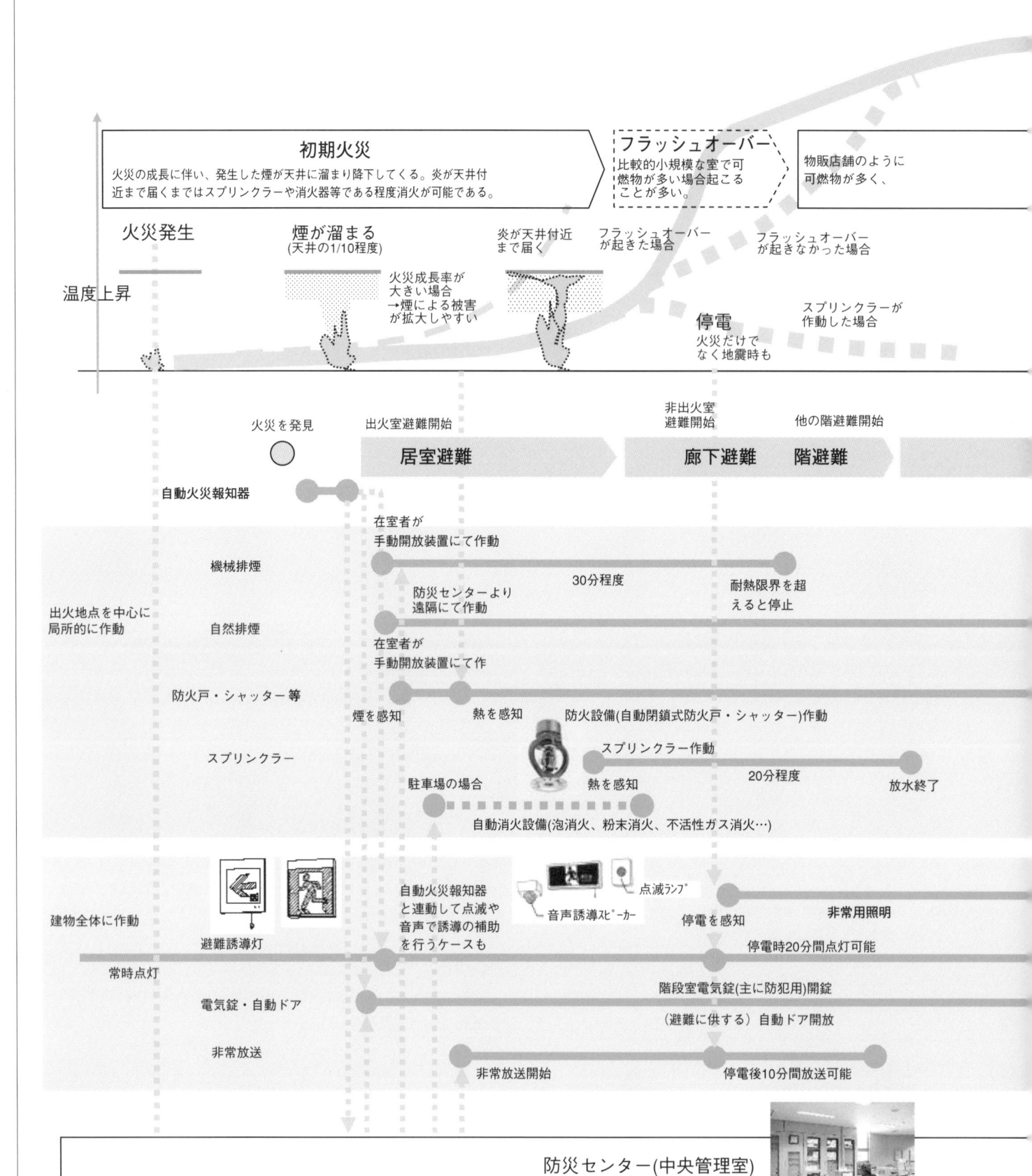

## 初期火災
火災の成長に伴い、発生した煙が天井に溜まり降下してくる。炎が天井付近まで届くまではスプリンクラーや消火器等である程度消火が可能である。

### フラッシュオーバー
比較的小規模な室で可燃物が多い場合起こることが多い。

物販店舗のように可燃物が多く、

- 火災発生
- 煙が溜まる（天井の1/10程度）
- 炎が天井付近まで届く
- フラッシュオーバーが起きた場合
- フラッシュオーバーが起きなかった場合

温度上昇

火災成長率が大きい場合
→煙による被害が拡大しやすい

停電：火災だけでなく地震時も

スプリンクラーが作動した場合

| 時系列 | 火災を発見 | 出火室避難開始 | 非出火室避難開始 | 他の階避難開始 |
|---|---|---|---|---|
| | | 居室避難 | 廊下避難 | 階避難 |

**自動火災報知器**

**機械排煙**：出火地点を中心に局所的に作動
- 在室者が手動開放装置にて作動
- 防災センターより遠隔にて作動
- 30分程度
- 耐熱限界を超えると停止

**自然排煙**
- 在室者が手動開放装置にて作

**防火戸・シャッター等**
- 煙を感知
- 熱を感知
- 防火設備(自動閉鎖式防火戸・シャッター)作動

**スプリンクラー**
- 駐車場の場合
- 熱を感知
- スプリンクラー作動
- 20分程度
- 放水終了
- 自動消火設備(泡消火、粉末消火、不活性ガス消火…)

**避難誘導灯**：建物全体に作動／常時点灯
- 自動火災報知器と連動して点滅や音声で誘導の補助を行うケースも
- 音声誘導スピーカー
- 点滅ランプ
- 停電を感知

**非常用照明**
- 停電時20分間点灯可能

**電気錠・自動ドア**
- 階段室電気錠(主に防犯用)開錠
- (避難に供する) 自動ドア開放

**非常放送**
- 非常放送開始
- 停電後10分間放送可能

防災センター(中央管理室)

■室内火災の成長

室内で発生した火災は通常、初期火災→盛期火災→火災衰退期と進んでいく。初期火災段階の火災の成長の早さ（火災成長率）が避難に与える影響は大きい。火災成長率が大きいと天井に溜まった煙の降下が著しく早いからである。

(1) 炎が天井まで届く

初期消火のが可能なのは，天井に火がまわるまでであり，炎が天井まで届いたら自力で消火はあきらめて避難することを最優先すべきであろう。

(2) フラッシュオーバー

初期火災から盛期火災にいたる途中，フラッシュオーバーが発生する場合がある。フラッシュオーバーとは，火災によって生まれた可燃性のガスによって一瞬にして炎が広がる現象であり，室内の温度は約1000度にまで上昇，一酸化炭素などの有毒ガスも発生しやすい。

(3) 盛期火災

盛期火災の段階では，出火室の避難は完了していると考えられる。熱や煙を隣接区画に侵入させない設計がなされてれば被害は最小限となる。また構造体へ与える熱の影響も考慮されていければならない。

■防災避難設備の作動

防災避難設備の作動シナリオに関してひとつの例を火災の成長に従ってまとめてみた。商業施設は防災上の負荷が大きいため，建築基準法や消防法に従い，これらの設備のほとんどが設置されていることが多い。

(1) 局所的に作動する設備

火災を感知して作動する排煙設備や防火設備（防火戸，防火シャッター等），スプリンクラーや泡消火などの自動消火設備などがこれにあたる。区画内の火災や煙による被害を最小限に食い止めるために設けられている。

(2) 建物全体に作動する設備

非常用照明，非常放送，避難誘導灯などは出火した区画のみでなく建物全体に作動する。また停電状態に陥っても一定の時間作動するようになっている。

(3) 電気錠や自動ドア

商業施設は管理上の理由から，避難用の階段に電気錠等が取り付けられているケースが多い。自動火災報知器と連動して開錠もしくは防災センターや中央管理室からの遠隔開錠が必要である。玄関に設けられている自動ドアについても火災時には開放した状態となるような設備にしておくことが重要である。〈Id〉

盛期火災
外壁に面する開口部の少ない空間では盛期火災の持続時間は長く、構造躯体に与える熱的損傷の度合いに注意なければならない

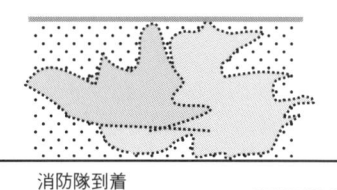

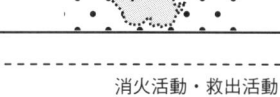

火災衰退期

鎮火

消防隊到着

消火活動・救出活動

階段室内避難

屋外へ避難

スプリンクラーの水源は同時開放数×1.6m³
スプリンクラー1ヶ所あたり毎分80リットル放水するため約20分の間放水可能

停電後30分間点灯
1ルックス以上確保

## C・2・2

# 排煙設備

建築基準法第35条，同施行令126条の2，126条の3，建設省告示，国土交通省告示
問合せ先：地域を管轄する役所，土木事務所の建築指導担当

### ■「排煙」と「換気」の違い

建物火災における死者の多くが「煙」を原因としている。統計では一酸化炭素中毒，窒息による死者が40％以上を占めている。この外にも一酸化炭素中毒や酸欠で行動不能に陥って火傷等により死傷した人が存在する。

法律としては建築基準法，消防法により排煙設備の設置が規定されている。前者の立場は「建物内の在館者が，外部あるいは建屋内の安全区画に避難するまで，避難に必要な空間の煙層高さ，あるいは煙濃度を避難に支障のない程度に保つこと」であり，後者の立場は「建物内の消防活動に必要な空間の煙層高さ，あるいは煙濃度を消防活動に支障のない程度に保つこと」と言える。排煙設備とは上記の目的を満足させるために設置されるものである。

ここで，「排煙」と「換気」を混同されないように敢えて「換気」について少々説明を加えておく。

換気設備は主に建築基準法に規定されるもので，具体的には居室への新鮮外気の取り入れ，機械による強制換気，駐車場や火を使用する場所への適切な外気取り入れと排出，という「空気を入れ替えること」である。「窓」は排煙と換気の両方を兼用することができるが，それぞれの法律で定められた基準を両方とも満足させることが当然求められる。

建物を計画する際に排煙設備の要否を検討することは必須事項である。独立した小規模の店舗では排煙設備を要しない場合が多いが，ビルや大型共同住宅の内部や，商業施設のテナントといった場合には必要となる場合が多く，法規の最低限の知識を身につけることは必要である。本項では排煙設備が必要な場合のみを想定して話を進めたい。

### ■「自然排煙」と「機械排煙」

排煙設備の基本的なものは「自然排煙」と「機械排煙」の2種類である。

「自然排煙」とは，排煙用の窓を開けて煙を排煙するものであり，通常，外壁に面する部屋であれば自然排煙を第一に考える。

「機械排煙」は，大きく2種類ある。一般的に機械排煙と呼ばれるものは，煙を排出する排煙ファン，ダクト，排煙口で構成されるもので，温度上昇で膨張した煙と空気を機械的に「煙を吸い出す」ものである。もう一つは2000年6月の建築基準法改正で仕様規定が示された第2種排煙（押出排煙）である。避難上の安全区画に外気を加圧導入することで，安全区画および居室の排煙口より「煙を押し出す」ものである。地下室や排煙上の有効な開口を取ることができない場合は，機械排煙を選択せざるを得なくなるが，通常，機械排煙は自然排煙に比べ費用が高くなるため，予算を念頭に入れて十分な検討をされたい。

なお，2000年6月の建築基準法改正で避難に関する性能規定化が追加されたことにより，この基準を利用した場合の排煙風量の算定は従来の基準値と異なることを記しておく。避難が速やかに出来得るための排煙量が求められ，計算はかなり煩

表1 排煙が免除される居室（平成12年建設省告示第1436の四に関する排煙設備を設けた部分と同等以上の効力があると認められる条件について。特殊建築物の地階に存するものを除く）

|  | 高さ | 対象 | 内　容 |
|---|---|---|---|
| ハ（1）<br>準不燃／防火区画 | 31m以下 | 「室」 | 壁および天井の室内に面する部分の仕上げを準不燃材料でし，かつ，屋外に面する開口部以外の開口部のうち，居室または避難の用に共する部分に面するものに建築基準法第2条第九号の二ロに規定する防火設備で同令第112条第14項第一号に規定する構造であるものを，それ以外のものに戸または扉を，それぞれ設けたもの。 |
| ハ（2）<br>100m²区画／防煙区画 | 〃 | 「室」 | 床面積が100m²以下で令第126条の2第1項に掲げる防煙壁により区画されたもの |
| ハ（3）<br>100m²区画／防火区画 | 〃 | 「居室」 | 床面積100m²以内ごとに準耐火構造の床もしくは壁または法第2条第九号の二ロに規定する防火設備で令第112条第14項第一号に規定する構造であるものによって区画され，かつ，壁および天井の室内に面する部分の仕上を準不燃材料でしたもの |
| ハ（4）<br>100m²区画／不燃内装制限 | 〃 | 「居室」 | 床面積が100m²以下で，壁および天井の室内に面する部分の仕上げを不燃材料でし，かつ，その下地を不燃材料でつくったもの |
| ニ<br>100m²区画／準不燃／防火区画 | 31m以上 | 「室」 | 床面積100m²以下の室で，耐火構造の床もしくは壁または法第2条第九号のニに規定する防火設備で令第112条第14項第一号に規定する構造であるもので区画され，かつ，壁および天井の室内に面する部分の仕上げを準不燃材料でしたもの |

雑であるが排煙設備の縮小が期待できる。基礎的な事項程度は学習されることをお薦めする。

■排煙設備の対象床面積の算定
[図1]に排煙対象床面積，および排煙開口面積の算定例を示す。店舗は建築基準法上「居室」となるため売り場や事務所，バックヤードはすべて排煙規制の対象となる。階段，パイプシャフトは法律で設置免除となっており，便所，更衣室，局部的倉庫については仕上材料等を基準に適合させることで免除となる。

■排煙設備の設置を免除される部分
[表1]に平成12年建設省告示1436号に規定される排煙設備が免除される部分を示す。従来あった昭和47年建設省告示第30号，31号，32号，33号がまとめられたかたちになっている。居室(居住，作業等のために継続的に使用する室)，室(居室以外)の規模と内装の仕様を制限した上で，排煙設備設置免除としている。たとえば，表中のハ(3)，(4)により，床面積を100m²以内に防火設備で区画し，壁および天井の仕上を準不燃材等で仕上げることにより排煙設備の緩和を受けることができる。ただし，廊下，地階には適用されないことを注意されたい。また行政によっては，ハ(3)，(4)については避難のための廊下との位置関係や扉の位置などについて細かに指導が出る場合があるので注意されたい。確認申請において，この免除規定を使用する場合は申請図面にどの項による免除であるか記載を求められるので十分理解されたい。

■排煙上有効な開口面積の算定方法
[図2]，[図3]に排煙上有効な開口の面積の算定方法を示す。自然排煙の場合は，排煙上有効な開口(A)を排煙対象床面積(S)の1/50以上確保することが必要である。外部に面した開口部すべてが有効なものにならない。基本的に天井から80cmまでの範囲に入る開口が排煙上有効とされる。防煙垂れ壁が設置されている場合は，垂れ壁は天井から50cm以上必要であり，垂れ壁の高さかつ，天井面から80cm以内の部分が有効開口となる。引き違い窓の場合は片面だけが有効であり，内倒し，外倒し窓については図示した部分が有効範囲となる。

なお，商業施設や店舗では防犯のためにシャッターが設けられる場合があるが，このシャッター(リングシャッターは除く)が，前述の開口部を塞いでしまう場合には有効開口とは認められないので注意が必要である。

■その他の注意事項
基本的な注意事項を下記に示す
(1) 防煙区画は500m²以下とする(建設省告示により地下街の場合は300m²以下)。
(2) 排煙の手動開放装置は床から800mm～1500mmの間に設置する。
(3) 一つの防煙区画において，排煙口から区画内の各所に至る水平距離(L型の部屋等で途中で曲がる場合は曲がった経路の長さとなる)30m以内とする。
(4) 防煙壁，防煙垂れ壁は不燃材料で造りまたは覆ったものであり，可動式の防煙垂れ壁を使用する場合は防災性能評定品を使用する。
(5) 機械排煙の場合は，床面積1m²あたり毎分1m³の排煙量を確保する。
(6) 機械排煙機は，毎分120m³以上，かつ最大防煙区画の床面積1m²あたり，毎分2m³以上の排煙能力を必要とし，非常電源作動できるようにする。
(7) 機械排煙機，排煙ダクトは不燃材料で造られ，かつ竪ダクトは専用のシャフト内に設置し，排煙機はその最上部に設置とする。
(8) 自然排煙と機械排煙を隣接する防煙区画でそれぞれ使用する場合は，区画は防煙壁で区切られなければならず，防煙

図1 排煙設備の対照床面積の算定

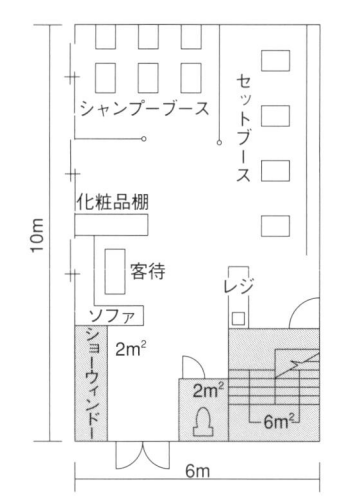

排煙対象面積 (S) =
10m×6m − (ショーウインドー/2m² + 便所/2m² + 階段/6m²)
= 60m² − 10m² = 50m²

自然排煙の必要排煙面積 (A´) =
50m²/50 = 1m²

となり

有効排煙面積 (A) ≧ (A´)

であればこの排煙開口は排煙設備の性能を満たしている。

図2 排煙に有効な開口の算出方法(1)

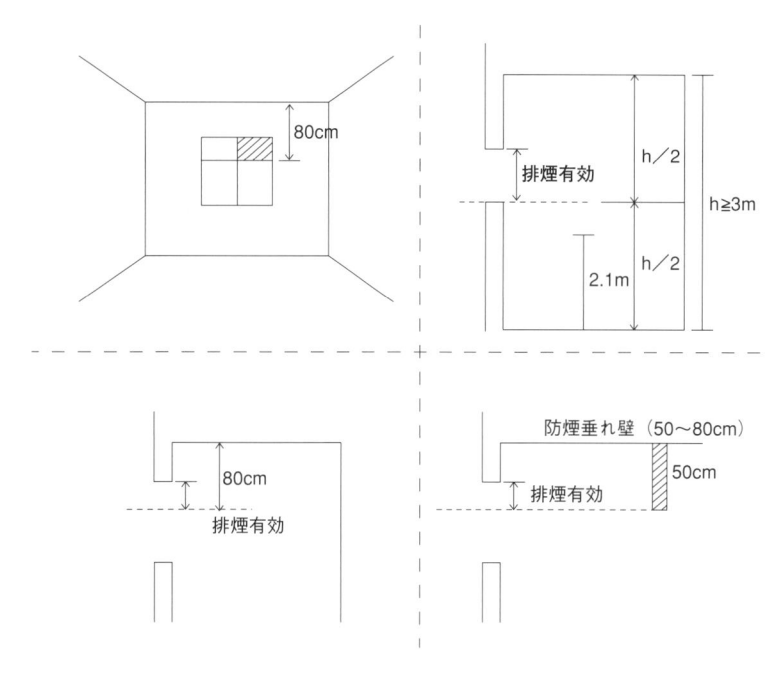

## C・2・2　排煙設備

垂れ壁では認められない。写真1〜4に主要な排煙設備例を示す。

### ■避難安全検証法と排煙設備

平成12年建設省告示1441号で「階避難安全検証法」が、同1442号で「全館避難安全検証法」の詳細が規定されている。

簡単に言えば、在室者が安全な区画に避難するまでに要する時間Aと、煙が危険な高さまで降下する時間Bを計算し、A＜Bであるような建築計画、避難計画、排煙設備であればそれを認めるということである。この考え方を「性能規定」と呼び、従来の規定された風量を排煙する考え方の「仕様規定」と比べると、排煙風量を減じることも可能である。計算はかなり煩雑であるが、建築計画に自由度が与えられることにより、従来では法規制のため成し得なかった空間と排煙設備の低減を両立し得る下地ができたことになる（C-1-9 避難安全検証法 P.64参照）。

### ■押出排煙（第2種排煙）

平成12年建設省告示1437号で、「押出排煙」の仕様規定が示された。特別避難階段付室等の小空間に適用することで、従来の排気だけの排煙設備に比べ容量を低減できるという事例もある。

避難としては安全区画を加圧することで煙の侵入を防ぐことは望ましい方針といえる。押出排煙の仕様規定が示されたとはいえ、当該室の気密度を設計者側で決めるなど、実情に即したデータを必要とする面もあり、採用に当たっては、諸官庁との十分な協議と、今後の動向に注意する必要があると考える。〈Oh〉

**図3　排煙に有効な開口の算定方法（2）**

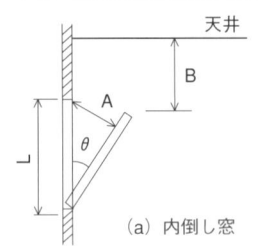

（a）内倒し窓　　　（b）外倒し窓　　　（c）突き出し窓　　　（d）ガラリ

有効開口高さAはLsinθとする。ただし、Bが有効排煙以内でかつLsinθ以上のこと。BがLsinθ以下であれば、Bの高さを有効開口高さとする。

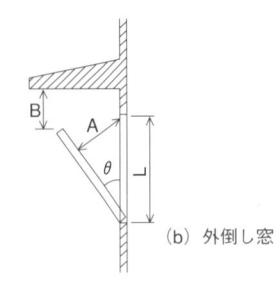

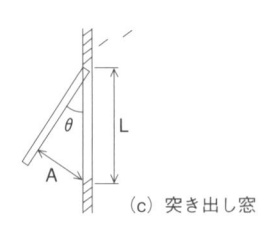

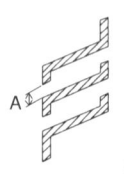

有効開口高さはAは sinθとする。ただし、BがLsinθ以下であれば、Bの高さを有効開口高さとする。

有効開口高さはAはL sinθとする。

有効開口高さはAとする。

写真1　排煙口（開放状態）と煙感知器

写真2　防煙垂れ壁

写真3　排煙装置の手動開放装置

写真4　排煙窓

# 換気設備

建築基準法第28条，同施行令20条，建築物衛生法，駐車場法施行令第12条，建設省告示，国土交通省告示
問合せ先：地域を管轄する役所，土木事務所の建築指導担当

## ■健全な空気環境の保持

換気とは「新鮮な外気との入れ替え」であり，基本的な目的は「人が在住あるいは活動する空間において，健全な生活，活動が営めるように空気の状態を健全に保つこと」と言える。目的をもう少し細分化すると下記のように分類される。
(1)「人」のための新鮮外気取り入れ
(2)「燃焼」のための新鮮外気取り入れ
(3) 室内の有害物質の除去
(4) 発熱の除去

一般の居住環境の中で，(3)の要素となるものは，一酸化炭素，二酸化炭素，排気ガスなどが挙げられ，特に最近では建材から蒸散される化学物質が注目されている（C-1-6 シックハウス法 P.53参照）。建築基準法は2003年7月1日から，建築物衛生法は2003年4月1日から，化学物質対策が盛り込まれた改正法が施行された。建築基準法の改正により，原則としてすべての建築物に機械換気設備が義務付けられることに注意してほしい。

建築物衛生法とは，「建築物における衛生的環境の確保に関する法律」の略称（別称：ビル管理法）である。百貨店，興行所，店舗，事務所，旅館，美術館等の多数の者が使用，利用する用途が，延べ床面積で3000m²を超えるものを「特定建築物」として，その維持管理において環境衛生上必要な点を規制している。

本項では，換気方式の説明，居室の換気について解説する。駐車場，厨房（火気使用）の換気設備については，それぞれの項を参照願いたい。

## ■換気方式

機械換気の方式は，第1種，第2種，第3種に分類される。[表1]にそれぞれの換気方式の特長と適用場所を示す。

第1種は換気量の確保という点では，確実な方式であり，給気，排気のバランスを微調整することにより，室内をプラス圧，マイナス圧に調整することも可能である。

第2種は確実に給気を確保したい部屋，外

**表1 換気方式の種類と特徴**

| 換気方式の種類 | 長所 | 短所 | 適用場所 |
|---|---|---|---|
| 第1種換気<br>（給気機＋排気機，室内）<br>第1種換気の基本形 | ・換気量確保の信頼性が高い<br>・給排気量を調整することで室圧調整を図ることができる。<br>・全熱交換器付きの送風機を使うことで熱回収ができる。 | ・初期コストが高価（第2種,第3種に比べて）<br>・送風機の電力消費量が増加<br>・保守ポイント（送風機）の増加 | ・確実に換気量を確保したい場所（事務室，店舗，厨房等）<br>・外壁に面さず，自然給気，自然排気口が確保できない場所 |
| 第2種換気<br>（給気機＋居室＋排気口）<br>第2種換気の基本形 | ・外部からの塵埃，臭気，水蒸気等の侵入防止が図れる。 | ・室内で発生した塵埃，臭気，水蒸気等は壁内や室外へ拡散する<br>・排気口フィルターの保守を怠ると換気量が急減する | ・塵埃，臭気，水蒸気等の侵入を防止したい場所 |
| 第3種換気<br>（外気→居室→排気機／給気口）<br>第3種換気の基本形 | ・室内で発生する臭気や水蒸気を壁内や室外へ拡散することを防止できる。<br>・最も普及している換気方式 | ・空間の気密性の確保<br>・空間の気密性が低いと隙間風，塵埃，虫が入る。<br>・給気口フィルターの保守を怠ると換気量が急減する。 | ・臭気や水蒸気の発生がある場所（便所，浴室等） |
| 自然換気<br>原動力としては「温度差」「風力」がある<br>（自然排気／自然給気・居室・温度差／風による給気・居室・排気・風力） | ・動力が不要<br>・保守が容易<br>・機械の故障による換気機能の停止がない | ・空間の気密性の確保<br>・風量調整が難しく，季節，風向きによって換気量が変化する。<br>・換気口からの雨の侵入防止が必要。<br>・改正建築基準法では居室には機械換気が必須となり，自然換気が認められる対象は限定される。 | ・高天井の空間で居室以外の場所（吹き抜け，大型倉庫等） |

## C・2・3　換気設備

部からの塵埃の侵入を防止したい部屋等に採用される。室内に臭気が発生する場合は、外部へ漏洩することに注意してもらいたい。また、排気口は風量を排出するに十分な開口を必要とする。

第3種は排気を確保したい部屋、室内の臭気を外部へ漏洩させたくない部屋に使われる。便所等臭気を伴う部屋はこの方式が一般的である。給気口は十分な大きさを持たないと所定の換気量を確保できない。また、給気口には除塵フィルターを設置することが一般的だが、フィルターの清掃を怠ると抵抗が増し、給気量が低減して十分な換気量を得られなくなるので注意されたい。

自然換気としては、空間の上下の温度差を利用した方式、風による換気力を利用した方式がある。

### ■居室の換気

〈建築基準法〉
居室とは「居住、作業等で人が継続的に使用する部屋」のことをいう。
施行令20条の2に居室の換気量として一人当たり20$m^3$/hを確保することが規定されている。
また一人当たりの占有面積は10$m^2$以内とすることが規定されている。ただし、劇場、集会場等（同別表第1い欄一項に挙げられる特殊建築物）は3$m^2$以内とされる。したがって劇場等では一般的な建築物の3倍以上の換気を要求されていることになり、換気ダクトや換気ファンのために必要なスペースも大きく必要であることを認識していただきたい。

〈建築物衛生法〉
同法により規定される空気環境の維持管理基準値は下記の様に示されている。
①浮遊粉塵：0.15mg/$m^3$以下
②一酸化炭素含有率：10ppm以下
③二酸化炭素含有率：1000ppm以下
④温度：17℃以上28℃以下
⑤湿度：40%以上70%以下
⑥気流：0.5m/s以下
⑦ホルムアルデヒド：0.1mg/$m^3$以下
室内環境が上記の基準値であることを判断材料に換気空調設備の維持管理に努めることが要求されている。
①〜⑥については2カ月以内ごとに定期的に測定することが規定されている。
⑦については（C-1-6 シックハウス法 P.53参照）。参考としてホルムアルデヒドの区分、換気量としては、設計人員一人当たり25〜30$m^3$/hとすることが行政から指導される。建築基準法のそれと比べ多い換気量になっていることに注目してもらいたい。

百貨店等では集客の度合いにより、建築内の人員数が大きく変動する。人の多少にかかわらず換気量を定常的に多量にとることは、空調に多量のエネルギー消費を必要とする。そこで、室内の二酸化炭素濃度を検出して、換気量を制御する方式がある。初期の設備費としてはコストアップになるが、施設の運用に照らし合わせ検討する価値はあると考える。二酸化炭素を検出して換気量を制御した場合、臭気、熱等の他の要因が適切に処理できるか併せて検討する必要がある。

建築計画に影響する内容として下記を紹介する。
①居室の外気取り入れ高さは10m以上とすること。
②汚染空気の逆流防止のため、駐車場系統の外気取り入れ口は単独とし、居室系統と兼用してはいけない。
③隣接する他の建築物と相互汚染しないように外気取入れ口、排気口を設置すること。　〈Oh〉

---

### 法規mini知識

## 非常階段って何だ？

階段の防災面から見たグレードとして、直通階段、避難階段、特別避難階段がある。これに階段が建物の内部にあるか外部にあるか…の観点を入れて分類してみた。なお避難階段については屋外の方が屋内よりも、防災的グレードは高い。直通階段を2カ所設けなくてもよい緩和規定で、許されているのは特別避難階段と屋外避難階段のみである（建築基準法施行令第1項5号）。また消防法でも避難器具の設置の緩和条件として、屋外避難階段は特別避難階段と同等に扱われる。

ところで、一般的に非常階段という言葉がよく使われる。火災に関する報道などでは「非常階段が設置されていなかった！」とか「非常階段にモノが置かれていた！」などの見出しが目立つが「屋外避難階段に…」などとあまり書かれていない。というわけで避難階段や直通階段などよりも人口に膾炙されているとも言える。

ただし建築基準法や消防法でこの非常階段という用語は使われていない。「屋外に設ける直通階段か避難階段で、日常は使用しない階段」というあたりが世間的な認識ではないだろうか？

なお地方自治体の条例であるが、ラブホテル建築の規制に関する条例の中で使われていることがたまにある。〈Id〉

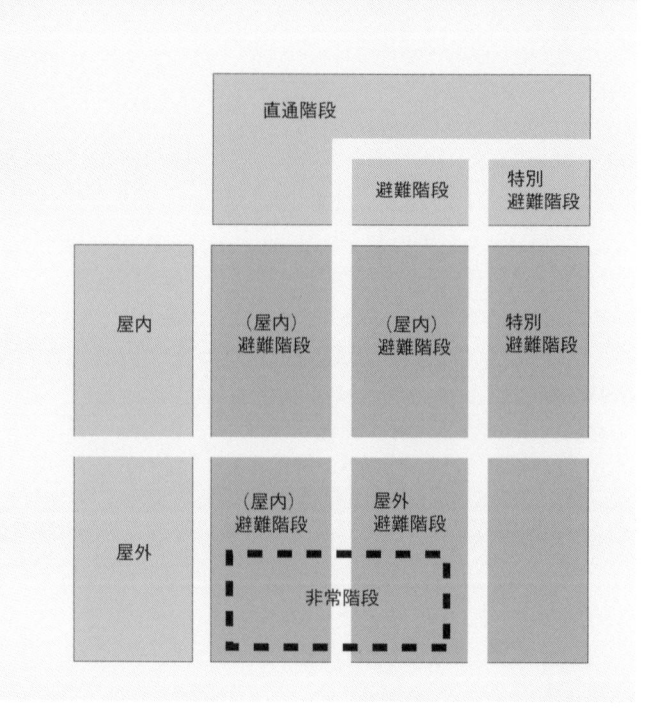

|  | 直通階段 |  |  |
|---|---|---|---|
|  |  | 避難階段 | 特別避難階段 |
| 屋内 | （屋内）避難階段 | （屋内）避難階段 | 特別避難階段 |
| 屋外 |  | （屋内）避難階段 | 屋外避難階段 |
|  |  |  | 非常階段 |

# スプリンクラー設備

消防法施行令第12条，同施行規則第13条，14条，問合せ先：地域を管轄する消防署の予防指導担当

## ■効果は絶大

スプリンクラー設備は消防法に規定される消火設備の一つで「初期消火設備」に分類される。自動消火設備であり，火災の初期段階で作動することでその効果は非常に高い。

米国の損害保険会社の規定では，スプリンクラーの有無が建物の安全性能評価，保険料の算定に大きく影響を与えているほどである。

特定建築物で，ある程度の規模以上になると設置を要するが，防護エリアを網目のように配管をめぐらせてスプリンクラーヘッドを設置することになり，物理的なボリュームが多く，初期コストの面でプロジェクトには大きな影響を与える。また，誤作動による水損に対する配慮も怠ってはならない要素である。

大型の商業施設には必須の設備となり，テナント工事においても対応すべき設備であるため，基本的な内容の理解は是非とも必要である。

本項では最も一般的なシステムの解説をベースに述べるが，高天井における放水式，テナント対応，将来の建屋の使用状況等，建築計画にも密接に関連するものであり，それによって設備仕様も異なってくる場合があることを認識されたい。

## ■スプリンクラー設備の仕組み

[図1]にスプリンクラー設備の系統図を示す。

この系統図は，閉鎖型ヘッドを使用した湿式（配管内が充水されている）システムでスプリンクラー設備の中で最も一般的なものであり，本項ではこのシステムについて解説する。

大事な注意点として，後述する派生的な要素を取り入れると作動フロー，水源容量，同時開放数，カバー範囲などが，そのつど異なってくることを忘れずに認識して戴きたい。

スプリンクラー設備の作動フローは次のとおりである。

①火災を感知して閉鎖型スプリンクラーヘッドの感熱体の可溶部が溶ける。
②配管内は一定の圧力で加圧されているため，可溶部の溶解によりヘッドが放水可能な状態となり放水する。
③制御弁（アラーム弁ともいう）が弁前後の圧力差で開放状態になり通水可能な状態となる。同時に制御弁付属の圧力スイッチが入り，火報受信機に信号を出す。
④スプリンクラー主配管内部の圧力が低下する。ポンプ起動用の圧力タンク減圧により圧力スイッチが作動し，スプリンクラーポンプ起動の信号を出す。
⑤ポンプが起動し消火水槽内の水が圧送され，火災等で開放されたスプリンクラーヘッドから散水する。
⑥ポンプの停止は手動，もしくは消火水槽内の減水状態にて停止する。

〈スプリンクラーヘッド〉

[表1]に閉鎖型スプリンクラーヘッドの取り付け場所の最高周囲温度と標示温度の関係を示す。ヘッドは国家検定品目であり，感熱体の標示温度の区分は色別標示がされている。写真1に代表的なスプリンクラーヘッドを示す。

〈集熱板〉

一般のスプリンクラーヘッドは高さ10m以下の部分に設置を義務付けられる。天井がない空間，あるいは天井がルーバー状に熱を上部に逃がしてしまう空間では，スプリンクラーヘッドが熱を十分に感知できるように集熱板をヘッド上部に取り付ける必要がある。集熱板は面積の規定

図1 スプリンクラー設備の概略系統図

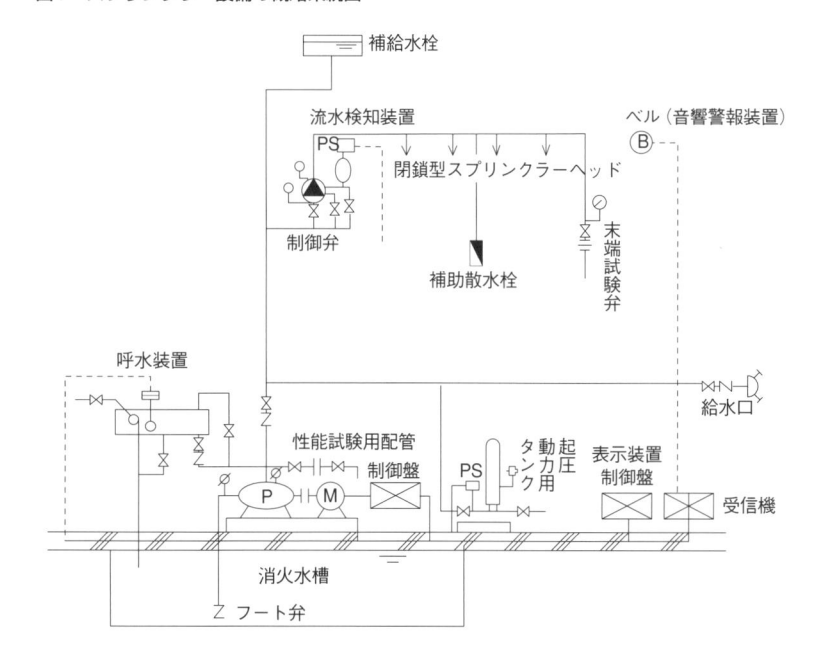

表1 閉鎖型スプリンクラーヘッド取り付けの場所の最高周囲温度と標示温度の関係

| 取り付ける場所の最高周囲温度 | 標 示 温 度 | 色別 |
|---|---|---|
| 39℃未満 | 79℃未満 | （無色） |
| 39℃以上　　64℃未満 | 79℃以上　　121℃未満 | 白 |
| 64℃以上　　106℃未満 | 121℃以上　　162℃未満 | 青 |
| 106℃以上 | 162℃以上　　200℃未満 | 赤 |

があるが、形状は丸、四角ともに対応可能である。

〈制御弁（アラーム弁）〉
3000m²以内ごとに設置し、原則として2以上の階を受け持つことはできない。おおむね1500mmW×1000mmDのスペースを必要とし階段付近が望ましい。弁としては逆止弁の形状をしており、通水状態の時に圧力スイッチが作動する仕組みになっている。

〈消火水槽〉
水源容量は1.6m³×スプリンクラーヘッドの同時開放数にて算出される。同時開放数は消防法施行令別表第1の4項（百貨店、物販店舗）では15個（実際に15個すべてが同時に開放するわけではないが、水源容量を決めるための数値）となる。他の消火設備が併設されると水源は消火設備ごとの合算になることに注意されたい。

〈スプリンクラーポンプ〉
消防認定品の消火ポンプユニットが使用される。ヘッドの同時開放数と配管損失により必要な能力が決定される。消火ポンプは専用の不燃区画された部屋に設置することが原則である。

消火水槽の欄でも説明したように、スプリンクラーは「火災が発生した場所で同時に何個が放水される」という考え方で、ポンプと水源を規定してる。言い方を換えると建物の規模が変わってもスプリンクラーの仕様を決定付ける条件が同じであれば、放水量、消火水源は同じなのである。

〈末端試験弁〉
配管経路の末端で必要な圧力が確保されているかの確認と年次の定期点検の際にヘッドで散水させることなく動作試験を行うために設置される。管内の水を排出するため、排水管が必要である。

〈送水口〉
消防隊が外部からスプリンクラー配管を利用して消火活動をするための送水口である。設置位置は消防との協議が必要で、決められた標識を併設することになる。

〈補助散水栓〉
スプリンクラー設備にてカバーされている部分は屋内消火栓の設置が免除される。ところが、スプリンクラーヘッドの設置を要しない部分として、火災発生の危険が少ない階段室、空調換気設備機械室があるが、一方この部分のためだけに屋内消火栓が必要ということになってしまう。このような部分に対してはスプリンクラー系統より分岐して補助散水栓というホースとノズルの収納箱を設置し半径15mでカバーすることで屋内消火栓が免除されることになる。

■スプリンクラー設備が必要な建築物
［表2］に消防法によるスプリンクラー設備の設置基準を示す。不特定多数の人の出入りがあり、比較的大きな規模の建築に要求される。地階、無窓階、高層階では設置基準が大幅に厳しくなることに注意されたい。

消防法の他に各都道府県の火災予防条例を確認する必要がある。特に無窓階、地階等の部位は注意すべきである。

■スプリンクラーヘッドの設置が「免除」される部位
（1）水噴霧、泡等の消火設備によりカバーされている部分
（2）防火対象物の10階以下の部分にある開口部で防火戸あるいはドレンチャー設備が設置されている部分
（3）耐火構造の壁床で区画され、消防法施行規則第13条1項（スプリンクラー代替区画）に適合し、消防法施行令別表第1の2、4、5項の用途が存在しない区画内。ただし地階、無窓階はのぞく。

表2　消防法によるスプリンクラー設備の設置基準
（商業系抜粋）

| 消防法施行令別表第1項目 | | 防火対象物 | 一般※（延べ床面積）平屋建て以外 | 地階・無窓階（床面積） | 4～10階（床面積） | 階数が11階以上のもの(地階は除く) |
|---|---|---|---|---|---|---|
| (1) | イ | 劇場等 | ≧6000m²　舞台面積≧500m² | ≧1000m²　舞台面積≧300m² | ≧1500m² | すべて |
| | ロ | 集会場等 | ≧6000m² | ≧1000m² | ≧1500m² | すべて |
| (2) | イ | キャバレー等 | ≧6000m² | ≧1000m² | ≧1000m² | すべて |
| | ロ | 遊技場等 | ≧6000m² | ≧1000m² | ≧1000m² | すべて |
| | ハ | 性風俗関連店など | ≧6000m² | ≧1000m² | ≧1000m² | すべて |
| (3) | イ | 料理店等 | ≧6000m² | ≧1000m² | ≧1500m² | すべて |
| | ロ | 飲食店 | ≧6000m² | ≧1000m² | ≧1500m² | すべて |
| (4) | イ | 百貨店等 | ≧3000m² | ≧1000m² | ≧1000m² | すべて |
| (5) | イ | 旅館等 | ≧6000m² | ≧1000m² | ≧1500m² | すべて |
| (16) | イ | 特定用途のある複合施設 | 当該用途の合計が≧3000m² | その階の該用途が≧1000m² | 3.に記載 | すべて |

1. ※印の欄はスプリンクラー代替区画が適用となる。
2. 地階を除く11階以上の階には無条件で設置義務あり。
3. (1)(3)(5) イの用途に供される部分がその階において1500m²以上のもの、(2)(4)の用途においては1000m²のもの。

表3　スプリンクラー設備の分類

| 区分 | 分類 | 内容 |
|---|---|---|
| ヘッドによる区分 | 閉鎖型 | 標準型、高感度型、小区画型、側壁型がある。ヘッドの種類によりカバー範囲、同時開放数等の数値が異なる。 |
| | 放水型 | 高天井部分、大空間で採用される。一般型のスプリンクラーヘッドが設置できない床からの高さが10mを超える空間に採用される。ただし、指定可燃物取り扱い場所、4項（百貨店）、16項イの4項部分、地下街の店舗、準地下街では床からの高さが6mを超える部分 |
| | 開放型 | 舞台部、小アリーナ等で使用。手動開放弁または感知器連動の起動となる。 |
| 管内の充水による区分 | 湿式 | 一般的なスプリンクラー設備。管内はすべて充水されヘッドの破損、溶解により放水が開始される。 |
| | 乾式 | 寒冷地の凍結防止対応。制御弁の2次側（ヘッド側）に高圧空気を封入する。水源水量は標準システムの1.5倍が要求され放水開始までの時間とポンプ能力について消防と協議が必要。 |
| | 与作動式 | 乾式システムと同様だが、さらに自動火災報知信号が入ることで初めてポンプ起動が行われるシステム。水損を極端に嫌う建築物にて採用が検討される。 |

## ■スプリンクラーヘッドの「設置を要しない」とされる部分

(1) 火災の危険が少ない階段室，機械室
(2) 二次的な被害を出す恐れのある電気室，手術室等
(3) 効果が期待できない場所(エレベーター昇降路，リネンシュート，パイプダクトスペース等)
(4) スプリンクラー代替区画
・耐火構造の壁，床で区画
　11階以上　100m²以下
　10階以下　200m²以下
　内装（不燃，準不燃，難燃）
　区画開口部は防火戸

## ■スプリンクラー設備の派生システム

スプリンクラー設備は，誤作動による水損防止，寒冷地での凍結防止，高天井対応，指定可燃物対応などの要素によりシステム構成が変わってくる。［表3］に分類例を示す。どのシステムが良いか，組み合わせ要否は設計方針，コストの問題もさることながら，所轄消防との事前協議も必要である。

## ■スプリンクラーヘッドの配置とヘッド周辺空間の条件

［図2］［図3］にスプリンクラーヘッドの配置例を示す。格子配置（正方形，矩形）が原則であり一般的に採用される。千鳥配置とする場合はヘッド当たりの防護面積を広く取れるが，同時に単位面積当たりの散水量が低下することになり，所轄消防との事前協議を要する。
［図4］［図5］［図6］［表4］にヘッド周辺のスペースに関する条件を示す。駐車場など直天で梁，ダクト類が露出する空間では特に注意が必要である。

大型の商業施設ではスプリンクラーヘッドの設置が完了してからテナント工事による間仕切りの追加や，陳列棚あるいは庇類の設置によりスプリンクラーの散水障害となるケースが多く見られる。施工完了後に配管の増設，延長を行うことは意匠的にも設備的にも非常に困難なことが多いので，設計段階で充分検討が必要である。スプリンクラー設備は，初期の消火で効果が非常に高く，人命の安全を考える上でも設置基準に沿った有効な設置が重要である。〈Oh〉

写真1　代表的なスプリンクラーヘッドの種類

閉鎖型スプリンクラヘッド（下向型）　閉鎖型スプリンクラヘッド（下向型）　閉鎖型スプリンクラヘッド（下向型）　閉鎖型スプリンクラヘッド（上向型）

図2　標準型ヘッド配置例（正方形）

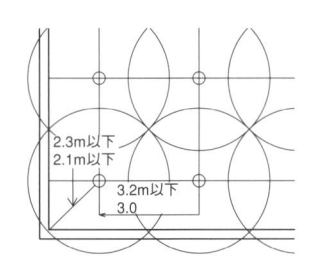

取り付け間隔は耐火建築で3.2m以下，その他建築で3.0m以下とする。

図3　標準型ヘッド配置例（長方形）

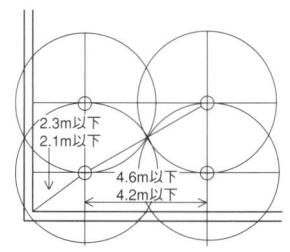

ヘッドの対角線の距離は耐火建築で4.6m以下，その他建築で4.2m以下とする。

図4　取り付け面および散水障害物からの離間距離

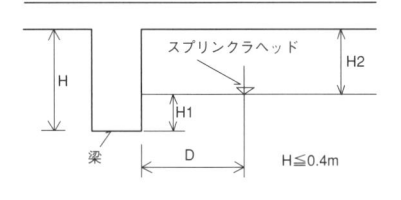

図5　梁，ダクトがある場合の設置方法

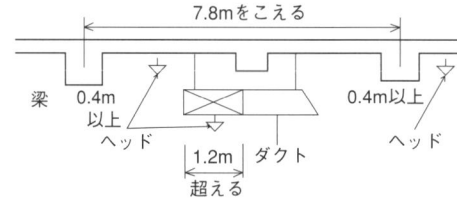

幅が1.2mを超えるダクトがある場合には，その下にスプリンクラーを設置する。
梁が40cm以上床より下がる場合は散水障害とならないようスプリンクラーヘッドを設置する。

表4　取付面および散水障害物からの離間距離

| D（m） | $H_1$（m） | $H_2$（m） |
|---|---|---|
| 0.75未満 | 0 | 0.3以下 |
| 0.75以上　1.00未満 | 0.1未満 | |
| 1.00以上　1.50未満 | 0.15未満 | |
| 1.50以上 | 0.3未満 | |

図6　ヘッド周辺の必要スペース

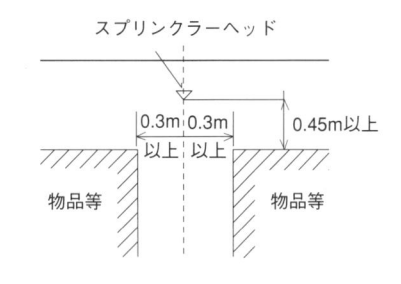

# 自動火災報知設備

消防法施行令第21条，同施行規則第23条〜24条の2，施行規則別表第1の2

## ■火災の早期発見

自動火災報知設備とは，火災の発生を熱または，煙などにより自動的に感知し，建物内にベル，サイレン等の音響装置によって知らせる設備である。この設備は，消防法で規定されており，一定規模以上の建物には設置の義務がある。

最近の火災事故においては，歌舞伎町の明星56ビル火災（2001年9月：地下2階・地上4階建ての雑居ビル　死亡44人，重軽傷3人）のように，火災発生の知らせが遅れることにより，避難経路が火災・煙などにより塞がり，多くの人命を失ってしまう悲しい事故も発生している。

この事故からも，早期発見に対する自動火災報知設備の重要性が認識できる。また，感知器は，不適格な場所に設置すると非火災報の原因となり，非火災報が多いことにより，信頼性が低下し，「狼少年」のようなことになってしまう。このような事態を避けるためにも，テナント工事による感知器の増設，移設についても，設置位置，感知器種類の選定に注意が必要である。

構成機器としては，熱，煙等を感知する感知器，火災の発生場所を表示し警報を出す受信機，発見者がボタンを押すことで火災を知らせる発信機，音響装置（ベル等），表示灯（赤ランプ）などから構成されている。

大まかな作動フローとしては，感知器が発報し，受信機に表示され，受信機から各ランプ・ブザーを鳴動させる。ブザー，ランプなどは，感知器の発報がとまり，受信機にて復旧するまで鳴りつづける。

## ■感知器の種類と特徴

代表的な感知器は写真に示すような，熱感知器，煙感知器，炎感知器等がある。
［写真1〜5］熱感知器は，周囲温度の急激な変化を感知し，発報する。火気の近傍や直射日光により急激に室温が上昇する部分などに設置すると非火災報の原因となる。

煙感知器は，煙の微粒子が光をさえぎることにより煙の濃度を検知し，発報する。タバコの煙，演出用のスモーク，湯気なども光を遮るため，発報してしまう可能性があるため，喫煙所を設けた場合などは，換気に注意を要する。

炎感知器は，炎の赤外線または紫外線と炎特有の揺らぎを検知し，発報する。主に天井の高いところ（15m以上）などで，煙が発生しても希釈され，煙感知器では検知が遅くなる場所に設置される。これとは別に，店舗の便所などで見かける炎感知器は，便所内での喫煙により火災にならないよう，ライターなどの火に反応して警報を出し，火災の防止を目的としたものである。

## ■設置基準

［表1］に設置基準を示す。商業施設は（二）キャバレー，遊技場関連，（三）飲食店関連，（四）物販店関連が主であるが，大型の複合用途，ショッピングセンターの場合には，（一）劇場，映画館，（十）車両停車場などを含めた複合施設となり（十六）イとして扱われる。いずれも他用途と比べると厳しい基準となっている。

## ■感知器の種類

代表的な感知器の種類は前述のとおりであるが，表2に感知器の種類と設置場所を示す。商業施設の場合には，商品陳列などにより消防法上の無窓階になる場合が多く，ほとんどの場合，煙感知器が主体となるので，本表では煙感知器を主体に構成した。

## ■設置場所による感知器の選定

一般的な店舗の売場には煙感知器を設置することになるが，設置場所周囲の環境によっては煙感知器の設置に適さなく，熱感知器を設置することになる。設置場所での状況に応じて［表3］，［表4］を参考に感知器の種類を使い分ける必要がある。また，スポット型熱感知器と煙感知器の取付基準を［図1, 2］に示す。

## ■感知器の設置を要しない場所（消防法施行規則23-4-1）

火災の発生の可能性がほとんどない場所や，感知器を設置することによって非火災報の要因となる場所には感知器の設置が免除される。以下に，商業施設関連に

写真1　定温式スポット型熱感知器
写真2　光電式スポット型熱感知器 
写真3　光電式スポット型煙感知器 
写真4　炎感知器 
写真5　光電式分離型煙感知器（発光器）（受光器）

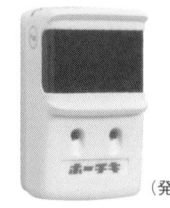

協力：ホーチキ

おける設置免除場所の概略を以下の(1)～(8)に記す。

(1) 感知器(炎感知器を除く)の取付け面の高さが20m以上である場所
(2) 上屋その他外部の気流が流通する場所で、感知器によっては当該場所における火災の発生を有効に感知することができない場所
(3) 天井裏で天井と上階の床との間の距離が0.5m未満の場所
(4) 耐火構造とした建築物又は簡易耐火建築物(建築基準法第2条9-3)の天井裏小屋等で不燃材料の壁、天井および床で区画された部分(昭和38年 自消丙予発第59号)
(5) 金庫室でその開口部に甲種防火戸またはこれと同等以上のものを設けているもの(昭和38年 自消丙予発第59号)。
(6) 恒温室,冷蔵室等で当該場所における火災を早期に感知することができる自動温度調節装置を設けているもの(昭和38年 自消丙予発第59号)。
(7) 令別表第1(1)項イに掲げる防火対象物に存する場所のうち、次の①,②,③および④に該当し、かつ、待合せもしく

### 表1 自動火災報知器の設置基準

| 消防法施行令 別表第1項目 | | 防火対象物 | 一般(延面積m²以上) | 屋内一階段 | 地階または2階以上(延面積m²以上) | 地階・無窓階または3階以上(延面積m²以上) | 11階以上階(延面積m²以上) | その他(延面積m²以上) |
|---|---|---|---|---|---|---|---|---|
| (一) | イ | 劇 場 等 | 300 | ※3 | 駐車の用に共する部分の存する階で当該部分の床面積200 | 300 | 全部 | 通信機器室500 左記各号に掲げるもののほか,別表第1に揚げる防火対象物の道路の用に供される部分で屋上部分600 その他の部分400 |
| | ロ | 集 会 場 等 | | | | 300 | | |
| (二) | イ | キャバレー等 | 300 | | | 300 [地階無窓階の場合は100] | | |
| | ロ | 遊 技 場 等 | | | | | | |
| | ハ | 性風俗関連店など | | | | | | |
| (三) | イ | 料 理 店 等 | 300 | | | | | |
| | ロ | 飲 食 店 等 | | | | | | |
| (四) | | 百 貨 店 等 | 300 | | | | | |
| (五) | イ | 旅館その他等 | 300 | | | | | |
| | ロ | 共 同 住 宅 等 | 500 | | | | | |
| (六) | イ | 病 院 等 | | ※3 | | | | |
| | ロ | 福 祉 施 設 等 | 300 | | | | | |
| | ハ | 特 殊 学 校 等 | | | | | | |
| (七) | | 学 校 等 | 500 | | | | | |
| (八) | | 図 書 館 等 | 500 | | | | | |
| (九) | イ | 蒸気浴場等 | 200 | ※3 | | | | |
| | ロ | 一 般 浴 場 | 500 | | | | | |
| (十) | | 車両停車場 | 500 | | | | | |
| (十一) | | 神 社 等 | 1000 | | | | | |
| (十二) | イ | 工場または作業等 | 500 | | | | | |
| | ロ | スタジオ | | | | | | |
| (十三) | イ | 車 庫 | 500 | | | | | |
| | ロ | 特殊格納庫 | 全部 | | | | | |
| (十四) | | 倉 庫 | 500 | | | | | |
| (十五) | | 前各号以外 | 1000 | | | | | |
| (十六) | イ | 特定用途の存する複合 | 300 | ※3 | | 300 ※2 | | |
| | ロ | イ以外の複合用途 | ※1 | | | | | |
| (十六の二) | | 地 下 街 | ※3 | | | 300 | | |
| (十六の三) | | 準 地 下 街 | ※4 | | | | | |
| (十七) | | 文 化 財 | 全部 | | | | | |
| 指定可燃物の貯蔵取扱 | | | 指定可燃物数量≧500(危令別表第4の数量) | | | | | |

※1 延べ面積が300m²以上で特定防火対象物の用途に供される部分の床面積が、延面積の10%以上の場合。
※2 (二)項または(三)項に掲げる用途に供される部分の床面積の合計が100m²以上の階。
※3 面積に関係なく屋内階段で避難階に直通する階段が2以上設けられていないもの(1階および2階を除く)は設置要。ただし消防法施行規則第4条の2の3に規定する場合には、一階段の場合においても設置緩和。また、屋外階段の場合には本項には含まれない。
※4 延べ面積が500m²以上で、かつ特定防火対象物の用途に供される部分の床面積の合計が300m²以上。

### 図1 熱感知器(差動式スポット型・定温式スポット型感知器)の取付基準
(参考:ホーチキ技術資料)

(差動式スポット型・定温式スポット型感知器)
感知器の下端は取り付け面の下方0.3m以内の位置に設けること

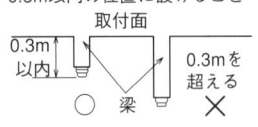

0.3m以内 取付面 梁 ○ 0.3mを超える ×

感知器は取り付け面を基準に45度以上傾斜させないよう設けること

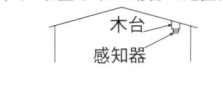

感知器 45°未満

(45°以上となる場合の処置例)
木台 感知器

感知器は換気口等の空気吹出口から1.5m以上離れた位置に設けること。

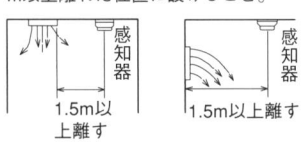

1.5m以上離す 1.5m以上離す

感知区域は0.4m以上の梁等で分けられる

0.4m以上 別感知区域とする。

### 表2 感知器の種類と設置場所

| 対象部 \ 感知器の種別 ○印は設置する感知器 | 煙感知器 | 熱・煙複合式スポット型感知器 | 炎感知器 |
|---|---|---|---|
| 1. 階段および傾斜路 | ○ | ○ | |
| 2. 廊下および通路:令別表のうち(1)～(6),(9),(12),(15),(16)イ(16の2),(16の3)の防火対象物の部分に限る | ○ | | |
| 3. エレベーターシャフト,リネンシュートパイプダクトその他これらに類するもの | ○ | | |
| 4. 感知器の設置する区域の天井等の高さが15m以上20m未満の場所 | ○ | | ○ |
| 5. 感知器の設置する区域の天井の高さが20m以上 | | | ○ |
| 6. 上記1～5の各場所以外の地階・無窓階及び11階以上の部分:令別表第1のうち(1)～(4),(5)イ,(6),(9)イ,(16)イ(16の2),(16の3)の防火対象物またはその部分に限る | ○ | ○ | ○ |

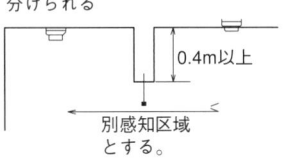

### 図2 煙感知器(スポット)の取付基準

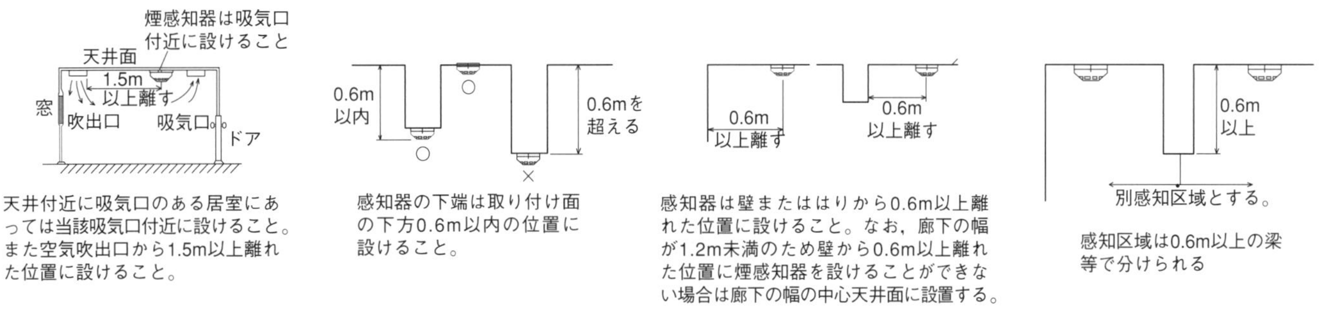

天井面 窓 吹出口 1.5m以上離す 吸気口 ドア
煙感知器は吸気口付近に設けること

天井付近に吸気口のある居室にあっては当該吸気口付近に設けること。また空気吹出口から1.5m以上離れた位置に設けること。

0.6m以内 0.6mを超える
感知器の下端は取り付け面の下方0.6m以内の位置に設けること。

0.6m以上離す 0.6m以上離す
感知器は壁またははりから0.6m以上離れた位置に設けること。なお、廊下の幅が1.2m未満のため壁から0.6m以上離れた煙感知器を設けることができない場合は廊下の幅の中心天井面に設置する。

0.6m以上
感知区域は0.6m以上の梁等で分けられる
別感知区域とする。

## 表3 感知器の選択基準（消防法施行令別表第1）

| 設置場所 | | 適応熱感知器 | | | | | | | | 炎感知器 | 備考 |
| --- | --- | --- | --- | --- | --- | --- | --- | --- | --- | --- | --- |
| | | 差動式スポット型 | | 差動式分布型 | | 補償式スポット型 | | 定温式 | 熱アナログ式スポット型 | | |
| 環境状態 | 具体例 | 1種 | 2種 | 1種 | 2種 | 1種 | 2種 | 特種 | 1種 | | |
| じんあい、微粉等が多量に滞留する場所 | ごみ集積所、荷捌所、塗装室、紡績・製材・石材等の加工場等 | ○ | ○ | ○ | ○ | ○ | ○ | ○ | ○ | ○ | ○ | 1. 規則第23条第5項第6号の規定による地階、無窓階および11階以上の部分では、炎感知器を設置しなければならないとされているが、炎感知器による監視が著しく困難な場合等については、令第32条を適用して、適応熱感知器を設置できるものであること。<br>2. 差動式分布型感知器を設ける場合は、検出部にじんあい、微粉等が侵入しない措置を講じたものであること。<br>3. 差動式スポット型感知器または補償式スポット型感知器を設ける場合は、じんあい、微粉等が侵入しない構造のものであること。<br>4. 定温式感知器を設ける場合は、特種が望ましいこと。<br>5. 紡績・製材の加工場等火災拡大が急速になるおそれのある場所に設ける場合は定温式感知器にあっては特種で公称作動温度75℃以下のもの、熱アナログ式スポット型感知器にあっては火災表示に係る設定表示温度を80℃以下としたものが望ましいこと。 |
| 水蒸気が多量に滞留する場所 | 蒸気洗浄室、脱衣室、湯沸室、消毒室等 | × | × | × | ○ | × | ○ | ○ | ○ | ○ | × | 1. 差動式分布型感知器または補償式スポット型感知器は、急激な温度変化を伴わない場所に限り使用すること。<br>2. 差動式分布型感知器を設ける場合は、検出部に水蒸気が侵入しない措置を講じたものであること。<br>3. 補償式スポット型感知器、定温式感知器又は熱アナログ式スポット型感知器を設ける場合は、防水型を使用すること。 |
| 腐食性ガスが発生するおそれのある場所 | メッキ工場、バッテリー室、防水処理場等 | × | × | ○ | ○ | ○ | ○ | ○ | | ○ | × | 1. 差動式分布型感知器を設ける場合は、感知部が被覆され、検出部が腐食性ガスの影響を受けないものまたは検出部に腐食性ガスが侵入しない措置を講じたものであること。<br>2. 補償式スポット型感知器、定温式感知器又は熱アナログ式スポット型感知器を設ける場合は、腐食性ガスの性状に応じ、耐酸型又は耐アルカリ型を使用すること。<br>3. 定温式感知器を設ける場合は、特種が望ましいこと。厨房、調理室等で高湿度となるおそれのある場所に設ける感知器は、防水型を使用すること。 |
| 厨房その他正常時において煙が滞留する場所 | 厨房、調理室、溶接作業所等 | × | × | × | × | × | × | ○ | ○ | ○ | × | |
| 著しく高温となる場所 | 乾燥室、殺菌室、ボイラー室、鋳造場、映写室、スタジオ等 | × | × | × | × | × | × | ○ | ○ | ○ | × | |
| 排気ガスが多量に滞留する場所 | 駐車場、車庫、荷物取扱所、車路、自家発電室、トラックヤード、エンジンテスト室等 | ○ | ○ | ○ | ○ | ○ | ○ | × | × | ○ | ○ | 1. 規則第23条第5項第6号の規定による地階、無窓階および11階以上の部分では炎感知器を設置しなければならないとされているが、炎感知器による監視が著しく困難な場合等については、令第32条を適用して、適応熱感知器を設置できるものであること。<br>2. 熱アナログ式スポット型感知器を設ける場合は、火災表示に係る設定表示温度は60℃以下であること。 |
| 煙が多量に流入するおそれのある場所 | 配膳室、厨房の前室、厨房内にある食品庫、ダムウエーター、厨房周辺の廊下および通路、食堂等 | ○ | ○ | ○ | ○ | ○ | ○ | ○ | ○ | ○ | × | 1. 固形燃料等の可燃物が収納される配膳室、厨房の前室等に設ける定温式感知器は、特種のものが望ましいこと。<br>2. 厨房周辺の廊下および通路、食堂等については、定温式感知器を使用しないこと。<br>3. 上記2の場所に熱アナログ式スポット型感知器を設ける場合は、火災表示に係る設定表示温度は60℃以下であること。 |
| 結露が発生する場所 | スレートまたは鉄板で葺いた屋根の倉庫工場、パッケージ型冷却機専用の収納室、密閉された地下倉庫、冷凍室の周辺等 | × | × | ○ | ○ | ○ | ○ | ○ | | ○ | × | 1. 補償式スポット型感知器、定温式感知器または熱アナログ式スポット型感知器を設ける場合は、防水型を使用すること。<br>2. 補償式スポット型感知器は、急激な温度変化を伴わない場所に限り使用すること。 |
| 火を使用する設備で火炎が露出するものが設けられている場所 | ガラス工場、キューポラのある場所、溶接作業所、厨房、鋳造所、鍛造所等 | × | × | × | × | × | × | ○ | ○ | ○ | × | |

注1 ○印は当該場所に適応することを示し、×印は当該設置場所に適応しないことを示す。
2 設置場所の欄に掲げる「具体例」については、感知器の取付面の付近（炎感知器にあっては公称監視距離の範囲）が「環境状態」の欄に掲げるような状態にあるものを示す。
3 差動式スポット型、差動式分布型および補償式スポット型の1種は感度が良いため、非火災報の発生については2種に比べて不利な条件にあることに留意すること。
4 差動式分布型3種および定温式2種は消火設備と連動する場合に限り使用できること。
5 多信号感知器にあっては、その有する種別、公称作動温度の別に応じ、そのいずれもが別表第1により適応感知器とされたものであること。

は休憩の設備、売店または火気使用設備器具もしくはその使用に際し火災発生のおそれのある設備器具を設けていない玄関、廊下、階段、便所、浴室または洗濯場の用途に供する場所（昭和38年　自消丙予発第59号）
①主要構造部を耐火構造としてあること。
②壁および天井が不燃材料または準不燃材料で造られていること
③床に不燃材料または準不燃材料以外のものを使用していないこと
④可燃性の物品を集積し、または可燃性の装飾材料を使用していないこと
（8）押入または物置で、その場所で出火した場合でも延焼のおそれのない構造で

表4　設置場所の環境状態による感知器の種類（消防法施行令別表第2）　　　（H6.2.15消防予35号）

| 設置場所 | | 適応熱感知器 | | | | | 適応煙感知器 | | | | | | 炎感知器 | 備考 |
| --- | --- | --- | --- | --- | --- | --- | --- | --- | --- | --- | --- | --- | --- | --- |
| 環境状態 | 具体例 | 差動式スポット型 | 差動式分布型 | 補償式スポット型 | 定温式 | 熱アナログ式スポット型 | イオン化式スポット型 | 光電式スポット型 | イオン化式アナログ式スポット型 | 光電アナログ式スポット型 | 光電式分離型 | 光電アナログ式分離型 | | |
| 喫煙による煙が滞留するような換気の悪い場所 | 会議室，応接室，休憩室，控室，楽屋，娯楽室，喫茶室，飲食室，待合室，キャバレー等の客室，集会場，宴会場等 | ○ | ○ | ○ | | | | ○* | | ○* | ○ | ○ | | |
| 就寝施設として使用する場所 | ホテルの客室，宿泊室，仮眠室等 | | | | | | ○* | ○* | ○* | ○* | ○ | ○ | | |
| 煙以外の微粒子が浮遊している場所 | 廊下，通路等 | | | | | | ○* | ○* | ○* | ○* | ○ | ○ | ○ | |
| 風の影響を受けやすい場所 | ロビー，礼拝堂，観覧場，塔屋にある機械室等 | | ○ | | | | | ○* | | ○* | ○ | ○ | ○ | |
| 煙が長い距離を移動して感知器に到達する場所 | 階段，傾斜路，エレベーター昇降路等 | | | | | | ○ | ○ | ○ | ○ | ○ | ○ | | 光電式スポット型感知器または光電アナログ式スポット型感知器を設ける場合は，当核感知器回路に蓄積機能を有しないこと |
| 燻焼火災となるおそれのある場所 | 電話機械室，通信機室，電算室，機械制御室等 | | | | | | | ○ | | ○ | ○ | ○ | | |
| 大空間でかつ天井が高いこと等により熱および煙が拡散する場所 | 体育館，航空機の格納庫，高天井の倉庫・工場，観覧席上部等で感知器取付け高さが8m以上の場所 | | ○ | | | | | | | | ○ | ○ | ○ | |

注1　○印は当該設置場所に適応することを示す。
注2　○*印は，当該設備場所に煙感知器を設ける場合は，当該感知器回路に蓄積機能を有することを示す。
注3　設置場所の欄に掲げる「具体例」については，感知器の取り付け面の付近（光電式分離型感知器にあっては光軸，炎感知器にあっては公称監視距離の範囲）が，「環境状態」の欄に掲げるような状態にあるものを示す。
注4　差動式スポット型，差動式分布型，補償式スポット型および煙式（当該感知器回路に蓄積機能を有しないもの）の1種は感度が良いため，非火災報の発生については2種に比べて不利な条件にあることに留意すること。
注5　差動式分布型3種および定温式2種は消火設備と連動する場合に限り使用できること。
注6　光電式分離型感知器は，正常時に煙等の発生がある場合で，かつ，空間が狭い場所には適応しない。
注7　大空間でかつ天井が高いこと等により熱および煙が拡散する場所で，差動式分布型または光電式分離型2種を設ける場合にあっては15m未満の天井高さに，光電式分離型1種を設ける場合にあっては20m未満の天井高さで設置するものであること。
注8　多信号感知器にあっては，その有する種別，公称作動温度の別に応じ，そのいずれもが別表第2により適応感知器とされたものであること。
注9　蓄積型の感知器は蓄積式の中継器もしくは受信機を設ける場合は，規則24条第7号の規定によること。

あるか，またはその上部の天井裏に感知器が設けられている部分（昭和38年　自消丙予発第59号）。
その他感知器の機能に支障を及ぼすおそれのある場所についても設置が免除される。

不特定多数の人が多く集まる商業施設においては，早期に火災を発見し適切に避難誘導することが被害拡大防止の第一歩である。せっかく設備があっても非火災報の多発によって信頼されなかったり，機器が適切に作動しないのでは意味がない。設置基準や取付方法にしたがって無駄なく適切に設置される必要がある。〈Yo〉

# 裸火規制

各都道府県による火災予防条例，東京都火災予防条例第23条，同施行規則第5条，第7条。

## ■「裸火」「禁煙」「危険物」

裸火（はだかび）規制という言葉を耳にしたことのある人，実際に仕事の関係で苦労をされた人は多いと思う。正確には，各都道府県の火災予防条例に規定されているもので，「火気の使用に関する制限等」という条項の中にある「禁止行為」の一つが「裸火の使用」である。その他の禁止行為としては「喫煙」「危険物品の持ち込み」が挙げられる。

商業施設，百貨店，劇場など不特定多数の来客がある特定防火対象物はこの制限の対象になっており，原則，上記の行為は禁止となっているので是非注意していただきたい。

ここで多くの方がデパートの食品売場で見かける調理風景や喫煙所等を思い浮かべ，現実には禁止されていないではないか，と疑問に思われていることであろう。また，ショッピングセンターや映画館で見かける「禁煙」や「火気厳禁」等のサインを思い浮かべることができた方は，あのことか？ と思いをめぐらせているかと思う。

東京消防庁のホームページの言葉を引用して答えを言えば，「これらを全面的に禁止してしまうと社会生活に支障をきたすため，事前に申請を行い，消防署長が火災予防上支障ないと認めたときは例外としてこれらの行為を必要最小限の範囲で行うことができる。これを『解除承認』と言う」とのことである。つまり所定の手続きを踏むことが義務付けられていることを認識されたい。

本項では，東京都火災予防条例，東京消防庁予防事務審査基準の記載を例にして制限の内容を述べることとする。

## ■火気の使用に関する制限等をしている場所と禁止行為

[表1] に東京都における火気の使用に関する制限等が適用される指定場所とその禁止行為について概略をまとめたものを示す。

東京消防庁予防事務審査基準の全容では，表1をさらに細かく分類してある。たとえば，百貨店の売り場とされる場所は，

(1) 物品陳列販売部分およびその間の通路
(2) 食料品の加工場および各種物品の加工修理コーナー
(3) ストック場
(4) 写真の現像，洋服等の仕立，クリーニング等の各種承り所
(5) 手荷物一時預かり所，託児所等

と細分化されている。

また，ところどころに指定場所の範囲外の条件というものが記載されている。参考までに一読することを薦めるが，表1の大分類の認識で間違いはない。原則としてはほとんどの場所で制限が掛けられているのである。また，仮設的な運用，たとえば屋内展示場でのディナーショーや倉庫でのコンサートにおいても上記の制限が適用されるので注意されたい。

## ■裸火，危険物品とは

東京都火災予防条例の解説をもとに，裸火と危険物品の定義について要約を示す。

〈裸火〉
ガスやろうそくのような狭義の裸火に限らず，炭火，電熱器のように赤熱部が露出しているものやグラインダーの火花など，露出状態で火災発生危険のあるもの。

〈危険物品〉
危険物（消防法で定められているもの），可燃性固体，可燃性液体，可燃性ガス，火薬類，玩具煙火等

店舗内で調理をしながら飲食する場合に使用されるコンロ，炭，無煙ロースターの類の取り扱いについてはそれが火気使用の「設備」であるか「器具」であるかで違いがある。

東京都火災予防条例を参考に紹介する。「器具」とは通常の使用に際し容易に移動可能なものという定義である。使用中に燃料を補給しないこと，種類によっては可燃材料や防熱板からの離隔距離を適正に保つこと等が記載されている。「設備」とは固定的に使用されるものであり，器具に比べ離隔距離や近接する建築部位の

### 表1 裸火規制の指定場所と禁止行為（東京都の例）

「×」印が禁止される行為

| 指定場所の用途 | 禁止行為 | 喫煙 | 裸火使 | 危険物品持込み |
|---|---|---|---|---|
| 百貨店<br>マーケット ※1<br>物品販売店舗 | 売　り　場 | × | × | × |
| | 通常顧客の出入りする部分 | × | × | × |
| 劇　場，映　画　館<br>演芸場，観覧場<br>公会堂，集会場 | 舞　　　台 | × | × | × |
| | 客　　　席 | × | × | × |
| | 公衆の出入りする部分 | | | × |
| 屋　内　展　示　場 | 公衆の出入りする部分 | × | × | × |
| 映画スタジオ<br>テレビスタジオ | 撮影用セットを設ける部分 | × | × | × |
| 地　　下　　街 | 売　り　場 | × | × | × |
| | 地　下　道 | × | × | × |
| キャバレー，バー<br>ナイトクラブ ※2<br>ダンスホール，飲食 | 舞　台　部 | × | × | × |
| | 公衆の出入りする部分 | | | × |
| 旅館，ホテル，宿泊所 | 催し物の行われる部分 | × | × | × |
| 車両の停車場<br>船舶・航空機の発着場 | 公衆の出入りする部分 | | | × |
| 自動車車庫<br>駐　　車　　場 | 駐車の用に供する部分 | × | × | |
| 高さ100m以上の建築物 | 公衆の通行の用に供する部分 | × | | × |
| 重　要　文　化　財　等 | 建造物の内部 | × | × | × |
| | 建造物の周囲 | × | × | × |

※1 百貨店等の用途として使用される部分の床面積の合計が，一定規模（1000㎡）未満のものを除く。
※2 飲食店等の公衆の出入りする部分の床面積の合計が，一定規模（100㎡）未満のものを除く。

不燃材料の指定などが厳しく規制されることになる。炭，薪を使用する場合もガスや電気と同様に熱量の計算が必要となる東京消防庁予防事務審査・検査基準にはkg当たりの発熱量が規定されている。DIYショップなどで塗料の希釈液とかアウトドア用品の固定燃料などが販売されている。これらの中には消防法，火災予防条例により危険物，あるいは指定可燃物に分類されるものが含まれる可能性がある。危険物の場合，指定数量の1/5を超えると少量危険物取扱所となり届出が必要になるとともに，建築的にも取り扱い方法もかなり厳しくなる。指定量の1/5を下回っていれば危険物としての届出は不要だが，物販店では危険物品の持ち込みは原則として禁止行為となることに注意していただきたい。

裸火，危険物品ともに広義に解釈，指定されていることに気づかれると思う。多くは運用側での問題になるが，新築物件では建築確認申請の消防同意を得るときに協議の対象となること，竣工後運用開始の事前には必要な手続きは済ませなければならないこと，禁止行為の標識を設置する必要があることなどから，設計者としては必要な知識は持ち合わせているべきである。その上で消防との協議，届出を誰が行うか交通整理するなど，必要な対処をとる必要がある。

■**裸火の使用禁止行為に係わる解除承認の条件**

下記に東京都の百貨店の売り場における裸火使用の解除承認の条件の概略を記す。床面積が3000m²を超える百貨店などになると条件も厳しくなり，当初の建築計画にも影響を及ぼす要素もあるため十分認識して計画の際に注意されたい。さらにオーナー，運用側に注意を促すことも忘れずに伝えたい。

(1) 消火器を設置すること
(2) 周囲および上方の可燃物から安全な距離が確保できること
(3) 出入り口および階段から水平距離5m以上離れていること
(4) 危険物品その他の易燃性の可燃物から水平距離5m以上離れていること。
(5) 気体，個体燃料を熱源とする場合は熱量の制限がある。気体燃料の場合は，58kW/個以下，合算で175kW以下，個体燃料の場合は，木炭15kg/日以下等である。
(6) ガス過流出防止装置，またはガス漏れ感知器が設置されていること。
(7) 液化ガスはカートリッジ式を使用すること
(8) 床面積の合計が3000m²を超える百貨店で気体，固体燃料を使用する場合
①売り場外周部に隣接して防火区画されていること。ただし12kW以下の簡易湯沸かし設備のみであれば不要
②1の階に1カ所が原則
③1の階に複数設置する場合は，排気フードにフード用簡易自動消火設備を設置し，地震時の安全装置を設置すること
④区画の面積は150m²以下であること
⑤スプリンクラー設備またはハロゲン化物消火設備が設けられていること

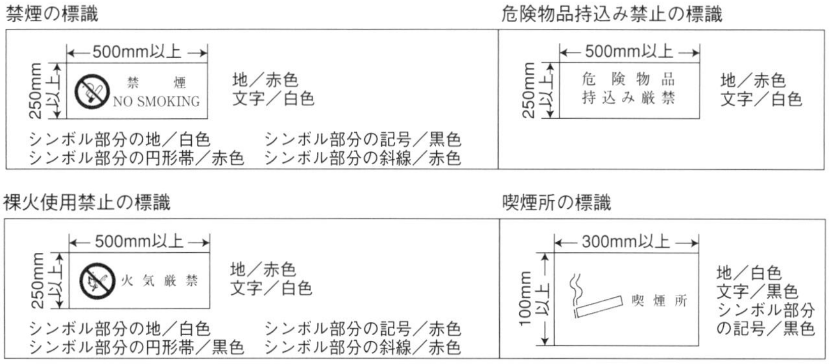

■**禁止行為の標識**

図1に東京都における禁止行為の標識例を紹介する。標識はいろいろ種類があるが，「禁煙」「火気厳禁」「危険物品持込み厳禁」の3種類となる。
詳細は計画地における各都道府県の火災予防条例の規定を確認されたい。標識は人目を引く所に設置することを消防は当然要求してくるので，意匠的に配慮したい部分については消防との協議を怠ることなく対応されたい。

裸火規制については，売場の形態やレイアウトおよび他の消防設備との関わり，施設の運用方法等によって判断が難しい場合が多いため，詳細については必ず所轄消防と事前に協議し，互いに納得できる内容を煮詰めることが大切である。

〈Oh〉

---

**法規mini知識**

## プロパン庫が粗末なつくりのわけ

今や当たり前にある郊外や幹線道路沿いのファミリーレストランだが，ブレークしたのは1970年代。70年にスカイラークの1号店がオープンし，78年にファミリーレストランブーム起き，スカイラーク，ロイヤルホスト，デニーズが御三家と呼ばれ，特に家族連れにとって格好のお出かけ場所となった。

週末になれば，駐車場はいっぱいになり，店内は順番を待つ家族連れ，カップルが並んでいる。中で待っているだけでもつまらない，駐車場でタバコでも吸うか。途中，その店のバックヤード関係が目に入る。近隣の住宅に迷惑になるので空ふかし，クラクションに注意してくださいといった看板の先に，コンクリートブロックで囲まれたトタン屋根の粗末な物置風のモノが見える。この辺はまだガスが来ていないんだ。プロパンガスなんだ。そういえば，以前行ったファミレスも同じだった。お客に見える所にはカネを掛けるがそれ以外にはカネは掛けない方針なのか。もうすこしきちんとしっかりとしたモノをつくればいいのに。儲かっているんだから……。

そう思った読者も多いと思うが，ケチで粗末なプロパン庫にしているのではないのである。プロパン庫に関しては「危険物の規制に関する政令」の第10条6項から8項に屋内貯蔵庫の基準が規定されており，屋根は金属板その他軽量な不燃材料で葺き，かつ天井を設けないこと（第10条7項），となっているのである。これは，万一事故が起きたとき爆風を横方向ではなく上方に逃がすことによって被害を少なくしようとする手だてなのである。

# 非常用照明設備

## ■避難経路を照らす

非常用照明設備は，停電時に避難可能な最低限の明るさを確保するための照明設備であり，建築基準法により規定されている。

特殊建築物（劇場，映画館，病院，ホテル，百貨店等），階数が3以上で500m²以上の建築物，または無窓の居室を有する建築物および延べ床面積が1000m²を超える建物の居室および避難経路や階段に設置する。

非常用照明器具には，非常電源が必要となり，大きく分けて電源内蔵型と電源別置型がある。

電源内蔵型は，非常用照明器具の中に個別に蓄電池（バッテリー）を有するもので，非常用照明の設置個数が少ない比較的小規模な建築物に採用される。

電源別置型は，大型の蓄電池設備を設置し，ここから各非常用照明器具に耐火配線にて電源を供給するもので，大規模な建物で非常用照明の個数が多い場合に採用される。

テナント工事などで非常用照明器具を増設する場合，建物全体には，電源別置型が設置されていても，電池の容量や分岐回路の数によっては増設分として電源内蔵型を設置する場合もあるので，器具を増設する場合には，事前にビルオーナーに確認する必要がある。

また器具には，非常用照明専用の器具と一般照明兼用の器具がある。非常用照明専用器具は，停電時のみに点灯する器具で，常時は消灯している。一般器具兼用型は，一般器具の中に非常用照明が設置されているもの，または停電時に蛍光灯を25％または50％点灯を行うものがあり，意匠上有利であるが専用器具の場合より台数が多くなる可能性があるので，注意を要する。

## ■設置基準

非常用の照明設備の設置基準を［表1］の示す。店舗関連はほとんどすべて（床面積10m²以内のものは除く）非常用照明の設置が必要となる。設置が不要となるのは居室や避難経路以外の倉庫や機械室類であるが，規模の大きい倉庫や機械室では通路部分への設置を指導されることもあるので注意が必要である。

## ■非常用照明装置の種類

非常用照明器具は，予備電源の種別，器具の形状，点灯方式および光源の種類によって分類されている。［表2］
写真1に代表的な非常用照明器具を示す。

表1　非常用の照明装置の設置基準
　　　（令第126条の4および非常用照明装置に関する指針，平成6年度版より抜粋）

| 対象建築物 | 対象建築物のうち設置義務のある部分 | 対象建築物のうち設置義務免除の建築物または部分 |
|---|---|---|
| 1.特殊建築物<br>（一）劇場，映画館，演芸場，観覧場，公会堂，集会場<br>（二）病院，診療所（患者の収容施設があるものに限る）ホテル，旅館，下宿，共同住宅，寄宿舎，養老院，児童福祉施設等<br>（三）博物館，美術館，図書館<br>（四）百貨店，マーケット，展示場，キャバレー，カフェー，ナイトクラブ，バー，ダンスホール，競技場，公衆浴場，待合，料理店，飲食店，物品販業を営む店舗（床面積1m²以内の物を除く） | ①居室<br>②すべての居室から，地上へ通ずる避難路となる廊下階段その他の通路<br>③①または②に類する部分，たとえば廊下に接するロビー，通り抜け避難に用いられる場所，その他通常，照明設備が必要とされる部分 | ①自力行動が期待できないもの，または特定の少人数が継続使用するもの，すなわち，<br>　イ．病院の病室，ロ．下宿の宿泊室<br>　ハ．寄宿舎の寝室<br>　ニ．これらの類似室（注3）<br>②採光上有効に直接外気に開放された廊下や屋外階段等<br>③共同住宅，長屋の住戸<br>④平成12年建設省告示第1411号および昭和47年告知第34号による居室等（注4）<br>⑤その他（注5） |
| 2.〔階数≧3〕で〔延べ面積＞500m²〕の建築物（除外）1戸建住宅，学校等，体育館（注1） | 〔同上〕 | 〔同上〕 |
| 3.〔延べ面積＞1000m²〕の建築物（除外）1戸建住宅，学校等，体育館（注1） | 〔同上〕 | 〔同上〕 |
| 4.無窓の居室を有する建築物（除外）1戸建住宅，学校等（注1） | ①無窓の居室<br>②①の居室から，地上へ通ずる避難路となる廊下，階段その他の通路<br>③①または②に類する部分，たとえば，廊下に接するロビー，通り抜け避難に用いられる場所，その他通常，照明設備が必要とされる部分 | 〔同上〕<br>（ただし④および⑤を除く） |

注1）学校等とは，学校，体育館，ボーリング場，スキー場，スケート場，水泳場またはスポーツの練習場をいう（建築基準法第126条の2）。
学校とは，おおむね学校教育法にいう学校をいい，学校教育法でいう学校とは，小学校，中学校，高等学校，大学，高等専門学校，盲学校，聾学校，養護学校，幼稚園，専修学校および各種学校をいう。他の法令の規制によるその他の学校（例，各省の組織の中の学校等）は含まれない。体育館で観覧席を有するもの，または観覧の用に供するものは，集会場と見なされて除外されない。
学校で夜間部が併設されているものは，法規制上は不要であるが，避難上安全を確保するために避難経路である廊下，階段，屋外への出入り口には原則的に必要。
注2）居室とは，居住，執務，作業，集会，娯楽その他これらに類する目的のために継続的に使用する室をいう。
注3）これらの類似室には，事務所ビル等の管理人室は，長屋もしくは共同住宅の住戸に類する居室と見なされ含まれるが，当直室の場合は不特定の人々が使用する居室に見なされ含まれない。
注4）平成12年建設省告示第1411号および昭和47年建設省告示第34号による適用除外の居室等を例示すれば，次のとおりである。
注5）設置免除の項のホテル・旅館・駐車場の例に示すとおり。

■非常用照明器具の性能基準

非常用照明器具は，火災時において停電した場合に自動的に点灯し，かつ避難するまでの間に，当該建物の室内の温度が上昇した場合においても床面において1ルックス以上の照度を確保できる性能を有していなければならない。

■照度の基準

照明は，直接照明とし，床面（被照明）において水平面照度で，1ルックス以上を確保する。

ただし，蛍光灯ランプを使用する場合においては，周囲の温度の上昇とともに光束（光源自体から出る光の総量）が減少し，140℃では，常温における光束の約半分となるため床面において水平面照度で2ルックス以上を確保する。

床面必要照度は，［図1］に示すように避難行動上の妨げとならない居室，廊下等の隅角部や居室，通路，階段などで柱の突き出しによる陰の部分などを除いた部分で規定の照度を確保する。

■設置の緩和および免除の例

（1）小部屋を含む建物の例［図2］

半円で歩行距離を示すのは適当ではないが，具体的な通路の示し方がないので半円で示した。実際の歩行距離によって制限を受けるので注意を要する。

①小部屋部分は30m以内であり，除外される。

②大部屋部分は30mをこえる部分があり，この大部屋すべてに設置が必要となる。

③廊下部分は避難経路となるので設置を必要とする。

④避難階の直上階，直下階は30m以内が20m以内となるので注意を要する）。

（2）ホテル，旅館，駐車場の例

① ホテル，旅館等について，前室と奥の部屋の間がふすま，障子等随時開放することができるもので仕切られた2部屋は1部屋と見なしてよいので，避難経路に近い前室に設置すればよい。［図3］

ただし，ふすま等を開放した状態で法定照度を確保すること。

②地下駐車場の駐車スペースは居室に該当せず，車路は人が通常出入する通路ではないので必ずしも法的には必要がない。ただし避難のために通路として使用されることがあるので設置することが望ましい。

非常用照明設備を必要箇所に設置し，避難安全上支障のないようにするのは当然のことであるが，設置されるエリアの大きさや陳列棚の配置や高さによって，器具の種別や配置などを工夫しなければならない。商業施設はレイアウト変更や内装リニューアルの頻度が高いがゆえに，フレキシブルな対応のできるシステムや機種の選定が重要になってくる。〈Yo〉

写真1　非常用照明器具

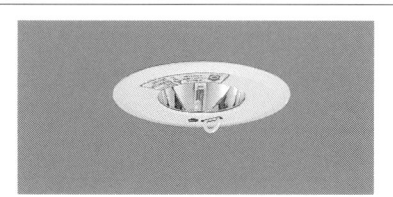

電池内蔵型・非常用白熱灯専用
（常時消灯・非常時白熱灯点灯）

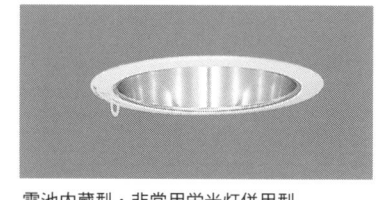

電池内蔵型・非常用蛍光灯併用型
（常時・非常時蛍光灯点灯）ダウンライト型

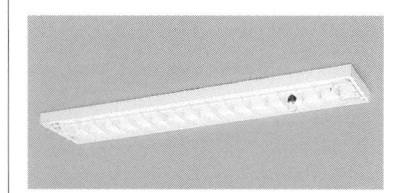

電池別置型・非常用白熱灯専用
（常時消灯・非常時白熱灯点灯）

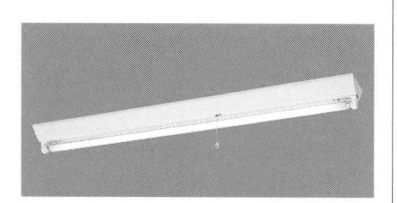

電池内蔵型・非常用蛍光灯併用型
（常時・非常時蛍光灯点灯）直付型

（松下電工カタログより）

図1　被照面の考え方

a. 居室内壁側近ぼうに配置される照明器具2灯にて画いた等照度曲線により覆われない1辺約1mの三角状のAの部分

b. 居室中央部に配置される照明器具4灯にて画いた等照明曲線によりおおわれない1辺約1mの四角状のAの部分

c. 等照度曲線によりおおわれない避難経路とならない居室および廊下のBの隅角部部分

A：光束の重なりにより必要照度が確保される部分

B：被照面より除外される部分

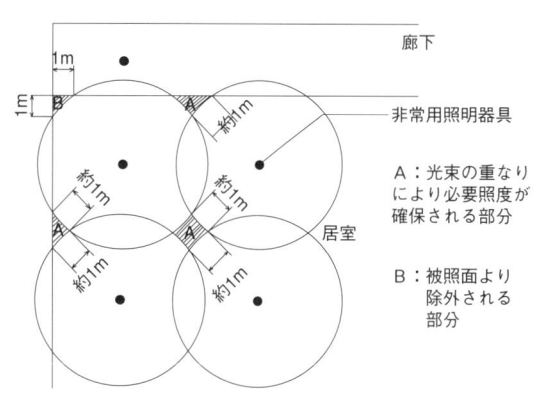

図2　小部屋を含む建物の例

（避難階の場合，A＋B≦30m）

図3　ホテル，旅館の例

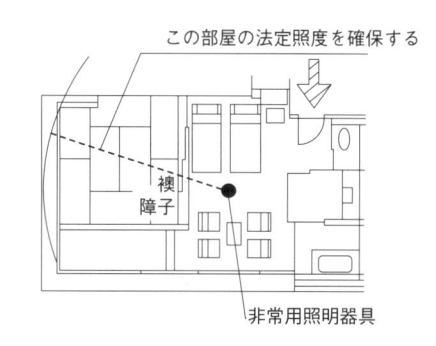

図4　被照面から除かれる部分の図例

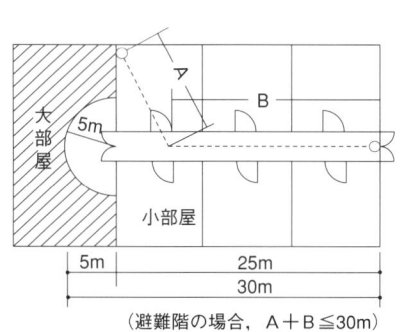

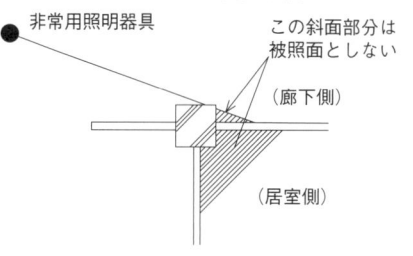

表2　非常用照明器具の分類

| 予備電源 | 形状 | 点灯方式 | 非常用照明の光源 |
|---|---|---|---|
| 内蔵型 別置型 | 専用型・単独・組込 | 非常時点灯 | 白熱灯 蛍光灯 |
| | 併用型・単独・組込 | 常時点灯 非常時点灯 | |

# 避難誘導灯設備

消防法施行令第26条，同施行規則第28条～28条の3

### ■避難誘導灯は4種類

避難誘導灯設備は，火災時の安全な避難誘導を補助する設備として，建物の避難動線上に設置する。避難誘導灯設備は，店舗関連の用途では，ほとんどすべての建物に設置の必要がある。

避難誘導灯は，①避難口誘導灯，②通路誘導灯，③客席誘導灯，④誘導標識があり，これらの基準は，消防法により規定されている。また，避難口誘導灯については，高齢者や視覚・聴覚障害者のために，点滅型誘導灯や誘導音声装置付誘導灯を設置する場合もある。

これらの誘導灯は，自動火災報知設備の感知器の発報信号と連動し，点滅や音声で誘導の補助を行う。誘導灯は，停電時にも20分間以上点灯できる容量（延べ面積5万m²以上あるいは地階を除く階数が15以上で延べ面積3万m²の建物の主要な避難経路に設けるものは60分間以上）の非常用電源（バッテリー）を内蔵または別置する必要があり，通常は内蔵型が採用されている。

また，建物が無人となる時間帯や劇場・映画館などの利用形態によって暗さが必要となる場合，外光によって避難口または避難方向が認識できる場合や主として建物の関係者および関係者に雇用されているものが使用する場所の誘導灯は，自動火災報知設備との連動で点灯することを前提に消灯が可能である。

### ■設置基準

[表1]に誘導灯，誘導標識の設置区分を一覧表にして示す。商業施設においては，すべてのエリアにおいて避難口誘導灯，

**表1 誘導灯，誘導標識の設置区分一覧表**

| 令別表第1項目 | | 防火対象物 | 避難口誘導灯 設置対象 | 室内通路誘導灯 当該階の床面積 1000㎡未満 | 室内通路誘導灯 当該階の床面積 1000㎡以上 | 室内通路誘導灯 設置対象 | 廊下階段通路誘導灯 当該階の床面積 1000㎡未満 | 廊下階段通路誘導灯 当該階の床面積 1000㎡以上 | 廊下階段通路誘導灯 設置対象 | 客席誘導灯 設置対象 | 誘導標識 設置対象 |
|---|---|---|---|---|---|---|---|---|---|---|---|
| (一) | イ | 劇場等 | 全部 | ■ | ■ | 全部 | ■ | ■ | 全部 | 全部 | 全部（ただし、誘導灯を設置したときその有効範囲内には誘導標識を設置しなくてよい。） |
| | ロ | 集会場等 | | | | | | | | | |
| (二) | イ | キャバレー等 | | | | | | | | | |
| | ロ | 遊技場等 | | | | | | | | | |
| | ハ | 性風俗関連店など | | | | | | | | | |
| (三) | イ | 料理店等 | | | | | | | | | |
| | ロ | 飲食店等 | | | | | | | | | |
| (四) | | 百貨店等 | | | | | | | | | |
| (五) | イ | 旅館等 | 地階，無窓階 地上11階以上 | | | 地階，無窓階 地上11階以上 | | | 地階，無窓階 地上11階以上 | | |
| | ロ | 共同住宅等 | | | | | | | | | |
| (六) | イ | 病院等 | 全部 | | | 全部 | | | 全部 | | |
| | ロ | 福祉施設等 | | | | | | | | | |
| | ハ | 特殊学校等 | | | | | | | | | |
| (七) | | 学校等 | 地階，無窓階 地上11階以上 | | | 地階，無窓階 地上11階以上 | | | 地階，無窓階 地上11階以上 | | |
| (八) | | 図書館等 | | | | | | | | | |
| (九) | イ | 蒸気浴場等 | 全部 | ■ | | 全部 | | | 全部 | | |
| | ロ | 一般浴場 | | | | | | | | | |
| (十) | | 車両停車場 | | ■ | | | | | | | |
| (十一) | | 神社等 | | | | | | | | | |
| (十二) | イ | 工場または作業等 | 地階，無窓階 地上11階以上 | | | 地階，無窓階 地上11階以上 | | | 地階，無窓階 地上11階以上 | | |
| | ロ | スタジオ等 | | | | | | | | | |
| (十三) | イ | 車庫等 | | | | | | | | | |
| | ロ | 特殊格納庫 | | | | | | | | | |
| (十四) | | 倉庫 | | | | | | | | | |
| (十五) | | 前各号以外 | | | | | | | | | |
| (十六) | イ | 特定用途の存する複合 | 全部 | | | 全部 | | | 全部 | (1)項の用途部分 | |
| | ロ | イ以外の複合用途 | 地階，無窓階 地上11階以上 | | | 地階，無窓階 地上11階以上 | | | 地階，無窓階 地上11階以上 | | |
| (十六の二) | | 地下街 | 全部 | ■ | ■ | 全部 | | | 全部 | (1)項の用途部分 | |
| (十六の三) | | 準地下街 | | | | | | | | | |

注1) 全部：その建物のどの階にあっても設置。
　　地階：その建物の地階部分だけに設置。
　　11階以上：その建物の11階以上の部分だけに設置。
　　無窓階：建築物の地上階のうち避難上または，消火活動上有効な開口部を有しない階。

注2) 設置基準の見方は以下による。
　　■：避難口A級，避難口B級・BH形またはBL形またはBL形十点滅式
　　▨：通路A級，通路B級・BH形
　　□：避難口C級以上，通路C級以上

通路誘導灯の設置義務がある。劇場や集会場においてはそれに加えて客席通路誘導灯を設置しなければならない。誘導灯の種類についてはその階の床面積が1000m²以上の場合にA級またはB級，BH型の室内通路誘導灯，C級以上の廊下階段通路誘導灯の設置が必要である。

■誘導灯用語の解説

(1) 誘導灯とは火災時，防火対象物内に居る者を屋外に避難させるため，避難口の位置や避難の方向を明示し，または避難上有効な照度を与える照明器具をいい，避難口誘導灯，通路誘導灯および客席誘導灯がある。

(2) 誘導標識とは，火災時，防火対象物内に居る者を屋外に避難させるため，避難口の位置や避難の方向を明示した標識をいう。

(3) 点滅装置とは，自動火災報知設備からの火災信号により，自動的にキセノンランプ，白熱電球または蛍光ランプを点滅する装置をいう。

(4) 誘導音装置とは，自動火災報知設備からの火災信号により，自動的に避難口の所在を示すための警報音および音声を発生する装置をいう。

(5) 信号装置とは，自動火災報知設備からの火災信号，その他必要な動作信号または手動信号を誘導灯に伝達する装置をいう。

(6) 避難施設とは，避難階もしくは地上に通ずる直通階段（傾斜路を含む），直通階段の階段室，その附室の出入り口または直接屋外に出られる出入り口をいう。

(7) 居室とは，建築基準法第2条第4号に定める執務，作業，集会，娯楽，その他これらに類する目的のため継続的に使用する室および駐車場，車庫，機械室，ポンプ室等これらに相当する室をいう。

(8) 廊下等とは，避難施設へ通ずる廊下または通路をいう。

(9) 避難口とは，消防法施行規則第28条の3第3項第1号に定める出入り口および場所をいう。

(10) 容易に見通しできるとは，建築物の構造，什器等の設置による視認の障害がないことをいう。

なお，吹き抜け等がある場合は，避難経路を含めて視認できること。ただし，出入り口や誘導灯が障害物により視認できない場合であっても，人が若干移動することにより出入り口や誘導灯を視認できる場合は，見通しできるものとみなす。

■誘導灯の等級

誘導灯の種類を［表2］に示す。避難口誘導灯および通路誘導灯は表示面の明るさや大きさによってA級，B級，C級に分類される。A級は表示面の縦寸法が0.4m以上，B級は0.2m以上0.4m未満，C級は0.1m以上0.2m未満，となっている。［写真1］に各種誘導灯を示す。

■誘導灯の設置基準

［表3］に誘導灯および誘導標識の歩行距離を示す。また以下に各誘導灯の設置場所を示す。

表2 誘導灯の種類と等級

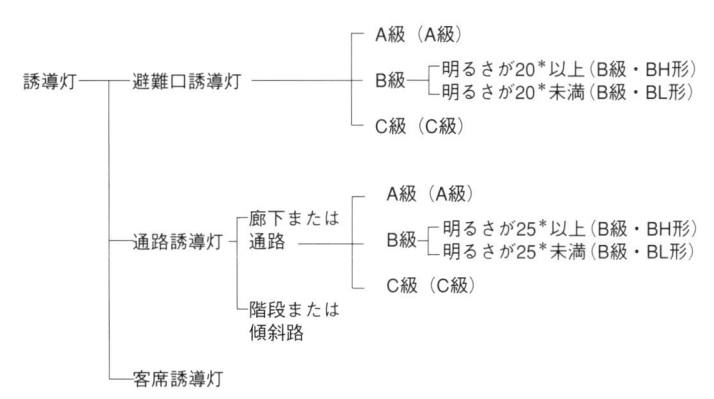

```
誘導灯─┬─避難口誘導灯─┬─A級（A級）
        │                ├─B級┬─明るさが20*以上（B級・BH形）
        │                │    └─明るさが20*未満（B級・BL形）
        │                └─C級（C級）
        ├─通路誘導灯─┬─廊下または通路─┬─A級（A級）
        │              │                  ├─B級┬─明るさが25*以上（B級・BH形）
        │              │                  │    └─明るさが25*未満（B級・BL形）
        │              │                  └─C級（C級）
        │              └─階段または傾斜路
        └─客席誘導灯
```

注：( ) 内は誘導灯に表示される型式を示す。
　＊ の明るさの数値は表示面の平均輝度（cd/m²）×表示面の面積を示す

写真1 誘導灯の種類

避難口誘導灯（壁付型） 　避難口誘導灯（天井付型） 　避難口誘導灯（点滅装置付誘導灯）

室内通路誘導灯（壁付型） 　室内通路誘導灯（天井付型） 　避難口誘導灯（音声誘導・点滅装置付誘導灯）

表3 誘導灯・誘導標識の歩行距離

| 種類 | | 区分 | 距離(m) |
|---|---|---|---|
| 避難口誘導灯 | A級 | 避難方向シンボルなし | 60 |
| | | 避難方向シンボル付き | 40 |
| | B級 | 避難方向シンボルなし | 30 |
| | | 避難方向シンボル付き | 20 |
| | C級 | — | 15 |
| 通路誘導灯 | A級 | — | 20 |
| | B級 | — | 15 |
| | C級 | — | 10 |
| 誘導標識 | | — | 7.5 |

注）歩行距離は上表によるか，誘導灯表示面の縦寸法がA級0.4m，B級0.2m，C級は0.1m以上の場合は次式による。
　$D = kh$ (m)
　$D$：歩行距離　$h$：誘導灯表示面縦寸（cm）
　$K$：避難口誘導灯／避難方向シンボルなし150
　　　　　　　　　　　〃　　　付き100
　　通路誘導灯50

## C・2・8 避難誘導灯設備

〈避難口誘導灯〉

避難口誘導灯の設置場所は次の(1)〜(4)による(消防法施行規則第28条の3)。

(1) 屋内から直接地上へ通ずる出入り口(附室が設けられている場合は、当該附室の出入り口)[図2-(1)]

(2) 直通階段の出入り口(附室が設けられている場合は、当該附室の出入り口)。

**図2 避難口誘導灯の設置例**

(1) 屋内から直接地上へ通ずる出入り口

```
        屋 外
         附室
         居 室

      居室に面する場合
```

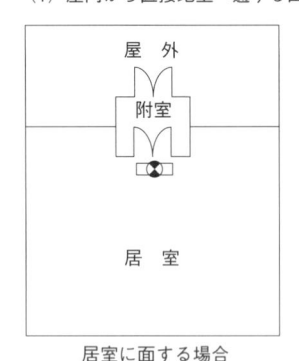

(2) 直接階段、出入り口

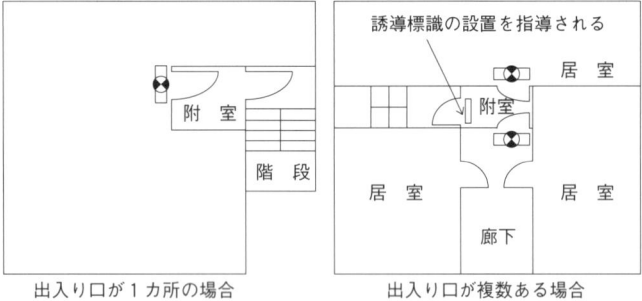

```
  附室              附室
  階段              居室  居室
                    廊下

出入り口が1カ所の場合  出入り口が複数ある場合
                    誘導標識の設置を指導される
```

(3) (1)または(2)に掲げる出入り口に通ずる廊下、または通路に通じる出入り口(その各部分から容易に当該出入り口に至ることができる居室の場合を除く)

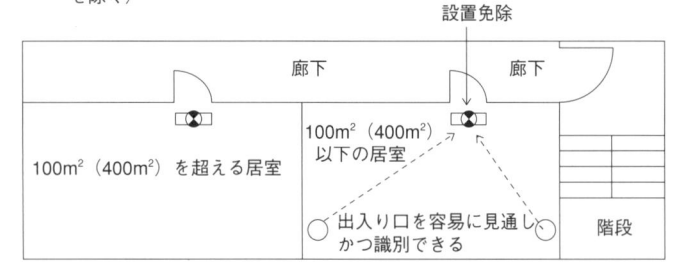

```
        廊下          廊下       設置免除
100m²(400m²)を超える居室    100m²(400m²)
                        以下の居室
                        出入り口を容易に見通し
                        かつ識別できる
                                    階段
```

(4) (1)または(2)に掲げる出入り口に通じる廊下、または通路に設ける防火戸において直接手で開くことができるもの(くぐり戸付の防火シャッターを含む)がある場合。

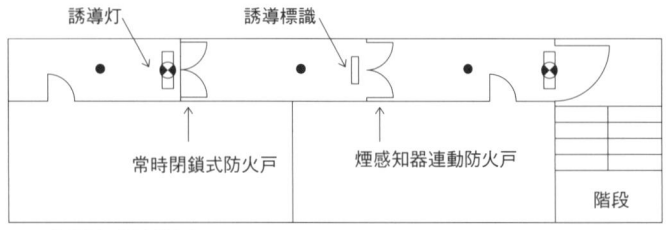

```
  誘導灯        誘導標識
    •            •         •
  常時閉鎖式防火戸  煙感知器連動防火戸
                                   階段
```

● : 非常用の照明装置

なお、附室内に複数の出入り口がある場合には当該出入り口に誘導標識の設置が指導される。[図2-(2)]

(3) (1)または(2)に掲げる出入り口に通ずる廊下または通路に通ずる出入り口。消防法規則28条の2の緩和規定によって居室の各部分から主要な避難口が容易に見通せ、かつ識別できるもので、床面積が100m²(主として防火対象物の関係者および関係者に雇用されている者の使用に供するものにあっては400m²)以下のときは設置しなくてもよい。
[図2-(3)]

(4) (1)または(2)に掲げる出入り口に通ずる廊下または通路に設ける防火戸で、直接手で開くことのできるもの(くぐり戸付の防火シャッターを含む)がある場所(自動火災報知設備の感知器の作動と連動して閉鎖する防火戸に誘導標識が設けられ、かつ当該誘導標識を識別できる照度が確保されるように非常用の照明装置が設けられている場合を除く)。[図2-(4)]

誘導灯の設置にあたっては以下の点に留意する必要がある。

①廊下等から屈折に避難口に至る場合は、矢印付のものを設置すること。

②通行の障害とならないように設けること。

③雨水のかかるおそれのある場所または湿気のある場所に設ける避難口誘導灯は、防水構造とすること。

④避難口誘導灯の周囲には、誘導灯と紛らわしい、または誘導灯を遮る灯火、広告物、掲示物等を設けないこと。

また、誘導灯の視認障害を発生されるディスコ等の特殊照明回路には、信号装置と連動した開閉器を設け、火災発生時には当該特殊照明を停止させること。

〈通路誘導灯〉

通路誘導の設置にあたっては、前述の避難口誘導灯設置の留意事項に加え、以下の点に注意する。また[図3]に通路誘導灯の配置例を示す。

①当該防火対象物の関係者のみが使用する場所にあっては、施行令第32条を適用してB級またはC級とすることができる。

②床面に設ける通路誘導灯は、荷重により破壊されない強度を有するものであること。

③床面に埋め込む通路誘導灯は、器具面を床面以上とし、突出し部分は5mm以下とすること。

④廊下等の直線部分に同じ区分の通路誘導灯を2以上設置する場合は、おおむね等間隔になるように設置すること。

⑤避難施設への出入口が2カ所以上ある場所で、当該出入り口から20m以上となる部分に設置するものの表示は、原則として二方向避難を明示し、その他のものは一方向指示とすること。

⑥消防法施行令別表第1 (9)イまたは(16)項イに掲げる防火対象物のうち、(9)項イの用途に供される部分で、脱衣所、浴室、マッサージ室等の居室が廊下等を経ないで通行できる場合は、この居室の連続を一つの居室内通路とみなし設置すること。

〈階段通路誘導灯〉

設置の留意点を以下に示す。

①階段または傾斜路には、階段通路誘導灯を設けること。

②階段または傾斜路に設ける通路誘導灯にあっては、踏面または表面および踊場の中心線の照度が1ルクス以上となるよ

うに設けること。規定照度が確保されていれば矢印等の設置の必要はない。

〈誘導標識〉
設置の留意点を以下に示す。
①避難口に設ける誘導標識は，消防法施行規則第28条の3第3項第1項に掲げる避難口の上部等に設けること。
②廊下または通路に設ける誘導標識は，廊下または通路およびその曲り角の床または壁に設けること。
③百貨店等の売場部分(売場面積が1000m²以上の階)にある避難通路の床面部分に設置すること。
④階段室内には，階数を明示した標識または照明器具を設けること。
⑤避難口または階段に設けるものを除き，各階毎に，その廊下および通路の各部分から一の誘導標識までの歩行距離が7.5m以下となる箇所および曲り角に設けること。
⑥多数の者の目に触れやすく，かつ，採光が識別上十分である箇所に設けること。
⑦誘導標識の周囲には，誘導標識とまぎらわしい，または誘導標識をさえぎる広告物，掲示物等を設けないこと。
⑧誘導灯と併設する場合の誘導標識は，努めて蓄光式誘導標識を用い，誘導灯設置付近等の床面に設置すること。ただし，床埋込形の通路誘導灯を設置した箇所を除く。
⑨誘導標識は，容易にはがれないよう接着剤等で固定すること。
⑩扉，床等に塗料を用い，誘導標識の基準に準じ標示したものにあっては，誘導標識として取り扱うことができる。

■誘導灯の設置が免除される部分

以下に掲げる部分については各誘導灯の設置が免除されるが，各都道府県の条例等により規制される部分もあるため事前に所轄消防に確認することが望ましい。
(1) 居室の各部分から主要な避難口を容易に見通せ，かつ識別できる場合で，その歩行距離が［表3］に示す距離以下の場合設置が免除される。ただし，地階，無窓階はこの限りではない。
(2) 居室の各部分が，当該居室の出入り口を容易に見通し，かつ識別できるもので，床面積が100m²(主として防火対象物の関係者および関係者に雇用されている者の使用に供するものにあっては400m²)以下の場合設置が免除される。［図2-(3)］
(3) 政令別表第1(1)項および(4)項あるいは(16)項イの用途でかつ(1)項および(4)項の用途に供する部分の床面積が1000m²以上の防火対象物以外で容易に見通し，かつ識別できる出入り口のうち，10m以内にある通路誘導灯の位置から，直接地上に出られることが容易に判断できる最終避難口の避難口誘導灯。
(4) 同上用途面積の建物のうち避難階で居室の窓等から屋外の安全な場所へ容易に避難できる構造となっている当該居室の出入口部分の避難口誘導灯。
(5) 直通階段等からの最終避難口で，直接地上に出られることが判断できる出入口の避難口誘導灯。
(6) 消防法施行令別表第1に掲げる防火対象物のうち，個人の住居の用に供する部分。
(7) 避難口が近接して2以上ある場合で，その一の避難口に設けた避難口誘導灯の灯火により容易に識別することができる他の避難口(他の避難口には蓄光式誘導標識を設置すること)。
(8) 消防法施行令別表1(1)項に掲げる防火対象物のうち屋外観覧場で部分的に客席が設けられ，客席放送，避難誘導員等により避難誘導体制が確立されている場合における観覧席からの出口部分(夜間使用する場合を除く)。
(9) 室内から直接地上へ通ずる避難口または直通階段の避難口に通ずる廊下等への出入り口(室内の各部分から当該居室の出入り口を容易に見通し，かつ，識別することができるものに限る)で，次に掲げるもの。
①消防法施行令別表第1(3)項，(4)項，(9)項および(12)項ロ(撮影室，録音室であって客席が設けられてないものに限る)の用途に供する部分で，客の出入りする居室の床面積が200m²以下であるもの(外光により避難上有効な照度のとれない地階および無窓階に該当しないものに限る)。
②政令別表1(6)項から(8)項までの用途に供する部分で，客の出入りする居室の床面積が400m²(外光により避難上有効な照度のとれない地階および無窓階に該当する場合は200m²)以下であるもの。

■点滅機能および音声誘導機能を付加した誘導灯を設置する場合の留意事項

お年寄りや身体障害者等，視力や聴力の弱い者を含む不特定多数の人が常時出入りする商業施設では，避難口を容易に捜し出すことができるように，通常の誘導灯に音声誘導機能や点滅機能を付加したものを設置する。法的に設置が必要となる建物および設置場所は以下のとおりである。

(1) 視力，聴力の弱い者が出入りする建物の避難経路となる部分。

表3 誘導灯，誘導標識の設置免除

| | 歩行距離(m) | | |
|---|---|---|---|
| | 避難口誘導灯 | 通路誘導 | 誘導標識 |
| 避難 | 20 m | 40 m | 30 m |
| 避難階 | 10 m | 30 m | |
| 階段または傾斜路 | — | 「非常用の照明装置」により，避難上必要な照度が確保されるとともに，避難の方向が確認できる場合 | — |

図3 通路誘導灯の配置例

通路誘導灯は次の(1)〜(3)による〔規28-3〕。
(1)曲り角
(2)避難口誘導灯の(1)および(2)に掲げる避難口に設置される避難口誘導灯の有効範囲内の箇所
(3)(1)および(2)のほか，廊下または通路の各部分
(避難口誘導灯の有効範囲内の部分を除く)を通路誘導灯の有効範囲内に包含するために必要な箇所。

(2) 百貨店，マーケットなど物品販売を営む店舗または展示場の地階のうち，売場面積が1000m²以上の階で売場に面する主要な出入り口。
(3) 不特定多数の者が出入りする建物で，誘導灯を容易に識別しにくい部分。

ほとんどの商業施設は上記に該当する。さらに，最近は街づくり条例など，福祉関連でも避難口を容易に識別できるような設備の設置が要求されるので注意が必要である。設置する場合の留意事項を［表4］に示す。

### ■誘導灯の消灯について

映画館や劇場など上演時間中に暗さが要求される施設や，店舗の売場など夜間無人となる施設では，ある一定の条件下において誘導灯を消灯させることができる。消灯できる建物種別および消灯させる方法を［表5］に示す。また，消灯システムのブロック図を［図3］に示す。

### ■適切な誘導灯の選定と配置を

不特定多数が出入りする商業施設においては，火災時多数の人々を的確に安全な場所に誘導することが被害の拡大を防ぐ重要な事項となる。その意味で，適切な誘導灯を選定し，避難経路に確実に配置することが重要である。ここに記載されているように，法規に準拠して適切に配置するだけではなく，陳列棚や他の案内看板等との位置関係に十分配慮し，誰もが避難経路を確実に認識できるものでなくてはならない。また，映画館や劇場等，施設の目的によっては誘導灯の光が演出効果を妨げる要因にもなるため，安全上支障のないシステム構成によって消灯することができる。目的に応じた適切な設計が望まれる。〈Yo〉

**表4 点滅機能および音声誘導機能を付加した誘導灯設置上の留意事項**

| 設置場所 | 屋内から直接地上へ通ずる出入り口または直通階段の出入り口 |
|---|---|
| 音声，点滅機能上の留意事項 | 自動火災報知設備感知器の作動と連動すること |
| | 自動火災報知設備地区音響装置の区分鳴動と連動すること |
| | 非常放送と連動して誘導音を停止するか，放送音の妨げにならない配慮をすること（配置，音量等） |
| | 避難口から避難方向にある感知器が作動したときは点滅，音声誘導機能は停止すること。（屋外階段，開放階段および特別避難階段の階段室とその附室の出入り口は除く） |
| | 階段室には専用あるいは自火報と兼用の煙感知器を設置し，出火階が地上の場合は出火階の直上階以上，地階の場合は地階の点滅機能を停止させることができること |
| | 誘導音の指向性を損なわないように設置すること |

図3　誘導灯消灯のブロック図

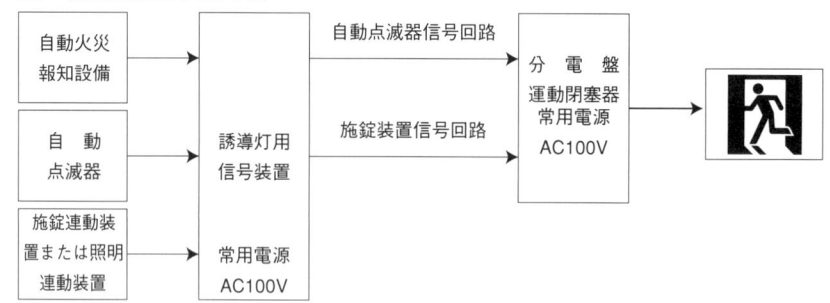

**表5 誘導との消灯とその方法**

| 対象建物/部分 | 消防法別表第一 | 条件 | 消灯の時間 | 消灯/点灯の方法 |
|---|---|---|---|---|
| 無人の建物 | すべて | 休日，夜間等無人の状態が繰り返される（警備員，宿直者等によって管理を行う場合は無人と見なす） | 無人状態の間 | 信号装置を用い，手動で一括消灯，火災信号および手動信号による点灯（火災報知設備がなく，警備員，宿直者がいない建物は信号装置に接続した施錠連動点滅器または照明器具連動点滅器と連動して点灯） |
| 無人倉庫等 | すべて | 無人 | | |
| 外光によって誘導口または避難方向が容易に識別できる | すべて | 外光によって誘導灯が容易に識別できる | 外光によって識別できる間 | 信号装置を用い，光電式自動点滅器による自動点滅かつ，火災信号および手動信号で点灯 |
| 劇場，映画館，演芸場，観覧場 | (1)イ,(16)該当 | 通常の使用状態で暗さが要求され，誘導灯の点灯が使用目的の障害となる恐れのある場所，あるいは演出効果のため一時的に消灯が必要な部分 | 営業時間内。清掃，点検等で人がいる場合は除く。上映中暗さが必要とされる状態で使用されている時間内 | そのつど手動で消灯 一般の照明器具の点滅と連動して誘導灯を自動に点滅させてもよい 一時的な消灯は自動復帰型点灯器を用いて手動で消灯。火災信号による点灯 |
| 公会堂，集会場 | (1)ロ,(16)該当 | | | |
| 図書館，博物館，美術館等 | (8),(16)該当 | | | |
| 遊技場 | (2)あるいはその他建物の一部 | 同上の条件，ただし消防法別表第一(2),(3)項の飲酒を伴う建物/部分は除く | | |
| 建物関係者および関係者に雇用されるものが使用する場所 | (5)ロ,(7),(8),(9)ロ,(10)～(15),(16)ロ | 建物関係者およびその従業員，使用人等以外の者が存在しない部分 | 左記の条件の期間中常時 | 信号装置を用い，手動で一括消灯，火災信号および手動信号による点灯（火災報知設備がなく，警備員，宿直者がいない建物のは信号装置に接続した施錠連動点滅器または照明器具連動点滅器と連動して点灯） |
| | (1)～(4),(5)イ,(6),(9)イ,(16の2),(16の3) | 建物関係者およびその従業員，使用人のみが使用し，かつ不特定多数の者の避難経路にならない部分 | | |
| 電気室，機械室，倉庫 | すべて | 常時施錠されていること | 無人状態の間 | |
| 階段または傾斜路 | すべて | 通路誘導灯 | 火災時以外いつでも可 | 自動点滅器または手動点滅器による消灯および点滅 火災信号による点滅 |
| 直通階段出入り口。屋内から直接地上に通じる出入り口 | すべて | 通常開放されている部分 | 防火戸開放時 | 防火戸等の開閉に連動する手動点滅器を用い消灯 |

# 非常用放送設備

## ■非常ベル・サイレン&放送設備

建物の全区域に火災の発生を知らせ、建物内の人を安全に避難誘導するための設備が非常警報設備である。その手段としては、非常ベルやサイレンによるものと放送設備を用いた非常放送設備がある。

非常放送設備は、建物の用途、収容人員によって設置が義務付けられている。構成機器としては、起動装置、表示灯、スピーカー、アンプおよび制御装置がある。起動装置は、多数のものの目にふれやすく、火災時には速やかに操作できる個所に設け、各階ごとに一つの起動装置までの歩行距離が50m以下になるように設ける必要がある。

小規模建築物の場合には、全館一斉放送が原則であるが、パニック防止の観点から地階を除く階数が5以上で延べ面積が3000m²を超える建築物においては、誘導放送の範囲は、出火階が2以上の場合には、出火階およびその直上階のみとし、出火階が1階の場合は、出火階とその直上階および地階のみとする。出火階が地階の場合は、出火階およびその直上階とその他の地階のみとする。ただし、一定時間経過後には全館一斉放送する必要がある。

また、テナント内に設置した個別のBGM放送設備などは、避難放送時には避難放送の障害となるため、停止させなければならない。通常、カットリレーと呼ばれる電源遮断装置を用い、自動火災報知設備の感知器の発報信号にて、電源を停止する方法が多く採用される。

## ■非常用放送設備の設置基準

非常放送設備の設置基準を［表1］に示す。商業関連施設においては収容人員が300人以上、複合用途の場合には収容人員が500人以上で設置が義務づけられている。収容人員は、施設によって算定方法が異なるが、詳細は［表1］に示すとおりである。

## ■非常用放送設備の技術基準

非常用放送設備を設置する場合は、各機器（アンプ、スピーカー、配線等）は、消防法の基準に則った放送設備を設置する必要がある。以下に主な基準を示す。

①音声警報機能を付加した放送設備であること（平成6年消防庁告示第1号）。
②非常電源を必ず装備していること（消防法施行令第24条第4項第三号）。
③非常用電源は10分以上作動可能な容量を持つこと（消防法施行規則第25条の2、2項第五号）。
④非常放送の優先が必要→業務用の放送を自動的に停止して非常放送のできるもの（規則第25条の2、2項第三号）。
⑤放送開始までの所要時間は10秒以内→起動装置より火災信号を受けて、放送開始までの所要時間は10秒以内でなければならない（昭和48年消防庁告示第6号）。
⑥必要な階ごとに放送ができること（手動操作時）。
⑦出火階とその直上階へ放送ができること（連動時）、ただし出火階が1階または地下階の場合はその直上階と地下階のすべてに放送できること。
（一定時間経過した場合、全区域に自動的に警報を発すること（平成9年自治省令第19号）。

この放送設備を一般の業務放送と兼用で使用することは可能である。また、個別にBGM用に放送設備を設置する場合は、非常放送中は、放送を中止する装置が必要となるので注意を要する。

## ■スピーカーの種類

非常用スピーカーの音圧は、取り付けられたスピーカーから1m離れた位置で計測、基準値とし、以下の3種類に分類する。
L級：92デシベル以上
M級：87デシベル以上92デシベル未満
S級：84デシベル以上87デシベル未満

## ■スピーカーの設置基準

スピーカー設置基準は平成6年1月付自治省令第1号で定められた〈10m基準〉［表2］と、平成10年7月24日の消防法施行規則改正で新たに加わった〈性能基準〉とがある。状況に応じ、二つの基準から選択して設置する。

（1）放送区域におけるスピーカ設置基準〈10m基準〉

放送区域ごとに、任意の場所から一つのスピーカーまでの水平距離が10m以下になるように設置しなければならない。また、階段あるいは傾斜路では垂直距離15mにつきL級スピーカーを1個以上設置しなければならない。

ただし、小規模放送区域については、隣接する他の放送区域に設置されたスピーカーまでの水平距離が8m以下の場合はスピーカーを設置する必要はない（消防法施行規則第25条の2第2項第3号）。［表3］

（2）スピーカーの音圧による設置基準〈性能基準〉

残響時間が3秒未満の放送区域ごとに、床面からの高さが1mの任意の場所において75デシベル以上の音圧を確保すること。計算式は次式（ベラネックの計算式）を使用する。

**ベネラックの計算式**

$$P = p + 10 \log_{10} \left\{ \frac{Q}{4\pi r^2} + \frac{4(1-\alpha)}{S\alpha} \right\}$$

$P$：音圧レベル（単位／デシベル）
$p$：スピーカーの音響パワーレベル（単位／デシベル）
$Q$：スピーカーの指向係数
$r$：当該箇所からのスピーカーまでの距離（単位／m）
$\alpha$：放送区域の平均吸音率（2kHz）
$S$：放送区域の壁、床および天井または屋根の面積の合計（単位／m²）

## ■スピーカーの設置免除［表3］

下記の（1）および（2）に適合する放送区域はスピーカーの設置が免除される。
（1）居室および居室から地上に通じる主たる廊下その他通路で、6m²以下の放送区域
または上記以外で30m²以下の放送区域
（2）（1）の放送区域の各部分から隣接の放送区域のスピーカーまでの水平距離が8m以下

## C・2・9　非常用放送設備

**表1　非常用放送設備設置基準**

| 項 | 防火対象物 | 収容人員 20〜50人 | 地下及び無窓階で20人以上 | 50人以上 | 300人以上 | 500人以上 | 800人以上 | 地上11階以上地下3階以下 | 収容人員の算定方法 |
|---|---|---|---|---|---|---|---|---|---|
| (1) イ | 劇場　映画館　演芸場　観覧場 | | | | | | | | 従業員＋固定式イス席＋$\dfrac{長椅子の正面幅}{0.4m}$＋$\dfrac{立見席の床面積}{0.2m^2}$＋$\dfrac{その他の床面積}{0.5m^2}$ |
| (1) ロ | 公会堂　集会場 | | | | | | | | |
| (2) イ | キャバレー　カフェ　ナイトクラブ（その他） | | | | | | | | 遊技場：従業員＋機械を使用する人数＋観覧休憩の固定式イス数＋$\dfrac{長椅子の正面幅}{0.5m}$ |
| (2) ロ | 遊技場　ダンスホール | | | | | | | | |
| (2) ハ | 性風俗関連特殊営業を営む店舗（その他） | | | | | | | | その他：従業員＋固定式イス数＋$\dfrac{長椅子の正面幅}{0.5m}$＋$\dfrac{その他の床面積}{3m^2}$ |
| (3) イ | 待合　料理店（その他） | | | | | | | | |
| (3) ロ | 飲食店 | | | | | | | | |
| (4) | 百貨店　マーケット　店舗　展示場 | | | | | | | | 従業員＋$\dfrac{飲食・休憩の場}{3m^2}$＋$\dfrac{その他の床面積}{4m^2}$ |
| (5) イ | 旅館　ホテル　宿泊所　その他これに類するもの | | | | | | | | 従業員＋洋室ベッド数＋$\dfrac{和室床面積}{6m^2}$（団体等は3m²）＋集会・飲食・休憩の固定式イス席＋$\dfrac{長椅子の正面幅}{0.5m}$＋$\dfrac{その他の床面積}{3m^2}$ |
| (5) ロ | 寄宿舎　下宿　共同住宅 | | | | | | | | 住居者の数 |
| (6) イ | 病院　診療所　助産所 | | | | | | | | 医師・看護婦・その他の従業員＋病床数＋$\dfrac{待合室の床面積}{3m^2}$ |
| (6) ロ | 老人福祉施設　有料老人ホーム　救護施設更生施設　児童福祉施設　身体障害者更生援護施設　知的障害者援護施設 | | | | | | | | 従業員＋要保護者数 |
| (6) ハ | 幼稚園　盲学校　聾学校　養護学校 | | | | | | | | 教職員数＋幼児・児童・生徒数 |
| (7) | 小学校　中学校　江東学校　高等専門学校　大学　専修学校　各種学校（その他） | | | | | | | | 教職員数＋幼児・児童・生徒数 |
| (8) | 図書館　博物館　美術館（その他） | | | | | | | | 従業員＋$\dfrac{閲覧室・展示室・会議室・休憩室の床面積}{3m^2}$ |
| (9) イ | 公衆浴場：蒸気浴場　熱気浴場（その他） | | | | | | | | 従業員＋$\dfrac{浴室・脱衣室・マッサージ室・休憩室の床面積}{3m^2}$ |
| (9) ロ | 公衆浴場で前項以外 | | | | | | | | |
| (10) | 車両の停車場　船舶又は航空機の発着場 | | | | | | | | 従業員の数 |
| (11) | 神社　寺院　教会（その他） | | | | | | | | 従業員＋$\dfrac{礼拝・集会・休憩の場の床面積}{3m^2}$ |
| (12) イ | 工場　作業場 | | | | | | | | 従業員の数 |
| (12) ロ | 映画スタジオ　テレビスタジオ | | | | | | | | |
| (13) イ | 自動車車庫　駐車場 | | | | | | | | 従業員の数 |
| (13) ロ | 飛行機又は回転翼航空機の発着場 | | | | | | | | |
| (14) | 倉庫 | | | | | | | | 従業員の数 |
| (15) | 前項に該当しない事業場 | | | | | | | | 従業員＋$\dfrac{その他の床面積}{3m^2}$ |
| (16) イ | 複合用途防火対象物のうち、その一部が（1）項から（4）項まで、（5）項イ、（6）項または、（9）項イに掲げる防火対象物の用途に供されているもの | | | | | | | | 各項目ごとの合計 |
| (16) ロ | イに掲げる複合用途防火対象物以外の複合用途防火対象物 | | | | | | | | |
| (16)の2 | 地下街 | | | | | | | | 収容人員によらず、すべて |
| (16)の3 | 準地下街 | | | | | | | | 同上 |
| (17) | 重要文化財 | | | | | | | | $\dfrac{床面積}{5m^2}$ |

**凡例：**
- 　　　　　特に必要なし
- （薄）警鐘、手動サイレンあるいは携帯用拡声器のうちいずれかひとつ
- （中灰）非常ベル、自動式サイレンあるいは放送設備のうちいずれかひとつ
- （斜線）一斉式の放送設備を設置するのが望ましい
- （濃灰）非常ベルおよび放送設備あるいは自動式サイレンおよび放送設備のうちいずれか

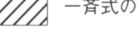

■計画時の留意事項
(1) 非常用放送設備は，避難誘導を音声で行う重要な設備であるため，東京消防庁では，信頼性向上のため，スピーカーの複数回線化の指導を行っている。下記に適用範囲を示す。
・スピーカー回線の複数回線化（東京消防庁管轄における基準）
〈平成10年7月予防事務審査・検査基準〉
以下の建築物（防火対象物）においては，スピーカー回線の複数回線化が適用される。
①ホテル・旅館・宿泊施設・共同住宅等／5項
病院・老人ホーム・特殊学校等／6項
複合ビルで，5項，6項が含まれる部分／16項
②上記以外の防火対象物で，スプリンクラー施設が設けられていないもの。
・複数回線化の方法（東京消防庁管轄における基準）
スピーカーの複数回線化を行う場合の基準を下記に示す。
①隣接するスピーカー回路を別回路とする方法。なお，分割した各回線のスピーカーは概ね同数となるように配置しなければならない。
②居室部分と廊下等の共有部分を別回路とする方法。
③回路分割装置を使用する場合は，非常用放送設備委員会が認めた機器を設置しなければならない。
④回路分割装置を使用する場合は，各階ごとに設置しなければならない。
⑤回路分割装置を使用する場合，防火上有効な場所・点検に支障のない場所に設置しなければならない。
(2) カラオケ施設，ディスコ等については，下記のような指導があるため，スピーカーの個数に注意する必要がある。
・室内への非常放送用スピーカーの設置要求（東京消防庁管轄における基準）
①ホテルの客室，病院の病室，共同住宅の住戸内においてもスピーカーを設置しなければならない。
②カラオケ施設には，非常ベルまたはスピーカーを設置し，自動火災報知設備と連動する電源カットリレーを設置しなければならない。
③ディスコには非常ベルまたはスピーカーを設置し，自動火災報知設備と連動する電源カットリレーを設置しなければならない。
④カラオケボックス，カラオケルーム等で常時人のいる可能性のある遮音性の高い場所の場合は小規模放送区域の規定にかかわらず必ずスピーカーを設置すること。

■BGM用放送設備への対応
設置基準の項でも記したが，非常用放送設備の設置されている場所に，BGM用の放送設備を設置した場合，下記のような方法でBGM用放送を停止させる必要がある。[図1]
①非常/業務兼用スピーカー制御器で制御する方法

スピーカーを非常用放送とBGM用で共用する場合，常時はローカルアンプ（BGM用）側で切り替えられているが，非常放送時にはスピーカー制御器により，非常放送設備側に切り替え非常放送をする。
②業務用スピーカーを電源制御器で制御する方法
BGM用の専用アンプを設置する場合（非常放送用スピーカーとBGM用スピーカーを，別々に設置する場合），非常放送時には，ローカルアンプの電源を電源制御器で切っていしまい，非常放送のみが聞こえるようにする。〈Yo〉

図1　一般的なローカルアンプとスピーカー制御の方法

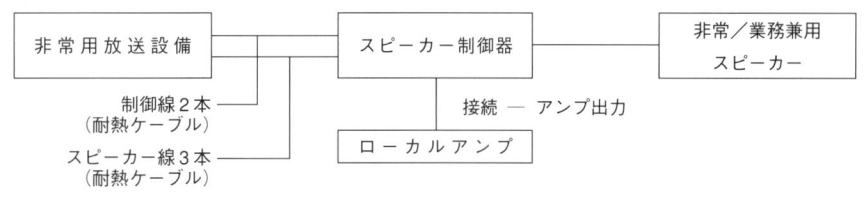

①非常/業務兼用スピーカー制御器で制御する方法：

非常用放送設備 ― スピーカー制御器 ― 非常/業務兼用スピーカー
　制御線2本（耐熱ケーブル）
　スピーカー線3本（耐熱ケーブル）
　接続 ― アンプ出力
　ローカルアンプ

②業務専用スピーカーを電源制御器で制御する方法：

非常用放送設備 ― 電源制御器
　制御線2本（耐熱ケーブル）
　接続 ― 電源コード
　ローカルアンプ ― 業務専用スピーカー

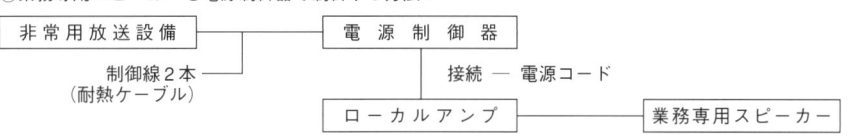

表2　スピーカーの配置

| 設置場所 | スピーカー種別 | 放送区域の大きさ | 配置方法 | 備考 |
|---|---|---|---|---|
| 階段傾斜路以外 | L | 100㎡超 | 放送区域の各部分からスピーカーまでの水平距離10m以下 | 放送区域とは防火対象物の2以上の階にわたらず，かつ床・壁・戸で区画された部分をいう（ただしふすま，障子を除く） |
| | L, M | 50㎡超100㎡以下 | | |
| | L, M, S | 50㎡以下 | | |
| 階段傾斜路 | L | | 垂直距離15mごと | |

例外規定：下記の(1)および(2)に適合する放送区域はスピーカーの設置免除。

表3　スピーカー設置例およびスピーカーの設置を免除できる例〈10m基準〉

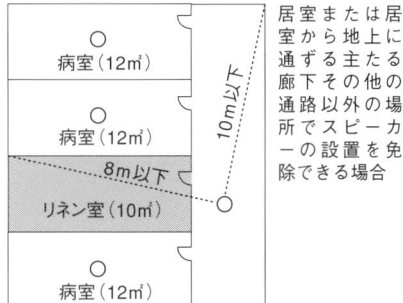

居室または居室から地上に通ずる主たる廊下その他の通路以外の場所でスピーカーの設置を免除できる場合

居室でスピーカーの設置を免除できる場合

■ スピーカーの設置を免除できる部分
○ スピーカー

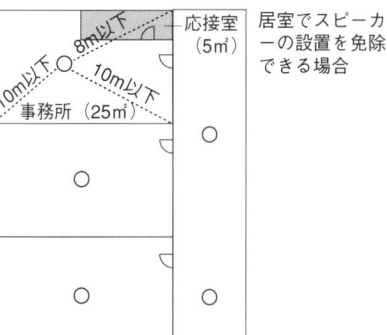

# 防災センター

建築基準法施行令20条，126条，129条。消防法施行令23条，同施行規則12条，14条，18条，23条，24条，消防庁告示
問い合わせ先：地域を管轄する消防署，予防指導課および地域を管轄する役所の指導課

## ■いざという時の司令室

建物種別や規模の大小にかかわらず，どのような建築物においても適切な防災計画が必要であるが，特に，多くの人命にかかわる大規模な店舗や商業施設の場合にはその重要性が増してくる。

どのような形で建物の防災計画を策定するかは，建築設計者だけではなく，建物の運営管理担当者を含めて検討する必要がある。また，大規模な施設になると，所轄官庁によっては「防災計画書」の提出を要求される場合もあるので，事前に問い合わせが必要であろう。さらに，大規模建築物では防災設備が高度かつ複雑になりやすく，内容によっては消防防災システム評価制度や総合操作盤評価制度が適用され，防災システムと防火管理や運用等について各種専門家によって評価されることになる。これらの，消防用防災設備の評価制度としては，[表1]に示すとおり，総合操作盤評価制度，消防防災システム評価制度および防災センター評価制度があり運用されている。防災センター評価制度は東京都のみで運用されているが，その他の評価制度は全国で適用される。

評価機関，制度の目的，関係法令，評価対象の防火対象物および届出に必要な書類などは[表1]に示すとおりであるが，実際に評価の要否の判断は，所轄消防署が行うことになるため，事前に確認が必要である。

総合操作盤の構造および機能は，消防庁告示第3号で規定されており，自動火災報知設備操作盤，屋内消火栓設備操作盤，排煙設備操作盤等の各消防設備操作盤の集合体が総合操作盤となっている。各防災メーカは総合操作盤の基本型として評価機関の評価を受けた製品を持っており，これらの製品を使用できる場合には書類審査のみとなるが，それ以外の場合には[表1]に示すような書類を整え，個別に評価を受ける必要がある。

消防防災システム評価が必要と判断された場合には，おおむね[図1]に示す工程表のような書類作成および審査が行われることになり，書類作成から認可までにかなり期間（おおむね6〜7カ月）を有し，遅くとも消防用設備着工届を提出するまでには認可されている必要があるため，設計施工工程には十分留意する必要がある。

ここでは，建築計画に大きく影響する防災センターについて，設置基準，位置および必要面積等について以下に述べる。なお，東京都の場合，防災センター評価の対象となると，消防防災システム評価と同様，書類作成から審査を経て認可されるまでにかなりな期間を要するため，設計施工工程を注意深く検討する必要がある。

表1　消防用設備等に関する評価制度の概要一覧

| | 評価機関 | 制度の目的 | 関係法令 | 評価する防火対象物 | 規制の種類 | 評価の申請者 | 添付書類等 |
|---|---|---|---|---|---|---|---|
| 総合操作盤評価制度 | 日本消防設備安全センター　総合操作盤評価委員会 | 大規模化，高層化，複雑化した防火対象物では，消防用設備等の監視，制御，操作等が増え，日常の維持管理および火災時の対応は益々複雑化する。このような状況を適正な設置や機能・性能等の確保を図るために，技術上の基準への適合性を確認するための評価を行う。 | 平成8年2月16日 消防法施行規則 平成9年3月21日 消防庁告示第1号 消防予第50号通知 平成9年7月29日 消防予第127号通知 | ・設置義務のあるもの<br>・(1)〜(16)項で延べ面積5万㎡以上<br>・(1)〜(16)項で階数15以上かつ延べ面積3万㎡以上<br>・延べ面積1000㎡以上の地下街<br>・消防長または消防署長が必要と認めるもの<br>・(1)〜(16)項で階数11以上かつ延べ面積1万㎡以上<br>・(1)〜(4)項，(5)項イ，(6)，(9)項イ，(16)項で階数5以上かつ延べ面積2万㎡以上<br>・(1)〜(16)項で地階の合計面積5000㎡以上 | 義務設置 | 製造者 | ・総合操作盤仕様書<br>・構成機器仕様<br>・消防用機器等別機能一覧<br>・構成外観図<br>・システム構成図<br>・確認検査場所案内図等 |
| 消防防災システム評価制度 | 日本消防設備安全センター　消防防災システム評価委員会 | 消防用設備等は法令等に基づき，設備毎に機能するように定められている。大規模化，複雑化した防火対象物では，建築構造，一般設備および防災設備のハード面と維持管理関係のソフト面の両面から，総合的な防火安全対策を計画し有効に機能することが必要。現行法令で予想しない新技術への対応，インテリジェント化の推進，副防災監視場所で監視・操作等を行うもの等を評価する。 | 昭和61年12月5日 消防予第171号通知 昭和61年2月17日 消防予第25号通知 平成9年7月29日 消防予第127号通知 平成9年9月16日 消防予第148号通知 平成13年3月30日 消防予第152号通知 | ・高さ100m以上<br>・延べ面積8万㎡以上<br>・延べ面積1000㎡以上の地下街<br>・現行の消防法令で予想しない特殊な新技術または高度な消防防災システム<br>・消防防災システムのインテリジェント化推進が必要なもの<br>・副防災監視場所，監視場所，遠隔監視場所で監視等を行う消防防災システム<br>・総合操作盤が基本型評価でない場合<br>上記以外でも，高さ60m以上の建築物の場合は指導対象になる場合がある | 評価取得は消防機関の指導 | 防火対象物の所有者，管理者，占有者等 | ・消防機関による指導経過書<br>・防火対象物概要（建築図を含む）<br>・防災センター関係図<br>・避難計算結果<br>・消防設備等設置一覧表<br>・防火管理体制概要<br>評価項目の内容にかかわる図面等 |
| 防災センター評価制度（東京都） | 東京消防庁防災センター評価委員会　防災センター評価保守協会 | 大規模化，高層化が進むと同時に，用途も多様化する防火対象物では，消防用設備等の監視，制御，操作等が増え，日常の維持管理および火災時の対応は，ますます複雑化する。東京消防庁では，火災予防条例の集中管理計画の届出制度により，防災センター内に設置される防災システムのハード面と防災センターが有効に機能するためのソフト面について，十分に確保されているか確認するための評価等を行う。 | 昭和50年3月12日 火災予防条例第55条の2の2 平成5年3月9日 消防予第180号 平成9年7月31日 消防予第778号 平成9年3月21日 消防庁告示第3号第4 | ・(1)〜(16)項で延べ面積5万㎡以上<br>・(1)〜(16)項で階数15以上かつ延べ面積3万㎡以上<br>・延べ面積1000㎡以上の地下街<br>・(1)〜(4)項，(5)項イ，(6)，(9)項イ，(16)項で階数11以上かつ延べ面積1万㎡以上または階数5以上10以下かつ延べ面積2万㎡以上<br>・(5)項ロ，(7)項，(8)項，(9)項ロ，(10)〜(15)項，(16)項ロ水噴霧消火，泡消火，$CO_2$消火，ハロゲン化物消火，粉末消火設備が設置されているもの（移動式は除く）<br>・(1)〜(16)項で地階の延べ面積が5000㎡以上でスプリンクラー，水噴霧消火，泡消火，$CO_2$消火，ハロゲン化物消火，粉末消火設備が水噴霧消火，泡消火，$CO_2$消火，ハロゲン化物消火，粉末消火設備が設置されているもの（移動式は除く）延べ面積8万㎡以上高さ100mを超えるものは所轄消防に確認すること | 評価取得は消防機関の指導<br>集中管理計画届出書の提出は義務付け | 防災センターの設置について権限を有する建築物の所有者，管理者，占有者等 | ・防災センター概要<br>・防火対象物概要（建築図を含む）<br>・防災センター配置図<br>・構造図等<br>・設備機器の配置図等<br>・防火管理体制概要表<br>・防火管理計画に関する図書<br>・監視場所および遠隔監視場所に関する図書 |

図1 建築工程表防災関連

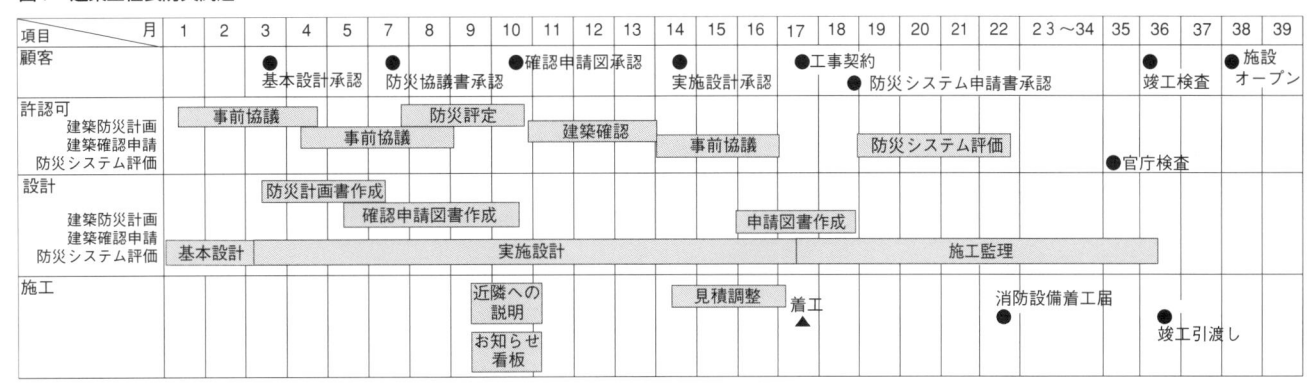

## ■設置基準と機能

中規模から大規模建物においては建物の施設管理や設備管理を行うため，中央管理室が設置される。また，建物の防災設備を総合的に監視し，必要な設備を制御できる機能を持ち，火災時には消防隊の司令室としての役割を果たすために設けるのが防災センターである。管理の内容が異なるということで，中央管理室と防災センターを別々に設ける例もあるが，建物全体の管理の一元化，監視盤類の共有化等によるスペースや設置費用の削減，人件費削減等の観点から建物への入退室管理を含め両者を一体化するケースが多い。建築基準法（令第20条の2 第2号）で規定される中央管理室とは，以下に示す建築物において，非常用エレベーターの制御あるいは機械換気設備および中央管理方式の空気調和設備の制御および作動状態を監視するものである。
①高さ31mを超える建築物
②各構えの床面積の合計が1000m²を超える地下街

また，防災センターとは防火対象物の消防用設備等の操作盤や制御装置を集中して管理する場所を言い，［表1］で示すような防災センター評価を受ける対象の建築物等に設けることになる。

## ■設置位置

防災センターの設置位置は以下の要件を満たす必要がある。
（1）避難階（直接地上に通じる出入り口のある階をいう），その直上階，または直下階で外部から出入りが容易な位置にあること。
（2）非常用エレベーターの乗降ロビーおよび特別避難階段の付近である等，当該防火対象物の縦動線に容易に近づける位置にあること。

## ■構造

室の構造および設備の機能や設置方法等に要求される事項は以下のとおりである。
（1）火災により発生する熱，煙等から防災要員の安全を確保するため，次の①〜④の措置が講じられていること。
①防災センターの壁，柱および床を耐火構造（主要構造部分が耐火構造以外の防火対象物にあっては，不燃材料とする）とし，かつ，室内に面する壁，柱および天井の仕上げを不燃材料とすること。
②防災センターの窓および出入り口には特定防火設備（出入り口は，直接手で開くことができ，かつ自動的に閉鎖するものに限る）が設けられていること。
③防災センターの換気，冷暖房設備は専用とする等防火的に他と区分すること。
④常用の照明が消えた場合においても有効な照度を確保できること。
⑤火災時の消火水等を含め，漏水，浸水に対して適切な防水措置が講じられていること。
（2）防災センターの関係者以外のものが，容易に侵入できないように施錠管理等の措置が講じられていること。
（3）防災要員のための仮眠，休憩所等を設ける場合は，当該防災センターに近接した場所で，防災センターとの間に防火・防煙区画を設け，有効に情報連絡がとれる措置が講じられていること。
（4）入り口の見やすい箇所に，防災センターである旨が表示されていること。
（5）消防隊が容易に防災センターに到達できる措置（案内表示，施錠管理等）が講じられていること。

## ■監視・制御機能

防災センター内での監視・制御の基本的用件は以下のとおりであり，［表2］に示す諸設備，機能を設けることになる。［表2］に示すとおり，防災設備に取り込む必要のある機能等については法規によって義務付けられている最低必要な機能と，平成9年7月31日予予第778号東京消防庁予防部長，指導広報部長依命通達別紙「防災センター等の技術上の指針」において示されている必要機能，推奨機能が挙げられる。建物の用途，規模，管理体制に応じて適切な機能を盛り込むことになる。最近の防災センターに設置された監視盤類を［写真1］に示す。
（1）防災システムを構成する総合操作盤は，日常の監視業務等での使用を考慮するほか，災害時に消防隊による情報収集や防災要員等からの情報提供等が有効に行えるように配置されていること。
（2）地震等の災害に対し，十分堅牢な構造であるとともに，防災システムの装置が堅固に固定され，機能に支障のない措置が講じられていること。
（3）防災システム装置は，火災の感知や警報を発する設備，消防機関に通報する設備，初期消火に用いる設備，本格消火に用いる設備の総合操作盤ならびに防災設備等用の監視設備，ビル管理用の監視装置，ITV設備等で構成すること。
（4）防火対象物の用途，形態，管理状況等を考慮し，火災発生時の情報収集等が有効に行える機能を有すること。
（5）防災システムを集約化する場合は，一つの防災システムの故障が他の防災システムへの影響を及ぼさない方策や電源のバックアップ等，集約化に伴う信頼性を確保する対策を講ずること。

防火対象物が大規模化し，使用形態，管理形態等が複雑化することによって，1カ所の防災センターでは火災発生時等の対応が有効に行えないと判断される場合には副防災センターを設置することができる。また，同一敷地内に，管理権限者

## C・2・10　防災センター

が同一の防火対象物が複数存在する場合には1カ所の監視場所おいて消防設備等の監視等を行うことができる。

さらに，監視対象物の用途，規模，管理形態から，監視対象物に設置された消防用設備等が，遠隔監視場所等で有効に監視できる場合には，遠隔監視場所を設置することが可能である。それぞれの場合の設置基準については前述の「防災センター等の技術上の指針」で詳細に示されているためここでは割愛することとする。いずれにしても，建物あるいは建物群全体の管理形態を明確にし，適切な監視等を行うことができるようにシステムを構築する必要がある。

■**所要スペース**

防災センターでは，設置された防災システムの監視，操作および維持管理が容易にでき，かつ，消防活動の拠点としての使用を考慮しておおむねね40～50m²以上の広さを有することが望ましい。24時間管理が必要となる場合には，専用の仮眠室や洗面所を含めて計画することになる。[図2]に防災センターと中央管理室が一体化された例を示す。〈Yo〉

### 表2　防災センターに必要のある諸機能

| 機　　能 | 種別 | 関連法規 |
|---|---|---|
| 自動火災報知設備の受信機（盤） | A | 規24．2 |
| 消防機関への通報設備 | A | 令23．2 |
| 非常放送設備の操作部および増幅器 | A | 規25の2．2．3 |
| ガス漏れ火災報知設備の受信機 | A | 規24．2．3 |
| スプリンクラー設備の操作盤 | A | 規14 |
| 泡，二酸化炭素，ハロゲン化物等の消火設備の操作盤 | A | 規18．19．20 |
| 屋内消火栓の操作盤 | A | 規12 |
| 排煙設備の起動表示，制御装置および作動状態の監視装置 | A | 建令126の3．11 |
| 空調設備の監視装置および非常停止装置 | A | 建令20の2．3 |
| 非常用エレベータのかご呼び戻し装置および作動状態の監視装置 | A | 建令129の13の3．7 |
| 非常用エレベータとの連絡電話 | A | 建令129の13の3．7 |
| 無線通信補助設備の接続端子 | A | 規31．2．2 |
| 連結送水管送水口との通話連絡装置 | B | 予予第778号 |
| 非常用エレベーター以外のエレベーター，エスカレーターの停止装置および停止表示 | B | 予予第778号 |
| 自家発電設備の電圧確立表示 | B | 予予第778号 |
| 防火戸の連動制御器，避難口等の解錠装置 | B | 予予第778号 |
| 都市ガス供給停止の緊急遮断装置等の操作および作動表示 | B | 予予第778号 |
| 中央管理室との通話装置 | B | 予予第778号 |
| 連絡通報に関する情報（通報装置，電話機，インターホンの状況） | C | 予予第778号 |
| 維持管理に関する情報（各装置の異常，故障，点検および結果の状況） | C | 予予第778号 |
| 設備の履歴に関する情報（各設備の作動および可動時の履歴等必要情報） | C | 予予第778号 |
| 電源設備に関する情報 | C | 予予第778号 |
| 変電設備および自家発電設備の地絡警報 | C | 予予第778号 |
| 蓄電池設備の減液警報（中央管理室等との相互機能を含む） | C | 予予第778号 |
| 非常用照明に関する情報 | C | 予予第778号 |
| 避難口および主要扉に関する状況（施錠・解錠状態の表示等） | C | 予予第778号 |
| 防火戸等の閉鎖を確認した旨の信号 | C | 予予第778号 |
| ITVに関する情報 | C | 予予第778号 |
| その他関連情報 | C | 予予第778号 |

注）種別はA：法的に義務付けられている設備，B：予予第778号で設置を必要とするもの，C：設置が推奨されているものを示す。
　　機能に示す設備内容は建物の種別や規模によっては法的に必要のない設備も含まれるので法規に準拠し必要設備の確認が必要を示す。
　　関連法規中の規は消防法施行規則，令は消防法施行令，建令は建築基準法施行令を示す。
　　予予第778号は平成9年7月31日の東京消防庁予防部長，指導広報部長依命通達別紙の防災センター等の技術上の指針を示す。

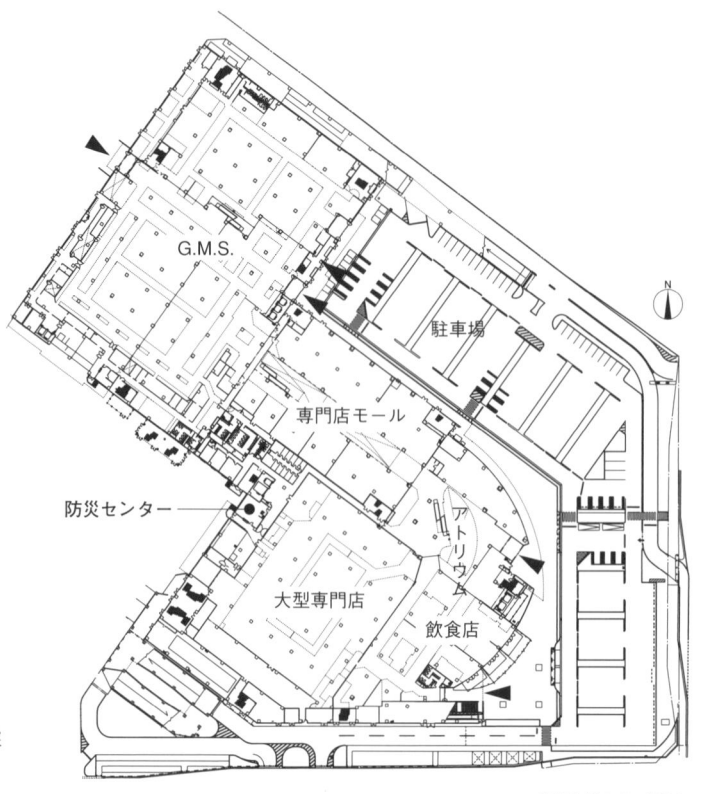

**写真1　各種防災監視盤**

**図2　防災センター平面例**

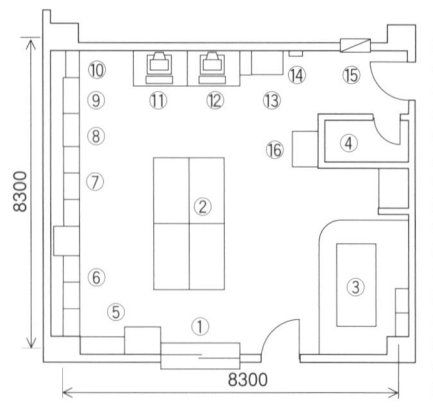

①入退館受付
②机
③仮眠エリア
④トイレ，給湯エリア
⑤TV，防犯監視盤
⑥防災監視盤
⑦非常放送盤
⑧中監伝送盤
⑨EV監視盤
⑩駐車管制盤
⑪中央監視盤
⑫コージェネ監視盤
⑬UPS，プリンター
⑭誘導灯点滅制御盤
⑮分電盤
⑯コピー機

1F PLAN　1：2500

## Chapter 3　営業許可編

D-1　大型物販店／百貨店・SC・GMG・CVS・
　　　アウトレットストア・ディスカウント店など……118

D-2　食品物販店／ベーカリー・鮮魚精肉店・
　　　和洋菓子・デリカテッセン店など……120

D-3　飲食店／一般レストラン・喫茶店・
　　　ファストフードショップなど……122

D-4　理容・美容・エスティック／理容店・
　　　美容店・エスティックサロンなど……124

D-5　ショールーム／各種ショールームなど……126

D-6　温浴施設／公衆浴場・クアハウス・
　　　健康ランド・スパなど……128

D-7　興行施設／劇場・映画館・スポーツ興行施設……130

D-8　健康施設／フィットネスクラブ・
　　　アスレチッククラブ・スポーツクラブなど……132

D-9　アミューズメント施設／パチンコ・
　　　ゲームセンター・カラオケなど……134

D-10　風俗飲食店／料理店・大衆酒場・
　　　炉端焼きなど……136

D-11　薬局・薬品店／薬局・薬店・
　　　ドラッグストアなど……138

D-12　ホテル・旅館／シティホテル・
　　　ビジネスホテル・観光ホテル・旅館など……140

D-13　その他の店舗／ランドリー・ペットショップ・
　　　レンタルショップ・中古物品販売店・たばこ販売店……142

# 大型物販店

百貨店・SC・GMS・CVS・郊外型大型店・アウトレットストア・ディスカウント店など

大規模小売店舗立地法、同施行令、同施行規則。
中心市街地活性化法。各都道府県条例

## ■生活環境の保持

大店法（大規模小売店舗における小売の事業活動の調整に関する法律　昭和48年10月）は規制緩和施策の改正（平成6年5月）を経た後も、小売業をめぐる経済的・社会的環境変化によりその限界が問われてきた。

そこで大店立地法（大規模小売店舗立地法）が平成12年6月1日施行され、大店法が「事業機会の確保（商業調整）」を目的としていたのに対し、出店予定地周辺の「生活環境の保持」に焦点を当て、駐車台数・交通渋滞対策・騒音防止・廃棄物保管および処理方法などの環境対策を求めている。さらに、景観や街並づくりへの配慮も盛り込まれており、大規模店舗が街づくりに参画する意識を持ち地域住民との良好な関係を保持することを目指している。[表2]

また、大型店の適正な立地の実現を目指す都市計画法の改正と、空洞化の進行が懸念される中心市街地の整備改善と商業などの活性化を図る中心市街地活性化法、さらに各都道府県の条例が併せて適用されることになる。

## ■対象となる店舗の規模

一つの建物もしくは一つの敷地で物販店舗の店舗面積の合計が1000m²（基準面積）を超えるものを新設もしくは変更する場合に届出が必要となる。なお、都道府県、政令指定都市の判断により、基準面積を引き上げることが可能とされる。店舗面積とは、小売業（飲食店業を除き、物品加工修理業を含む）を行うための店舗用に供される床面積をいう。[図1]

床面積とは、建築物の各階またはその一部で、壁その他の中心線で囲まれた部分の水平投影面積をいう。

また、いくつかの小売店舗が複数隣接する場合の通路の扱いは、建物所有者にとっては店舗面積に含まれ、個々の小売業者にとっては店舗面積に含まれない。[図2]

さらに、小売業者が自ら設けたショールーム、モデルルーム、実演販売所、手荷物一時預かり所、買い物品発送承り所などのサービス施設は店舗面積に含まれ、文化催事、食堂・喫茶、屋上の遊戯施設などは店舗面積に含まれない。大店立地法における店舗面積の範囲は、大店法の店舗面積のうち、建物所有者の店舗面積（3条面積）とされる。

## ■届出の概要

届出者は、建物もしくは床の設置者または所有者とする。届出日は、開業・変更予定日の8カ月前（軽微な変更は、その変更予定日の前）。

届出内容は、次の項目の範疇に分けられ届出書類および添付書類にて提出する。[表3]
(1) 大規模小売店舗設置者の概要
(2) 店舗施設計画の概要
(3) 営業計画の概要
(4) 大店立地法の指針の各項目に関する事項

## ■商調法（小売商業調整特別措置法）の規制

指定地域内の建築物において、小売市場とするために店舗の用に供する小売商（飲食店を除く）に貸与または譲渡する場

### 表1　大型物販店に適用される関連法規

| | |
|---|---|
| 建築基準法（用途）（特殊建築物） | 法別表第2「店舗・物品販売業を営む店舗」<br>法別表第1（4）項「百貨店、マーケット、展示場、物品販売業を営む店舗で床面積の合計が10m²超のもの」 |
| 都市計画法（市街化調整区域） | 法34条一号（日常生活に必要な物品の販売・加工・修理等の店舗） |
| 消防法（防火対象物） | 施行令別表第1（4）項「百貨店、マーケット、店舗、展示場」 |
| 東京都建築安全条例 | 第2章特殊建築物「物品販売業（物品加工修理業を含む）を営む店舗（百貨店、マーケットを含む）で床面積の合計が200m²超のもの」<br>第4節「物品販売業を営む店舗」接道規定、前面空地、屋上広場 |
| 東京都火災予防条例 | 売場内通路、屋上広場、火気使用制限（裸火規制） |
| 東京都文教地区建築条例 | マーケット（市場を除く）の建築制限 |
| 東京都特別工業地区建築条例 | 物販店内または併設で、作業場の床面積の合計が300m²超の原動機を使用する工場の建築制限 |
| 東京都駐車場条例 | 百貨店その他の店舗（駐車場の附置）<br>駐車場整備地区の附置台数他 |
| 小売商業調整特別措置法 | 50m²未満の店舗に区画され、かつ、10以上の小売商の店舗の用に供されるもの |
| 大規模小売店舗立地法 | 店舗面積＞1000m²。調整対象＝交通渋滞、騒音、駐車・駐輪等 |

### 表2　大店法と大店立地法の比較

| | 大店法 | 大店立地法 |
|---|---|---|
| 適用対象規模 | ・第1種大型小売店舗：店舗面積3000m²以上（都の特別区および政令指定都市は6000m²以上）<br>・第2種大型小売店舗：店舗面積500m²以上で第1種大型小売店舗以外<br>・生協、農協などは対象外 | ・店舗面積1000m²超（基準面積）（都道府県・政府指定都市は、上記の基準面積を超える他の基準面積を定めることができる）<br>・生協、農協なども対象 |
| 規制基準 | 開店日時、店舗面積、閉店時刻、休日日数等 | 交通渋滞、駐車・駐輪、交通安全、騒音等の環境への影響 |
| 運用主体 | 国・都道府県（窓口：商議所、商工会） | 都道府県・政令指定都市 |
| 調整機関 | 商調協（非公開） | 指針に基づく公開審査 |
| 手続きに要する期間 | 1年以内 | おおむね1年以内（最短8ヶ月） |

合には，商調法による許可を受けなければならない。

小売市場とは，一の建築物内の大部分が50m²未満の店舗に区画され，かつ10以上の小売商の店舗の用に供されるものを指す。小売市場の開設により，周辺の小売商との過度の競合が要因で，中小小売業の経営が著しく不安定にならないことを許可の基準とし，都道府県知事が，調査，斡旋または調停を行う。また，中小小売業団体は，大企業者などが同種の物品販売業を営むことにより，相当数の中小小売業の経営に影響をおよぼすおそれのある場合，都道府県知事に調整を申し出ることができる。

自治体によっては，規模，営業時間による規制を加えている場合もあるので，調査，確認が必要である。（B-2大店立地法参照）〈Ka〉

### 表3 大店立地法における届出事項

- 設置者の名称および住所
  （法人の場合は代表者の氏名）
- 建物の名称および所在地
- 建物の構造
- 店舗面積の合計
- 小売業者の名称および住所
  （法人の場合は代表者の氏名）
- 開店予定年月日
- 施設配置，運営方法に関する事項
  （駐車・駐輪場，荷捌き施設，騒音対策，廃棄物に関する計画，街並みづくりへの配慮など）

**図1 大店立地法における店舗面積の範囲**

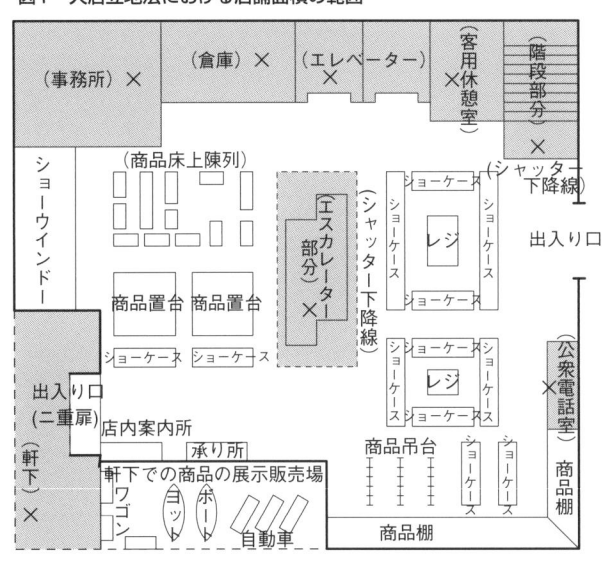

**図2 大店立地法における共用部分の扱い**

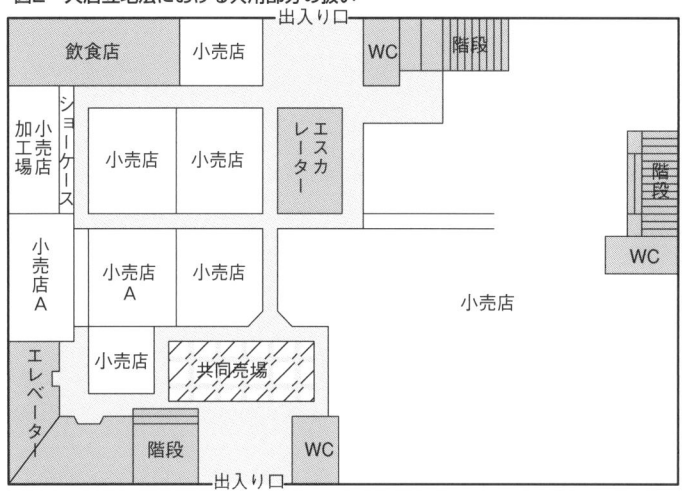

- ■ 店舗面積に含まれない
- □ 建物所有者については店舗面積に含み 小売業者については含まれない

※いくつかの小売店舗が複数隣接する場合の通路の扱いは，建物所有者については店舗面積に含まれ，小売業者にとっては店舗面積に含まれない
※通路の両側の小売業者が同一の場合は，その通路は店舗面積に含まれる
※共同売場は，「小売業者が連名で届出を行う」場合，店舗面積に含まれない

---

**法規mini知識**

## 小便器の高さにご注意

### リップの高さは35cm以下

建築物におけるバリアフリー対応を促進するために設けられたハートビル法に対し，各都道府県においては福祉のまちづくり条例を策定して，高齢者，身体障害者および妊婦や乳幼児を連れた人に対して利用しやすい環境づくりに取り組んでいる。

東京都福祉のまちづくり条例における「便所（一般用）」の整備基準では，「不特定かつ多数の者が利用する便所を設ける場合は，1以上（男子用および女子用の区別があるときは，それぞれ1以上）を次に定める構造とする」として，床段差，床仕上げ，大便器の仕様，手すりの設置等が規定されている。

この中で，男子用小便器について，「1以上を床置式，またはこれに代わる小便器とすること」との規定があり，解説をよく読むと，「男子用小便器は，小児等の利用に配慮し，床置式またはリップの高さが35cm以下のものとする。なお，病院等の医療施設については，床等の清掃性を配慮する」とあり，図のような壁掛式の小便器，いわゆる「低リップ式」と称される形式のものが推奨されている。

メーカーがカタログで「低リップ式」と称している製品を，その名称を理解したつもりで設置すると，トイレのタイル割りに合わせた結果「リップの高さ35cm以下」が確保できなくなり，検査に失格する羽目になるので要注意である。

最近はメーカーの設置基準をよく見ると，高さの基準が記述されているのでよく確かめた上で施工されたい。

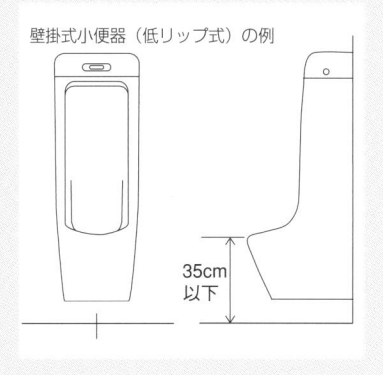

なお，いままでハートビル法では床置式の小便器しか認められてなかったが，平成14年7月12日に公布された改正ハートビル法において，低リップ式等これに類する小便器を設けてもよいことになった。〈Wa〉

**壁掛式小便器（低リップ式）の例**

35cm以下

## 食品物販店

ベーカリー・鮮魚精肉店・和洋菓子店・豆腐店・デリカテッセンなど

食品衛生法第19条の17～24条，同施行令第3条～5条，同施行規則第19条～21条。各都道府県食品衛生法施行細則

### ■施設基準の把握と事前協議がポイント

物販店舗には営業許可の必要のないものが多いが，食品を扱う物販店は食品衛生法により細かな施設基準がある。
サンドイッチ製造やケーキのカット売りが，食品を器具により加工するということで飲食店営業の許可が必要になったり，レストランや喫茶店以外でも食品を提供する施設では，飲食店の営業許可が必要になったりする。また，店舗の中で，パンや菓子，豆腐，麺類，惣菜などの製造をする場合や，乳類，食肉，魚介類などを販売する場合にも営業許可が必要になる。
食品物販店は保健所の検査に合格して営業許可を受けなければ営業できないため，施設基準の把握と保健所との事前協議が大切になる。

### ■食品衛生法の対象となる施設

「食品衛生法」は飲食に起因する衛生上の危害の発生を防止し，公衆衛生の向上および増進に寄与することを目的としている（第1条）。食品もしくは添加物の製造・加工・調理・貯蔵・運搬もしくは販売および飲食店などの施設全般が対象となる。[表2]
また，同法施行細則には，施設の構造に関わる共通基準，各設備に関わる特定基準がそれぞれ細かく定められている。

### ■食品衛生法の共通基準

「東京都食品衛生法施行細則（第18条関連）」に，次の12項目が「共通基準」として定められており，この基準は飲食店以外の食品製造の作業所にも適用される。

(1) 場所：清潔な場所を選ぶ。
(2) 区画：使用目的に応じて，壁，板その他適当なもので区画する。
この区画は，基本的に厨房と客席を隔離するもので，カウンターにおける営業が必要な飲食店では，厨房か客席のいずれかで区画されていればよい場合が多い。
パントリーは，厨房区画の外に配置される場合には，その中での調理行為が認められない。
(3) 面積：厨房の広さについては，一応の目安が決められている。従業員1人につき3.3m²，1人増すごとに1.7m²を加える。また，厨房器具の専有面積は作業場の面積の1/2から1/3以下とする。
(4) 床・内壁・天井：耐水性があり，清掃しやすい構造とする。埃溜りとならないよう，仕上げや納まりに注意する（床と壁の入隅部にR面，壁仕上げは平滑に，照明器具は埋め込み式，排気フードや吊戸棚上部は天井まで塞ぐなど）。
(5) 照明・換気：食品衛生法上では50ルクス以上の確保が定められているが，運用上JIS規定による200ルクス以上は必要。給排気のバランスを考慮し，厨房内が負圧になり，外気を吸い込まないようにする。また，排気口は近隣の迷惑にならない場所に設置する。
(6) 防鼠・防虫：厨房の外部に接する開口部には，基本的にすべて網戸を設置する。特に排水口には防鼠のための金網や鉄格子をつける。
(7) 食器取り扱い設備：食器を衛生的に保管，使用できる構造とする。保管設備は，耐水性，耐久性のあるステンレス製が好ましく，必ず戸をつける。運搬器具は蓋付とする。
(8) 洗浄設備：食品・食器の洗浄設備と，従業員手洗いとは区別する。
洗浄設備は，1槽の大きさが内径で450×360×180mm以上とする。手洗い器は，内径360×280mm程度が理想で，洗浄設備と区別するためにも陶磁器製が望ましい。カランは足踏み式，ハンドコック式，下カラン式がよい。手洗い器には，消毒液入れを設置し，ペーパータオルや全自動温風乾燥機を備える。
(9) 給水設備：水道直結以外の設備は水質検査が必要。上水道以外の飲料水（井戸水，貯水槽の水など）を使用するときは，営業許可申請時に成績書を提出しなければならない。さらに，年1回以上水質検査を行い，成績書を1年間保管する。なお，水質検査は，水道法に基づき官公立の衛生試験機関が行う。
(10) 便所：厨房に影響のない位置に設置し，手洗い器・消毒器を設ける。
厨房内の便所は，直接，作業所に出入りせず，手洗い場などを経て，扉が二重になるように計画する。建物内に共用便所がある場合は，これを利用することにより，店内に便所を設置しなくてもよい場合もある。
(11) 更衣室：更衣室は厨房外に設ける。同じ建物内であれば，多少離れた場所でも可。
(12) 汚物処理・清掃器具格納：ごみ箱は耐水性があり，蓋のついたものを使用する。作業場専用の清掃器具と格納設備を設ける。

### 表1　食品物販店に適用される関連法規

| | |
|---|---|
| 建築基準法（用途）（特殊建築物） | 法別表第2「店舗・物品販売業を営む店舗」 |
| | 法別表第1(4)項「百貨店，マーケット，展示場，物品販売業を営む店舗で床面積の合計が10m²超のもの」 |
| 都市計画法（市街化調整区域） | 法34条一号（日常生活に必要な物品の販売・加工・修理等の店舗） |
| 消防法（防火対象物） | 施行令別表第1(4)項「百貨店，マーケット，店舗，展示場」 |
| 東京都建築安全条例 | 第2章特殊建築物「物品販売業（物品加工修理業を含む）を営む店舗（百貨店，マーケットを含む）で床面積の合計が200m²超のもの」。第4節「物品販売業を営む店舗」：接道規定，前面空地，屋上広場 |
| 東京都火災予防条例 | 売場内通路，屋上広場，火気使用制限（裸火規制） |
| 東京都文教地区建築条例 | マーケット（市場を除く）の建築制限 |
| 食品衛生法 | 許可営業対象業種の定義，営業施設の構造設備基準 |

以上，食品物販店についての共通基準を記したが，この他に，製造業，販売業についてさらに細かな特定基準があるので，主なものを[表3]に示しておく。

食品衛生法の対象となるそれぞれの施設では，共通基準，特定基準を計画の中で満たさなければならず，一つでも欠けた項目がある場合には許可が下りないこともあるので十分な確認が必要である。〈Ka〉

**表2　食品衛生法の対象となる施設**

| | |
|---|---|
| 販売業 | 乳類販売業，食肉販売業，魚介類販売業，魚介類せり売営業，氷雪販売業，食料品等販売業（この他にも営業する際に届出や報告しなければならない業種があるので保健所への確認が必要） |
| 製造業 | 菓子製造業，あん類製造業，アイスクリーム製造業，乳処理行乳製品製造業，特別牛乳さく取処理業，集乳業，食肉処理業，食肉製品製造業，魚肉ねり製品製造業，食肉の冷凍または冷蔵業，食品の放射線照射業，清涼飲料水製造業，乳酸菌飲料製造業，氷雪製造業，食用油脂製造業，マーガリンまたはショートニング製造業，みそ製造業，醤油製造業，ソース製造業，酒類製造業，豆腐製造業，納豆製造業，めん類製造業，惣菜製造業，かん詰またはびん詰製造業，添加物製造業，漬物製造業，製菓材料等製造業，粉末食品製造業，惣菜半製品等製造業，調味料等製造業，魚介類加工業 |

撮影：牛尾幹太

**表3　食品衛生法の特定基準**

| | |
|---|---|
| ●菓子製造業 | (1) 施設は製造，醗酵，加工および包装を行う場所，製品置場その他必要な設備を設け，作業区分に応じて区画すること。また，作業場以外に原料倉庫を設けること。<br>(2) 機械器具／製造量に応じた数および能力のある混合機，焼きがま，平鍋，蒸し器，焙焼機，成形機，その他必要な機械器具類を設けること。また，必要に応じて冷蔵設備を設けること。 |
| ●魚介類販売業 | (1) 食品を保存するために，十分な大きさを有する陳列ケースおよび冷蔵設備を設けること。ただし，生食用魚介類を販売する場合は，5℃以下の冷蔵能力を有する冷蔵庫，陳列ケースを設けること。冷凍魚介類を販売する場合は，-15℃以下の冷蔵能力を有する冷蔵庫，陳列ケースを設けること。<br>(2) 冷凍魚介類を解凍販売する場合は，解凍設備を設けること。<br>(3) 取り扱い量に応じた生食専用の機械器具類を設けること。<br>(4) 冷凍魚介類の冷蔵庫，陳列ケースには，最高最低温度計を備えること。 |
| ●食肉販売業 | (1) 食品を保存するために，十分な大きさを有する冷蔵設備を設けること。包装凍結肉を販売する場合は，-15℃以下の冷蔵能力を有する冷蔵庫，陳列ケースを設けること。<br>(2) 包装凍結肉の冷蔵庫，陳列ケースには，最高最低温度計を備えること。 |
| ●乳類販売業 | (1) 乳類を常に10℃以下に保存できる能力を有する冷蔵設備を設けること。<br>(2) 運搬用具は，製品および汚染空びん用を，それぞれ別個に備えること。<br>(3) 空びん置場を設けること。 |
| ●漬物製造業 | (1) 一定の区画をした空だる置場が設けられていること。<br>(2) 作業場周囲の排水溝は，暗渠であること。 |
| ●惣菜半製品製造業 | (1) 作業槽は，2槽以上とすること。<br>(2) 洗浄，消毒のための給湯設備を設けること。 |
| ●魚介類加工業 | (1) 作業場には，沈澱槽のある排水溝が設けられていること。 |
| ●食料品等販売業 | (1) 取扱量に応じた陳列ケース，取り扱い器具を備えること。<br>(2) 冷蔵設備は，常に5℃（法に保存基準が定められているものは，それによる）以下に冷却保存できる能力を有すること。<br>(3) 運搬容器は，蓋があり，専用のものであること。<br>(4) 醗酵乳または乳酸飲料を扱う場合は，汚染防止の設備をした空びん置場が設けられていること。 |

## D・3

# 飲食店

食品衛生法第19条の17〜24条，同施行令第3条〜5条，同施行規則第19条〜21条。各都道府県食品衛生法施行細則。各都道府県の火災予防条例。風営法，同施行令

一般レストラン(和食・洋食・中華など)・喫茶店・ファストフードショップなど

### ■飲食店は調理業

飲食店は食品衛生法上，調理業にあたり，業種として飲食店営業と喫茶店営業とに分けられる。両者は施設基準において違いがある。これらの施設基準には，前述の共通基準（施設の構造・器具・給水などに関する規定。D-2食品物販店：食品衛生法の共通基準参照）の他に特定基準として，喫茶店営業は冷蔵設備，客席環境，客用便所の規定があり，飲食店営業はさらに洗浄設備，給湯設備の設置が規定されている。

喫茶店営業では営業品目についても細かく許可品目が定められている。コーヒー，紅茶の「茶菓」が基本許可品目とされ，さらにコーラ，ジュース程度が許容される。また，甘味喫茶でのあんみつ，おしるこも許可される。乳製品や自家製アイスクリームなどの販売は，調理業とは異なる営業許可が必要となる。飲食店の施設基準や営業許可品目は，各都道府県や所轄の保健所によって若干異なるため，事前の確認が必要である。[表2]

### ■飲食店の特定基準

飲食店に関わる食品衛生法の特定基準には以下のものがある。
(1) 冷蔵設備：食品を保存するのに十分な大きさのものを設置する。冷蔵庫は，常に庫内の温度を10℃以下に保てるものとし（5℃以下のものが望ましい），冷凍庫は，−15℃以下を保てるものとする。必ず温度計を設置し，外部から温度の確認ができるようにする。人が出入りできる大型の冷蔵庫の場合は，食品を直に床に置かないように，すのこなどを敷く。
(2) 洗浄設備：自動洗浄機がある場合以外は洗浄機は2以上必要。これは食品の洗浄と，食器の洗浄を分ける目的がある。
(3) 給湯設備：洗浄・消毒のために必ず設置する。衛生上支障のない水質で，65℃を保ち連続して供給されなくてはならない（鍋ややかんなどで湯を沸かしても，給湯設備とはならない）。

(4) 客席：換気設備を設け，明るさは10ルクス以上確保する。
(5) 客用便所：調理場に影響のない位置と構造を有し，防虫防鼠対策を施す。また，専用の流水受槽式手洗い設備を設ける。なお，喫茶店営業の場合は，(1)(4)(5)項のみが必要となる。

### ■飲食店の火気使用制限

厨房内の火気施設はもとより，客席内の火気設備についても，各都道府県の火災予防条例における，裸火規制が適用される。商業施設を始め複合業務施設など多数の来客が予想される特定防火対象物は，すべてこの条例で規制される。

建築基準法や消防法では，あまり明確な規制がなく，各自治体で定める火災予防条例に委ねられているため，地方によって若干の違いがあり，規制の基準が一定していない。事前に所轄の消防署への確認が必要である。東京都の火災予防条例では，火を使用する設備に対して一定の構造基準を課している。

規制を受ける飲食店の厨房施設は，多量の火気を使用する炉のうち，火災予防条例施行規則に規定する最大消費熱量が30万キロカロリー／毎時以上の炉，厨房設備，乾燥設備，さらに最大消費熱量が15万キロカロリー／毎時以上のボイラー，温風暖房機，給湯湯沸設備とされ，その厨房を不燃区画（床，壁，天井を不燃物で区画し，開口部を防火戸にする）で区画をし，さらに機器の壁・天井からの離隔距離をとるようにも定めている。

また，レンジなどの上部にあるフード・ダクトの内部に簡易自動火災消化装置の設置を義務づける自治体も増えている。この装置を設ける場合には，自動ガス遮断弁や送風ファン自動停止装置などの設置も併せて必要となる。

さらに不特定多数を集客する百貨店やショッピングセンター，地下街，高層建築物の内部にある飲食店などの厨房設備で最大消費熱量が10万キロカロリー／毎時

以上のものの届出などがある。客室内での火気使用に関する規制としては，内装制限において下地，仕上げとも要求される場合が多い。さらに規模が大きくなると防火区画を要求されることもある。

### ■飲食店の深夜営業の制限

風営法（風俗営業等の規制および業務の適正に関する法律）は，1998（平成10）年5月に改正されている。

基本的に風俗営業以外の飲食店は，営業時間の規制を受けないとされているが，酒類提供飲食店の深夜（午前0時から日の出まで）における営業は，警察署への「深夜酒類提供飲食店営業」の届出が義務づけられており，無届け営業は罰則の適用を受ける。

酒類提供飲食店は，風営法上の地域制限や設置基準，営業規制が厳しく定められている。また，各都道府県の条例により，営業制限地域および保護対象施設（学校，病院，図書館，児童福祉施設）からの距離規制（おおむね100m以内の区域での営業制限）がかかってくるので，周辺地域の調査が必要である。[表3][表4]

風営法上の酒類提供飲食店とは，バー，スナック，パブ，居酒屋，焼鳥屋，小料理屋などを指し，食事を主とする食堂，レストラン，そば・うどん店，ラーメン屋，寿司店などは一般飲食店として除外されている。また，屋台などの移動する飲食店は，警察署の管轄地域が定まらないため規制の対象にはならない。

飲食店における，食事，酒，遊興・接待などの提供メニューやサービス行為の内容，店舗の構造などにより，風営法上の捉えかたが所轄や担当者で微妙に異なってくる。これらの規制に該当する施設か否かを事前に行政庁および警察署保安課に確認する必要がある。

### ■飲食店の酒類販売営業の制限

飲食店において，酒類を小売販売する場合は，酒税法（平成12年改正）による小売

販売免許の取得が必要となる。
レストランで新作ワインの試飲・販売コーナーを設置しようとする時や，テイクアウトコーナーでの酒類販売などでも，この免許の取得が条件となる。
免許の取得要件には，過去の酒税法違反や，その他一定の欠格事由に該当しないことと，経営基盤の安定性など（きちんと販売店舗を維持できるかなど），申請者の人的要件と，税務署管轄区域内に設定される小売販売地域の年度内免許枠の件数内であることの需給調整上の要件とがある。この需給上の要件により種類販売店の数は，既存店舗との離隔距離（原則100m～150m）と地域人口に対する一定の割合（750人～1500人に1店）が決められていた。しかし，酒税法の規制緩和に伴い，離隔距離基準は平成13年1月に廃止され，人口基準についても，平成10年9月より段階的に緩和され，平成15年9月には全廃となる。これにより免許の取得要件は申請者の人的要件のみとなるが，酒類販売店の乱立を防ぐために，新規参入をさせない地域を指定する法律（時限立法）が合わせて施行される。地域の状況を含め，所轄の税務署・酒税課への事前確認が必要である。〈Ka〉

**表1 飲食店に適用される関連法規**

| | |
|---|---|
| 建築基準法(用途)<br>(特殊建築物) | 法別表第2(ろ)項二号、(は)項五号「飲食店」<br>法別表第1(4)項「飲食店」 |
| 都市計画法(市街化調整区域) | 近隣住民の利便に供する小規模店舗以外、原則として禁止 |
| 消防法(防火対象物) | 令別表第1(2)項イ「キャバレー、バー、ナイトクラブ」<br>(3)項イ「待合、料理店」、(3)項ロ「飲食店」 |
| 東京都建築基準法施行条例 | 接道条件、階段の設置、構造等 |
| 東京都福祉のまちづくり条例 | 身障者・高齢者への配慮を要する施設の基準 |
| 東京都駐車場関連制度 | 附置義務駐車台数と施設基準 |
| 東京都火災予防条例 | 厨房施設基準、裸火規制等 |
| 食品衛生法 同施行細則 | 厨房施設基準、裸火規制等 |
| 風営法、条例 | 深夜飲食店・酒類提供飲食店の施設基準と地域制限 |
| 屋外広告物法、条例 | 広告物等の設置位置、場所、規模、形状等の規制 |

**表2 食品衛生法における規制対象業種区分**

| | |
|---|---|
| 飲食店営業 | 一般食堂、料理店、寿司屋、そば屋、旅館、仕出し屋、弁当屋、レストラン、カフェ、バー、キャバレー、その他食品を調理しまたは設備を設けて客に飲食させる営業 |
| 喫茶店営業 | 喫茶店、サロンその他の設備を設けて酒類以外の飲物または茶菓を客に飲食させる営業（茶菓とは、コーヒー、紅茶、ジュース、コーラ等のことで、サンドイッチ、ピラフ等のメニューは喫茶店営業の範囲では扱うことはできず、飲食店営業の許可が必要） |

**表3 風営法における営業制限地域**

| 地域<br>営業内容 | 住居集合地域 | | | | | | | 近隣商業 | 商業 |
|---|---|---|---|---|---|---|---|---|---|
| | 一種低層 | 二種低層 | 一種中高層 | 二種中高層 | 一種住居 | 二種住居 | 準住居 | | |
| 深夜酒類提供飲食店営業 | × | × | × | × | × | × | × | ○ | ○ |

**表4 風営法における構造設備基準・営業規則**

| 項目 | 構造設備基準 | | 営業規制 | | | | | |
|---|---|---|---|---|---|---|---|---|
| | 客室1室の面積 | 照度 | 妨見げ通し | バンド演奏、ダンス・ショーの上演 | 接待 | 飲食 | 風紀 | 営業禁止時間 |
| 風俗関連営業（届出） | | | | | | | | |
| 深夜酒類提供飲食店 | 9.5m²超 | 20ルクス超 | × | × | × | ○ | ※注 | ※深夜(午前0時～日の出)営業が対象 |

※注：風俗を害するおそれのある写真、広告物、装飾等の設備がないこと。騒音、振動の数値が条例で定める数値以下であること。（東京都の場合、地域地区・時間帯ごとに騒音制限の基準が定められている）

# 理容・美容・エステティック

理容店・美容店・エステティックサロン

理容師法第11条〜13条，同施行規則第20条〜24条。美容師法第11条〜13条，同施行規則第20条〜24条の2。各都道府県理容・美容師法施行細則。各都道府県の火災予防条例。公衆浴場法

## ■業態開発が線引きを曖昧に

理容店・美容店に対する顧客のニーズが多様化している昨今であるが，その線引きは必ずしも明確ではないようである。理容室（床屋）では女性客に対するパーマのみの施術が，美容室では男性客に対するカットのみの施術が禁止行為となっているが，法律を改正するところまでには至っておらず，あくまでも，保健所の指導と業界組合の自主規制でしかない。
理・美容店舗の開設には，営業許可が必要となり，法律で資格者の設置や施設基準などが細かく定められている。
これに対して，ほとんど法的規制が未整備なものが，エステティックサロンである。エステティックサロンの営業項目の中で主要なものは，器具や化粧品，マッサージなどを用いる痩身，脱毛，手足の手入れ，気分や体調改善などであるが，これらの業務は特に国家試験による資格が必要なものではなく，業界団体で行う資格認定がよりどころとなっている。したがってエステティックサロンの開設にあたっては，法律で定められた施設基準もなく，施設・店舗の実態に基づき，既存の関連法令に該当事項がある場合はその規定を適用しているのが現状である。
美容師法で規定できる範囲は，多少拡大解釈しても，営業項目の中の手足の手入れ（マニキュア，ペディキュア）程度までであり，全身美容を目的にするものは美容師法における「美容」には該当しないとされている。ただし，全身美容の施術に保温，洗浄のための浴場またはサウナの施設がある場合は，公衆浴場法の許可が必要となる。

## ■理・美容店の施設基準

理容店・美容店を開設する場合は，所轄の保健所長を経由して，都道府県知事または市長に届出を出さなくてはならない。届出に際しては，各都道府県で行われる資格試験に合格した，理容師・美容師を選任し，施設基準に合致した設計図など

### 表1 理容店・美容店・エステティックサロンに適用される関連法規

| | |
|---|---|
| 建築基準法（用途地域） | （※施設店舗の実態に基づく判断） |
| （特殊建築物） | 法別表第1（4）項（※施設店舗の実態に基づく判断） |
| 消防法（防火対象物） | （※施設店舗の実態に基づく判断） |
| 理容師法 | 構造設備基準，営業許可 |
| 美容師法 | 構造設備基準，営業許可 |
| 公衆浴場法 | 全身美容の施術に保温，洗浄のための浴場，サウナ等の設置の場合，営業許可。シャワーだけの場合は該当しない |
| 医師法 | 皮膚に傷をつけるような施術，例えば脱毛機による針での脱毛施術を行う場合など，許可申請 |
| 薬事法 | 施術に薬品を扱う場合，許可申請 |
| あん摩師，はり師，きゅう師および柔道整復師法 | あん摩マッサージ指圧師，はり師，きゅう師等の医療類似行為がある場合，許可申請 |
| 業界自主衛生基準 | 財団法人日本エステティック研究財団による「エステティック営業施設の自主衛生措置基準要綱」 |

### 表2 理・美容店の施設基準（東京都の例）

| | |
|---|---|
| 作業室の床面積と椅子の数 | （1）理容業を行う一作業室の床面積は13m²（約4坪）以上なければならない。<br>（2）一作業室に置くことができる理容椅子の数は13m²の場合は3台まで，13m²を超える場合は，超える床面積4.9m²（約1.5坪）につき1台を増すことができる。<br>（3）ただし，昭和30年14日以前から引き続き営業している施設は，大規模の増改築，修繕，模様替えをした場合を除き，一作業室の床面積は10m²（約3坪）以上とし，理容椅子の数に関する規定は摘要しない。<br><br>（1）美容業を行う一作業室の床面積は13m²（約4坪）以上なければならない。<br>（2）一作業室に置くことができる理容椅子の数は13m²の場合は3台まで，13m²を超える場合は，超える床面積3m²（約1坪）につき1台を増すことができる。<br>（3）ただし，昭和30年14日以前から引き続き営業している施設は，大規模の増改築，修繕，模様替えをした場合を除き，一作業室の床面積は10m²（約3坪）以上とし，美容椅子の数に関する規定は摘要しない。美容椅子とは，セット椅子，ドライヤー椅子，美顔椅子および洗髪椅子をいう。 |
| 客待ち | 客の待合場所は作業室と明確に区別され，かつ固定した間仕切りを設置すること。<br>少なくとも作業室の面積の1/6くらいの床面積が指導される。 |
| 構造・設備について | （1）床および腰板は，コンクリート，タイル，リノリウム，板等の不浸透性材料を使用すること。フスマ，障子等は好ましくない。<br>（2）洗い場は流水装置とする。<br>（3）毛髪箱，汚物箱を備えること。毛髪箱，汚物箱は蓋を必要とし，表示をして作業室内に置く。<br>（4）採光，照明については，作業面の照度100ルクス以上とすること。人工光源を用いても差し支えない。<br>（5）換気は，所内の空気1リットル中の炭酸ガス量を5cm以下に保つこと。 |
| 消毒設備について | （1）未消毒物品格納容器<br>（2）消毒済物品格納容器<br>（3）クレゾール消毒容器／筒型ガラス製のもの（丸ビン）よりはバット式の深いものがよく，作業中は蓋はいらない。<br>（4）逆（陽）性石鹸消毒容器／臭気がないので布片類の消毒に適する。<br>（5）メスシリンダー（メートグラス）<br>小量計（100ccくらい）大量計（500ccくらい）各一個ずつを備えること。<br>（6）紫外線消毒器<br>1cmあたり85マイクロワット以上の紫外線を照射できるものであること。 |

を添付する。さらに，施設が完成した後に，保健所の担当官の検査を受け，これに合格して初めて営業できるようになる。これらは，互いに，理容師法・美容師法により規制されており，二つの法律の中における施設基準は，業の定義と椅子の台数を除けば，ほとんど同じ内容ということになる。[表2]

■エステティックサロンなどの施設基準

エステティックサロンの位置付けは，ヘア美容を除くフェイシャル，ボディの全身美容術を手技，化粧品，機器などを用いて提供し，心と身体を美しく健やかに保つことを目的とするサロン（店舗）とされている。
エステティックサロンの営業種目は，大きく次の四つに分類できる。
①フェイシャルケア（顔の手入れ）
②痩身（発汗や物理的刺激による脂肪の分解）内容により他の法律が適用されるものも多い。
③脱毛（電気刺激や薬品を用いた毛根の除去）
④ネイルケア（手足の爪の手入れ）
さらに，最近「セラピー」と呼ばれる，色彩や音楽によって心理的効果を支えるものや，海草や香料，薬草，植物などの塗布により，また熱，光，電気，摩擦，振動などの物理的刺激や機械や化粧品，ハンド技術などにより，気分や体調の改善を行う療法なども多く見られる。
エステティックサロンを開設する場合によりどころとなる法律は，前述したように，今のところ存在しない。しかしながら，営業種目や施術の内容により他の法律が適用されるものも多く，事前の調査，相談がポイントとなる。
営業種目の中のフェイシャルとネイルケアは美容行為に該当し，美容室開設の届出が必要となる。美容室を併設している施設はもちろん，フェイシャル専門店でも美容室の届出が必要である。
また，施術の中の電気による脱毛は，皮膚に直接，針を刺すために医療法に抵触し，機械器具による痩身施術は，医療類似行為としてマッサージ師鍼灸師法（あん摩マッサージ指圧師，はり師，きゅう師等に関する法律）に抵触する。
この他にも，薬事法，食品衛生法などに抵触する場合が考えられる。
さらに，浴槽やサウナ施設を附加する場合には，公衆浴場法が関わってくる。シャワーのみの店舗の場合は，特に規制はない。
エステティックサロンの開設には，明確な規定の法律がないにもかかわらず，多くの環境衛生法規が関わってくるので，営業品目と施術方法を決めた上で，各都道府県の衛生局・生活環境指導課・指導係に相談することが大切である。

■サウナ施設に関わる規制

エステティックサロンも集客という観点から，大型商業施設の中に入る場合も多く，消防の規制も厳しくなり，サウナ施設を防火区画するような指導をされる場合がある。
しかしながら，サウナ室廻りの天井内は，その設備に関わるダクトや配管が集中的に設置されており，区画壁を上階のスラブまで立ち上げることができないケースが多い。そこで，サウナ室の天井の位置に防火区画を形成するなど，工事内容が増大することになるので，新設はもちろんリニューアルにおいても綿密な計画が必要となる。
サウナ施設は，火を使う施設として，消防法で基準が定められていることもあり，早い段階での消防署との協議を行うべきである。[表3]
また，サウナ施設の設置には，公衆浴場法の許可が必要となり，細かい施設基準が規定されている（D-6 浴場施設 参照）。
〈Ka〉

表3　サウナ風呂の設備基準（東京消防庁の火を使用する設備の技術指針・抜粋）

|  | 対流型サウナ室 | 放射型サウナ室 |
|---|---|---|
| 設置条件 | 避難階への直通階段による2方向避難が確保されている階に設置のこと。高さ31mを超える階，地下2階以下の階に設置する場合は，排煙設備，スプリンクラーが設けられていること。 | 設置場所は高さ31m以下の階とし，対流型サウナ室と同じ条件とする。 |
| 規模構造 | 一つのサウナ室の床面積は30m²以下とすること。サウナ室，前室は開口部を除き1時間以上の対価性能を有する壁と上下の床で作ること。扉は乙種防火戸以上にすること。金属部分を可燃材料と接触させない。可燃性に敷物を使用しない。 | 一つのサウナ室の床面積は30m²以下とすること。サウナ室，前室は開口部を除き1時間以上の対価性能を有する壁と上下の床で作ること。扉は乙種防火戸以上にすること。金属部分を可燃材料と接触させない。可燃性に敷物を使用しない。天井面，壁面を不燃材料で作る。熱源には防護柵を設置する。 |
| 設備 | 室内の空気を規定通り強制循環させる。換気設備を設ける。熱源機器の設置は規定通りに行う。電気配線には耐熱・耐湿性のあるものを使用する。 | 換気設備を設ける。熱源機器の設置は規定通りに行う。電気配線には耐熱・耐湿性のあるものを使用する。ガス設備には燃焼制御装置を付ける。 |
| 消火設備 | サウナ室が高さ31mを超える階，地下街，地階，無窓階，鉄道高架下に設置する場合，サウナ室が20m²を超える場合にはスプリンクラー等の消火設備を設ける。警報設備を設ける。 | サウナ室が高さ31mを超える階，地下街，地階，無窓階，鉄道高架下に設置する場合，サウナ室が20m²を超える場合にはスプリンクラー等の消火設備を設ける。警報設備を設ける。ガス漏れ警報機を設置する。 |
| その他 | サウナ室への新聞雑誌等の持ち込み禁止および禁煙の標識の設置をすること。 | サウナ室への新聞雑誌等の持ち込み禁止および禁煙の標識の設置をすること。 |

# ショールーム

建築基準法第48条，87条，別表第2。消防法施行令別表第1。各都道府県の火災予防条例。食品衛生法。大店立地法

各種ショールーム全般

## ■情報発信店舗

物販店，飲食店の店舗形態はさまざまに多様化してきているが，そこにはみな物を売るという共通点がある。「ショールーム」は，物を売るという販売行為は行わないが，各種の「情報」を提供する，「情報」を売るといった機能を持ち，情報を発信する場として存在する店舗の形態と考えられる。

商品の販売促進のための商品情報や，企業イメージ向上のための企業情報など，あらゆる情報の発信源として位置づけられるショールームは，その目的と実態が多岐にわたるため，用途の定義を非常に困難にさせるとともに，誤解を招きやすくさせている。

これらの要因が実際の計画に際しての障害となることが多い。誤解や解釈の違いなどにより，必要以上の法規制を受けることにならないよう，計画の当初にそのショールームの機能や目的を明確にした上で，諸官庁との協議・調整を行うことが大切である。

## ■建築基準法上のショールームの定義

建築基準法の条文では「ショールーム」という文字は出てこない。したがって法規上の判断は，店舗や事務所もしくは観覧場など，その施設の形態や利用の実態などに照らして，条文上のどの用途と類似とするかということが実際の定義となる。この場合，ショールームでは物品の販売は行われないことが原則となる。

一般に情報サービス業態の中では，情報を提供することを目的とするショールームと，各種展示会や催事などのために場所や施設を提供することを目的とする展示場とに類別される。

現行の法規上の用途で，ショールームの用途に一番近いものと考えられるものは，「展示場」である。「百貨店，マーケット，展示場……その他これらに類するもの……」と建築基準法別表第一（4）項にあるように，展示場は物販店舗と同様に，特殊建築物としての規制の対象となる。しかし，建築基準法48条の用途地域における建築制限には該当がない。

いわゆる展示場とは，見本市会場や博覧会のパビリオンのようなもので，不特定の企業や団体が短期間に展示を行う会場を指し，一般のショールームとは規模・形態が異なるものと考えられている。

おおむねショールーム全般，自動車ショールーム，銀行の営業窓口などは，不特定多数の来場が見込まれるという点から，直接に販売行為は行われないものの，店舗として扱われることが多く，その中でも販売行為がなく単なるショーウインドー的な利用形態の場合や，事務所と一体化されたショールームや展示室の場合は，その実態によっては事務所として扱われる場合もある。

以上のように，ショールームはその実態や建築条件により，店舗または事務所，展示場・ホールなど，異なる用途に位置付けられる。

法規において，ショールームに関する明確な定義がない以上，その用途の判断を行うのは，所轄の建築指導課の担当者となる。施設の計画に際しては，定義が明確でない分，設計上の裁量の余地が十分にある反面，安全性を重視した設計を行い，早めにその業務内容を確定した上で，事前協議を十分に行う必要がある。

## ■消防法上のショールームの定義

建築基準法と同様に，消防法の条文中にも「ショールーム」の文字は出てこない。やはり，明確な定義がなされていないようである。

展示場については，消防法施行令別表第1（4）項に「百貨店，マーケット，その他の物品販売業を営む店舗または展示場」とあるように，消防設備などの設置のよりどころとなる防火対象物の分類上は，店舗と同様の扱いを受けるものとされている。また，百貨店の一部に設けられる催事場も，この分類に含まれることになる。しかし，ショールームの定義が，この展示場の類似の用途として扱われるというわけではなく，店舗あるいは事務所として，判断が分かれるというのが実情である。消防法による独特な考え方の中で，一つの建物の中に用途が混在する場合，主たる用途により建物全体の用途を決めるというものがある。

たとえば，事務所ビルの1階にその事務所の製品を展示するショールームがある場合などは，このショールームは事務所の一部として扱われる。しかし，1階が

表1　ショールームに適用される関連法規

| 建築基準法（用途） | 関連条文に「展示場，ショールーム」の名称なし。実態により店舗，事務所または観覧場など |
|---|---|
| （特殊建築物） | 法別表第1（4）項「百貨店，マーケット，物品販売業を営む店舗，展示場」。ショールームは実態により店舗，事務所など |
| 消防法（防火対象物） | 令別表第1（4）項「百貨店，マーケット，その他の物品販売業を営む店舗，展示場」。ショールームは実態により店舗，事務所 |
| 東京都建築安全条例（特殊建築物） | 第9条十号「展示場でその用途に供する部分の床面積合計が200m²を超えるもの」 |
| 東京都火災予防条例 | 裸火規制，主要避難通路の確保・通路幅 |
| 東京都福祉のまちづくり条例 | 展示施設等（「展示場」「その他これらに類する施設」でその用途に供する部分の床面積合計が1000m²を超える施設） |
| 大店立地法 | ショールームは売場面積に算入 |

貸し店舗のような場合は，特定防火対象物の複合用途として扱われるのことになるので注意が必要である。
また，建物の過半がショールームになるような建築計画の場合は，建物全体が展示場の扱いを受けることになる。このように消防法においては，施設の用途名称が同じであっても，その実態により扱われ方に違いが出てくるので，所轄の消防署予防課への事前確認が大切である。

■ショールーム内での飲食提供の規制

ショールーム内において，商品の説明をするだけでなく，来客者へのサービスとして，喫茶コーナーや商談コーナーなどで，茶菓・軽食などを提供することがよく行われているが，この場合，対価を徴収しなくても保健所の喫茶店営業の許可が必要となることが多い。
保健所の考えとしては，ショールームであっても，不特定多数の来客者に対して茶菓を接待する場合，金銭の授受に関わりなく，衛生管理の観点から規制の対象にしているということである。
しかし，施設規模や，来客人数に対しての明確な規制はなく，許可申請に関しては，施設運営者側の自主性に依存するところが大きいようである。

■大店立地法上のショールームの扱い

大店立地法の届出事項の中にある，店舗面積の算定基準には，ショールームの扱いが明記されている。これは法規の運営方針の通達に記載された定義で，小売業者が自ら設けるショールームは店舗面積に算入するものとし，物品の販売行為が行われなくとも店舗として扱われる。
また，ショールームに類似した機能を持つ催事場の場合は，物販催事（実演販売のような催し物）については店舗面積に算入され，文化催事（美術展覧会のような催し物）については店舗面積に算入されないとしている。
この他にも，モデルルームや実演販売所など，ショールームと同一の用途とみなされるものや，カタログコーナーなどで直接物品を展示していないものでも，そこで実質的に販売契約が締結されている場合は，小売業を営むものと解され店舗面積に算入することになっている。
さらに，店舗はもちろんショールームにおいて，事業者業者が自ら設けるショーウインドーも店舗面積に含むものとしているが，階段などの壁に設けられた嵌め込み式のショーウインドーは除外されている。

また，外国製品の展示を行うショールームについては，輸入特例の申請をした場合に緩和措置がある。〈Ka〉

### 法規mini知識

**船を商業施設として利用する
氷川丸，南極観測船「ふじ」の場合**

**船なのか？ 建築なのか？ それが問題だ**

港に長期間係留されている氷川丸や南極観測船「ふじ」は船舶なのかあるいは建築物なのか疑問をもたれる方も多いだろう。
氷川丸は客船として太平洋を横断していたが1961（昭和36）年より横浜，山下公園の岸壁に係留されギャラリー，展示室として人々に利用されている。また，南極観測船「ふじ」の場合は南極の観測船としての役目を終え，1984（昭和59）年から名古屋港ガーデン埠頭の一角に係留され，「南極博物館」として活用されている。
これらの船が大洋を航海しているときは船の扱いとして「船検」を受けることになっている。船舶の定期検査の有効期限は6年であり，検査の内容は建築と違い，脱出口，脱出通路などの確認，機関室など火気使用室の不燃材料使用の確認，救命設備の確認，遭難信号，設備の確認，消防設備備え付けの確認などがある。
港に係留されている船舶は，消防法第2条の防火対象物になっており，消防法上の用途としては，百貨店，映画館，演芸場または観覧場，公会堂，集会場（消防法施行令別表第一の1項），あるいは物品販売業を営む店舗，展示場（同別表4項）の扱いになっているようだ。消火設備についてはハロゲン化消火設備の設置が要求される（消防法施行令第17条）。
もともと船として造られているので，建築物といっても建築基法上の建築物の定義（土地に定着し屋根，壁がある工作物）にも当てはまらないし，道路に接道しているわけでもなく廊下，階段の幅員，排煙設備，非常用進入口などの規定を満足しているとも思えない。
しかし長期間港に係留され（移動が可能でも），特定の用途を持ち，電気・ガス・水道が固定的に供給されている船は「建築物」として扱われているようだ。
建築物としての面積に関わる捉え方は，機関室ほか使われていない部分が多いので，使用している部分のみとし，また出火危険のない部分は面積から除外されているようだ。
前述のように，港に係留され展示室，博物館，ホテルなどの用途として利用される係留船については，建築基準法，消防法，船舶安全法が適用され，また船検も受ける例もあり，その扱いについては所管行政庁に判断による部分もあるので，事前に調査する必要がある。〈On〉

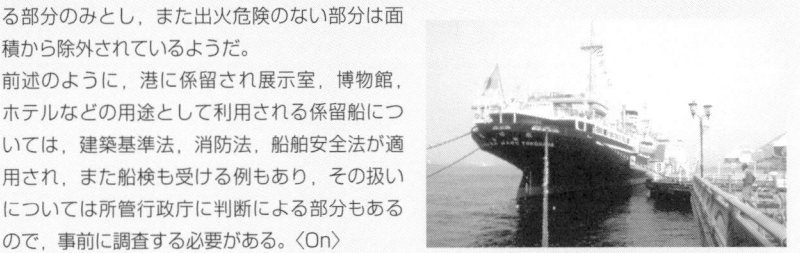

横浜・山下公園の岸壁に係留されている「氷川丸」

# 温浴施設

公衆浴場法，温泉法，遊泳プール条例（遊泳プール衛生基準について），サウナ施設の技術基準　あん摩マッサージ指圧師，はり師，きゅう師などに関する法律

公衆浴場，クアハウス，健康ランド，スパなど

## ■根強い人気の温浴施設

長引く不況の中で，レジャー消費もなかなか伸びないなか，気軽に楽しむことができる浴場施設関連は根強い人気がある。しかしながら業態としては，一昔前下町の憩いの場的存在であった，銭湯がだんだんと姿を消していき，近年は「スーパー銭湯」といわれる，ジャグジー，ジェットバス，露天風呂，大型サウナなどを付帯した大型施設をはじめ，健康ランド，クアハウスなど単純に「入浴」する施設ではなく，健康づくりなどまた水着着用の施設が普及し，レジャー型の施設など，その形態が多様化している。

施設分類としては，一般的に，銭湯(公衆浴場)，スーパー銭湯，健康ランド，クアハウス，スパ(SPA)などに分類される。[表2]

温浴施設の関連する法規および営業許可は，[表1]に示すとおり，建築基準法，消防法は当然として，営業許可としては，公衆浴場法などで規制されている。その他浴場施設の種類によって，温泉法，プール衛生基準，旅館業法，食品衛生法などが該当する。

## ■公衆浴場法の対象となる施設

公衆浴場法は，「B-10公衆浴場法」に概略を記載しているので参照してほしい。

「浴場業」として対象となる温浴施設，および経営するために必要な施設基準，衛生および風紀上の措置について講じるよう同法では定めている。普通公衆浴場とその他の公衆浴場とに大別され，都道府県ごとに条例で細部にわたる基準を設けている。[表3]

施設を計画する場合は，当該地区の事例を一度確認する必要がある。いずれにしても，業として公衆浴場を経営しようとするものは，都道府県知事の許可を受けなければならない。

また管理面では，近年問題となっている公衆浴場におけるレジオネラ菌発生の防止対策等も重要事項である。

その他，クアハウスなどにおいて「温泉利用健康増進施設」として認定（厚生労働省）を受ける場合は，「健康増進施設認定規程」などによる厚生労働省の基準があり，後述する。

### 表1　温浴施設に適用される関連法規

| | |
|---|---|
| 建築基準法（用途）<br>（特殊建築物） | 法別表第2（い）項7号「公衆浴場」ただし個室付浴場業に係るものを除く |
| | 法別表第1（い）（4）項の用途に類するもの「公衆浴場」 |
| 消防法（防火対象物） | 令別表第一（9）項イ 公衆浴場のうち，蒸気浴場・熱気浴場・その他に類するもの，同（9）項ロ イに掲げる公衆浴場以外の公衆浴場，同（16）項 複合用途防火対象物のうち，（9）項イに掲げるもの |
| 公衆浴場法，同施行規則 | 公衆浴場の営業許可，構造設備基準 |
| 「公衆浴場の設置場所の配置及び衛生措置等の基準に関する条例」（東京都） | 既存公衆浴場との離隔距離基準，公衆浴場の構造設備基準 |
| 公衆浴場における衛生管理要綱について | 公衆浴場における水質基準等に関する指針<br>レジオネラ菌防止対策 |
| 温泉法 | 土地の掘削許可基準，温泉利用の許可基準等 |
| 遊泳プール衛生基準について | 遊泳プールの構造設備基準，衛生管理基準 |
| 食品衛生法 | 飲食物提供時の営業許可 |
| 旅館業法 | 宿泊施設併設時の営業許可 |
| 水質汚濁防止法 | 排水等の環境保全 |

### 表2　「温浴施設」の種類

| 温浴施設分類名 | 機能・概要 |
|---|---|
| 銭湯（公衆浴場） | 公衆浴場法の「普通公衆浴場」に該当するもので，温湯などを使用し，男女各1室に同時に多人数を入浴させる公衆浴場。 |
| スーパー銭湯 | 公衆浴場法の「その他の公衆浴場」に該当し，銭湯形式であるが，多種の浴槽をもち，銭湯料金なみで利用できる。規模は，300〜400坪と大型で，自動車での利用客を見込む郊外型が多い。 |
| 健康ランド | 温浴施設を中心的な機能として，アフター入浴などを楽しませるため，多様なレジャーや休憩施設を提供するもの。健康センターともいわれている。<br>地方公共団体を中心として温泉資源を活用し，複数の浴槽を設備し，地域住民の健康福祉を目的とし，健康と交流の促進，地域全体の活性化を目指すスタイルのもので温泉センターと言われる施設もある。 |
| クアハウス（温泉利用型健康増進施設） | 本来クアハウス（KUR HAUS）はドイツ語で治療施設であるが，日本では温泉の入浴効果だけでなく，運動とリラックスを取り入れ楽しみながら，健康になろうとする施設など。厚生労働省認定施設で，運動利用型に温泉利用を加味したもの。 |
| サウナ | 市街地を中心に立地するサウナ（熱気浴）設備を中心とした温浴施設。カプセルホテルなどの宿泊施設を併設したものが多い。 |
| スパ | スパ（SPA）：本来は，鉱泉，温泉の意味であるが，最近では，健康施設（美容施設）として，水着を着用してのプールなどを併設した温浴施設が多い。 |

### 表3　温浴施設別関連法規

| 温浴施設分類名 | 公衆浴場法 | | 遊泳プール条例 | 食品衛生法 | 旅館業法 | 温泉法 | 水質汚濁，下水道法 |
|---|---|---|---|---|---|---|---|
| | 普通 | 他 | | | | | |
| 銭湯 | ○ | — | — | △ | — | △ | ○ |
| スーパー銭湯 | △ | ○ | — | △ | — | △ | ○ |
| 健康ランド | — | ○ | △ | ○ | △ | △ | ○ |
| クアハウス | — | ○ | ○ | △ | △ | ○ | ○ |
| サウナ | △ | ○ | — | △ | △ | — | ○ |
| スパ・テルメ | — | ○ | ○ | △ | △ | △ | ○ |

（注1）：普通＝普通公衆浴場，他＝その他の公衆浴場

### 表4　温浴施設別の用途地域による建築制限

| 温浴施設分類名 | 主要用途 | | 使用水等 | | 用途地域 | | | | | | | | | |
|---|---|---|---|---|---|---|---|---|---|---|---|---|---|---|
| | 普通 | 他 | 温水 | 温泉 | 1低 | 2低 | 1中 | 2中 | 1住 | 2住 | 準住 | 近商準 | 工業 | 工専 |
| 銭湯 | 普通 | | ○ | △ | ○ | ○ | ○ | ○ | ○ | ○ | ○ | ○ | ○ | ○ |
| スーパー銭湯 | | 他 | ○ | △ | △ | △ | ○ | ○ | ○ | ○ | ○ | ○ | ○ | ○ |
| 健康ランド | | 他 | ○ | △ | × | × | × | × | × | × | ○ | ○ | × | × |
| クアハウス | | 他 | △ | ○ | × | × | △ | △ | △ | △ | ○ | ○ | × | × |
| サウナ | | 他 | ○ | × | × | × | × | × | × | × | ○ | ○ | ○ | × |
| スパ・テルメ | | 他 | ○ | × | × | × | × | × | × | × | ○ | ○ | × | × |

（注2）近商準＝近隣商業地域，商業地域，準工業地域を示す

表5　マッサージ室設置基準

①6.6m²以上の専用の施術室を有すること。
②3.3m²以上の待合室を有すること。
③施術室は室面積の1／7以上に相当する部分を外気に面すること。あるいは、これにかわる適当な換気装置を設けること。
④施術に用いる器具、手指などの消毒設備を有すること。
その他の内容については、そのつど所轄の保健所に確認すること。

■温泉法による許可申請について

温泉法により、浴用、飲料用に使用する場合は、知事の許可が必要となる。そして、許可の必要な行為は土地の掘削、増掘、動力装置の設置なども含まれ、これらの申請を管轄しているのは、所轄の保健所である（B-10 公衆浴場法を参照）。

■温浴施設別の営業関連法規

温浴施設もさまざまな形態があり、それぞれ関連する法律、営業許可申請が異なる。また温浴施設の分類により、建築できる用途地域の制限がある。[表3][表4]
温浴施設関連の営業許可手続きは、基本として所轄の保健所が窓口となり、提出の書類・内容に関して各都道府県で多少異なるため、設置基準などの確認も含め、早めの事前対応が望ましい。また行政窓口への建築の許認可関係も合わせて確認すること。
営業時間の規制については、公衆浴場法による規制は、風俗営業に関連するその他の公衆浴場以外は、時間規制はないが、営業にあたっては、所轄の保健所および地区の公衆浴場組合などに事前確認の必要がある。

■厚生労働大臣認定の
　温泉利用型健康増進施設認定基準

温泉利用型健康増進施設＝健康増進のための温泉利用及び運動を安全かつ適切に実践できる施設

表6　東京都火災予防条例　サウナ設置基準抜粋

(1) 避難上支障なく、かつ、火災予防上安全に区画された位置に設ける。
(2) 電気配線は、耐熱性・耐乾性を有すること。
(3) サウナ設備を設ける室の出入り口等の見やすい位置に規則で定める標識を掲示する。
(4) 技術指針の概要
①対流型サウナ室
・避難階への直通階段による2方向避難が確保できる階に設置する。
・サウナ室の面積は30m²以下　・サウナ室、前室は1時間耐火以上。
・扉は、防火設備・金属材は可燃材料と接触させない。
・室内に空気を強制循環させる、換気設備を設ける。
・サウナ室が20m²を超え、かつ、高さ31mを超える階または地下階、鉄道高架下に設置する場合は、スプリンクラー設備などの消化設備、警報設備を設置する。

主な認定基準
(1) 温泉利用を実践するための施設（全身・部分浴槽、圧注・気泡浴槽、蒸気・熱気浴槽など）
(2) 温泉利用に関する基礎的な知識および技術を備えた者の配置、厚生労働大臣の認定する温泉利用に関する講習会の修了者
(3) 温泉利用の指導を適切に行うこと

■サウナ風呂の設置基準

サウナを設置する場合は、その他公衆浴場として2号浴場の申請となる。普通公衆浴場は、既設浴場との距離の規制があるが、サウナについては距離規制がない。ただし設置基準について（東京都）火災予防条例などで定められており、特に注意する事項については、D-4理容・美容・エステティック（P.124）に揚げる。[表6]

■マッサージ業務および設置基準

クアハウスのみならずスポーツ施設との関係が深いものにマッサージ施設がある。なまじの知識で施術したりすれば、内出血や骨折を起こし、人命に関わることもあり、施術に関する法律として、あん摩、マッサージ指圧師、はり師、きゅう師などに関係する法律が施行されており、営業にあたっては施術所の構造基準も定められてそれらの基準、規制を順守しなければならない。[表5]

■循環式浴槽におけるレジオネラ菌
　防止対策について

公衆浴場業、旅館業等における循環式浴槽のレジオネラ症防止対策については、「公衆浴場における衛生等管理要領等について」（2000年12月15日付け生衛第1811号厚生労働省健康局長通知）等に基づき指導がされているが、今般、循環式浴槽におけるレジオネラ症防止対策について、営業者による適切な管理が行われるよう、平成12年度厚生科学研究に基づき、上記通知の趣旨を踏まえた具体的な管理方法等をマニュアルとして作成し、健衛発第95号（2001年9月11日）として厚生労働省健康局生活衛生課長から都道府県、政令市および特別区の衛生主管部長宛に通知された。この通知は、即日運用されている。1年前の通知であるが、最近話題となっている。
[表7]に主な通知内容を記述する。

■料飲施設、宿泊施設、喫茶レストラン
　等飲食施設の併設

浴場施設に飲食を伴う施設を併設する温浴施設は、別途食品衛生法の適用をうけ、衛生管理上の区画などを含め規制されるため、計画段階での事前協議が必要である。また宿泊施設を伴う場合は、旅館業の適用を受けるため併せて事前に確認されたい。〈Su〉

表7　レジオネラ菌防止対策についての通知抜粋

―主な内容（変更／追加を含む）―
1. 循環式浴槽の管理方法
①循環ろ過装置は、1時間あたりで浴槽容量以上のろ過能力を有すること。（従来通り）
②浴槽水の消毒に用いる塩素系薬剤は、浴槽水中の遊離残留塩素濃度を1日2時間以上0.2～0.4mg/ℓに保つことが望ましい。（追加）
③温泉の泉質等のため塩素消毒ができない場合は、オゾン殺菌または紫外線殺菌により消毒を行うこと。この場合、温泉の泉質等に影響を与えない範囲で、塩素消毒を併用することが望ましい。（追加）
④連日使用型循環式浴槽では、1週間に1回以上定期的に完全換水し、浴槽を消毒・清掃すること。（追加）
2. 構造上の対策
①循環湯の吐出口は浴槽の水面下に設ける。（変更）
②浴槽循環湯を打たせ湯に使用しない。（追加）
③浴槽への補給水や補給湯の配管を浴槽循環配管に直接接続しない。（追加）
④温泉水の貯湯タンクの維持管理を適切に行う。湯温を60℃以上に設定する。（追加）
⑤浴槽水の消毒に用いる塩素系薬剤の注入口は、浴槽水が循環ろ過装置内に入る直前に設置することが望ましい。（追加）
3. 浴槽水の水質基準について
①濁度は5度以下であること。（従来通り）
②過マンガン酸カリウム消費量は25mg/ℓ以下であること。（従来通り）
③大腸菌群は1個/mℓ以下であること。（従来通り）
④レジオネラ属菌は10CFU/100mℓ未満であること。（追加）
⑤アンモニア性窒素は、1mg/ℓ以下であること。（追加）

# 興行施設

興行場法，火災予防条例，ハートビル法

劇場，映画館，スポーツ興行施設

## ■複合化する興行施設

スポーツ施設というと，競技場や野球場，体育館など大型施設を連想されるが，最近ではスペースの問題などで，サッカーのミニ版ともいえるフットサルなどのミニスポーツなどが流行している。また野球場もドーム化が進んでおり，さまざまなイベントの場を提供できる多目的スペースとして活用されている。

一方劇場・映画館も，フットサル同様ミニ化しており，映画館では「シネコン」と呼ばれる一つの建物の中に客席数の異なる映画館をいくつもつくる新時代の複合型映画館が次々に姿を現してきており，商業施設と合体した複合型施設が増えている。

総務省統計局の日本標準産業分類によれば，劇場，映画館の他，興行施設(場)とは，落語・相撲・野球・サッカーなどの娯楽を提供する事業所および興行場を持つ興行団をいう。またアマチュアスポーツ競技を行うための施設はスポーツ施設提供業と呼ばれ分類されている。

いずれの場合も，観客席を有する施設は一般に興業場とされ，興業場法に基づく届けが必要となる。ここではスポーツ・興行施設について，関連法規，営業関連の解説をする。

## ■関連法規および営業許可について

主要関連法規および許可申請については，[表1]に示すとおり多岐にわたっている。建築基準法の用途区分上，劇場・映画館は，法別表2(へ)三号「劇場，映画館，演芸場または観覧場」として明確になっているが，観覧施設を有する運動施設と有しない運動施設では，特殊建築物上の区分，用途地域内の制限などが異なるため，注意が必要である。一方，客席200m²未満であれば，準住居地域，近隣商業地域にも建築が可能となり(法別表(5)2項)，住宅地の近くでのミニシアターが商業施設と併設できる。[表2]

東京都の場合，興行場は，東京都文教地区建築条例で第1種文教地区内の建築制限の対象となり建築を禁止している。

興行場法で，興行場とは，「映画，演劇，音楽，スポーツ，演芸または見せ物を公衆に見せまたは聞かせる施設」と定義されており，業として興行場を経営しようとする者は，都道府県知事の許可が必要となり，担当窓口に関しては，所在地を管轄する保健所となる。

## ■興行場法の施設基準

興行場の施設基準は興行場法に基づき，そのほとんどが各都道府県の条例によって規定されているため，計画にあたっては所轄の条例および施行規則を入手し，事前に調査する必要がある。

ここでは，興行場法と東京都条例(興行場の構造設備及び衛生措置の基準に関する条例及び施行規則)における構造設備基準を示す。[表3]

## ■建築関係条例での規制

東京都の場合，東京都建築安全条例で，七号「劇場，映画館，演芸場，観覧場，公会堂，集会場」に該当し，同条例第8節の興行場等で規定している。[表4]

また東京都「興業場の構造設備及び衛生措置の基準等に関する条例」で構造設備基準を定めている。[表3]

## ■火災予防条例（東京都）での規制

火災予防条例でも建築関係条例と同様に劇場等の客席の構造，客席の避難通路の設置基準など詳細に規定している。興行場内は厳しく裸火制限を受けているために，指定の喫煙所以外では全面的に喫煙ができない。また，客席には特別の誘導灯として客席誘導灯の設置が義務付けられている。[表5]

表1 スポーツ・興行施設に適用される関連法規

| | |
|---|---|
| 建築基準法（用途）<br>（特殊建築物） | 法別表第2（ち）項2号「劇場、映画館、演芸場また観覧場」<br>建築基準法法別表第1（1）項「劇場、演芸場、公会堂、集会場その他これらに類するもの」 |
| 消防法（防火対象物） | 令別表（1）項イ「劇場、映画館、演芸場または観覧場」、(16)項イの複合用途防火対象物のうち(1)項イに掲げるもの。 |
| 興業場法 | 換気、照明、便器数等の設備基準、営業許可 |
| 火災予防条例（東京都） | 客席部の構造、通路の設置規定、定員の規定等 |
| 東京都建築安全条例 | 第9条七項「劇場，映画館，演芸場，観覧場，公会堂，集会場」 |
| ハートビル法 | 特定建築物「劇場、観覧場、映画館または鋭意芸場」で2000m²以上は、利用円滑基準への適応義務の対象（平成15年4月1日施行） |
| 東京都駐車場条例 | 付置義務対象 |

表2 用途地域制限

| 用途 | 客席部の床面積 | 1低1中 | 2低2中 | 1住 | 2住 | 準住 | 近商 | 商業 | 準工 | 工業工専 |
|---|---|---|---|---|---|---|---|---|---|---|
| 劇場，映画館演芸場観覧場 | S<200m² | × | × | × | × | ○ | ○ | ○ | ○ | × |
| | S≧200m² | × | × | × | × | × | ○ | ○ | ○ | × |

**表3　興行場法および東京都条例による施設設備基準について**

| | |
|---|---|
| 換気設備・空気の衛生基準 | 1. 機械換気設備は<br>　①観覧場床面積の合計が400m²を超えるもの→第1種換気設備<br>　②観覧場を地下に有するもの→第1種換気設備<br>　③観覧場を1階以上に有し，その床面積が150m²を超え400m²以下のもの→第1種または第2種換気設備<br>　④観覧場を1階以上に有し，その床面積が150m²以下のもの→第1種，第2種または第3種換気設備<br>2. 機械換気設備の外気取入れ口は自動車等から排出された有害な物質により汚染された空気を取り入れることのないように適当な位置に設けること。<br>3. 機械換気設備は，観覧場床面積1m²ごとに毎時75m³以上の新鮮な外気を供給するものであること。<br>4. 観覧場，廊下，階段等の空気は，次の衛生基準に適合していなければならない。<br>　①炭酸ガスの含有率は，100万分の1500（1500ppm）以下であること。<br>　②浮遊粉じんの量は，空気1m³につき0.2mg以下であること。<br>　③平板培養法による落下細菌は，30個以下であること。 |
| 照明設備 | 1. 観覧場には200ルクス以上の照度を有する照明設備を設けること。ただし，もっぱら観劇，観覧の用に供する観覧場については，この限りでない。<br>2. 観覧場以外の入場者の使用する場所は，20ルクス以上の照度を有する設備を設けること。<br>3. 観覧場，廊下，階段および出入り口には1，2のほか，他の電源による補助照明設備を設けること。<br>4. 映写または演技中の観覧場は，常に0.2ルクス以上の照度を有する設備を設けること。 |
| 防湿設備 | 1. 入場者が使用する場所の床面の高さが，直下の地面から45cm未満である場合は，その床面をコンクリートその他の不浸透性材料で覆う等防湿上有効な措置を講じること。<br>2. 興行場内外の雨水，わき水および雑排水等を衛生的に排出できる構造設備を設けること。 |
| 便所の構造 | 1. 各階ごとに，男子用・女子用とに区画して設け，その旨を表示すること。<br>2. くみ取り便所ではないこと。<br>3. 便器は，陶磁器等で造られた堅個で衛生的であること。<br>4. 専用の換気設備を設けること。ただし，外気に接する開口部を有する便所にあっては，この限りではない。<br>5. 便器の総数は各階ごとに次表のとおりとする。<br><br>①<br>\| 客席床面積の合計（m²） \| 便器の数 \|<br>\|---\|---\|<br>\| 300m²以下の部分 \| 15m²ごとに1個 \|<br>\| 300m²を超え600m²以下の部分 \| 20m²ごとに1個 \|<br>\| 600m²を超え900m²以下の部分 \| 30m²ごとに1個 \|<br>\| 900m²を超える部分 \| 60m²ごとに1個 \|<br><br>②男子用と女子用はほぼ同数とし，男子は小便器5個以内ごとに男子用大便器1個を設ける。<br>③ただし，興行場の種類，規模または用途により，男女の比率を変えてもよい。<br>6. 水洗便所以外の便所においては，外気に接する開口部を有する前室を備えること。<br>7. 便器回りの幅員は，「興行場の構造設備および衛生措置の基準に関する条例の別表第2」に掲げる基準以上であること。<br>8. 流水式の手洗装置を設けること。 |
| 喫煙所の構造 | 1. 各階ごとに，観覧場と区画された場所に設け，その旨を表示すること。<br>2. 合計床面積は，観覧場の合計床面積の20分の1以上の広さを有すること。<br>3. 観覧場に煙が侵入しない構造であること。<br>4. 専用の換気設備を設けること。 |
| その他 | 1. 飲食物の陳列および販売の施設は，便所の付近に設置してはならない。ただし，衛生上必要な措置が講じてある場合は，この限りでない。 |

■その他

ハートビル法改正（平成15年4月1日施行）により，特定建築物「劇場・観覧場・映画館または演芸場」で2000m²以上のものは利用円滑基準へ適合することが義務づけられている。

興行場法の興行の内容による規制事項ではないが，ヌードスタジオやストリップ劇場など風俗に関わる興行内容は，風営法の適用を受けるため，営業にあたっては公安委員会の営業許可が必要である。

〈Su〉

**表4　東京都建築安全条例，東京都の興行場の構造設備および衛生措置の基準（抜粋）**

| | |
|---|---|
| 敷地 | 路地状敷地の制限 |
| | 接道長さ |
| | 道路幅員の制限 |
| | 前面および側面の空地 |
| 建物 | 出入り口および非常口の数 |
| | 地階の制限 |
| | 主階が避難階以外の規定 |
| | 廊下・階段の構造 |
| 客席 | 客席の定員 |
| | 客席の構造 |
| | 客席内の通路 |
| 衛生 | 喫煙所の設置 |
| | 便器の数の制限 |
| | 便器まわりの寸法 |
| その他 | 映写機，技師室の構造 |
| | 舞台の構造と設備 |

**表5　東京都火災予防条例（第23条，48条，49条，49条の2，53条，54条，55条，55条の2の23。）**

| | |
|---|---|
| 舞台 | 舞台の電気設備 |
| | 客席客席の構造 |
| | 客室内の通路 |
| | 劇場の定員の掲示 |
| 裸火制限 | 喫煙所の設置 |
| | 裸火の使用制限 |
| | 危険物の持込禁止 |
| その他 | 避難施設の管理 |
| | 防火管理者の設置 |

# 健康施設

フィットネスクラブ，アスレチッククラブ，スポーツクラブなど

公衆浴場法，遊泳プール条例（遊泳プール衛生規準について），サウナ施設の技術基準，食品衛生法

## ■教育，学習支援業

近年，健康に関する意識が非常な高まりを見せている。自己の健康管理または日頃の運動不足の解消などを目的に，気軽に楽しむことができる，フィットネスクラブなどの都市型の健康施設関連は，根強い人気がある。

フィットネスクラブとは，「室内プール，トレーニングジム，スタジオなどの運動施設を有し，インストラクター，トレーナーなどの指導員を配置して，会員にスポーツ，体力向上などを指導する施設」とされている。どちらかといえば一般的には，「サービス業」かと思われるが，日本標準産業分類では，「教育，学習支援業」に分類されている。

ここではフィットネスクラブを中心に営業に関連施設基準，営業許可，法規を紹介する。

## ■関連法規，営業許可関連

フィットネスクラブは，全体として一つの営業許可は必要としないが，浴場，プールなどがある場合は，環境衛生関連法規により，それぞれ個別の営業許可が必要となり，管轄は保健所となる。

またフィットネスクラブは，建築基準法上，「ボーリング場，スケート場，水泳場その他これらに類する運動施設」として位置づけられている。建築制限地域に関しては，［表2］に示すとおり，住居系の地域にも建築が可能である。

## ■フィットネスクラブの施設基準

フィットネスクラブ全体としては，関連法規上の基準，施設基準・指針などはない。それぞれプール，浴場などそれぞれ対象となる関連する法規制に対しての施設基準が求められる。

フィットネスクラブは構成する機能により差は若干あるが，以下に構成する機能を紹介する。

フィットネスクラブの構成概要
(1) フィットネス機能：①トレーニング，エアロビクス施設，②プール施設，③ゴルフレンジ，スカッシュ，テニス，体育館など
(2) リラクセーション機能：①ロッカー，サウナ，シャワー，浴室など，②マッサージ施設，ラウンジ，レストラン，クリニック，エステなど
(3) 施設管理機能：①受付カウンター，コーチ室，応接室など，②機械設備施設関連

## ■営業用プールの設置基準

プール施設を設置する場合に該当する基準について，厚生労働省から各都道府県に「遊泳用プールの衛生基準について」（平成13年7月22日 健発第774号）の通達がでている。これを受けて各都道府県では，条例・施行規則などを定め，衛生基準を規定している。条例などを定めがない都道府県もあるが，この場合でも，厚生労働省の通達に基づき，所轄の保健所に指導を受ける。ただし，学校用プールについては「学校教育法」により規制されているため，許可対象のプールにはならない。［表3］に東京都の例を示す。

## ■サウナ・公衆浴場の設置基準

サウナ・浴室施設などを設置する場合は，公衆浴場法に基づく，営業許可が必要となる。浴場施設については，[B-10公衆浴

### 表1 健康施設に適用される関連法規

| 建築基準法（用途） | 法別表第2（に）項3号「ボーリング場，スケート場，水泳場その他これらに類する運動施設」 |
|---|---|
| （特殊建築物） | 法別表第1（3）項（学校，体育館その他これらに類するもの） |
| 消防法（防火対象物） | 令別表第1（15）項他 |
| 東京都建築安全条例 | 第9条十五号「スポーツ練習場と床面積が200m²を超えるもの」 |
| 遊泳プール衛生基準について | 遊泳プールの衛生基準，構造設備基準 |
| 公衆浴場法・同条例 | 営業許可（サウナ室，浴室施設設置の場合） |
| 食品衛生法 | 飲食施設併設時 |
| 環境確保条例（東京都） | 深夜営業等の制限（騒音規制） |
| 児童福祉法 | 許可外保育施設に対する指導監督要網（東京都） |

### 表2 用途地域制限

| 用途 | 1低 | 2低 | 1中 | 2中 | 1住 | 2住 | 準住 | 近商 | 商業 | 準工 | 工業 | 工専 |
|---|---|---|---|---|---|---|---|---|---|---|---|---|
| ボーリング場，スケート場，水泳場その他これらに類する運動施設 | × | × | × | × | △ 注1 | ○ | ○ | ○ | ○ | ○ | ○ | × |

注1：当該用途に供する部分が3000m²を超えるものは禁止

場法，D-6 浴場施設〕で説明しているので参照してほしい。

フィットネスクラブ内にサウナを計画する場合，サウナは発汗作用があり，風呂としての扱いを受ける。風呂を設けなくとも公衆浴場法に該当するため，注意を要する。またプールサイドにジャグジーなどのワールプールを設置する場合，公衆浴場法による風呂に該当するか，否かが留意点となるため，事前に所轄保健所に確認のうえ，計画する必要がある。

■複合サービス業としての規制
(1) 児童福祉法
フィットネスクラブ内に集客サービスの一環として託児室などを計画する場合がまま見るようになったが，その場合，無認可保育施設に対する指導要綱の基準を満たす必要がある。東京都の場合，「許可外保育施設に対する指導監督要綱」で規定している。事前に届出を行い，また立入り調査時の評価基準などが設定されている。表4に東京都の許可外保育施設の施設基準を抜粋する。
(2) 喫茶ラウンジ・レストランの飲食施設併設の基準
フィットネスクラブが多様化するとともに，リラクセーション施設として喫茶ラウンジ・レストラン等の飲食施設を併設する場合がある。計画にあたっては，当該施設が飲食店営業の許可施設基準を満たしているかどうかなど，留意が必要であり，事前に所轄保健所に確認する必要がある。殊に，異種用途区画の必要が生じた場合は，プランにも影響を及ぼすので注意が肝心である。〈Su〉

表3 東京都「プール取締条例」・「同施行規則」（抜粋）

1. この条例で「プール」とは，50m³以上の貯水槽を設け，公衆に水泳させる施設をいう。
2. プール等を経営する者は，東京都規則で定めるところにより，知事の許可を受けなければならない（ただし学校教育法に規定する学校プールは除く）。
3. 施設基準
① 貯水槽は，不浸透性材料を用い，給排水および清掃が容易にでき，かつ，周囲から汚水が流入しない構造とし，オーバーフロー溝を設けること。また水泳者の見やすい場所に水深を明示すること。
② プールサイドは，不浸透性材料を用い，水際の部分は滑り止めの構造とすること。
③ 通路は，不浸透性の材料を用い，滑り止めの構造とすること。
④ 給水設備は，給水管にプール水が逆流しないような構造とすること。
⑤ 排水設備は，排水が短時間に行える能力を有すること。また排水口および循環水取入口には，堅固な金網，鉄格子を設けること。
⑥ 男子用および女子用の更衣室および便所を設け，外部から見通すことのできないような構造とすること。
⑦ 応急措置のできる設備を有する救護所を設けること。
⑧ 救命浮き輪，麻なわその他の適当な救命器具を備えた監視所を設けること。
⑨ その他規則で定める事項

表4 許可外保育施設に対する指導監督要綱抜粋

1. 保育室のほか調理室および便所があること。
2. 保育室の面積は，おおむね乳幼児1人当たり1.65m²以上であること。
3. 保育室は，採光および換気が確保されていること。また安全が確保されていること。
4. 便所に手洗い設備が設けられているとともに，保育室および調理室と区画されていること。

---

**法規mini知識**

## バリアフリーデザインとユニバーサルデザイン

**目指すノーマライゼーション**

バリアフリーデザインは，バリア（障害）を除去することに主眼をおいており，建築物の構造上の障壁，たとえば階段が昇降できないので建築物を利用できないとか，車いす用トイレがないことで外出ができないという高齢者や障害者が，生活上に不利益をこうむることがないようにデザインすることで，世界で初めて，1990年に米国で建築物のバリアフリー設計標準ASA（障害を持つアメリカ人に関する法律）が成立した。
本来，建築基準法のなかに組み込むべき法と考えられるが，建築基準法とは別に制定された。このハートビル法は，建築基準法のような「規制法」と異なり，建築主・設計者に判断を委ねる「誘導法」となっている。
一方，ユニバーサルデザインとは障害者，高齢者，健常者等誰でもわけ隔てなく，どんな人でも使える道具，街，建築等の設計やデザインを行うことであり，米国の建築家であり重度障害者でもあるロン・メイス氏が初めて提唱した。
バリア（障害）を除去するのがバリアフリーデザインだが，設計の初期の段階からバリアとなるものが生じないようにデザインするのがユニバーサルデザインである。
「ユニバーサルデザインの7原則」とは，
① 誰にでも公平に利用できること
② 使う上で自由度が高いこと
③ 使い方が簡単ですぐわかること
④ 必要な情報がすぐ理解できること
⑤ うっかりミスや危険につながらないデザインであること
⑥ 無理な姿勢をとることなく，少ない力でも楽に使用できること
⑦ アクセスしやすいスペースと大きさを確保すること
である。
ユニバーサルデザインには，急速な高齢化社会を迎え，単にバリアフリーデザインでは対応しにくい部分を含んだ包括的な視点と対応が求められている。デザインはすべての人のために"FOR ALL"がコンセプトとなっている。

時々見かける例で，「車椅子以外使用禁止」という表示がある身障者便所がある。バリアフリートイレの数不足という問題もあるようだが，結果的であれ，日頃使われていないのでは，ユニバーサルデザインの精神から外れたものと思われる。ユニバーサルデザイン，バリアフリーデザインともに，その背景には差別や排除や特別扱いをなくし，障害を持つ人も持たない人もともに社会の構成員であり，ともに生活できる環境の中でともに生きるのが当たり前であるとするノーマライゼーション（Normalization）の思想・理念があることを忘れてはならない。〈On〉

# アミューズメント施設

風俗営業等の規則および業務の適正化等に関する法律，同施行規則

パチンコ，ゲームセンター，カラオケボックスなど

## ■検査タイミングに注意

パチンコ，ゲームセンターは，近年大型化が進んでいる。パチンコ店では，ホールの内外装のデザイン性が重視され，加えて老若男女の幅広い顧客に対して快適な時間を過ごせるような空間づくりをしている店が増えている。またゲームセンターなどでは飲食・物販スペースなど他業種との複合した施設も多く見られる。

パチンコ，ゲームセンターの施設も出店に関しては騒音問題等を含め，風営法（風俗営業などの規制および業務の適正化等に関する法律）による営業許可や，昨今の火災事故の発生に伴い，特に火災予防条例などの規制が強化されている。出店にあたっては充分な関連法規，許可申請の確認が必要となる。[表1]

なお，風営法の検査タイミングには，注意が必要である。というのも，他の法令では竣工前に申請を提出するが，風営法の申請は竣工後に申請の受付を行う。このため書類の審査期間は完成した店舗が遊んでしまう覚悟が必要だ。

カラオケへの参加人口はレジャー白書によれば，平成13年度で5000万人となっており余暇活動の上位にランクされており，根強い人気に支えられている。しかし，昨今の地域住民とのまざまなトラブル，カラオケボックス内での暴行事件などにより，設置規制が強化されつつある。酒類提供飲食をしない場合は，風営法上の申請は必要ないが，必ず事前に所轄警察署との協議が必要である。

## ■関連法規および営業許可について

風営法の概略は，〔B-9風営法〕で解説しているので参照してほしい（騒音規制，営業時間等）。

ここでは風俗許可営業の7号営業「パチンコ」，8号営業「ゲームセンター」の風営法上の営業および設置に関する注意点，および「カラオケボックス」の営業に関する自主規制について解説する。

風営法では，営業制限地域，保護対象地域からの離隔規制などを詳細に規定しており，所轄の警察（公安課）との事前確認など，申請から開業までの期間など十分検討した上での計画も必要である。[表2]

（1）パチンコ店（風俗営業7号営業）

パチンコ店は，風営法上では「まあじゃん屋，パチンコ屋その他設備を設けて射幸心をそそるおそれのある遊技をさせる営業」と定義し，風営法による規制対象としている（風営法第2条1項7号）。

店の立地規制については，特に建築基準法上の用途地域制限と，風営法上の出店制限地域が異なっていることに注意することが必要だ。自治体によって風営法施

### 表1 アミューズメント施設に適用される関連法規

| | |
|---|---|
| 建築基準法（用途） | 法別表第2（ほ）項2号（マージャン屋，ぱちんこ屋，射的場などその他これらに類するもの）3号（カラオケボックス） |
| （特殊建築物） | 法別表第1（い）（4）項（遊技場） |
| 消防法（防火対象物） | 防火対象物 施行令別表第1(2)項ロ（遊技場）（16）項イ複合用途防火対象物 |
| 東京都建築安全条例 | 特殊建築物第9条11号（遊技場の床面積が200m²を超えるもの） |
| 風俗営業等の規制及び業務の適正化等に関する法律 | 7号営業許可（パチンコ店）<br>8号営業許可（ゲームセンター） |
| 火災予防条例（東京都） | 変電設備，ネオン管灯設備，喫煙など |
| 東京都駐車場条例 | 駐車場整備地区等において，1500m²の面積を超える場合 |

### 表2 風俗営業等の営業制限地域（風営法は東京都条例基準）

| | | 1低1中 | 2低2中 | 1住 | 2住 | 準住 | 近商 | 商業 | 準工 | 工業 | 工専 |
|---|---|---|---|---|---|---|---|---|---|---|---|
| 風営法 | パチンコ店等 | × | × | × | ○ | ○ | ○ | ○ | ○ | ○ | ○ |
| | ゲームセンター | × | × | × | △ | △ | ○ | ○ | ○ | ○ | ○ |
| 建築基準法 | パチンコ店等 | × | × | × | × | ○ | ○ | ○ | ○ | ○ | × |
| | カラオケボックス | × | × | × | × | ○ | ○ | ○ | ○ | ○ | ○ |

（注1）△＝近隣商業地域、商業地域から20m以内の区域のみ可
（注2）風営法による離隔距離規制は，B－9風営法参照

### 表3 七号営業（ぱちんこ屋）の構造設備基準（抜粋）

1．客室の内部に見通しを妨げる設備を設けないこと。
2．善良の風俗または清浄な風俗環境を害するおそれのある写真，広告物，装飾その他の設備を設けないこと。
3．室内の出入り口に施錠の設備を設けないこと。ただし，営業所外に直接通ずる客室の出入り口については，この限りでない。
4．第21条に定めるところにより計った営業所内の照度が110ルクス以下とならないように維持されるため必要な構造または設備を有すること。
5．第23条に定めるところにより計った騒音または振動の数値が法第15条の規定に基づく条例で定める数値に満たないように維持されるため必要な構造または設備を有すること。
6．パチンコ屋および令第7条に規定する営業にあたっては，当該営業の用に供する遊技機以外の遊技設備は設けないこと。
7．パチンコ屋および令第11条に規定する営業にあたっては，営業所内の客の見やすい場所に商品を提供する設備を設けること。

**表4　国家公安委員会規則で定める遊技設備（風営法対象機）**

1. スロットマシンその他の遊技の結果がメダルその他これに類する物の数量に表示される構造を有する遊技設備
2. テレビゲーム機（勝敗を争うことを目的とする遊技をさせる機能を有するものまたは遊技の結果が数字，文字その他の記号によりブラウン管上に表示される機能を有するものに限るものとし，射幸心をそそるおそれがある遊技の用に供されないことが明らかであるものを除く）
3. フリッパーゲーム機
4. フリッパーゲーム機のほか，遊技の結果が数字，文字その他の記号または物品により表示される遊技の用に供する遊技設備（人との身体の力を表示する遊技の用に供する射幸心をそそるおそれがある用に供されないことが明らかであるものは除く）
5. ルーレット台，トランプ台その他ルーレット遊技またはトランプ遊戯に類する遊戯の用に供する遊技設備

**参考　ゲームセンター（風俗営業 8号営業）の対象店舗**

1. 店舗またはその他これに類する区画された施設
「店舗」とは，社会通念上一つの営業単位と言い得る程度に外形的に独立した施設をいい，ゲームセンター，ゲーム喫茶など営業用に設けられた店舗，飲食店営業，小売業などの店舗に遊技設備を備えた場合も風俗営業の許可を要することとなる。また区画された施設がビルディングなどの大規模な建物の内部にある場合でも対象となる。したがって，その他屋外にあるものなど「店舗その他これに類する区画された施設」に該当しない場合は，対象とならない。

**表5　風営法の遊技施設関連の営業規制概要**

① 名義貸しの禁止，許可証の掲示義務
② 営業時間は，日の出から午前零時まで
③ 入場制限は，18歳未満の青少年は午後10時まで，16歳未満は午後6時迄
④ 管理者を1名置かなければならない。
⑤ 広告，宣伝の制限。料金表示，青少年の立入時間の表示。従業員名簿の設置
⑥ 保管証発行，遊技結果への商品提供の禁止等

**表6　カラオケスタジオ自主規制抜粋（日本カラオケスタジオ協会制定）**

1. 運営管理基準
① カラオケ以外の目的で客室利用は禁止する。
② 酒，たばこの自動販売機は，従業員の目に届くところに設置し従業員が監視できない場合は設置しない。
③ 騒音，振動などにより近隣の住民に迷惑をかけるような営業，平穏な市民生活を侵害するような営業はしない。
2. 設置，設備および構造基準，設置基準
① 室内の照明は20ルクス以上にする。
② 部屋の中から鍵をかけられないようにする。室内から見通せる窓を取り付け，防犯カメラを設置するなど，防犯対策を配慮する。
③ 営業所敷地の境界において，基準を超える騒音を出さないよう防音設備を完備するなど，騒音防止に留意する。

---

行条例で出店地域が緩和されているところもあるので，出店にあたっては，事前に所轄の警察署等で確認することが必要である。構造設備基準については，［表3］に示す。

**(2) ゲームセンター（風俗営業8号営業）**

ゲームセンター（風俗営業8号営業）は，店舗その他これに類する区画された施設「遊技設備を備える店舗その他これに類する区画された施設」において遊技機を用いて客に遊技させる営業を対象とする。ゲームセンターなどのゲーム機は許可が必要となる設備と，そうでないものに分けられる。風営法上の8号営業とは，「スロットマシン，テレビゲーム機その他遊技設備で本来の用途以外の用途として射幸心をそそるおそれのある遊技に用いることができるものを備える店舗」とされており，スロットマシン，テレビゲーム，フリッパーゲームなどは対象となるが，ショッピングセンターなどで見かけるモグラたたき，コックピットタイプなどは除外されている。これらのゲーム機は公安委員会により，射幸心をそそるか否かを判定される。またショッピングセンター，ボーリング場などでゲーム機を設置している面積が10％を超えない「店舗」の場合は，一つの営業単位と言い得ないため，基本的には許可が不要となるが，「店舗に類する区画された施設」として，構造基準があるため，各所轄の自治体に事前に確認することが必要である。また遊園地など入り口で料金等を徴収する場合は風営法の許可が不要となる場合がある。

立地規制については，パチンコ店同様に建築基準法上の用途地域制限と，風営法上の出店制限地域が異なっているため，事前に所轄の警察署等で確認することが必要である。

**(3) カラオケボックス**

カラオケボックス（スタジオ）をめぐる規制も，日増しに厳しくなっている。店づくりの際に困ることは自治体ごとに規制内容がまちまちであることで，最近では自主規制として，カラオケスタジオの全国統一自主規制の基準（日本カラオケスタジオ協会制定）などで，運営管理基準・設備および構造基準などを定めている。しかし，施設の営業には所轄の自治体との調整が必要となり，

(1) 建築指導課に用途地域の制限の確認および地域固有の規制の確認をする。
(2) 消防署の予防課へ火災予防条例などの内容の事前打ち合わせを行う。
(3) 警察署の公安課に施設基準の事前指導を受ける。
(4) 飲食サービスがある時には保健所と事前打ち合わせを行う。
(5) 近隣住民との調整を行う（騒音・振動・駐車場・駐輪場）。

などを最低限行うことが必要である。

**■その他の留意点**

8号営業（ゲームセンター）は，一部営業延長許可地域においては午前1時まで営業をすることが許容されている。7号営業（パチンコ店）については，遊技設備の規制など定められており，申請から開業まで充分な準備期間が必要となるため留意されたい。〈Su〉

**異種営業による風営区画**

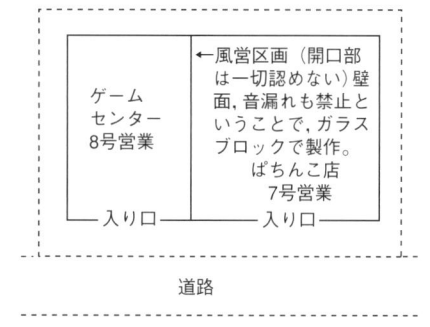

```
                ┌──────────┬──────────┐
                │ ゲーム   │          │ ←風営区画（開口部
                │ センター │          │   は一切認めない）壁
                │ 8号営業  │ ぱちんこ店│   面，音漏れも禁止と
                │          │ 7号営業  │   いうことで，ガラス
                │          │          │   ブロックで製作。
                └─入り口─┴─入り口─┘
                        道路
```

**風営区画については指導内容がさまざまあるが，実際にあった例**

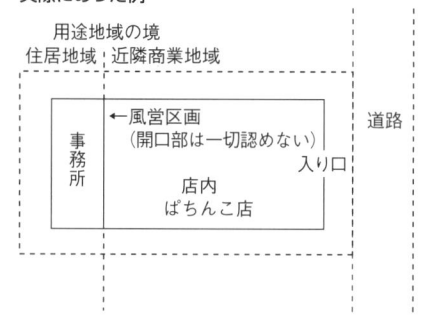

```
         用途地域の境
      住居地域│近隣商業地域
      ┌─────┬──────────┐
      │      │            │
      │ 事務 │            │ ←風営区画
      │ 所   │            │   （開口部は一切認めない） 道路
      │      │ 店内       │
      │      │ ぱちんこ店 │ 入り口
      └─────┴──────────┘
```

# 風俗飲食店

主な関連法規：風俗営業などの規制及び業務の適正化等に関する法律，同施行令，同施行規則，食品衛生法

キャバレー，ナイトクラブ，料理店，大衆酒場，炉端焼き

### ■地理的制限と施設基準

風俗飲食店の営業，施設基準を規定している風営法は，昭和59(1984)年，平成10(1998)年に大幅に改定された。この法改正によりいわゆる風俗営業は午前0時以降は営業ができなくなり，反対に飲食店は午前0時以降も営業することができるようになった。

この項では，風俗飲食店と風営法上の酒類提供飲食店について説明する。

風俗飲食店の規制は，平成13年の新宿歌舞伎町のビル火災などにより，消防法，東京都においては火災予防条例，建築安全条例などが改正がされている。

これらの風俗営業の飲食店で注意すべきことは，用途地域における営業規則や保護対象施設との距離を保つといった地理的制限と，風営法による施設基準があることである。これらの規制は，風営法に基づき，各都道府県条例により出店可能地域，構造設備基準，営業時間など遵守事項が規定されている。詳細は，各条例で異なるため，所轄の警察署（保安課）との事前の打ち合わせが重要となる。

### ■風営法の対象となる風俗飲食店

風俗飲食店（接待飲食等営業）は，普通の飲食店とは異なり，客の「接待」を伴うことが特徴である。法の定義では，「接待」とは「歓楽的雰囲気を醸し出す方法により，客をもてなすことをいう」とされている。また「接待」とは，通達「風営法などの解釈基準」（昭和60年1月29日発令）によれば，次の行為をいう。

(1) 特定少数の客を横にはべり，会話を楽しませ，酒の酌などを行う行為。
(2) 特定少数の客を区画された室内で音曲やショーを見せる行為。
(3) 特定少数の客の近くにはべり，手拍手を取ったり拍手をしたりして褒めはやす行為。
(4) 客とともに，遊戯，ゲーム，競技を行う行為。
(5) 客と身体を密着させたり，手を握るなどの客の身体に接触する行為。また客の口元まで飲食物を差出し，客に飲食させる行為。

風俗営業飲食店は，風営法上，「接待飲食等の営業」として，1号営業／キャバレー等，2号営業／料理店・カフェ等，3号営業／ナイトクラブ，4号営業／ダンスホール，5号営業／低照度飲食店，6号営業／小区画飲食店の六つに分類されている〔B-9 風営法参照〕。

営業時間については，原則として1号キャバレー～6号小区画飲食店については，風営法により，午前0時以降日の出まで営業はできない。また「住居集合地域」については，条例で上乗せ規制をしている都道府県もある。

### ■酒類提供飲食店

酒類提供飲食店は風営法上，バー，スナック，パブ，居酒屋，焼鳥屋，小料理店などがこれに該当する。営業にあたっては，警察への届出が必要になり，風営法による施設基準もある。しかし，風俗（接待を伴う）営業ではないため，深夜（午前0時から日の出まで）の営業が可能となる。

酒類提供飲食店に対し，食堂，レストラン，ラーメン屋，すし屋などは酒類の提供もできるが営業の主体が食事であるため，風営法の規制を受けないことになると同時に，深夜の営業も可能となる。

### ■風俗飲食店の施設基準

施設基準については，建築基準法，消防法，風営法など多岐にわたるため，所轄警察署を含め，建築指導課，消防署と十分協議が必要である。ここでは，風営法に基づき規定した各条例などにより，細部で異なる場合もあるが，国家公安委員会で定めた基本的事項について説明する。技術上の基準の主な内容としては，風俗飲食店1号営業から6号営業で共通事項と異なる規制が主に以下の事項について規制している。[表2]

(1) 客室や踊り場の面積
(2) 営業所ないの照度
(3) 内部の見通しを妨げる設備の設置基準（可または不可）
(4) 営業所の外部から客室が見えないこと。
(5) 善良な風俗を害する写真，広告物等を設けないこと。
(6) 客室の出入り口に鍵を設けないこと
(7) 条例で定める数値以上に騒音・振動

表1　風俗飲食店に適用する関連法規

| | | |
|---|---|---|
| 建築基準法 | （用途） | 法別表第2(ち)項3号（キャバレー・料理店・ナイトクラブ・ダンスホールその他これらに類するもの） |
| | （特殊建築物） | 法別表第1 (4)項（キャバレー・カフェー・ナイトクラブ・バー・ダンスホール） |
| 消防法 | （防火対象物） | 令別表第1(2)項イ（キャバレー・カフェー・ナイトクラブその他これらに類するもの）<br>(16)項（複合用途防火対象物） |
| 東京都建築安全条例 | | 特殊建築物 第9条11号（ダンスホール・キャバレー・ナイトクラブ・料理店でこれらの用途に供する部分の床面積の合計が200m²を超えるもの） |
| 風俗営業等の規制及び業務の適正化に関する法律 | | 1号営業許可（キャバレー等）～6号営業許可（飲食店） |
| 火災予防条例（東京都） | | 厨房設備、ネオン管設備、喫煙など |
| 東京都駐車場条例 | | 駐車場整備地区等において、1500m²の面積を超える場合 |
| 食品衛生法 | | 営業許可 |

を出さないこと。
などを規定している。

また，それぞれの施設では提供できるサービスに制限があるため，申請する営業内容については，事前に十分な打ち合わせを行わなければならない。

クラブ（ディスコ）などは，ダンスを専門に踊るところであるが，飲酒・飲食を伴う場合がほとんどであるため，飲食行為やショーができる3号営業のナイトクラブで営業の許可をとっている。

その他，騒音規制等は［B-9風営法］（P.36）を参照してほしい。

■**風俗飲食店の禁止区域**

風俗飲食店の営業が規制される地域に関しては，建築基準法の用途地域制限と，風営法での制限地域（風俗営業の営業所の設置を制限する地域）の両者の規制をクリアしなければならない。風営法においては，政令の基準に基づき，各都道府県で詳細な制限地域を指定および特定の保護施設からの離隔距離を規定している。ここでは，東京都の条例を基に，立地規制などを説明する。[表3]

■**その他関連法規**

平成13年の新宿歌舞伎町ビル火災により，消防法，火災予防条例が改正された。設備基準も関係するが，運用管理上での，規制などが強化されているため，事前に所轄消防署に確認することが必要である。また東京都建築安全条例においても，小規模建築物における避難施設の設置などが新たに義務づけられている。〈Su〉

**表2 風俗飲食店の施設基準**

| | 客室の床面積1室当り | 踊り場の面積 | 見通し妨げ | 客室出入り口の施錠禁止 | 外部からの視認の禁止 | 室内の照度 | 営業規制 ショーまたはバンド | ダンス | 飲食 | 接待 |
|---|---|---|---|---|---|---|---|---|---|---|
| キャバレー 1号営業 | 66m²以上 | 客席面積の1/5以上 | 適用 | 適用 | 適用 | 5ルクス以下不可 | 可 | 可 | 可 | 可 |
| 料亭 2号営業 | 9.5m²以上 | ― | 適用 | 適用 | 適用 | 5ルクス以下不可 | 不可 | 不可 | 可 | 可 |
| カフェ・バー等 2号営業 | 16.5m²以上 | ― | 適用 | 適用 | 適用 | 5ルクス以下不可 | 不可 | 不可 | 可 | 可 |
| ナイトクラブ 3号営業 | 66m²以上 | 客席面積の1/5以上 | 適用 | 適用 | 適用 | 55ルクス以下不可 | 可 | 可 | 可 | 不可 |
| ダンスホール 4号営業 | ― | 66m²以上 | 適用 | 適用 | 不適用 | 10ルクス以下不可 | 不可 | 可 | 不可 | 不可 |
| ダンス教授所 4号営業 | ― | 66m²以上 | 適用 | 不適用 | 不適用 | 20ルクス以下不可 | 不可 | 可 | 不可 | 不可 |
| 低照度飲食店 5号営業 | 5m²以上 | | 適用 | 適用 | 適用 | 10～5ルクス超 | 不可 | 不可 | 可 | 不可 |
| 小区画飲食店 6号営業 | 3.3m²以上 5m²以下 | ― | 不適用 | 適用 | 適用 | 10ルクス以下不可 | 不可 | 不可 | 可 | 不可 |
| 酒類提供飲食店 届出営業 | 9.5m²以上 | ― | 適用 | 適用 | 適用 | 20ルクス以下不可 | 不可 | 不可 | 可 | 不可 |

**表3 風俗飲食店の営業制限地域（政令基準・東京都条例による）**

| 区分 | 営業区分 | 住居集合地域 1低1中 | 2低2中 | 1住 | 2住 | 準住 | 近商 | 商業 | 準工 | 工業 | 工専 |
|---|---|---|---|---|---|---|---|---|---|---|---|
| 風営法 | 1号から6号営業 | × | × | × | × | × | ○ | ○ | ○ | ○ | ○ |
| | 深夜酒類提供飲食店営業 | × | × | × | × | × | ○ | ○ | ○ | ○ | ○ |
| 建築基準法 | 料理店，キャバレー，ナイトクラブ，ダンスホール | × | × | × | × | × | × | ○ | ○ | × | × |

（注3）（注1）風営法による離隔距離規制は，B-9風営法参照

---

**法規mini知識**

## アドバルーンについての規制

新店舗オープン，リニューアルオープンなどの広告として，アドバルーンは気軽に利用できる広告媒体で，古くから利用されている。最近では，サイコロ型・缶型・キャラクターなどをデザインしたさまざまな形状のバルーンが見られる。

一般的にアドバルーンは，綱を付けた気球を掲揚し，その綱または気球を利用して広告表示したものをいい，屋外広告物として，屋外広告物許可が必要となる。構造および設置基準については，東京都の場合火災予防条例第17条で基準を定めている。

主な基準としては，
①掲揚する空間に障害物などがないことおよび周囲の建物との離隔距離
②気球の容積（13m³以下）
③気球および掲揚綱等の強度
④電飾の取り付け位置
⑤水素ガス抜けに対する管理基準
⑥掲揚中の監視人の配置

水素ガスを使用する場合は，条例に基づき警察，消防への届出が併せて必要となるが，ヘリウムガスを使用する場合緩和されるため，事前の確認することが必要である。

また，最近では飛行船を広告媒体として運航する飛行船広告をよく目にすることがある。

必ず航空申請・所轄警察への確認などが必要となるが，屋外広告物に該当するかどうかは，所轄の屋外広告担当窓口で確認されたい。〈Su〉

# 薬局・薬品店

薬局・薬店・ドラッグストアなど

薬事法全般，同施行規則，薬局等構造設備規則。薬剤師法第19条～28条。食品衛生法第19条の17～24条

### ■多品種化する傾向

近年のドラッグストアの進出にはめざましいものがあり，その取り扱い商品は薬以外にも，一般食品や雑貨にいたるまで多種多様なものとなってきている。また，健康ドリンクを専門に販売するカウンターショップや，ビタミン剤や健康食品などを専門に販売する店，漢方薬の専門店なども盛んに出店している。

これらの施設で，医薬品の指定のあるものを販売する場合は，薬事法上，都道府県知事の営業許可が必要となる。

薬局やこれらに類する店舗は，薬事法という法律により規制され，以下の六つに分類されている。①薬局，②一般販売業（薬店），③卸売一般販売業，④薬種商販売業，⑤配置販売業，⑥特例販売業。このうち，通常，設計者が店舗計画などに関与することの多い施設としては，①と②ということになり，薬剤師の従事が義務づけられている。薬局，薬店の開設許可は，施設基準としての物的要件と薬剤師員数，申請者の資格の妥当性の人的要件が満足されて，成立することになる。

薬局，薬店における構造設備基準は，省令の薬局等構造設備規則に，また専任の薬剤師の員数についても省令により定められている（薬局では１日の平均処方箋枚数が40枚までは１人，それ以上は40枚ごとに１人追加，薬店では常勤者を１人置く）。店舗計画に当たっては，管轄の保健所の医薬担当窓口（都内23区の場合は薬事衛生事務所）に事前相談を行うことが大切である。

### ■薬事法上の店舗の種類

薬事法の中には先述の6種類の店舗業態があるが，一般的に店舗計画を行うことが多いものは，薬局と一般販売業に分類されている薬店である。両者の違いとしては，薬局には調剤室があり，薬店にはこれがないということになる。

事業者の諸事情や販売効率などから小規模な店舗も多く見受けられるが，店舗の面積は，薬事法上最低限度が決められているため，注意が必要である。店舗の構造設備基準以外にも，取り扱い品目やその販売条件，さらに申請者や薬剤師の人的要件などが定められている。[表2]

### ■薬局，薬店の構造基準

薬局における構造設備基準は，薬事法に基づく省令の薬局等構造設備規則に定められており以下のようになっている。

(1) 施設：換気が十分で，かつ清潔であること。居住用の場所，不衛生な場所に対して明確に区別されていること。

(2) 施設面積：施設の広さはおおむね19.8$m^2$（6坪）以上で，業務上支障のない広さが確保されていること。

(3) 照明：医薬品を販売および授受する店内は60ルクス以上，調剤を行う机の上は120ルクス以上の照度を確保すること。

(4) 調剤室：部屋の大きさは6.6$m^2$（2坪）以上で，天井・床は板張り，コンクリートまたはこれらに準じる素材とする。
室内に必要な施設は，散水兼用調剤台，錠剤台，分包器，蒸留水製造機，篩混器，蒸気滅菌器，滅菌容器保管器，流し付製剤台，電気定温乾燥機，冷蔵庫薬品保冷庫，その他の調剤器具などである。計画の際は薬剤師と十分に協議を行うことが必要である。

(5) 設備：冷暗貯蔵設備と鍵のかかる貯蔵設備をもうける。

(6) 設備器具：液量器，温度計，顕微鏡などの試験・検査器具を設置する。

(7) 放射性医薬品を規定数量以上扱う場合は，貯蔵室，排気設備などを設け，放射性医薬品の製造所の構造基準に準ずる。

薬店における構造設備基準も，上記の構造設備規則に定められており，おおむね同様であるが，(2)の施設面積が13.2$m^2$（4坪）以上となっているほか，調剤室の設置が必要ないため，(4)の調剤室の基準が除外される。

### ■調剤室の照度設定

構造設備基準に定められているような，施設の明るさの基準を，照度で表すことは難しく，実際の計画では注意が必要である。

床１$m^2$を120ルクスで照らすと考えると，白熱球で40～50Wくらいのものを設置すればよいことになる。これは住宅の廊下や階段くらいの明るさであり，実際の調剤作業には暗すぎる。適切な明るさは個人差があるが，作業台上で500ルクス～

表1　薬局薬品店に適用される関連法規

| | |
|---|---|
| 建築基準法（用途）<br>　　　　　（特殊建築物） | 法別表第2「店舗・物品販売業を営む店舗」<br>法別表第1 (4) 項「百貨店、マーケット、展示場、物品販売業を営む店舗で床面積の合計が10$m^2$超のもの」 |
| 都市計画法（市街化調整区域） | 法34条一号（日常生活に必要な物品の販売・加工・修理等の店舗） |
| 消防法（防火対象物） | 施行令別表第1 (4) 項「百貨店、マーケット、店舗、展示場」 |
| 東京都建築安全条例 | 第2章特殊建築物「物品販売業（物品加工修理業を含む）を営む店舗（百貨店、マーケットを含む）で床面積の合計が200$m^2$超のもの」。<br>第4節「物品販売業を営む店舗」：接道規定、前面空地、屋上広場 |
| 東京都火災予防条例 | 売場内通路、屋上広場、火気使用制限（裸火規制） |
| 東京都文教地区建築条例 | マーケット（市場を除く）の建築制限 |
| 薬事法 | 許可営業対象業種の定義 |
| 薬局等構造設備基準 | 営業施設の構造設備基準 |
| 薬剤師法 | 薬剤師の設置基準、営業基準 |
| 食品衛生法 | 許可営業対象業種の定義、営業施設の構造設備基準 |

1000ルクス程度と考えられる。

■ドリンクバーに関わる規制

ターミナル駅のそばなどやショッピングセンター内で、栄養ドリンクを専門に販売しているドリンクバーを見掛けるが、これらの店で売られているドリンクには医薬品に指定されているものも多い。したがって薬店（一般販売業）の営業許可が必要となる。さらに、カウンター内の従業員には専任の薬剤師が必要であり、医薬品の乱売と取られないよう適量の摂取の指導に努めなければならない。また、客席を設けたり、ドリンクをグラスにあけて提供したりすると、食品衛生法上の喫茶店営業の許可が必要になってくるので注意が必要である。

■健康食品販売に関わる規制

薬事法では、医薬品と食品の法・制度上の区別を定義しているが、健康食品は、俗称であり法律に規定されたものではないとしている。そのため一般的には食品の部類に含まれるものとされているが、その効能を明確に謳ったり、医薬品と間違えるような形状、容器、包装、意匠などを施した製品の販売や、疾病の診断・治療または身体の構造・機能に影響を及ぼすことを目的とした販売を行うと、実際の効き目や薬効成分の有無に関わりなく、医薬品としての規制対象になるので注意が必要である。

ただし、医薬部外品として指定されているものは除外される。［表3］

また、栄養改善法（平成13年4月改正）上で「特定保健用食品」（乳幼児用、妊産婦用病者用で特定の保健の目的が期待できる食品）や「栄養機能食品」（ビタミンやミネラルの含有量などの基準を満たしている食品）は、その成分と機能の表記をしても医薬品とはみなされない。

食品衛生法では、健康食品の販売許可というものが存在しないので、その施設基準も特に存在しない。売られている製品を見て、どのような営業許可が適当であるかをその都度判断するということになる。

表示を偽って販売した場合、薬事法上では罰則規定も適用されるため、事前に保健所の薬事担当窓口と食品衛生担当窓口に相談することが大切である。〈Ka〉

表2　薬事法上の店舗の業態

| (1) 薬局 | 薬剤師が販売または授受の目的で調剤の業務を行う施設（医薬品の販売業を併せ行う場合には、その販売業に必要な場所を含む）で、調剤室を必ず施設内に設置しなければならない。ただし、病院もしくは診療所又は飼育動物の診療所の調剤所は除かれる。 |
|---|---|
| (2) 一般販売業（薬店） | 店舗を構え、管理薬剤師を設置して医薬品を販売する施設で、調剤室を設置する必要はない。許可の基準は薬局に準ずる。 |
| (3) 卸売一般販売業 | 一般販売業の一つで、薬局や他の医薬品販売業者、病院などの医療機関に対してのみに販売を行う施設で、許可の基準は薬局に準ずるが、施設規模は、おおむね100m²以上が原則となる。薬剤師の設置は不要。 |
| (4) 薬種商販売業 | 厚生労働大臣が指定する医薬品以外の医薬品を販売する施設で、許可の基準薬局より緩和されている。 |
| (5) 配置販売業 | 都道府県知事が区域ごとに指定する医薬品を、店舗による販売ではなく、一般消費者の家庭等に予め配置しておき、消費者が使用した分だけ後日代金を請求するという形態の販売業。 |
| (6) 特例販売業 | 薬局や薬品販売業の施設の数が十分でない地域に対して、都道府県知事が販売品目を限定して、許可を与えた施設。 |

表3　医薬品・医薬部外品の定義（薬事法第2条）

| 医薬品 | (1) 日本薬局方（厚生労働大臣の定める医薬品の基準書）に収められている物。<br>(2) 人または動物の疾病の診断、治療または予防に使用されることが目的とされている物であって、器具器械（歯科材料、医療用品および衛生用品を含む）でないもの。医薬部外品を除く。<br>(3) 人または動物の身体の構造または機能に影響をおよぼすことが目的とされている物であって、器具器械（歯科材料、医療用品および衛生用品を含む）でないもの。医薬部外品および化粧品を除く。 |
|---|---|
| 医薬部外品<br>（法律指定） | 人体に対する作用が緩和な物（器具器械でないもの）であって、以下の目的をもつもの（法律指定品）。およびこれらに準ずるもので厚生労働大臣が指定したもの（大臣指定品）。<br>(1) 吐き気その他の不快感または口臭もしくは体臭の防止<br>(2) あせも、ただれ等の防止<br>(3) 脱毛の防止、育毛または除毛<br>(4) 人または動物の保護のためにする鼠、蠅、蚊、のみ等の駆除または防止 |
| （大臣指定） | 生理処理用品・ソフトコンタクトレンズ用消毒剤・外皮消毒剤・きず消毒保護剤・薬用化粧品・薬用歯磨き・軟膏剤・絆創膏・染毛剤・パーマネントウェーブ用剤・浴用剤・のど清涼剤・健胃清涼剤・ビタミン剤・カルシウム剤・ビタミン含有保健剤 |

撮影：下村康典

# ホテル・旅館

シティホテル・ビジネスホテル・観光ホテル・旅館など

旅館業法2条〜7条の2，同施行令第1条，同施行規則1条〜4条。各都道府県の施行細則及び施行条例。国際観光ホテル整備法，各都道府県の建築基準法関係条例及び火災予防条例

## ■進む多様化，複合化

ホテルビジネスも多様化，複合化の度合いを増しており，ハイグレードのリゾートホテルからビジネス機器の揃ったカプセルホテルに至るまでさまざまな形態で営業されている。そのため，関連する法規制も多岐にわたっているので注意が必要である。

営業許可に関わる主な法規には旅館業法と国際観光ホテル整備法があり，旅館業法にはさらに各都道府県別に業法の施行条例で細かい規制が定められている。旅館業法において旅館業は，ホテル営業，旅館営業，簡易宿所（カプセルホテル，ユースホステル，オートキャンプ場等），下宿業の4種類に分類されている。

建築関係では建築基準法の規定以外にも各都道府県の条例での規制があるので注意が必要である。ホテル・旅館を新築する場合，旅館業法の申請に検査済証を添付することが義務付けられている地方もある。

消防署で発行される「適マーク」は，ホテル・旅館の営業許可には直接に影響しないが，その施設の格付けという意味から必要なものとして取得されている。

この他にも各種のホテルや旅館業の連盟があり，自主基準を設けている場合がある。ホテル・旅館の計画にあたっては，これらの基準などを十分理解しておくことが大切である。［表1］［表2］［表3］

## ■ホテル・旅館に関わる立地規制

ホテル・旅館を営業するには地域によって制限がある。建築基準法の用途地域制限については，第一種住居地域から準工業地域までが建築可能である（第一種住居地域内のみ，床面積の合計が3000m²以下）。

また，特別用途地区については，文教地区内で建築制限がなされる場合があるので注意が必要である。東京都文教地区建築条例では，ホテルまたは旅館は第一種・第二種文教地区ともに建築は禁止されている。

旅館業法では，学校などの保護施設の環境保全について規定がある。計画敷地の周囲およそ100m範囲内に，学校（大学を除く）や児童福祉施設，および社会福祉施設で都道府県条例で定めるもの（東京都では，各種学校，図書館，青年の家，博物館，公民館，公園，スポーツ施設その他が指定されている）がある場合，施設の設置によって環境が著しく害されるおそれがないかどうか，学校長などの各施設責任者と調整の上，合意を受けなければならない。

## ■関連する各都道府県建築条例

建築基準法関連で特に注意を要するものに各都道府県の建築条例がある。特に遮音構造に関しては建設省告示に準じる規定が定められており，改装計画で間仕切り壁を変更する際などには，防火区画の規定と併せて注意が必要である（音の振動数125〜2000Hzに対し，透過損失25〜50デシベル）。

また一定規模（200m²以上としている場合が多い）を上回る宴会場や結婚式場などは集会場扱いとなる場合がある。ただし，1室ごとの面積がこの基準未満であれば，複数の宴会場が設けられていても集会場の扱いにはならない。

### 表1 ホテル・旅館に適用される関連法規

| | |
|---|---|
| 建築基準法（用途）（特殊建築物） | 法別表第2（に）項四号「ホテルまたは旅館」<br>法別表第1（2）項「ホテル，旅館，下宿」 |
| 消防法（防火対象物） | 施行令別表第1（5）項イ「旅館，ホテルまたは宿泊所」<br>複合用途の場合は複合用途防火対象物（16）項イ |
| ハートビル法（特定建築物） | 床面積の合計2000m²以上は届出・指導・助言の対象 |
| ビル管法 | 床面積の合計3000m²以上の建築物管理衛生基準（令2条） |
| 省エネ法 | 床面積の合計2000m²以上の建築主の判断基準（令2条） |
| 東京都建築安全条例（特殊建築物） | 第9条五号「ホテル、旅館または簡易宿所」，第6条に「ホテル等」の規定あり。床面積の合計が1000m²以上のホテル・旅館は第9節「障害者および高齢者に配慮を要する建築物」に該当 |
| 東京都火災予防条例 | 裸火規制，レストランの厨房施設の技術基準，防火区画等 |
| 東京都福祉のまちづくり条例（特定建築物） | 宿泊施設「ホテルおよび旅館」「その他これらに類するもの」のうち床面積の合計が1000m²を超える施設は届出・指導・助言の対象 |
| 東京都文教地区建築条例 | ホテルまたは旅館は第一種・第二種文教地区ともに建築禁止 |
| 旅館業法 | 営業許可，構造設備基準。都道府県条例による衛生基準有 |
| 国際観光ホテル整備法 | 政府登録ホテルの登録基準（（社）日本観光協会） |
| 全日本シティホテル連盟基準 | 全日本シティホテル連盟の登録基準 |
| 風営法 | ホテル・旅館内の見通しのきかない場所にゲームセンターを設置する場合，営業許可 |
| 食品衛生法 | 飲食店営業許可，構造設備基準 |
| 公衆浴場法 | サウナ設備設置の場合，営業許可 |
| プール等取締条例 | プールの容積50m²以上の場合の管理基準等 |
| 駐車場法 | 500m²以上の有料駐車場設置の場合，営業届出 |
| 理容師法・美容師法 | 理・美容所の開設届出，構造設備基準 |
| クリーニング業法 | クリーニング取次所開設届 |

### 図1 客室の面積の算定基準（通達）

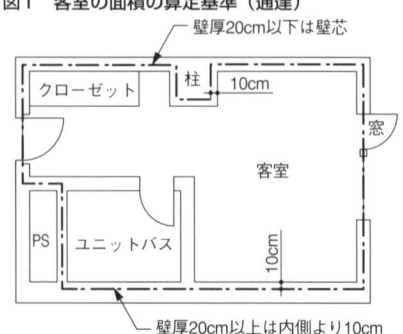

壁厚20cm以下は壁芯
クローゼット　柱　10cm
窓
客室
PS　ユニットバス　10cm
壁厚20cm以上は内側より10cm

**表2　旅館業法による施設設備基準（抜粋）**

| 項目 | ホテル | 旅館 | 簡易宿所 |
|---|---|---|---|
| 客室数 | 10室以上 | 5室以上 | ・延面積33m²（約10坪）以上、1客室3m²以上<br>・階層式寝台は二段とし間隔は1m以上<br>・多人数で共用しない客室の延面積は客室総床面積の1/2未満とする |
| 一客室の面積 | 洋式の室は9m²以上、和式の室は7m²以上 | | |
| 玄関 | 宿泊客と対面する玄関、帳場を設ける | | |
| 寝具 | 洋式には洋式のものが必要。格納場所が必要 | | |
| 施錠設備 | 洋室の出入り口、窓に必要 | | |
| 客室と他の客室廊下等の境 | 洋式の客室は壁で仕切る | 壁，板戸，ふすまで仕切る | |
| 客室のガス設備 | （1）専用の元栓をつけること<br>（2）ガス管は耐蝕性・耐圧性のもの、ガス器具とガス管の接合部が容易に外れないこと | | |
| 換気，採光，照明，防湿，排水 | 適当な設備を有すること | | |
| 暖房設備 | 当該施設の規模に応じた適当な設備が必要 | — | — |
| 浴室 | （1）洋式浴室またはシャワーを有すること<br>（2）共同用の浴室またはシャワー室には脱衣室を設置<br>（3）和式浴室には上り湯栓、水栓、湯場抜を設置 | （1）近接して公衆浴場がないときは必ず設ける<br>（2）同左<br>（3）同左 | |
| 洗面設備 | 宿泊者に応じて適当な規模のものを設置する | | |
| 便所 | （1）水洗式であること<br>（2）座便式（洋式）のものが必要<br>（3）共同用のものは男女を区分する<br>（4）各階に設け、防虫・防臭設備、手洗設備を設置 | （1）適当な数があること<br>（2）（4）と同じ | （1）同左 |
| 調理場 | （1）適当な広さを有し、壁、板等で他と区画すること<br>（2）出入り口、窓その他開口部には防虫設備を、排水口には防鼠設備を設けること<br>（3）ばい煙、蒸気、悪臭の排除設備を設けること | | |
| 配膳室 | | ・50人以上の団体を宿泊させる施設には必要<br>・食器戸棚および配膳台（床上75cm以上）を設ける | |
| その他 | 100m以内にある教育施設から、ダンスホール等の遊技施設の内部を見通せない区画をすること | — | — |
| | フロント・ロビー・ダイニングルームを有すること | — | — |
| | 各都道府県の知事による構造基準に適合していること | | |

この集会場扱いの適用は地域によりさまざまで、不特定多数の人が集まる施設ではあるが劇場・映画館とは別扱いで部分的に適用する場合や、固定客席がある場合のみ適用する場合などがある。事前に特定行政庁との協議が必要である。

東京都安全条例では、宿泊施設の規定を以下のように定めている。

(1) ホテル、旅館または簡易宿所は、「ホテル等」に分類され特殊建築物に該当する。ホテルまたは旅館にはモーテル、ウイークリーマンション等も含まれ、簡易宿所にはカプセルホテル等も含まれる。

(2) 簡易宿所の宿泊室／災害時の避難手段の確保のため、窓先空地（通路その他の避難上有効な空地、特別避難階段または幅員90cm以上の専用の屋外階段に連絡する下階の屋上部分）の確保を必要とする。

(3) 障害者・高齢者に配慮を要する建築物／床面積の合計が1000m²を超えるホテル、旅館は「障害者および高齢者に配慮を要する建築物」として、出入り口の構造、トイレ・浴室の構造、高齢者対応のエレベーターの設置などが規定されている。東京都旅館業法施行条例では、施設内の照度基準を定めており、客室・応接室・食堂では40ルクス以上、廊下・階段では20ルクス以上（深夜10ルクス以上）としているが、平均照度でよいのか、あるいはすべての部分で必要とされる照度であるのかは、その都度所轄の保健所に確認することが必要である。〈Ka〉

**表3　国際観光ホテル整備法による施設設備基準（抜粋）**

| 分類 | | ホテル | 旅館 |
|---|---|---|---|
| 客室数 | | ・ホテル基準客室が、15室以上、かつ、総客室数の1/2以上 | ・旅館基準客室が、10室以上、かつ、総客室数の1/3以上 |
| 基準客室 | 面積・設備 | ①洋式の構造および設備をもってつくられている<br>②床面積が、1人用客室は9m²以上、その他の客室は13m²以上［図1］<br>③適当な採光のできる開口部があり、遮光用のカーテン等が必要<br>④浴室またはシャワー室、洗面設備（照明付）、および座便式水洗便所<br>⑤冷水および温水の調節設備<br>⑥入り口にシリンダー錠設備<br>⑦電話 | ①客室全体が日本間で、床の間があり、隣室とは壁で区画する<br>②畳敷きの室があり、床面積が、1人用客室は7m²以上、その他の客室は9.3m²以上<br>③冷房設備及び暖房設備（季節営業あるいは当該地域の気候により除外規定あり）<br>④浴室又はシャワー室、及び便所の設備がある旅館基準客室が2室以上、かつ、旅館基準客室総数の1/10以上<br>⑤冷水および温水が出る洗面設備がある旅館基準客室が4室（旅館基準客室が15室を超える場合は、超える客室数の1/4に4室を加えた数）以上<br>⑥鏡、棚、照明のある洗面設備<br>⑦入り口にシリンダー錠設備<br>⑧電話 |
| 共用部分 | ロビー・食堂 | ①洋式の構造および設備<br>②付近に男女別の共同用便所<br>③収容人員に相応した規模［表4］<br>④フロントから1m、店舗、エレベーター前1mまでは面積から除外 | ①付近に男女別の共同用便所<br>②座便式の水洗便所 |
| | 玄関・フロント | ①客その他の関係者が、営業時間中、自由に出入できる玄関<br>②客の応接、宿泊者名簿の記入等のフロント<br>③冷房設備及び暖房設備（季節営業あるいは当該地域の気候により除外規定あり）<br>④空調設備を必要とする部屋はロビー、フロント、基準客室、食堂、廊下 | ①客の応接、宿泊者名簿の記入等のフロント |
| | EV | ・客の利用に供する階が4層以上の場合は、各階に通ずる乗用のエレベーターが必要 | |
| | 標示板 | ①館内主用施設および設備の配置標示（玄関、ロビーまたはフロント）<br>②客室の室名または室番号および食堂その他の共用施設の標示（当該室等の外側）<br>③会計場所の標示（会計場所）<br>④避難設備、消火器等の配置図および非常非難経路の標示（客室ドアの内側）<br>⑤非常口への道順の標示（廊下、階段その他の通路）<br>⑥避難設備、消火器等の標示およびこれらの使用方法の標示（当該設備の設置場所） | |

**表4　ロビーの面積の算定基準（通達）**

| 収容人数 | 面積 |
|---|---|
| 100人以下 | 20m²以上 |
| 101人〜500人以下 | 収容人員×0.2m²以上 |
| 501人〜1000人以下 | 収容人員×0.15m²+25m²以上 |
| 1001人〜2000人以下 | 収容人員×0.075m²+100m²以上 |
| 2001人以上 | 収容人員×0.05m²+150m²以上 |

※フロント付近にコーヒーショップ等がある場合はその面積の1/2を引いた面積で可

**表5　食堂の面積の算定基準（通達）**

| 客室の収容人数 | 面積 |
|---|---|
| 規定なし | 客室収容人員×0.2m²以上 |

# その他の店舗

クリーニング業法，古物営業法，たばこ事業法，動物の愛護および管理に関する法律

その他店舗として，営業関連に必要な許認可について，「ランドリー」「ペットショップ」「レンタルショップ」「中古物品販売」「たばこの販売」について紹介する。

## ■ランドリー

クリーニング業は，クリーニング業法を基に，各都道府県で施設基準が定められている。営業に関する申請が所轄の保健所となる。機械を設置している店舗も，取次ぎだけの店舗も営業許可が必要である。クリーニング店の開設にあたっては機械を設置する場合は，洗濯排水による水質汚濁に配慮が必要になり，下水に直結している場合は，下水道法の規制を受ける。ドライクリーニング溶剤は産業廃棄物としての処理が必要となり，併せて事前に処理方法など検討が必要となる。[表1]

## ■ペットショップ

ペットショップの営業に関しては，「動物の愛護及び管理に関する法律」で規制されており，施設・構造基準についても，別途基準として定められている。営業許可については，各都道府県条例により届出制を採用しているところが多い。東京都の場合は「動物の保護と管理に関する条例」により「動物取扱業」として，保健所に指定の様式にて登録が必要となり，動物取扱主任者の設置を義務付けている。対象となる生物は犬猫その他小動物，鳥類，魚類で昆虫単独のものは届出の対象となっていない。一方，は虫類などの危険な動物（特定動物）の売買には知事の免許が必要である。いずれにしても，各都道府県により条例が異なる，十分な事前確認が必要である。その他ペットフードの販売に関しては，一般の食品でないので食品販売の許可は不要である。[表2]

## ■レンタルショップ

近年，ビデオやCDのレンタルショップも書店などを併設し，複合化する店舗が増えている。

ビデオやCDのレンタルショップの開業に当っては現在特に規制する法律はないが，著作権法の取り扱いから関係団体への許諾申請を行わなくてはならない。ビデオソフトは著作権上，映画の著作物とされ，映画の製作者の権利が保護されている。契約にあたっては大手の映画会社か業界の資格を持つ問屋のどちらかに交渉する。またCDに関しても著作権法上の保護がされていて，レンタル行為にあたっては業界団体の許諾が必要である。

これらは業界団体に専門の卸問屋があり，一般にはすべてそこが代行して処理をするようである。

## ■中古物品販売

中古品の売買を行う場合は古物商の営業許可が必要となる。担当窓口は所轄警察の公安課となる場合が多い。中古品の範囲は書画骨董の類から古着，質流れ品にいたるありとあらゆる物が該当する。フリーマーケットなどは，個人の物を個人に売買する行為であるため，古物商の許可は不要となる場合が多い。

詳しくは，管轄する警察署で事前に確認すること。また質屋業は古物商とは別の営業許可が必要となり，これも警察署で管轄している。

## ■たばこの販売

昨今の喫煙スペースの減少などの影響で，タバコ屋さんが少なくなってきているのは寂しさを感じるが，コンビニエンスストアなどでの販売により，たばこ販売許可店数は，微増している。タバコの販売許可は財務省の管轄で，財務大臣の許可が必要となり，申請窓口は，所轄のJT営業所となる。小売販売店の構造基準などは特に定めていないが小売販売店同士の距離制限を設けられている。[表3]〈Su〉

### 表1 クリーニング業法・施設基準および衛生管理要項

| | |
|---|---|
| 構造・区画 | ①クリーニング所は，隔壁等により外部と完全に区画されていること。<br>②クリーニング所は，居室，台所，便所等の施設および他の営業施設と隔壁等により区分されていること。<br>③洗濯物の処理のために洗剤，有機溶剤，しみ抜き剤，消毒剤等を使用するクリーニング所には，専用の保管庫または戸棚等を設けること。<br>④仕上げ場には，洗濯物の仕上げを行うための専用の作業台を設けること。<br>⑤受渡し場には，取扱い数量に応じた適当な広さの受渡し台を備えること。<br>⑥仕上げの終わった洗濯物の格納設備は，汚染のおそれのない場所に設けること。 |
| 採光・換気・照明 | ①クリーニング所内は，換気・採光・照明を十分にすること。（細則7条）<br>・換気に必要な窓その他の開口部は総床面積の1/20以上であること。<br>・採光に必要な窓その他の開口部は総床面積の1/5以上であること。<br>・照明は，300ルクス以上であること。 |
| 保管・区分 | ①クリーニング所における洗濯物の受取りおよび受渡し場，洗濯場および仕上げ場は，洗濯物の処理及び衛生保持に支障を来さない程度の広さおよび構造であって，それぞれが区分されていること。<br>②洗濯場は，受渡し場および仕上げ場と隔離壁により区分されていることが望ましい。 |
| 排水設備 | ①洗濯場の床および腰張りは，コンクリート，タイル等の不浸透性材料を使用し，清掃が容易で行える構造であること。 |
| 器具・消毒 | ①ドライクリーニング処理を行うクリーニング所には，有機溶剤の清浄化に伴って生じるスラッジ等の廃棄物を入れるふた付の容器を備えること。 |

### 表2 動物の飼育施設の構造に関する基準（抜粋）

| 動物の種類および習性等に応じた飼養場所の確保についての基準 |
|---|
| ・個々の動物が，自然な姿勢で立ち上り，横たわり，羽ばたくなど日常的な動作を容易に行うための充分な広さと空間を有すること。<br>・排せつ場，止まり木，水遊び場の設備を備えていること。<br>・過度のストレスがかからないよう温度，通風および明るさが保たれる構造であり，またそのような状態に保つための設備を備えていること。<br>・屋外または屋外に面した場所にあっては，日照，および風雨等を遮る設備を備えていること。 |

| 良好な状態を維持するための要件 |
|---|
| ・床，内壁，天井および附属設備は，清掃が容易であるなど衛生状態の維持および管理がしやすい構造であること。<br>・衛生的な水を充分供給できる給水設備を備えていること。<br>・清浄および消毒に必要な器具または設備を備えていること。<br>・飼料等を衛生的な状態で保管するための設備を備えていること。 |

### 表3 製造たばこ小売販売業の需給調整基準に基づく距離基準

| 環境区分 | 繁華街(A) | 繁華街(B) | 市街地 | 住宅地(A) | 住宅地(B) |
|---|---|---|---|---|---|
| 指定都市 | 25m | 50m | 100m | 200m | 300m |
| 市制施行他 | 50m | 100m | 150m | 200m | 300m |
| 町村制施行後 | ― | ― | 150m | 200m | 300m |

# 主な用語解説

《あ》

【網入りガラス】網目状にワイヤの入った板ガラス。ワイヤが縦横に入ったものや，菱形に入ったものなど数種類ある。

【異種用途区画】防火区画の一つで，用途の異なる施設の境界に設ける。たとえばフィットネススタジオのプールとジムの部分，ホテルとレストラン部分など機能上は不可分であっても，建築基準法上の用途が異なる場合，両者を区画するよう指示される場合が多く，注意が必要である。

【衛生検査機関】飲料水の水質検査などを行う公的機関。

【延焼のおそれのある部分】隣地境界線，道路の中心線，または建物相互（同一敷地内にあっても延べ床面積の合計が500m²以上）の外壁の中心より1階においては3m，2階においては5mの範囲に入る建物部分をいう。耐火・準耐火建築物の場合，これらの部分に面する開口部は防火戸の設置が必要。開口部に網入りガラスが不要かどうかの判断のもとになる。〔C-1-4防火地域・準防火地域 参照〕

【屋外広告物】店舗の看板など屋外における広告媒体の総称。その設置に関しては各都道府県の条例で細かく規制を受けている。一定規模以上のものは設置に関して許可を受けなくてはならない。〔C-1-16屋外広告物 参照〕

《か》

【確認申請】建築主が建築を行う際に，建築主事に対して計画内容の妥当性の確認を受ける行為をいう。文字の上では「確認」であるが，実質的には許可に近い意味合いがある。

【仮設建築物】建築基準法では，一般に災害時の応急的な建築物を示すが，最近では期間限定の建築や店舗にも適用が認められている例もある。仮設建築物の場合，建物の耐火性能，構造などに関して緩和規定があり，建設工期も短く，建築コストが安くなることが最大の利点といえる。〔C-1-13仮設建築物 参照〕

【簡易自動消火装置】自動消火設備の一種で，機能としてはフード，ダクト内の火災を自動的に検知し消火剤を噴霧するものをいう。設置基準は法制化されていないが，各都道府県条例では一定基準の厨房などには設置を義務づけている例が多い。この消火設備を設置すると，ガス遮断弁やファン停止装置など周辺機器の設置にも及ぶため投資がかさむのが問題である。

【既存不適格建築物】法令の規定の適用，あるいは施行前に既にある建築物または工事中の建築物で，新しい規定に適合しない建築物。従前の規定に適合していた建築物は原則として新規定を適用しないので，違反建築物とはならない。〔B-7耐震改修促進法 参照〕

【既得権者】風俗関連営業の場合，規制地域の極端な絞り込みにより，既に営業が行われている場所が，営業禁止地域になる場合が多く，この場合既に許可を受けた個人に対して，一代に限り営業を認められた個人または法人を既得権者という。

【共通基準】食品衛生法施行細則等における営業所の施設基準のうち飲食業，販売業，製造業に共通した施設基準をいう。内容としては，営業施設の構造，食品取扱い設備そして，給水および汚水処理などの規制がある。共通基準に対して，各営業種目ごとに「特定基準」が定められている。これらの基準は，都道府県により異なるため，事前確認が必要である。

【グリーン購入法】正しくは「国等による環境物品等の調達の推進等に関する法律」という。循環型社会の形成のためには再生品等の供給面の取り組みに加え，需要面からの取組が重要であるという観点から，平成12年5月に循環型社会形成推進基本法の個別法の一つとして制定された。同法は，国等の公的機関が率先して環境物品等（環境負荷低減に資する製品・サービス）の調達を推進するとともに，環境物品等に関する適切な情報提供を促進することにより，需要の転換を図り，持続的発展可能な社会を構築を推進することを目指している。

【建築基準法】建築物の敷地，構造，設備，用途を規定する法律。国民の生命，健康，財産の保護と，公共の福祉の増進に資することを目的としている。

【建築審査会】建築基準法に規定されている審査・採決を行う期間。委員は5から7人で構成された専門知識を持ったもので，市町村長もしくは都道府県知事の任命にて選出される。

【建ぺい率】建物の建築面積（建物の水平投影面積）の敷地面積に対する割合をいう。建物の庇の出は1mまでは建築面積に算入されない。建物の増築はもちろん，庇などを大型のものに換える場合などは，建ぺい率違反にならないよう十分に確認する必要がある。〔C-1-2容積率・建ぺい率 参照〕

【公安委員会】警察の業務を管理するために国と自治体の長が，議会の承認を得て任命する民間人による委員会。風営法の管轄部署でもある。

【高輝度】発光体の表面の単位面積当たりの光度がきわめて高いもの。

【公衆浴場法】公衆浴場を衛生面から規制する法律。スポーツ関連施設で浴場がある場合は適用されるので注意が必要である。同法では浴場の他に，サウナも規制の対象となる。ただし，シャワー単独の施設は適用を受けない。

【告示】各省庁の担当部署が国民に対して法令の表現の足らない部分を補うために発する命令。

《さ》

【産業廃棄物】個々の企業の生産活動を通じて排出された廃棄物のこと。産業廃棄物は，その投棄場所や処理方法に問題も多く，種々の規制があり，これらの規制を順守しない場合は，廃棄物の発生者から運搬，処理業者までも罰せられる。〔B-6建設リサイクル法 参照〕

【シックハウス】建材等に含まれる化学物質により室内空気が汚染された建物。建材の製作，化粧仕上げ過程で使用される剤に含まれるホルムアルデヒドやトルエン，キシレン等の揮発性有機化合物を規制し，安全な建築・室内空間を作るべく，建築基準法が一部改正され2003年7月より施行された。従来の内装制限に対し環境の内装制限と言える。〔C-1-6シックハウス対策 参照〕

【斜線制限】建築物の形態を制限する集団規定の一つ。道路車線制限と隣地斜線制限に大別できる。隣地斜線制限には，北側斜線制限と日影規制がある。〔C-1-3斜線制限 参照〕

【集団規定】建築基準法の規定のうち用途地域，容積率制限，建ぺい率制限，高さ制限など都市計画区域内における建築物相互間の決まり。

【セットバック】（英／Set Back）道路斜線などにより建築物の上部が階段状に後退していく状態などを指していう。

【増築の確認申請】敷地内の既存建築物の延べ床面積を増加させる場合の確認申請で，防火・準防火地域以外では，延べ床面積10m²までは申請が不要である。〔C-1-15リニューアル 参照〕

《た》

【耐火性能・耐火時間】不燃・準不燃・難燃といった燃え難さを標準にする性能で，1時間，2時間という時間，火災に耐えられるものかどうかを基準にする。防火区画により，1時間耐火，2時間耐火，30分耐火など求められる性能が異なる。〔C-1-5防火区画 参照〕

【竪穴区画】防火区画に一つで，階段室やエレベーターシャフトのように，建物の上下階を結ぶ吹き抜け部分に対する区画である。改装の際に床スラブを抜いて吹き抜けを造る際などには竪穴区画が必要となることが多く注意が必要。避難階の直上階は内装を下地，仕上げともに，この区画は不要となる。しかし，3層にわたる吹き抜けの区画緩和は認められない。〔C-1-5防火区画 参照〕

【大規模な修繕・模様替え】建物の主要構造部（壁，柱，床，梁，屋根，

階段）の1種以上について行う，過半の修繕・模様替えを言う。かなりの大規模修繕であっても，主要構造部の過半をやり変えるという工事は少ないと言える。しかし，階段に関しては過半に該当する場合もあり注意が必要。こうした場合は，大規模な修繕・模様替えの確認申請が必要となる。たとえば床版であればその面積の半分以上の修繕・模様替えを行うと確認申請が必要になる。面積だけでなく，主要構造部材の過半をいじる場合も同様である。外壁であれば，外壁の面積の半分以上，柱が10本のビルの5本以上いじれば過半となり，大規模な修繕・模様替えの確認申請が必要となる。

【単体規定】個々の建築物にかけられている構造，防災避難，衛生などの規定をいう。建築物を利用する人々の生命の安全確保，財産としての建築物保護とを目的としている。

【通達】各行政担当者が所轄の諸機関や職員に対して法解釈や運用についての取り決めを伝達するもの。法令としての規制力は弱く，また告示と異なり公にはならない。このため，あまり周知が図られないが，実際の指導時にはかなりの規制力があるように思える。

【天空率】形態規制の合理化を図るべく生まれた性能規定の一つ。建築物を天空に投影し，それを水平面に投影した場合の円の面積に対する空の面積の割合を指す。天空率の導入により，一定の条件を満たせば従来の斜線制限に適合しない建築物でも建築が可能になる。〔C-1-3斜線制限 参照〕

【店舗区画】飲食店の施設基準として，基本的に要求される店舗の範囲を決める区画をいう。飲食店では，粉塵や雑菌の混じった外気の流入を嫌う。したがって，一般の飲食店舗では入り口に建具がない店は滅多にない。しかし，いったん建物内には入れば室内の空気の汚染はさほどでもない気がする。このため，店舗区画も簡易な低い衝立でもよさそうなものだが，保健所の担当官によっては，それでは店舗が衛生的に保てないと判断する向きも多い。

【塔屋看板】屋上に設置する看板または屋上にある階段室やエレベーターの機械室のように屋上面から突出した部分に設置する看板をいう。規模によって建築指導課への届出や屋外広告物条例の届出，許可申請が必要となる。〔C-1-16屋外広告物 参照〕

【道路使用】道路交通法により，道路を継続して利用する場合は，道路使用という行為になり，警察の許可が必要となる。看板が路上に突出する場合などに許可が必要となる。道路占用の届出を確認する警察署も多い。

【道路占用】道路法により，道路を継続して利用する場合は道路占用という行為になり，道路管理者の許可が必要となる。看板が路上に突出する場合などに許可が必要となる。道路使用と届出の連携を取る自治体も多い。審査にかかる日数は，国道，県道，市道によって異なるが，国道の場合は1カ月以上かかることもあるので，注意が必要である。〔C-1-13屋外広告物 参照〕

【特定基準】食品衛生法施行細則等における営業所の施設基準のうち，営業種目の特性を考慮して定めた基準があり，これを特定基準と言う。東京都の飲食業を例にとると，冷蔵設備，洗浄設備，給湯設備，客席，それに客用便所などが規定されている。特定基準に対して各業種共通の共通基準が定められている。これらの基準は都道府県により異なるため事前確認が必要である。〔D-2食品物販店 参照〕

【特殊建築物】「特殊」という文字がつくと普段あまり見ることのない建築物のよう感じるが，実はわれわれが目にし，利用している建築物が特殊建築物ということになる。建築基準法の定義によると「特殊建築物」とは，各種学校を含む学校，体育館，劇場，集会場，展示場，百貨店，市場，ダンスホール，遊技場，公衆浴場，旅館，共同住宅，寄宿舎，工場，倉庫，自動車庫，危険物の貯蔵所，と畜場，火葬場，汚物処理場その他これらに類する建築物ということになり，ほとんどの建築がこの範疇に入ってしまう。特殊建築物の反対が一般建築物ということになり，事務所，住宅などがこれにあたる。

【特定防火対象物】消防法における防火対象物のうち，特に厳しい規制がかけられているものが特定防火対象物で，不特定多数の利用，高齢者や身障者の利用などが見込まれる施設が対象となる。

《な》

【内装制限】特殊建築物や大規模建築物，地階，車庫，火気を使う部屋，床面積が50m²を超える無窓の居室などに対して下地，仕上げを不燃・準不燃・難燃に限定する規制を言う。

同制限は排煙設備の緩和，竪穴区画の緩和などにも影響するので，すべての条件をチェックするまでは結論が出ず，判断が非常に難しいものである。その対象となる部分の内装制限に関しては，自ら判断を下すより，建物の設計者，または管理者に尋ねた方が賢明と言えよう。〔C-1-7内装制限 参照〕

《は》

【排煙告示の33条】排煙設備の設置緩和規定の通称。正確には，昭和47年建設省告示第33条「排煙設備を設けた建築物の部分と同等以上の効力があると認める件」と言う。内容は居室の場合100m²ごとに防火区画をし，内部を準不燃で仕上げるか，100m²ごとに不燃材で区画し内部も不燃で仕上げれば，排煙設備の設置を免除するというもの。しかし，自治体によってはこれらの告示が使用できないところもあり，事前確認は必要である。注意点として，高層階（地上31m以上）と特殊建築物の地階には適用されないことは覚えておきたい。

【裸火（はだかび）規制】火災予防条例準則に規定されるもので，劇場，映画館，展示場，重要文化財などの施設に対しては禁煙，火気厳禁，危険物の持ち込み禁止という規制を設定することをいう。消防署長は一定の条件下で規制を解除することができる。〔C-2-6裸火規制 参照〕

【風営法】8種類の風俗営業と5種類の風俗関連営業を取り締まる法律をいう。正確には「風俗営業等の規制及び業務の適性化等に関する法律」という。風俗営業の中にはパチンコ店，ゲームセンター，ディスコなどがあり，風俗関連営業にはソープランド，ラブホテルなどのいわゆる性風俗店がこれに属する。同法ではこのほかに，深夜営業の酒類販売提供店の届出，カラオケボックスの施設指導などを行っている。警察署の施設検査は工事が完了していないと，申請を受け付けないので，完成から1カ月近くオープンが延びるので注意が必要である。〔B-9風営法，D-9アミューズメント施設，D-10風俗飲食店 参照〕

【風致地区】都市計画法に定められた地域地区の一つ。環境や景観を維持する目的で，建物の高さ，屋根の形状，外壁の色彩，植栽・伐採，境界線からの離隔距離などの規制がある。

【不浸透性材料】撥水性があり水を浸

透させない材料。一般に長尺シートと呼ばれるもので溶接工法を使えば簡易防水にもなる。環境衛生法の場合は，単に土間やコンクリートスラブを指す場合もある。

【不燃区画】火災予防条例の中の規定で，火気使用室に対して，一定規模以上の消費熱カロリーがある器具を使用する場合は不燃材料で床，壁，天井を区画しなければならないという規定。防火区画と混同されるが，基本的に異なるものである。
ちなみに，厨房の場合は，厨房器具の発熱量が30万kcal/h以上の場合この区画が必要となる。

【防炎規制】消防法により規制で，特殊建築物における防炎物品（カーテン，ブラインド，じゅうたん，舞台の大道具，展示用の合板）をすべて防炎処理したものを使用するというもの。そのほかに工事用シートがある。〔C-1-10防炎規制 参照〕

【防煙区画】防煙垂れ壁によって仕切られた排煙のための区画をいう。基本的に1区画は500m²以下にする。

【防煙垂れ壁】防煙区画を構成する不燃材料による垂れ壁をいう。通常の防煙垂れ壁の高さは500mmであるが，地下街などは800mmとなる。

【防火区画】一定規模以上の建物内部での延焼を防ぐための耐火性能のある壁，床による区画をいう。耐火性能（耐火時間）は，最上階からの階数によって異なる。〔C-1-5防火区画 参照〕

《や》

【用途地域】都市計画において，住居・商業・工場などの地域を適切に配置することにより，都市の機能や環境を向上することが目的の地域制度をいう。第1種低層住居専用地域，第2種低層住居専用地域，第1種中高層住居専用地域，第2種中高層住居専用地域，第1種住居地域，第2種住居地域，準住居地域，近隣商業地域，商業地域，準工業地域，工業地域，工業専用地域の12種類がある。それぞれの地域には，建築できる用途の建築が定められており，地域によっては営業できない業種があるので，事前の調査は重要である。

【用途変更の確認申請】既存建築物において用途を変更する場合，変更後の用途が特殊建築物にあたり，かつ100m²以上となる場合は，用途変更の確認申請が必要となる。ただし，変更後の用途が類似である場合はこの限りではない。〔C-1-14用途変更 参照〕